高等院校移动商务管理系列教材

移动信息服务

Mobile Information Service

（第二版）

秦成德◎主编

经济管理出版社

ECONOMY & MANAGEMENT PUBLISHING HOUSE

图书在版编目（CIP）数据

移动信息服务/秦成德主编. —2 版. —北京：经济管理出版社，2017.1

ISBN 978-7-5096-4777-6

Ⅰ.①移… Ⅱ.①秦… Ⅲ.①移动通信—商业服务 Ⅳ.①F626.5

中国版本图书馆 CIP 数据核字（2016）第 316363 号

组稿编辑：勇　生
责任编辑：张瑞军
责任印制：黄章平
责任校对：陈　颖

出版发行：经济管理出版社
　　　　　（北京市海淀区北蜂窝 8 号中雅大厦 A 座 11 层　100038）
网　　址：www. E-mp. com. cn
电　　话：（010）51915602
印　　刷：玉田县昊达印刷有限公司
经　　销：新华书店
开　　本：720mm×1000mm/16
印　　张：25.25
字　　数：467 千字
版　　次：2017 年 4 月第 2 版　2017 年 4 月第 1 次印刷
书　　号：ISBN 978-7-5096-4777-6
定　　价：49.00 元

编 委 会

主　任：张世贤

副主任：杨世伟　勇　生

编委会委员（按照姓氏拼音字母排序）：

陈　飚　高　闯　洪　涛　吕廷杰　柳永坡　刘　丹

秦成德　沈志渔　王　琦　叶蜀君　勇　生　杨国平

杨学成　杨世伟　张世贤　张润彤　张　铎

专家指导委员会

主　任： 杨培芳　中国信息经济学会理事长、教授级高级工程师，工业和信息化部电信经济专家委员会秘书长，工业和信息化部电信研究院副总工程师

副主任： 杨学成　北京邮电大学经济管理学院副院长、教授

委　员（按照姓氏拼音字母排序）：

安　新　中国联通学院广东分院院长、培训交流中心主任

蔡亮华　北京邮电大学教授、高级工程师

陈　禹　中国信息经济学会名誉理事长，中国人民大学经济信息管理系主任、教授

陈　飔　致远协同研究院副院长，北京大学信息化与信息管理研究中心研究员

陈国青　清华大学经济管理学院常务副院长、教授、博士生导师

陈力华　上海工程技术大学副校长、教授、博士生导师

陈鹏飞　北京嘉迪正信（北京）管理咨询有限公司总经理

陈玉龙　国家行政学院电子政务研究中心专家委员会专家委员，国家信息化专家咨询委员会委员，国家信息中心研究员

董小英　北京大学光华管理学院管理科学与信息系统系副教授

方美琪　中国人民大学信息学院教授、博士生导师，经济科学实验室副主任

付虹蛟　中国人民大学信息学院副教授

龚炳铮　工业和信息化部电子六所（华北计算机系统工程研究所）研究员，教授级高级工程师

郭东强　华侨大学教授

高步文　中国移动通信集团公司辽宁有限公司总经理

郭英翔　中国移动通信集团公司辽宁有限公司董事、副总经理

何　霞　中国信息经济学会副秘书长，工业和信息化部电信研究院政策与经济研究所副总工程师，教授级高级工程师

洪　涛　北京工商大学经济学院贸易系主任、教授，商务部电子商务咨询专家

1

姜奇平　中国信息经济学会常务理事，中国社会科学院信息化研究中心秘书长，《互联网周刊》主编

赖茂生　北京大学教授、博士生导师

李　琪　西安交通大学电子商务研究所所长、教授、博士生导师

李正茂　中国移动通信集团公司副总裁

刘　丹　北京邮电大学经济管理学院副教授

刘腾红　中南财经政法大学信息与安全工程学院院长、教授

柳永坡　北京航空航天大学副教授

吕廷杰　北京邮电大学经济管理学院院长、教授、博士生导师

马费成　武汉大学信息管理学院教授、博士生导师

秦成德　西安邮电大学教授

乔建葆　中国联通集团公司广东省分公司总经理

沈志渔　中国社会科学院工业经济研究所研究员、教授、博士生导师

汪　涛　武汉大学经济与管理学院教授、博士生导师

王　琦　北京邮电大学副教授

王立新　北京邮电大学经济管理学院 MBA 课程教授，中国移动通信集团公司、中国电信集团公司高级营销顾问

王晓军　北京邮电大学继续教育学院副院长

谢　华　中国联通集团公司人力资源部人才与培训处经理

谢　康　中山大学管理学院电子商务与管理工程研究中心主任、教授

谢进城　中南财经政法大学继续教育学院院长、教授

徐二明　中国人民大学研究生院副院长、教授、博士生导师

徐升华　江西财经大学研究生部主任、教授、博士生导师

杨国平　上海工程技术大学继续教育学院副院长、教授

杨培芳　中国信息经济学会理事长、教授级高级工程师，工业和信息化部电信经济专家委员会秘书长，工业和信息化部电信研究院副总工程师

杨世伟　中国社会科学院工业经济研究所教授，中国企业管理研究会副理事长

杨学成　北京邮电大学经济管理学院副院长、教授

杨学山　工业和信息化部副部长、党组成员

叶蜀君　北京交通大学经济管理学院金融系主任、教授、博士生导师

张华容　中南财经政法大学工商管理学院副院长、教授、博士生导师

张继平　中国电信集团公司副总经理、教授级高级工程师

张润彤　北京交通大学经济管理学院信息管理系主任、教授、博士生导师

张世贤　中国社会科学院工业经济研究所研究员、教授、博士生导师

前　言

　　随着移动互联网的深入渗透，我们的生活、工作和娱乐的移动化趋势越来越明显，移动商务成为不可阻挡的商业潮流。尤其是"互联网+"战略正在推动数字经济与实体经济的深度融合，"大众创业，万众创新"方兴未艾，我们有理由相信，移动商务终将成为商业活动的"新常态"。

　　在这样的背景下，有必要组织力量普及移动商务知识，理清移动商务管理的特点，形成移动商务管理的一整套理论体系。从2014年开始，经济管理出版社广泛组织业内专家学者，就移动商务管理领域的重点问题、关键问题进行了多次研讨，并实地调研了用人单位的人才需求，结合移动商务管理的特点，形成了一整套移动商务管理的能力素质模型，进而从人才需求出发，围绕能力素质模型构建了完整的知识树和课程体系，最终以这套丛书的形式展现给广大读者。

　　本套丛书有三个特点：一是课程知识覆盖全面，本套丛书涵盖了从移动商务技术到管理再到产业的各个方面，覆盖移动商务领域各个岗位能力需求；二是突出实践能力塑造，紧紧围绕相关岗位能力需求构建知识体系，有针对性地进行实践能力培养；三是案例丰富，通过精心挑选的特色案例帮助学员理解相关理论知识并启发学员思考。

　　希望通过本套丛书的出版，能够为所有对移动商务管理感兴趣的人士提供一份入门级的读物，帮助大家理解移动商务的大趋势，形成全新的思维方式，为迎接移动商务浪潮做好知识储备。

　　本套丛书还可以作为全国各个大、专院校的教材，尤其是电子商务、工商管理、计算机等专业的本科生和专科生，相信本套丛书将对上述专业的大学生掌握本专业的知识提供非常有利地帮助，并为未来的就业和择业打下坚实的基础。除此之外，我们也期待对移动商务感兴趣的广大实践人士能够阅读本套丛书，相信你们丰富的实践经验必能与本套丛书的知识体系产生共鸣，帮助实践人士更好地总结实践经验并提升自身的实践能力。这是一个全新的时代，希望本套丛书的出版能够为中国的移动商务发展贡献绵薄之力，期待移动商务更加蓬勃的发展！

目 录

第一章

移动经济与移动信息化

学习目的

知识要求 通过本章的学习，掌握：

● 社会信息化的意义
● 移动经济的特点
● 移动信息化的作用
● 移动信息服务产业特征

技能要求 通过本章的学习，能够：

● 了解移动经济的发展过程
● 了解移动信息化的作用
● 理解移动信息化的企业应用
● 掌握移动信息服务产业价值链

学习指导

1. 本章内容包括：社会信息化的意义；移动经济的特点；移动信息化的作用；移动信息服务产业特征。

2. 学习方法：结合案例了解移动经济的发展过程，了解移动信息化的作用，理解移动信息化的企业应用，掌握移动信息服务产业价值链。

3. 建议学时：4 学时。

第一章 移动经济与移动信息化

 引导案例

北京移动农网：携手新农村 助力信息化

随着社会主义新农村建设的深入推进，农村信息化越来越成为实现农业产业化的必由之路和促进农民增收致富的重要突破口。中国移动集团公司在完善农村通信基础设施、保障农民基础通信服务的基础上，更加重视搭建农村信息化平台、提供丰富的信息服务。

北京移动农网与北京现代农业"221信息平台"相结合，采取"有线信息网络+信息机（农信机）+无线移动终端"模式，搭建了北京移动农网信息平台。实现了信息发布、移动政务、信息互动等多方面功能，为各级政府部门提高办公效率提供有效的信息手段，为广大农民增收致富提供可靠的信息通道。

"移动农网"的具体实现方式是依托市农委—区县—乡镇—村四级政府架构，通过网站—信息机—农信机—手机四级通信工具，使涉农信息由信息源出发，通过逐级传递，最终及时、准确、畅通地传达给信息接受者。具体应用功能：

（1）有效的信息获取。广大农业用户可以通过"移动农网"这一平台，对农业相关信息进行有针对性的获取，并可以通过该平台对自有农产品的供销信息进行发布，最终实现信息化农业，走上科学致富的道路。

（2）方便政府进行信息发布。各级政府通过"移动农网"可以向广大农民进行更为有效的信息发布，如农产品市场信息的公布、农业科普知识的普及、灾情疫情的预警、农业法规的宣传等，从而让广大农户更切身地体会到各级政府的帮助，更切实地从农业信息的有效传递中得益。

（3）提高政府工作效率。政府通过"移动农网"可以提高内部办公效率，方便向基层政府进行政策法规、通知的传达，也可用于紧急政令的下达，突发事件的防控、指挥等，实现移动办公。

"移动农网"农业信息化平台是基于北京市农委221网站、移动通信网络，借助信息网络、农业信息机、手机等通信工具，通过短信、语音、手机网页（WAP）等多种无线接入方式，建立农业信息无障碍通道，协助政府进行涉农信息的发布和传递，帮助涉农企业及广大农户进行农业信息的查询和获取，切实解决涉农信息传递的"最后一公里"问题，从而增强农业信息化水平，消除城乡"数字鸿沟"，提高农业生产效率，最终达到利民、惠民的目的。

资料来源：中国移动通信集团甘肃有限公司，北京移动电网.携手新农村助力信息化，CIO时代网2010-11-23.

➥ **问题:**
　1. 试分析北京移动农网的系统架构。
　2. 试阐述北京移动农网的功能。

第一节　移动经济

一、信息化与社会发展的关系

　　20 世纪 70 年代末至 80 年代初,世界范围内兴起的新技术革命是现今社会信息化的发生背景。信息化依赖于发达的信息处理手段,近 30 年来,计算机技术的进步使信息处理技术有了高度发展,并得到了广泛应用。自 20 世纪 40 年代末由申农创立信息论以来,其取得了重大发展且极迅速地扩大了信息技术的应用领域,社会的信息需求量急剧增加。

　　随着信息发生量以及社会对信息需求量迅速的大量增加,信息传输手段受到世界主要国家政府的高度重视,而以信息处理技术为基础的信息传输手段现代化,就是目前社会信息化的主要内容。信息传输手段的现代化,是以现代信息网络建设为核心的。现代信息网络以其速度快、容量大等特征,被称为信息高速公路,并成为信息化建设中的重点工程。现代信息网络的建设与使用,使信息传输手段有了质的改变,带动了信息产业化,提高了社会信息化的程度。

(一) 信息化的概念

　　信息化的概念起源于 20 世纪的日本,首先是由一位日本学者提出来的,而后被译为英文传播到西方,西方社会普遍使用"信息社会"和"信息化"的概念是 20 世纪 70 年代后期才开始的。关于信息化的表述,在中国学术界和政府内部作过较长时间的研讨。如有人认为,信息化就是计算机、通信和网络技术的现代化;有人认为,信息化就是从物质生产占主导地位的社会向信息产业占主导地位社会转变的发展过程;有人认为,信息化就是从工业社会向信息社会演进的过程;等等。

　　所谓信息化,是指社会经济的发展,从以物质与能源为经济结构的重心,向以信息为经济结构的重心转变的过程。信息化代表了一种信息技术被高度应用,信息资源被高度共享,从而使得人的智能潜力以及社会物质资源潜力被充分发挥,个人行为、组织决策和社会运行趋于合理化的理想状态。同时,信息化也是 IT 产业发展与 IT 在社会经济各部门扩散的基础之上的，不断运用 IT 改造传统的经济、社会结构从而通往如前所述的理想状态的一个持续的过程。

1997 年召开的首届中国信息化工作会议中，对信息化和国家信息化定义为："信息化是指培育、发展以智能化工具为代表的新的生产力并使之造福于·社会的历史过程。国家信息化就是在国家统一规划和组织下，在农业、工业、科学技术、国防及社会生活各个方面应用现代信息技术，深入开发广泛利用信息资源，加速实现国家现代化进程。"实现信息化就要构筑和完善 6 个要素（开发利用信息资源，建设国家信息网络，推进信息技术应用，发展信息技术和产业，培育信息化人才，制定和完善信息化政策）的国家信息化体系。

（二）信息科技推动社会发展

1. 科技革命推动社会生产方式的变革

首先，科技发展促进劳动资料（主要是生产工具）的变革。例如，炼铁技术的发展使得铁器应用于农业生产，代替了石器工具；机械农机的使用代替了手工农具。

其次，科学技术促进劳动对象的变革。例如，海洋探测技术的发展使人类的生产活动扩展到海底，航空航天技术的发展使人类的步伐迈向了广阔的宇宙，纳米技术使人类有了更多更新的生产资料等。

最后，科学技术的发展促进劳动者科学文化素质的提高。信息科技使整个社会的生产方式发生变革。

2. 科技发展是经济发展的主要推动力

最明显的是科学技术发展推动产业结构的变化。自从工业革命后大机器生产代替了手工劳动，工业迅速发展，逐渐超过了农业的比重，第三次科技革命后，第三产业不断发展，成为比重最大的产业。

3. 科技发展推动生活方式的变革

例如移动信息化改变了人们的交往方式、消费方式、学习方式、休闲方式以及娱乐方式。

4. 科技进步对社会发展的正面影响

（1）科技进步是促进人的全面发展的首要条件。

（2）科技进步是促进经济发展的内生动力。

（3）科技进步是促使社会发展的关键力量。

（4）科技进步是促使人类社会可持续发展的基础。

（三）信息系统的发展

20 世纪 70 年代以来，以计算机为基础的信息系统，其重大发展主要体现在以下方面：

（1）系统功能的强化和扩大化。信息系统功能的发展，经历了由 20 世纪 60 年代的数据处理系统（Data Processing Systems，DPS）、管理信息系统（Management Information Systems，MIS）向 70 年代的决策支持系统（Decision Support Systems，DSS）、国家信息系统（National Information Systems，NIS）和 80 年代的专家系统（Expert Systems，ES）的开发与扩大过程。

（2）系统的网络化。现代化信息网络的核心是计算机信息处理系统，因此可将信息系统网络化的发展分为"单主机—单用户"、"单主机—多用户"、"多主机—多用户"和"智能终端—多主机—多用户"等阶段。目前，全球最大的现代化信息网络是国际互联网络（Internet 亦音译为因特网），这实际上是多个网络的集合。

（3）系统利用的高速化和高效化。以国际互联网络的形成为标志，可把当今时代称为"网"的社会。全球性信息网络使信息共享的程度得到极大提高，但是必须看到，只有"入网者"才可成为"共享者"，只有具备"网上优势者"才是真正的、最成功的"共享者"。

（四）信息化的内涵

完整的信息化内涵包括以下四方面内容：

（1）信息网络体系，包括信息资源、各种信息系统、公用通信网络平台等。

（2）信息产业基础，包括信息科学技术研究与开发、信息装备制造、信息咨询服务等。

（3）社会运行环境，包括现代工农业、管理体制、政策法律、规章制度、文化教育、道德观念等生产关系与上层建筑。

（4）效用积累过程，包括劳动者素质、国家现代化水平、人民生活质量不断提高，精神文明和物质文明建设不断进步等。

二、社会信息化发展历程

（一）信息化的发展

1946 年，第一台电子计算机在美国正式诞生。1969 年，国际互联网问世，它把独立的计算机联系在一起，进行信息传递。全球信息网（World Wide Web），音译为万维网，中文根据音译简称因特网。顾名思义就是包罗万象的可存取信息的全球性网络。计算机及网络技术把人们带进了信息时代。网络拉近了世界各地的距离，使得地球变得更小了。

20 世纪 60 年代末，美国和苏联因政治军事加紧了对信息科学技术的研究和开发，直接推动了互联网的产生。1969 年，美国建成了世界上第一个采用分组交换技术的计算机网络四大实验室，这是计算机互联网（因特网）的前身。

这个网路的基本要求是当战争爆发时，即使网路上的线路或设备部分遭到破坏，系统仍能正常运作。20世纪90年代以来，由于通信技术和计算机技术的飞速发展，互联网进一步发展为全球信息网。

随着互联网的出现和发展，人类进入了信息化社会。20世纪90年代，知识经济在美国出现，人类开始从工业化迈向信息化、知识化。全球范围内的信息革命和知识经济的发展就是这种转变的突出标志。20世纪90年代以来，计算机技术发展十分迅速，产品不断升级换代。以信息高速公路为特征的信息革命从根本上改变了人类的工作方式和生活方式，同时还引发了一场学习的革命，显然互联网给社会带来了巨大的效能。

（二）信息网络的社会影响

目前，人类社会已经迈入了网络时代，计算机、手机和互联网已经与老百姓的日常工作、学习和生活息息相关，人类社会目前又处于一个历史飞跃时期，正由高度的工业化时代迈向初步的计算机网络时代。在计算机技术、网络通信技术高速发展的今天，电脑、手机和网络正在以惊人的速度进入人类社会的各个角落。信息网络对社会将产生的影响包括：

（1）网络将会推动社会生产力以更快的速度发展。人类社会经历了几次技术革命，而信息网络时代的到来，宣告了一场新的科技革命的到来。计算机和信息网络时代的主要元素就是信息，通过计算机和互联网，信息技术的发展将会空前加快，人们了解信息、传递信息的渠道将增多、速度将变快，信息的及时性和有效性也将会变得更强。同时，信息技术的发展也将会推动与信息相关产业的进步与发展，如生物技术和电子技术等。而一些新材料、新能源的开发和利用技术也都将在这一过程中获得巨大发展，从而促使科技作为人类社会第一生产力的地位显得更为突出，甚至可能会让科学技术逐渐上升为一种独立的力量进入物质生产过程，并成为生产力大小的决定性要素。

（2）对于个人来说，通过使用计算机和网络，人类的工作和劳动方式也将会发生许多改变。生产活动有劳动者、劳动工具和劳动对象三个要素，劳动者即人是生产活动开展的主体，他们将决定劳动工具和劳动对象以及劳动方式的选择。同时，几个生产要素也是相互作用的，他们的合作程度如何将会直接影响到生产的效率和结果。在生产工具和生产水平比较落后的时代，人们在付出了辛勤的劳动之后，收到的回报却十分有限，这正是受到了落后的生产环境的制约。

（3）信息网络将会开辟电子化管理的时代。通过信息网络，将会给政府部门的管理工作带来新的方式和方法。未来电子化的政府管理模式可能会得以实现。今后，上到高级政府职能部门，下到地方各级政府部门，都可以通过网络以电子方式来履行管理的职能，可以建立专门的政府管理的电子系统，发布管理通告，颁布新的政策法律和相关政府新闻，各级政府和部门可以从自身的管理方向出发，建立起电子数据库，为政策的出台和查询提供有效的帮助。另外，还可以通过网络投票方式决定相关政策的出台和重大决议的推出，提高公民参政议政的积极性，保证政府与群众的有效联系。

（4）信息网络对老百姓生活的改变也将产生极大的影响。通过计算机和网络，我们在今后可以拥有一个新的公共和私人的生活领域，使人们的生活方式出现崭新的形式。网络使人与人之间的沟通更加方便，使人与人之间的关系更为密切，使世界的距离变得越来越小。另外，网络还将会为我们提供任何我们需要的服务，比如收发信息、亲友联系、网上购物、了解及时新闻、收看电视节目以及完成工作和学习任务等。总之，高效的网络系统将会为我们解决所需要解决的一切问题。

在信息网络时代，人们对计算机和互联网的利用必将会渗透到社会生产和生活的各个方面，通过计算机和网络的功能，将会给企业的生产和经营活动的开展以及老百姓的工作和生活带来极大的便利。在互联网的联系和沟通下，各种信息传播的速度将加快，企业和个人对网络信息的依赖程度也将不断加深，信息需求程度相对较大的部门将成为未来社会中创造高附加值的行业，并通过它们带动相关知识产业的进步和发展，甚至带动全社会的经济结构的优化调整，推动社会经济的全面进步。

信息网络取得今天的发展成就，是人类文明进入到更高阶段的标志，它推动着人类社会向更现代化的方向发展，同时推动了知识经济时代的到来。人们通过计算机网络的连接，打破了原先在时间和空间上的阻隔，在无形中拉近了人与人之间的距离，也在一定程度上扩大了我们生存的空间，网络给我们提供了超乎寻常的方便和成功。但是，网络也给社会带来了更多的挑战，它要求我们要以更高的层次去面对新的生活和环境，同时不断地改变我们的思想和行为，不断努力推动人类社会向更高阶段发展。

三、移动经济的演进模式

（一）移动经济的基础

近年来，移动通信与互联网通过整合产业资源，已逐步形成移动互联网产业链。这个产业链由移动运营商、设备提供商、终端提供商、服务提供商、内容提供商、芯片提供商等产业部门组成，已逐步向商务、金融、物流等行业领域延伸。移动互联网的产业技术环境以移动通信技术为主，辅以 WiMAX、WiFi、蓝牙等无线接入技术组成的网络基础设施，以云计算等信息处理技术作为支撑平台。移动互联网使我们可以随时随地通过任何设备保持在线。在信息经济时代，驱动社会财富增长的引擎是信息技术。移动经济（M-economy）已经到来，并且是大势所趋。

（二）移动用户与资源

自从 20 世纪 90 年代初引入 GSM 系统以来，全球移动通信市场迅猛发展。截至 2010 年年底，全球移动电话用户数（潜在移动互联网用户数）已达 50 亿人，是全球桌面互联网网民数量 20 亿的 2.5 倍。尽管目前移动互联网用户仅占移动电话用户数的 1/5（10 亿多），但据摩根斯坦利的估计，依照目前的发展速度，未来 5 年内通过移动装置接入互联网的用户数将会超过通过桌面电脑接入互联网的用户，并将带来移动电子商务活动井喷式的发展。

截至 2011 年 5 月 17 日"世界电信与信息化社会日"，我国移动手机用户数已经突破 8 亿，拥有智能终端并使用移动互联网业务的用户数已突破 3 亿大关。随着人民生活水平的不断提高和移动通信费率的不断下降，我国移动电子商务活动的发展前景十分看好。

（三）3G/4G 技术

随着移动用户井喷式的增长，移动通信面临高速发展带来的挑战：未来几年内，数以亿计的用户增长将首先使大城市和热点地区面临频谱资源的限制；通过小区不断细分的方式来增加容量，将使网络成本不断上升；随着用户数的不断增长和用户基础向低端扩展，传统语音业务带来的平均每用户营收（ARPU）在全球范围内均呈现下降趋势，运营商利润也因此趋于下降。技术的发展可以应对这些挑战。3G/4G（第 3 代/第 4 代移动通信）引入了新的频率资源，由于其具有更高效的频率利用效率，使得 3G/4G 能以更经济高效的方式为语音和数据业务提供极高的网络容量，从而满足未来数以亿计的用户使用各种移动服务的需要。一方面，它为较高速率的各种移动互联网业务的广泛应用提供了理想的平台；另一方面，移动互联网业务的发展，特别是移动电子商务的开展将有效促进网络话务量的增长并开辟新的收入来源，从而扭转 ARPU 下滑的趋势。因此，移动运营商已经成为移动电子商务发展的重要推动力量。

（四）移动运营商的优势

移动互联网时代，运营商在移动信息服务价值链上占有关键的竞争优势。

（1）拥有网络基础：运营商可对联结业务、增值业务等收费。

（2）拥有客户基础：运营商现有庞大、高价值的用户群均是未来新业务的潜在客户。

（3）拥有收费渠道：运营商可代为 ICP 收费、可用电话账单为用户的小额移动电子商务购物收费，也可与信用卡/银行联网合作，为较大额的电子商务购物收费。拥有收费渠道是移动互联网相对固定互联网的大优势，也是移动电子商务开展活动的理想基础。

因此，目前各国移动运营商均积极推动移动业务的发展，都在努力增强它现有的业务提供商和网络提供商的角色。一方面，语音业务在未来几年内仍将是移动运营商最主要的收入来源；另一方面，新的数据业务和移动互联网业务将成为移动运营商推动话务量增长和补偿 ARPU 下降的重要推动力。由于移动互联网时代已经到来，WiFi、WiMAX、3G 以及即将到来的 LTE 等无线通信技术正在为新的业务应用和井喷的容量需求铺平道路，因此，未来 10 年，客户交互的性质和交易速度会发生改变，移动经济下的交易将会以比现在更快速度、更智能、更好的交互性、更个性化的方式为客户提供更多丰富多彩的业务和应用。

（五）移动经济的发展前景

移动经济在萌芽期可能会呈现出一些困惑。在商业领域，客户对技术创新的接纳很少一帆风顺。当一家企业采纳了一项创新技术后，它会因此变得与众不同。然而接下来，现有的社会及商业过程却常常会出现混乱。不过，这一时期是短暂的，而技术和业务的变化将很快以一种稳定和渐进的方式融入企业。对大企业来说更是如此。在层出不穷的移动设备以及新的互联网应用推动移动信息服务蓬勃发展时，技术和应用究竟如何渗透到企业中，将成为企业界关注的主要问题。

运用无线技术接入计算机，在创造无限商机的同时也带来了巨大的复杂性。移动互联网在提高了客户期望的同时也加剧了竞争。在这种环境下，企业发现：成功的交易必须是实时完成，仅仅快速移动是远远不够的。面对如此大规模的结构性变化，移动经济下的产业链成员必须尽快且前瞻性地制定企业战略，以适应实时交易的复杂性。移动经济既是支撑因素也是核心业务。不同类别的产业链成员对此应有不同的定位。

四、移动经济在信息化中的作用

（一）移动经济的特征

在 20 世纪 80 年代，关于"信息社会"的较为流行的说法是"3C"社会（通讯化、计算机化和自动控制化），"3A"社会（工厂自动化、办公室自动化、家庭自动化）和"4A"社会（"3A"加农业自动化）。到了 90 年代，关于信息社会的说法又加上多媒体技术和信息高速公路网络的普遍采用等条件。具体而言，有如下三方面的特征：

（1）经济领域的特征：①劳动力结构出现根本性的变化，从事信息职业的人数与其他部门职业的人数相比已占绝对优势；②在国民经济总产值中，信息经济所创产值与其他经济部门所创产值相比已占绝对优势；③能源消耗少，污染得以控制；④知识成为社会发展的巨大资源。

（2）社会、文化、生活方面的特征：①社会生活的计算机化、自动化；②拥有覆盖面极广的远程快速通讯网络系统以及各类远程存取快捷、方便的数据中心；③生活模式、文化模式的多样化、个性化的加强；④可供个人自由支配的时间和活动的空间都有较大幅度的增加。

（3）社会观念上的特征：①尊重知识的价值观念成为社会之风尚；②社会中的人具有更积极地创造未来的意识倾向。

（4）移动经济的综合特征：①经济增长方式的高度集约化；②劳动生产率水平的进一步提高；③企业组织和管理体制的灵活化；④工作方式和生活方式的个人自主化；⑤信息化经济导致经济的全球化；⑥信息经济可能成为环保经济；⑦政府与公众的沟通加强和公开化；⑧军事技术和未来战争的信息化。

（二）移动经济的影响

移动信息技术发展和应用所推动的现代信息化，给人类经济和社会生活带来了深刻的影响。进入 21 世纪，移动信息化对经济社会发展的影响愈加深刻。世界经济发展进程加快，信息化、全球化、多极化发展的大趋势十分明显。移动信息化被称为推动现代经济增长的发动机和现代社会发展的均衡器。信息化与经济全球化，推动着全球产业分工深化和经济结构调整，改变着世界市场和世界经济竞争格局。从全球范围来看，主要表现在四个方面：

（1）移动信息化促进产业结构的调整、转换和升级。电子信息产品制造业、软件业、信息服务业、通信业、金融保险业等一批新兴产业迅速崛起，传统产业如煤炭、钢铁、石油、化工、农业在国民经济中的比重日渐下降。信息产业在国民经济中的主导地位越来越突出。国内外已有专家把信息产业从传统的产业分类体系中分离出来，称其为农业、工业、服务业之后的"第四产业"。

（2）移动信息化成为推动经济增长的重要手段。信息经济的显著特征就是技术含量高、渗透性强、增值快，可以很大程度上优化对各种生产要素的管理及配置，从而使各种资源的配置达到最优状态，降低了生产成本，提高了劳动生产率，扩大了社会的总产量，推动了经济的增长。在信息化过程中，通过加大对信息资源的投入，可以在一定程度上替代各种物质资源和能源的投入，减少物质资源和能源的消耗，也改变了传统的经济增长模式。

（3）移动信息化引起生活方式和社会结构的变化。随着信息技术的不断进步，智能化的综合网络遍布社会各个角落，信息技术正在改变人类的学习方式、工作方式和娱乐方式。数字化的生产工具与消费终端广泛应用，人类已经生活在一个被各种信息终端所包围的社会中。信息逐渐成为现代人类生活不可或缺的重要元素之一。一些传统的就业岗位被淘汰，劳动力人口主要向信息部门集中，新的就业形态和就业结构正在形成。在信息化程度较高的发达国家，其信息业从业人员已占整个社会从业人员的一半以上。一大批新的就业形态和就业方式被催生，如弹性工时制、家庭办公、网上求职、灵活就业等。商业交易方式、政府管理模式、社会管理结构也在发生变化。

（4）移动业务对行业信息化应用的影响。行业信息化在两方面最为关键：一方面是信息与数据的及时性和准确性，促进企业效率的提高和决策者判断力的提升；另一方面是注重简化的工作流程与相对低廉的成本。随着行业信息化建设的逐步完善，对信息和数据实时性传输的要求越来越高。因此，可移动、低成本的信息化解决方案，能帮助企业解决数据采集和传输问题。

移动信息化浪潮的持续深入使人类社会日渐超越"工业社会"而呈现"信息社会"的基本特征。主要表现在：信息技术促进生产的自动化，生产效率显著提升，科学技术作为第一生产力得到充分体现；移动信息服务产业形成并成为支柱产业；信息和知识成为重要的社会财富；管理在提高企业效率中起到了决定性作用；服务业经济形成并占据重要的经济份额。

（三）移动信息化伴随的问题

信息化在迅猛发展的同时，也给人类带来负面、消极的影响。这主要体现在：信息化对全球和社会发展的影响极不平衡，信息化给人类社会带来的利益并没有在不同的国家、地区和社会阶层得到共享；数字化差距或数字鸿沟加大了发达国家和发展中国家的差距，也加大了一国国内经济发达地区与经济不发达地区间的差距；信息技术的广泛应用使劳动者对具体劳动的依赖程度逐渐减弱，对劳动者素质特别是专业素质的要求逐渐提高，从而不可避免地带来了一定程度上的结构性失业；数字化生活方式的形成，使人类对信息手段和信息设施及终端的依赖性越来越强，在基础设施不完善、应急机制不健全的情况下，一旦发生紧急状况，将对生产生活造成极大的影响。另外，信息安全与网络犯罪、信息爆炸与信息质量、个人隐私权与文化多样性的保护等也是信息化带给人类社会的新的挑战。

信息社会也常被称为知识社会，在知识社会，知识、创新成为社会的核心；相对于"信息社会"而言的，信息社会的概念是建立在信息技术进步的基础之上的。"知识社会"的概念则包括更加广泛的社会、伦理和政治方面的内容，信息社会仅仅是实现知识社会的手段，信息技术革命带来社会形态的变革从而推动面向知识社会的下一代创新。知识社会作为网络社会必将更加关注全球问题：通过国际合作和科学协作，环境破坏、技术风险、经济危机和贫困等问题有望得到更好的解决；知识共享是知识社会的拱顶石，大众创新、共同创新、开放创新是知识社会的实质，知识社会是人类可持续发展的源泉。

第二节　移动信息化

一、移动信息化的概念

移动信息化是指在现代移动通信技术、移动互联网技术构成的综合通信平台基础上，通过掌上终端、服务器、个人计算机等多平台的信息交互沟通，实现管理、业务以及服务的移动化、信息化、电子化和网络化，向社会提供高效优质、规范透明、适时可得、电子互动的全方位管理与服务。

随着移动互联时代和云计算时代的到来，3G/4G 技术和云计算技术都给我们的生活带来了巨大的改变。两者的融合发展，更是给企业带来了革命性的变化。在这样的背景下，移动办公和移动信息化得到越来越多企业的关注。

艾瑞咨询数据显示，2009 年我国移动互联网市场规模已经达到 148.8 亿人，移动信息化市场潜力巨大。随着国内宽带无线移动通信、智能终端、网络与信息安全等进一步的成熟，移动信息化产业链也更加成熟，各种软件应用将成为移动互联网应用的主导力量。

（一）移动信息化起步

对于大部分传统的行业来说，移动办公、移动信息化还是非常新的一个概念，要从传统 IT 跨越到移动信息化，面临着巨大的挑战。尽管软件厂商已经第一时间着手移动产品的研发和推广，但整体的移动信息化还是处于起步阶段，厂商还在致力于产品，用户的数量也相对较少。

（二）移动信息化企业

移动互联网大潮的到来，给企业带来了生机，同时也带来了更大的竞争。从移动信息化的领域来看，大量的厂商进入到这一领域。首先，传统的管理软件厂商会第一时间抓住从传统信息化到移动信息化的过渡，这是能够帮助企业在激烈竞争中胜出的关键因素；其次，很多新兴的厂商会加入到这一领域中，他们非常看好这一市场，想要在这一市场中分到一块蛋糕；最后，移动互联时代给运营商带来了更大的机会，更多的企业市场向他们开放，这一潮流能帮助运营商打破个人消费盈利的瓶颈状态。

（三）移动信息化安全

移动互联网蓬勃地发展起来了，随之而来的就是移动终端的安全问题。企业的数据对企业来说至关重要，因此，安全是移动信息化首要考虑的问题。

（四）移动信息化前景

移动信息化不是一蹴而就的，需要走很强的道路。移动信息化的技术也在进一步的成熟：移动信息化的部署、从传统信息化过来的技术跨越等都还在进行，企业和人们对移动信息化的认识也在进一步加强，人们慢慢意识到移动信息化正在给我们的工作生活带来巨大的便利。移动信息化需要一个长期的积累，虽然现在应用还甚少，普及也有限，但是经过一个阶段的积累，在将来一定是推动信息化文明发展的。

（五）移动应用普及

从通俗的概念来讲，移动信息化就是要在手机、PDA 等掌上终端，以电信、互联网通讯技术融合的方式，实现政府、企业的信息化应用，最终达到随时随地可以进行随身的移动化信息工作的目的。在移动信息化实施之下，目前政府和企业在电脑上应用的各种信息化软件体系，如办公信息化软件、ERP 软件、CRM 软件、物流管理软件、进销存软件，以及各行业特定的行业软件（如警务联网系统、统计局统计系统等），都可以移植到手机终端使用。手机变身为一台移动化的电脑，既能在手机与手机端进行信息化工作联动，也能够与原有的电脑端信息化体系保持互联互通。随着手机成为信息化网络中的移动载体，移动信息化将让现在需要固定场所、固定布局的企业和政府信息化建设模式变得更加灵活方便，满足政府和企业在出差、外出、休假，或是某些突发性事件时，与单位信息体系的全方位顺畅沟通。

（六）移动业务市场繁荣

作为全球最大的移动通信市场，我们现在的生活进入一个移动信息时代。目前，中国手机上网用户过 2.8 亿人，2010 年底手机用户达到 8 亿人，而手机上网用户也突破 3 亿人，庞大的手机用户群为移动信息化应用奠定了基础，也意味着巨大的商机。数据显示：2007 年中国移动信息化市场销售额达到 147 亿元，与 2006 年增长速度达到 31.3%。增长的动力来自于移动政务和移动商务应用的高速发展。在政府、企业和个人丰富的移动应用基础上，2008 年中国移动信息化市场规模将达到 193 亿元。

基于对移动信息化市场的良好预期，目前通信行业和 IT 行业的各大巨头均已开始着力部署相关的技术产品和市场动作，包括中国移动、中国联通、中国电信等运营商，微软、英特尔等底层资源提供商，IBM、惠普等 IT 集成商，诺基亚、摩托罗拉、多普达等手机制造商，均已开始对这一行业发力深掘。

而作为那些在移动信息化发轫之处就潜伏进入的拓荒者，如道一等独立软件开发商，则已架构起成型的移动信息化技术和产品体系，正作为移动信息化整体解决方案供应商，为市场提供从技术研发到解决方案提供的全套专业化服务。

当前世界电子商务进入发展增长期，其中移动信息服务是一个重要的发展趋势。目前，移动信息服务的各种发展条件已经成熟，市场已经初具规模，对于网络运营商、银行、信用卡结算单位、相关设备开发商来说，未来移动信息服务市场的前景颇为广阔。

手机的普及与多种应用的推出使得手机已经不仅是通话工具，更是一个工作、生活与娱乐的平台。面对社会信息化的趋势，围绕移动通信媒体化和多用途化，中国移动通过全面的移动电子商务技术开发应用和多层次、多品种的移动电子商务产品推广，有效地拓展了服务空间，提升了企业品牌，赢得了市场的主动，充分践行着中国移动作为移动信息专家的社会责任，也赢得了广大客户和社会各界的认同。

14

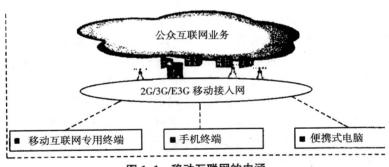

图 1-1 移动互联网的内涵

二、移动信息服务发展现状

在国际上，尽管已经有多种的移动信息业务进行了尝试，但就消费者市场来看，大多数的较先进的业务并没有被终端用户普遍使用；反之，基本通信增值业务，如短信、搜索业务、手机铃声、图标等仍然是最受欢迎的业务。很多用户的手机可以上网，但是在全球 50 亿手机用户中，只有 10 亿多人使用手机上网（日本和韩国例外，在这两个国家，使用无线网络上网的用户数超过了有线用户）。在芬兰所做的研究显示，移动数据业务的使用呈逐渐递增的趋势。最重要的服务是移动电邮和上网，它们的使用率逐年递增，为移动信息服务的开展打下了基础；与旅游相关的移动信息服务也正逐渐为大众所普遍接受；目前只有较少数用户熟悉情景和位置感知服务。与人们的预测相反，有些吸引很大注意的服务，在之前是作为杀手级应用，如移动电视、股票交易和成人内容，现在却沦为不受欢迎的服务。因此，服务必须迎合消费者和运营企业的行为。

（一）移动信息服务类型

目前，移动信息服务已在全球范围内发展，并已提供了如下类型服务，使消费者和企业受益。典型的信息服务包括搜索服务、新闻和天气信息、运输时间表以及信息黄页。信息可以被同一用户或不同用户反复修改和使用，这种信息的再生产既迅速又便宜。通常，移动互联网上的信息包括如下几种：

（1）文本：如新闻、股票价格、电影放映信息、广告、产品描述和酒店预订。

（2）音频：如声音、无线广播和音乐文件（包括 MP3 格式）。

（3）图像：如无线位图（.bmp）和可交换的图像文件（.gif）。

（4）视频：如动画图形文件、移动电视、视频文件。

移动信息服务可以通过文本信息（即短信）、多媒体短信服务（即彩信）或移动互联网进行。在 1999 年，日本的运营商 NTT DoCoMO 提出了移动互联网所采用的无线应用协议（WAP），他们的 i-Mode 服务为用户提供接入内容提供商的接口，计费和连接都由运营商提供，它们在外观和内容上都保持统一，使终端用户具有清晰连贯的用户体验。沃达丰直播（Vodafone Live）、T 字区域（T-Zone）、橙色世界（Orange World）都是复制 i-Mode 模式。除了这些基于提供内容接口的商业模式，一些独立的提供信息服务的 WAP 站点也已经涌现，其中最成功的是那些为个性化的移动设备提供内容下载的站点，这些内容包括手机铃声和壁纸。

（二）移动数据服务

移动位置数据可以使信息变得更有针对性，如过滤掉那些会打扰客户的信息。另外，信息数据使各种新服务成为可能，包括为驾驶提供方向和地图信息的导航服务、为找到亲戚朋友或某一物体提供的追踪服务等。

移动数据服务可以补充语音通信服务。短信是移动数据服务中最流行的，虽然对它最初的发展预期较低，但短信已被证明是迄今为止很成功的服务；MMS 可以实现更先进的图片和视频资料的通信；目前，有超过 30 家运营商正在运营视频电话服务；通过如黑莓手机这样的专门设备，移动电子邮件的使用也越来越多；即时通信或组信息可能是颠覆短信的创新，它是一种从固网上已有的业务移植下来的解决方案。与短信相比，即时通信用户仅依据它们所产生的数据流量付费，而不必为他们发出的每一条信息付费。

15

(三) 移动信息服务市场

2002 年，亚太地区的日本、韩国以及西欧地区的大运营商都纷纷推出了新的移动信息服务，并且取得了良好的业务发展和经济收益。Data-monitor 所进行的一项研究表明，截至 2005 年，全球移动商务的收入已经达到了 317 亿美元。到 2008 年底，全球通过手持终端设备上网的人数将超过通过 PC 上网的人数，全球移动商务用户数量将达到 16.7 亿人，将产生 5540 亿美元的收入。仅 2006 年，美国就有 5000 万手机用户利用手机支付收费信息、商品以及服务方面的信息。5000 万相当于美国人口的 17%，也相当于美国全部手机用户的 26%，他们向移动电子商务支出的费用大约为 150 亿美元。在亚洲，日本和韩国的移动电子商务已进入快速增长期。在中国，2004 年，中国移动、中国联通分别与相关银行联合推出了"手机钱包"业务。基于 WAP 通信方式的手机银行业务 2005 年 2 月开始出现。截至 2007 年 7 月，我国手机用户数量已经超过 5 亿人，移动数据用户数量接近 1.25 亿人，移动信息服务正在显示出巨大的市场前景。权威数据显示，2004 年，中国移动信息服务应用市场规模为 78.2 亿元，2009 年，中国移动商务应用市场规模将达到 300.5 亿元，年复合增长率达到 30.9%。另据调查，45% 的国内企业有明显的移动商务需求。我们预测，当前的移动信息服务已初具规模，在以娱乐休闲为主的个人短信迅猛发展后，以移动营销为核心的企业短信和移动信息服务即将成为下一个市场引爆点。

(四) 移动信息服务突破

移动给信息服务带来了许多新的变化。在用户层面，移动通信的庞大用户基础、安全性、唯一对应性的特点有利于电子商务的发展；在技术层面，固定与移动的融合、传输与内容的融合，产生了新的业务与发展模式；在市场层面，在网络、终端、浏览器、应用、内容等发展基础上，整合创新的基础得以奠定；在商业模式层面，移动通信预付费的方式以及手机、信用卡捆绑的模式，有利于移动商务的发展；在政策层面，国家给予了鼓励性政策，《电子商务发展"十一五"规划》的发布是重大的利好因素。总之，相对于基于固网的电子商务而言，移动信息服务有助于突破原有的支撑体系层面的瓶颈，尤其在安全、信用方面，对支付的发展具有积极影响，也将带动技术标准的发展，同时能够在交易、支付、经营、管理等方面给用户带来重要的新价值。令人欣慰的是，2007 年 6 月公布的《电子商务发展"十一五"规划》明确提出"发展小额支付服务、便民服务和商务信息服务，探索面向不同层次消费者的新型服务模式"，并要求"大力推广银行卡等电子支付工具，推动网上支付、电话支付和移动支付等新兴支付工具的发展"。在国信办的积极推动下，中国移动等运营企业与相关政府部门也在就"十一五"规划中移动商务试点工程的落实问题进行密切沟通。同时，央行对参与者金融方面的资质要求门槛虽然会有所提高，但总体思路是鼓励电子支付业务的创新与发展，对移动运营商这样的国企发展移动商务是更加有利的，牌照问题也完全可以通过合作等方式予以解决。

三、移动信息化的经济作用

（一）提升社会发展阶段

人类社会形态从生产力的角度看，可以分为农业社会、工业社会、信息社会。从生产关系的角度看，未来的信息社会相对应的是什么社会？信息社会阶段是在新的生产力条件下不断调整其生产关系的社会，在新的生产力条件下进一步释放了现存社会的制度潜能，延长了其寿命；信息社会的到来也使得生产力水平较低的国家有可能实现跨越式发展，信息社会将是生产力更加发达的社会发展阶段。

（二）创新社会管理结构

在不同的社会形态条件下，不同的生产力基础上形成了与之相适应的组织管理结构。工业社会的生产组织形式是以企业为单元的社会化大生产，形成了以政党及代议制民主为特征的社会宏观管理体制；在未来的信息社会，信息技术极大地促进了文化、知识、信息的传播，为人们充分表达意愿提供了技术条件，促进了民众的民主意识、民主观念、民主要求。在信息社会，社会组织管理中的代议式民主、间接民主开始向参与民主、直接民主演变，由传统的金字塔形组织管理结构向网络型的组织管理结构转变。

（三）新型社会生产方式出现

生产力的技术工艺性质的重大变化总会导致人们的生产活动方式的变化。正如机器的普遍采用将手工工场的生产方式改造成为机器大工业的生产方式一样，信息社会也形成了新的生产方式。它表现在：一是传统的机械化的生产方式被自动化的生产方式所取代，自动化的生产方式进一步把人类从繁重的体力劳动中解放出来；二是刚性生产方式正在变化为柔性生产方式，它使得企业可以根据市场变化灵活而及时地在一个制造系统上生产各种产品；三是大规模集中性的生产方式正在转变为规模适度的分散型生产方式；四是信息和知识生产成为社会生产的重要方式。

（四）新兴产业不断兴起

信息社会将会形成一批新兴产业，并促进新的产业结构的形成。一是信息技术革命催生了一大批新兴产业，信息产业迅速发展壮大，信息部门产值在全社会总产值中的比重迅速上升，并成为整个社会最重要的支柱产业；二是传统产业普遍实行技术改造，降低生产成本、提高劳动效率，而通过信息技术对传统能量转换工具的改造，使传统产业与信息产业之间的边界越来越模糊，整个社会的产业结构处在不断的变化过程中；三是信息社会智能工具的广泛使用进一步提高了整个社会的劳动生产率，物质生产部门效率的提高进一步加快了整个产业结构向服务业的转型，信息社会将是一个服务型经济的社会。

（五）数字化的生产工具普及

数字化的生产工具在生产和服务领域广泛普及和应用。工业社会所形成的各种生产设备将会被信息技术所改造，成为一种智能化的设备，信息社会的农业生产和工业生产将建立在基于信息技术的智能化设备的基础之上。同样，信息社会的私人服务和公众服务将或多或少建立在智能化设备之上，电信、银行、物流、电视、医疗、商业、保险等服务将依赖于信息设备。由于信息技术的广泛应用，智能化设备的广泛普及，政府、企业组织结构进行了重组，行为模式发生了新的变化。

（六）新型就业形态与就业结构

伴随着产业结构的演变，当人类迈向信息社会时，新的就业方式开始形成，就业结构将发生新的变化。从波拉特统计体系来看，社会经济活动可以划分为四大产业部门，即农业、工业、服务业和信息业。随着社会经济形态的演进，劳动力人口依次从农业部门流动到工业部门。在工业化后期，农业人口和工业人口又流向服务业部门，在工业社会向信息社会转型的过程中，信息技术的发展催生了一大批新的就业形态和就业方式，劳动力人口主要向信息部门集中。传统雇佣方式受到挑战，全日制工作方式朝着弹性工作方式转变。信息劳动者的增长是社会形态由工业社会向信息社会转变的重要特征。

（七）交易方式变化无穷

分工和专业化是经济增长的主要动力，分工扩大生产的可能性边界，推动了人类社会的发展。有分工就会有交易，信息社会中信息技术的扩散使得交易方式出现新的变化。一是信息技术的发展促进了市场交换客体的扩大，知识、信息、技术、人才市场迅速发展起来；二是信息技术的发展所带来的现代化运输工具和信息通信工具使人们冲破了地域上的障碍，使得世界市场开始真正形成；三是信息技术提供给人们新的交易手段，电子商务成为实现交易的基本形态，这也扩展了市场交易的空间。

（八）城市化呈现智能化

随着工业化的完成，城市成为人类居住主要聚集地，完成工业化的国家城市化率都已达到80%以上。随着工业社会向信息社会的演进，人类以大城市聚集为主的方式正在发生变化，城市人口在经历了几百年的聚集之后开始出现扩散化的趋势，中心城市发展速度减缓，并出现郊区化现象。大城市人口的外溢使城市从传统的单中心向多中心发展。若干中心城市通过增长轴紧密联系，整个区域成为一个高度发达的城市化地区。不同规模和等级的城市之间通过发达的交通网络和通信网络，形成功能上相互补充、地域上相互渗透的城市群（都市连绵区），城市群（都市连绵区）在整个国民经济发展中的地位和作用越来越突出，影响及支配着世界经济的发展。

（九）数字化生活丰富多彩

如同 19 世纪的工业化进程瓦解了农业社会的生活方式，建立了工业社会的生活形态一样，信息社会新的生活方式也正在形成。在信息社会，智能化的综合网络将遍布社会的各个角落，固定电话、移动电话、电视、计算机等各种信息化的终端设备将无处不在。"无论何事、无论何时、无论何地"人们都可以获得文字、声音、图像信息。信息社会的数字化家庭中，易用、价廉、随身的消费类数字产品及各种基于网络的 3C 家电将广泛应用，人们将生活在一个被各种信息终端所包围的社会中。

（十）军事应用层出不穷

在信息社会，随着传统的工业社会时代的武器被智能化的系统所控制，人类社会进入了信息武器时代。在信息社会，战争呈现出新的特点：一是在信息社会，战争将最终表现为对信息的采集、传输、控制和使用上，获得信息优势是参战各方的主要目标；二是武器装备呈现出信息化、智能化、一体化的趋势，打击精度空前提高、杀伤威力大大增强；三是战争形态、作战方式也随之出现一些新的特征，战场空间正发展为陆、海、空、天、电五维一体，全纵深作战、非线式作战正成为高技术条件下战争的基本交战方式；四是为适应战争形态的变化，作战部队高度合成，趋于小型化、轻型化和多样化，指挥体制纵向层次减少，更加灵便、高效。

四、移动信息化对企业的益处

企业营销人员可在任何时间（Anytime）、任何地点（Anywhere）处理与业务相关的任何事情（Anything）的"3A"模式被称作是企业信息化建设的最终目标！移动信息化使"3A"模式得以实现，使企业全员都处于"3A"状态，大大提升企业的运作效率。

（一）提高决策水平

管理者在决策时离不开信息，信息的数量和质量直接影响决策水平。这要求管理者在决策之前以及决策过程中尽可能多地收集信息，以此作为决策的依据。中小企业的老板们，经常同时分饰多种角色，总经理、业务员、采购员等，因此及时、准确地获得信息，至关重要。依靠移动信息技术快速响应的特性，移动信息化系统能够快速、及时、准确地提供决策者所需的信息，这就为提高决策的质量提供了有利条件。另外，辅以信息系统科学的决策模型和信息加工处理方式，提高了企业管理人员，特别是中小企业决策者的方案选择能力，最大限度地减少了决策过程中的不确定性、随意性和主观性。

企业可以通过在 Windows Mobile 智能手机上运行 3A Mobile 移动供应链管理系统，实现全国各地的数据采集、统计、查询和发布，让企业决策人员即使身在千里之外也能运筹帷幄，真正随时掌握最准确的市场数据，做出正确的决策。在某通讯公司的应用实例中，采用了移动供应链管理系统，使数据采集的周期从原来的一周到数周缩短至 1 小时，既有效地避免了中间环节的时间差，也避免了层层汇总带来的数据错误，获得了降低超过 20% 的库存压力的显著成果。

（二）提升应变能力

现代社会瞬息万变，一个企业要求得生存和发展，必须抓住转瞬即逝的机遇，而要做到这一点，除了企业的管理者要随时了解企业内部与市场外部情况的变化，及时做出相关决策之外，更要求企业整体从上到下也必须迅速响应，根据管理者的决策作出应变。

现代信息系统能够在瞬间处理并传递大量的信息，而且移动网络技术实现了跨越地域的同步信息交换，实现了企业内部各分支机构、各部门之间的信息共享。通过手机等移动终端，管理者的决策指令能迅速传达到企业内部各相关部门，而企业内部各环节也能迅速根据指令作出反应，并把相关反馈信息收集整理后回传到管理者，从而实现企业整体应变速度的提高。

（三）解决营销出路

对于部分资金、渠道不足的企业，要实现有效的营销运作并不容易。移动信息化可以为他们提供一个营销上的好出路。利用移动信息技术，信息化可以为企业创造不同的营销方式。如使用短信系统发送最新的促销信息，以及使用手机互联网平台，使企业拥有了能有效直达消费者的广告媒体和更有针对性的信息发布平台等。这些都能够让消费者通过手机等移动终端随时了解到企业的最新情况，其覆盖范围遍及全国乃至全世界，既增强了企业开拓新市场的能力，同时又可以大幅节省市场营销的成本。

（四）满足客户需求

现代企业要赢得市场竞争，需要以客户的需求为导向进行产品的开发和生产。中小企业通过移动网络与重要客户连接在一起，可以直接实现与客户的一对一沟通，随时了解客户需求的变化，改善企业与客户之间的交流效果，为自己创造更多商机。

（五）提高企业效率

2013 年，企业移动信息化的应用和发展将更加深入，各行各业都能看到移动信息化正在发挥着巨大的能量。移动支付让企业支付走到了用户端；餐饮业移动点餐应用让点餐更高效；零售行业的移动化应用让企业深入到了供应链和客户；移动执法让执法部门应对现场更从容；移动医疗让医生和患者之间更熟悉；移动商务让企业商务随时、随地高效运转；等等。

可以说，2013 年真正进入到了企业移动信息化的应用之年，既有针对中小企业简单的移动信息化应用，也有针对大型集团化企业的整体移动信息化解决方案。与此同时，BYOD 作为一个重要的突破口，几乎成为了厂商进军移动信息化领域的招牌。

（六）改变服务模式

移动信息化之所以能够获得企业的认可，最根本的原因是解决了企业数据流通的问题，让数据反馈更便捷，让业务流程更简单。本着简化企业 IT，提升企业效率的原则，移动信息化正在各行各业发挥着更加重要的作用。移动信息化的发展，迫使企业不得不转变传统的管理思维。因为移动应用正在改变企业与用户之间的交互方式，通过移动信息化建设，优化企业业务流程，改变原有的服务模式，建立一种持续的品牌体验，并由此去挖掘新的商机。

（七）关注移动安全

移动安全需要透过风险管理时时刻刻保持警觉。快速创新带来新的使用行为，移动化越普及，就越会成为攻击目标。当大家都利用智能型手机作为主要社群平台的同时，个人和组织所受到的安全威胁风险就越高。为了要能辨识风险、采取适当策略，企业一定要收集各种和移动化相关的情报，包括移动设备、用户、应用程序的安全事件、网络分析，并了解现有风险管理政策。移动化是革命性的技术，让个人拥有前所未有的灵活和自由度，将个人专业发挥到最大成效。企业无法轻忽这样的机会，但又不能在拥抱新技术的同时让自身处于危险之中，让企业在安全与报酬之间取得平衡。

第三节　移动信息服务产业

一、移动信息服务产业特征

根据最新公布的 2006~2020 年国家信息化发展战略，信息化是充分利用信息技术，开发利用信息资源，促进信息交流和知识共享，提高经济增长质量，推动经济社会发展转型的历史进程。

（一）移动信息服务产业

社会信息化是通过现代信息技术和网络设施把社会的最基础资源——信息资源充分应用到社会各个领域的过程。它与工业化是相互对应的一个概念，工业化是信息化的物质基础，而信息化是工业向更高层次发展的技术环境。工业化的最大目标是最大限度地开发利用物质和能源资源，向社会提供丰富的物质产品；而信息化的主要目标是最大限度地开发利用信息资源，提高社会各领域信息技术应用和信息资源开发利用的水平，为社会提供更高质量的产品和服务，促进全社会信息化。

移动信息化是信息化的高级阶段，它是指在一切社会活动领域里实现全面的信息化。移动信息化是以信息产业化和产业信息化为基础，以经济信息化为核心向人类社会活动的各个领域逐步扩展的过程，其最终结果是人类社会生活的全面信息化，主要表现为：信息成为社会活动的战略资源和重要财富，移动信息技术成为推动社会进步的主导技术，信息人员成为领导社会变革的中坚力量。

由于具备随时随地可移动性、实时性、交互性和可管理性等优点，移动信息化使企业和政府信息化建设模式变得更加灵活便捷，效率也得到大幅提升，移动业务在国民经济信息化应用中正实现着历史性的突破。

（二）移动信息服务产业的特征

移动信息服务是企业实现个性化的精准、互动的及时营销和服务平台。移动信息服务产业应当具备几个基本特征：

1. 个性化

因为手机用户与号码的固定性，与互联网的虚拟性有着本质的差别。手机用户与企业应该是一对一的沟通，这样才能获得用户的需求，为用户提供个性化的服务。比如，手机用户登录到蛋糕店的移动门户，移动门户就会根据其口味、习惯以及生日等情况提供个性化的服务，以提高购买机会。个性化的另一个含义则是企业移动营销方式的个性化。企业需要根据产品和服务的特点设计有特色的移动营销的方式和内容，比如移动拍卖、移动导购，它们对移动商务有较高的要求。

2. 精准性

把一个相同的信息推送给千万人的做法违背了个性化这一原则，更有甚者直接将连续的号码段或随机产生的号码进行发送，这不仅仅违反了有关法规，同时还使企业形象受到损失。因此，有效的移动商务必须利用信息化工具分析手机所有者的需求特点，实现信息的精准服务。举一个例子：药店可以根据会员经常购买药品的类型，区分会员的病患情况，在特定的时刻进行有效服务，比如下雨前提醒有风湿病药物购买经历的会员注意身体，同时推荐风湿病药品，从而提高销售收入。

3. 互动性

手机本身就是一个互动的工具，互动意味着可以选择需要的信息和交流方式。通过互动才能获知需求。"超女"就是一个典型的案例。用友移动商务就为企业提供了一个低成本的互动平台，无需大的投入就可以实现与用户的实时互动，比如手机抽奖、手机调查、手机兑奖。幼儿园的例子：家长可以通过手机及时了解午餐的菜单和课程安排，家长可以跟老师沟通孩子教育方法，可以提出自己的意见和建议。这样家长会更放心，并且可以配合老师完成课外的教育和辅导。

4. 及时性

通常及时性需要跟某个事件结合，才能产生效果。如店庆、节假日、促销季等。移动商务不及时，就失去了价值。拿前面的药店的例子来说，如果雨都下过了，用户才收到短信，那么这个信息就成了垃圾，也不会为企业带来收入。

5. 门户化

门户相当于无需记忆的企业总机。企业如果有一个手机可以随时访问的空间，便能为企业带来业务。用友移动门户的最大特点就是为企业提供一个长期固定的手机门户。举一个例子：一个人的车在路上坏了，记不住救援电话，通过访问移动门户，可以及时得到救援，一方面解决了车主的实际困难，另一方面又为维修厂商带来了生意。

未来移动信息化是在实践中探索前进的，2012年移动信息化发展方向平台化、生态化是主流。2013年移动信息化平台化仍然会持续形成百家争鸣、百花齐放的状态，在诸多行业的论坛上，一些企业和用户代表甚至将2013年定为企业移动信息化的大爆发之年。据他们分析，无论是行业的需求度、技术的成熟度、网络环境、智能终端的处理能力以及员工的接受程度都达到了顶峰。同时，业务价值创新可能会在一到两年变成CIO考虑到移动化的首要因素。现在企业部署移动信息化是"不得不"的状态，但是未来一到两年就要做业务创新，移动化是最好的业务创新方式之一。

二、移动信息服务产业价值链

移动信息化产业链主要由七部分构成：基础设施提供商、平台软件提供商、网络运营商、移动应用服务提供商、应用开发商、终端设备提供商和最终用户。面对众多的终端设备供应商及众多的应用软件供应商，标准的不统一，会对应用的推广造成影响。在产业链上的任何主体，不论大小都应该站在一个合适的位置上，整个产业才能协调发展。建立新的利益分配方式，是让移动信息化真正动起来的必由之路。

（一）移动信息化产业链发展历程

移动信息化产业链的发展伴随移动通信技术的演进而不断拓展，在 1G 时代，基于模拟技术，业务受到带宽限制，移动运营商购入设备厂商的网络设备并着手进行基础网络建设，其主要任务是建网与扩容。其所能为用户提供的仅是一些简单的移动信息服务，移动信息化服务及其产业链尚未形成。

在 2G 时代，数字化技术为移动信息化奠定了基础，但用户的通信消费仍集中于语音通信。虽然语音通信业务量较 1G 时代有较大增长，在此基础上还出现了新的移动通信业务，即短消息业务，但该时期的产业链结构与 1G 时期相比变化不大，只是随着短信业务的出现，移动通信产业链的成员中增加了服务提供商（SP），服务提供商面向运营商，负责为短消息业务提供服务。同时，由于 2G 移动通信网络数据承载能力、设备软硬件水平和其他无线网络接入技术成本的限制，虽然市场已呈现出较强的移动信息化需求，但是移动信息化由于缺乏坚强的技术驱动基础而发展乏力。

在 3G 时代，移动通信和其他无线技术都有了突破性发展，手机软硬件水平空前提高，大量 IT 和互联网企业加入市场竞争，大量创新技术型企业蓬勃成长，为移动信息化产业链在 3G 时代的发展奠定了重要的基础。移动信息化产业获得了爆发性的成长，大量新技术、新业务和新公司涌现，市场竞争激烈，用户的可选服务种类空前增多。

按照对传统产业链的分析方法，移动通信产业链在 3G 时代结构复杂，分析难度增加，移动信息化形成的产业链仍然处于不断探索完善中。但是，移动信息化产业链的形成和发展与技术驱动和市场驱动密切相关，同时也受到政府驱动的影响。在国家信息化的大战略中，政府既是信息化建设的推动力量，又是电子政务行业应用的主要用户。在完成国家信息化和实现行业信息化的过程中，运营商处于产业链移动信息化应用中的主导者地位并成为推动产业链各方整合的重要力量。

（二）移动信息化产业链发展趋势

移动信息化产业链发展趋势可以概括为以下几个方面：

1. 集中化

集中化主要指系统功能与建设模式的发展方向，二者相辅相成、相互影响。从移动信息化需要节约成本、提高效率角度看，信息化应用提供商不可能绕过电信运营商。伴随几大电信运营商集中化改造工作的逐步深入，系统的支撑能力明显提高，系统投资和管理维护的费用明显下降。目前，电信运营商三大系统中的管理支撑系统与业务支撑系统已基本实现了省集中化，而网络支撑系统的集中化工作相对复杂一些，包含了不同层次和不同范围的集中，运营商在建设信息化服务系统的过程中应根据信息化应用特点，进一步明晰移动信息化策略。

2. 服务化

移动信息化的目的是提供优良的信息化服务，服务化是系统建设的体系构造，因为电信运营企业信息化的目标之一就是实现客户需求的最大化。随着电信运营企业对客户争夺的日趋激烈，IT 支撑系统要逐步摆脱过去被动满足指定功能需求的建设理念，更多地从市场角度和客户角度去主动分析客户需求、客户特点，进而建设或完善系统功能。不仅客服系统、客户关系管理系统应具备服务化的理念，在业务流程再造（BRP）的基础上，也应建立诚信、方便、快捷的客户服务平台，以满足不同客户的需求；同时网络支撑系统也应具备这种理念，实现服务功能的前移。通过移动信息化，完成应用整合，实现不同应用对象的个性化服务。

3. 标准化

移动信息化离不开标准化，标准化主导 IT 支撑系统的技术架构发展方向。信息化时代，市场、客户、业务对 IT 支撑系统必然会提出更多、更高的要求，系统数量也将逐年增多。因此，电信运营商应完善面向全业务运营的数据结构规范、系统接口规范或信息集成规范，为实现信息共享夯实基础，也为实现系统的模块化与松耦合提供保障。

（三）移动信息化产业链发展存在的问题

1. 移动信息化应用瓶颈

目前，移动信息化应用多表现在数据采集、信息确认、信息通知等信息的传递和发布上，而且大多数是采用短信群发的方式。移动信息化应用尚未与业务系统真正结合，只能被视作传统信息化手段的补充。目前，无论是传统信息化还是移动信息化，其应用都同样受限，基本只在一些特定的环境中使用，并且使用对象主要是一些政府和大型企业，当前移动信息化面向中小企业核心业务的应用还很少。缺乏和业务相结合的应用，已成为目前移动信息化发展所面临的主要瓶颈。

2. 信息化技术基础

信息化技术基础薄弱是阻碍移动信息化发展的主要因素之一，网络的稳定性、数据传输的安全性是两个主要的技术问题。移动应用的费用不菲，也是移动信息化目前难以推进并大范围展开的重要原因。除此之外，移动网络传输速度慢、移动终端屏幕尺寸小、缺乏现成的应用方案、系统开发周期长等诸多因素也都会影响到移动信息化在企业中的应用。国内电信运营商建立的众多信息系统大量呈分散存在、独立管理的状态，未能有效地连接而形成集成系统，形成了一个个"信息孤岛"。相关功能主要是以满足各管理职能部门生产、管理需求为目的而规划建设的，因而缺乏统一的规划，常常由分属不同的职能管理部门维护和管理，在管理方面很难做到同步，从而导致各个系统统计出的数据不一致，为企业的科学决策增加了难度。

3. 商业模式

移动信息化需要创建可行的商业模式，这是移动信息化产业链持续发展的保障。移动信息化可以根据产品、行业、产业链成员的不同作用来构建不同的商业模式。运营商应当在形成企业移动数据应用的业界生态环境方面发挥积极的主导作用，以激发市场需求。目前，移动信息化还没有形成统一的标准，生态环境不完善也导致了产业链上各环节之间缺乏有效的沟通与合作。移动信息化的商业模式应以运营商为核心，以网络为中心，由运营商接触客户了解应用需求，后向整合应用提供商，并纳入网络、计费等移动信息化功能平台。

移动信息化产业链伴随着移动通信技术、市场以及国家信息化战略发展而发展，移动信息化产业链的发展需要从移动信息化应用、信息化技术基础以及商业模式中寻求策略，通过构建合作共赢、互利互惠的移动信息化产业链，实现移动信息化平台的功能整合，建立 ICT 产品架构，形成标准化的移动信息化服务体系。

三、移动信息服务产业生态环境

1976 年，阿尔瑞契等发表的《组织的环境》一文，首次将生态学的理论引入管理学，而 1977 年韩楠和弗里曼发表的《组织的群体生态》明确地提出了《群体生态论》。之后，詹姆斯·穆尔在《竞争的衰亡：商业生态系统时代的领导与战略》中第一次提出了"商业生态系统"的概念，架构了基于共同进化模式的企业战略全新设计思路，开创了将生态学的观点引入战略管理的先河。而在理查德·L.达夫特在《组织理论与设计精要》中，更是重点利用种群生态学的概念论述了有关组织间冲突与协作、《组织生态系统》演化以及正在出现的学习型组织等许多新的观点和方法

(一) 移动信息服务产业生态圈的内涵

一般认为，移动信息服务产业生态系统是指移动信息服务产业系统由很多

子系统，如网络设备供应商、网络运营商、终端供应商、内容提供商、集成商、消费者群体、政府等共同组成的一个产业生态系统。移动信息服务生态系统是一种开放的系统，也是一个动态的系统。现代移动信息服务产业是个巨大的产业生态系统，其中可以容纳的物种种类和数量在迅速膨胀。组成这个生态系统的所有成员都应该持有一种更为开放、更为包容的心态，共同搭建一个大平台，并依托这一平台共同进化（娄成武、李丹，2004）。在生态系统内的各物种，如政府、设备供应商、电信运营商、客户群体、内容提供商、系统集成商、渠道供应商、终端供应商、用户等，之间存在着竞争、合作、共生的关系。

研究移动电子商务产业生态系统的重要方面之一是制定科学的"游戏规则"。"弱肉强食"的"丛林法则"是每一个生态系统所具备的天然法规，这也说明了移动电子商务产业系统内竞争的残酷性。在完全竞争市场状态下，这一天然法则可以保证系统的生存和发展。但在现实环境，如果缺乏良好的"游戏规则"，将会造成市场竞争过分激烈，形成无谓的市场内耗；或者市场过于沉寂，阻碍产业发展。规则的制定和实施是政府的责任和义务，同时也是政府作为监管者参与移动电子商务产业生态系统的方式。良好的规则必须在"防止垄断和防止重复投资"以及"保护消费者利益和鼓励技术创新"等原则中取得平衡。

研究移动电子商务产业生态系统的另一个重要方面是寻找恰当生态位。企业生态位是指一个企业乃至一个行业在企业生态大环境中处于何种位置。对处于生态系统内的每一个"物种"或"个体"而言，在系统内保持竞争优势的关键在于找寻恰当的生态位，关键在于每个个体必须清楚认识自身的资源和能力以及行业的整体态势，认清自身在整体生态系统中的地位和价值，以及与自身密切相关的其他个体，即哪些是竞争者，哪些是合作者，对于竞争者自身的优劣势何在，对于合作者采用何种方式合作为好。

（二）移动信息服务生态圈的产生是企业和用户双向生长的结果

随着无线网络通信技术和互联网技术的发展，移动信息服务逐渐形成和发展起来，人们集聚于这个领域开展研究也促使它不断地向前发展，应用范围越来越广泛。

移动信息服务的商业模式涉及移动运营商、网络设备提供商、手机制造商、内容提供商等。这些参与方以移动用户为中心，在一定的政府管制政策的限定下开展各种活动以实现自己的商业价值。在各参与方中，运营商维护用户的个人数据，并提供与业务有关的个人信息和计费手段。因此在移动信息服务商业模型的确定中，移动运营商自然应当处于主导地位。目前，我国虽已形成了以运营商为主导的商业模式，但内容提供商和手机提供商的实力较弱。内容提供商也仅限于几家门户网站或运营商本身的业务开发部门；广大中小型企业还没有足够的热情参与其中；还没有形成良好的公平竞争场面；没有形成百花齐放的繁荣场景。

对此，国家应完善相关法律和制度，明确行业的发展策略和政策导向，为移动信息服务的发展提供公平竞争的环境，并保障各参与团体间的利益分配，从技术和资金等方面支持广大企业从事移动信息服务的业务开发。

（三）移动信息服务生态圈受到 3G/4G 产业背景的影响

经过 2.5G 发展到 3G/4G 之后，无线通信产品将为人们提供速率高达 2Mb/s 的宽带多媒体业务，支持高质量的话音、分组数据、多媒体业务和多用户速率通信，这将彻底改变人们的通信和生活方式。3G 作为宽带移动通信，将收集变为集语音、图像、数据传输等诸多应用于一体的未来通信终端。这将进一步促进全方位的移动商务得以实现和广泛展开，对于生态链上的各个组成部分也带来较大的改变。

（四）移动电子商务生态圈的繁荣是多行业合作的结果

移动信息化，不仅是政府的规划目标，也是经济发展的生动写照，而移动信息化的最重要的部分就是移动数据业务的行业应用。随着 3G 的临近，这一市场蕴藏着的巨大商机已渐渐显露。同时，移动数据业务企业应用深入市场、商机实现的过程，也必将推动经济的发展和企业管理水平、竞争能力的总体提升。

对于企业而言，移动信息化应用是一种降低成本、提高销售的有利可图的投资方向。在一个企业的供应、生产、销售和服务等工作环节，手机已经成为不可或缺的通信联络手段，从而企业内部沟通和管理、企业与新客户的沟通以及企业对老客户的管理和沟通等方面，移动信息化都显示出非常重要的作用。近年来，国外移动行业迅速发展的在线工作分配、移动促销和移动客户关系管理等解决方案就是针对这些企业内部的管理与营销活动的具体应用。目前，辅助企业内部管理的虚拟网业务和移动办公助理等移动新产品的推广已经比较成功。

实现价值链升级，打造共赢产业圈，对于不同行业，甚至同一行业不同类型的企业，其管理模式、组织架构、业务流程等都各不相同，很难有放之四海而皆准的方式。以移动终端上的位置服务为例子，同样是车辆调度，公交公司、出租车公司、运输公司都有截然不同的要求，甚至需要定制各自的终端显示设备。愿意与拥有独特资源或者成熟解决方案的合作商进行广泛合作，愿意与处于产业链不同位置上的公司共同做大这一市场。

四、移动信息服务产业的市场

（一）企业级移动应用的趋势

《2012~2013 中国企业级移动应用产业白皮书》调查分析，移动互联网是移动通信和互联网融合形成的新兴产业形态，具有移动化、宽带化、融合化、便携化等特征，是实现信息产业新一轮发展的强劲引擎。随着移动互联网的普及，网上报销、网上下订单、网络招聘、在线 CRM 等各种企业级移动应用开始出现，多层互联网架构几乎覆盖了所有企业级应用，企业级移动应用将会逐渐成为移动互联网的主战场。

艾媒咨询分析师表示，2013 年将是企业移动应用的"分水岭"，将会有更多的企业开始重点关注这一领域。

（二）企业级移动应用市场启动

艾媒咨询数据显示，2012 年第四季度中国智能手机用户继续保持增长态势，截至 2012 年底，中国智能手机用户数达到 3.8 亿人，环比增长 15.2%。艾媒咨询（iiMedia Research）分析认为，运营商以及手机厂商对于千元智能手机的大力推广有效推动了智能手机在中国的普及，越来越多的非智能手机用户正在转变为智能手机用户，未来这一趋势还将继续。

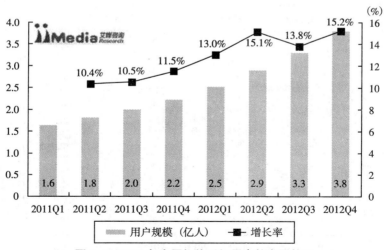

图 1-2　2012 年中国智能手机用户数发展状况

资料来源：艾媒咨询。

活跃的智能手机终端和应用市场，促进移动互联网迅速普及，移动互联网发展进入快速发展阶段。

经过多年的基础建设和研制开发，我国企业级移动互联网产业链各环节已初步具备支撑移动互联网高速发展的条件和环境。

艾媒咨询数据显示，当前企业级移动应用市场刚刚启动，整个市场处于培育阶段，在未来几年，中国企业级移动应用市场将迎来高速增长，预计 2016年中国市场规模将达到 666.3 亿元（见图 1-3），未来四年复合增长率（CAGR）达 65.4%（见图 1-4）。

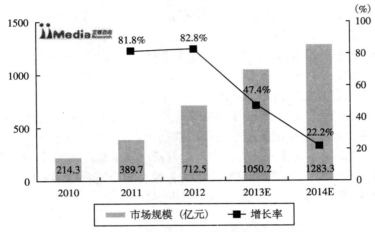

图 1-3 2010~2014 年中国移动互联网市场产值

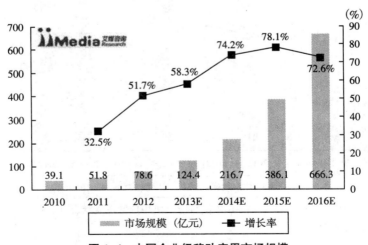

图 1-4 中国企业级移动应用市场规模

（三）中国企业级移动应用生态圈形成

企业级移动应用产业链趋向于一种交错的生态圈组合，企业用户、移动应用开发商、移动中间件提供商、移动操作系统厂商、应用商店、电信运营商、终端厂商，以及安全提供商等共同组成了以企业级移动应用产业生态圈（见图1-5）。

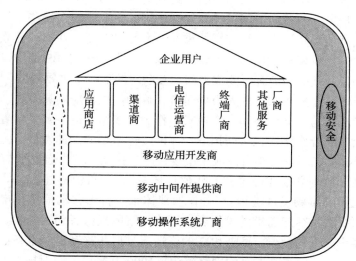

图1-5　中国企业级移动应用产业生态园

目前，中国企业级移动应用市场还处于初创阶段，生态圈的各个环节的竞争格局尚未完全确定，中国企业级移动应用生态圈主要包括终端商和应用商店、渠道商、移动中间件提供商、用户、移动应用提供商及其提供产品和服务等。

艾媒咨询分析师表示，中国企业级移动应用产业发展迅速，现处于产业成长阶段。

（四）中国企业级移动应用产业发展阶段

中国企业级移动应用产业发展潜力巨大，随着技术的成熟与企业需求的开启，产业将得到迅速发展，预计在2013年进入成长阶段，2018年左右进入成熟阶段。

初创阶段（2009~2012年）：移动邮箱和移动上网本在处理商务事务的运用，带来便捷和效率的提高，企业开始对信息移动化建设进行探讨。

成长阶段（2013~2017年）：移动应用与PC逐渐统一融合，移动应用与企业实际业务融合更深入，一体化的企业移动应用解决方案质量逐步提高，将为企业带来极大的效益。

成熟阶段（2018年及以后）：企业、员工、客户、合作伙伴的统一移动平台已建成，企业信息移动化管理水平极高，企业级移动应用产业进入良性循环，企业生产力大大提升。

（五）中国企业级移动应用产业市场活跃

目前的移动互联网，人们似乎能看到企业级应用的曙光。移动互联的企业级应用将会是爆发消费。美国已经开始，中国的企业改变会慢些，然而企业会慢慢意识到移动互联的企业级应用的重要，会要求改变，在移动互联网市场的快速增长中，企业移动应用的贡献将越来越大。当社交、LBS都用过之后，未来2~3年，企业级应用极有可能成为移动互联网的下一个主要领域。

相对于话音业务，以及个人市场而言，移动信息化应用具有更加复杂的价值链、更加多样的业务形态和合作模式。作为市场培育的主要推动者，运营商只有联合众多的合作伙伴，协同拓展，才能促进市场的加速发展。为了推动集团数据业务进展，尽快占领行业应用市场，广州移动已首先启动了与IBM公司的合作，并开始筹划搭建一个"合作伙伴体系"，为价值链注入活力，加速移动信息化应用的市场发育进程。"合作伙伴体系"将为移动信息化市场的发展提供以下的要素：客户需求的发掘者、解决方案的提供者和实施者、业务渗透的渠道、客户关系的桥梁、商业生态的营造者。广州移动已经准备好对合作伙伴的支持：完善的网络、丰富的网络资源；1000万客户，特别是上万家集团客户（企事业单位）；有专业精神、经验丰富的营销服务人员；长期优质服务过程中培养出的客户忠诚、良好的客户关系、对客户需求的把握、利益共享的合作机制、完善的培训和充分的信息共享机制。

总之，伴随着信息技术的发展，信息化和全球化已成为当代世界经济不可逆转的大趋势。应正确认识全球信息化发展的大趋势，企业要主动应对这个大趋势，趋利避害，加快发展信息产业，积极推进国民经济和社会信息化，缩小数字鸿沟，提高信息安全保障水平，为创新型国家和社会发展做出贡献。

 **本章案例**

广州社会信息化建设

2009年，广州市创新城市管理模式，城市数字化、网络化建设取得新进展。全市累计建成视频监控点26.2万个，初步实现全市视频监控资源大联网，综合应用于社会治安防控、公共事件应急、城市管理、水利三防等方面，成为广州市社会治安和城市管理的重要手段。国土资源和房屋管理系统建设应用稳步发展，逐步形成 2009 年 3 月 25 日，国家数字家庭应用示范产业基地落户番禺。市科技和信息化局供稿市、区（县级市）两级上下贯通的土地管理系统。"数字城管"建设覆盖全市 10 个区的调度中心无线对讲平台，实现即时性案件快速处理；建设移动监控指挥平台，强化应急能力，提高亚运城市管理保驾护航能力。"数字市政"加快推进审批提速、污水整治、重点地区城市设计等重点工作，在审批提速方面，通过规划验收违法的案例审批系统促进整个办案流程由 100 天缩短至 45 天，实现高效、便捷服务。"数字公安"深入推进"工作执法一网考"、"视频监管一网控"、"办案办公一网通"、"信息情报一网综"、"服务措施一网办""五个一网"建设，全市开通网上社区警务室 1409 个，社区警务接入率 89.78%，信息化手段促进指挥决策水平、打击防控效能、行政管理水平和服务群众质量明显提升。"数字水利"初步整合原水力、供水、排水三大业务信息系统，全面启动市水力数据中心建设，打造水力资源共享平台。

"无线城市"建设全面推进。以"智慧广州"为主题的广州无线城市门户正式开通，共建成 WLAN 接入点 4437 个，3G 基站 7103 个，3G 室内接入点 4466 个，3G 信号覆盖广州市区域的 95%以上，无线上网用户数达 42.4 万户。广州市电子政务外网接入单位 145 个，12 个区（县级市）就近接入广州市电子政务外网。800 兆数字集群共网项目正在建设。广州超级计算中心启动前期培训等准备工作。

广佛信息一体化建设取得重大突破。2010 年，广州、佛山两市签署《广州市佛山市信息化建设合作框架协议》。广佛电信同城化取得进展，并于 2010 年 6 月 1 日下发《关于成立推进广佛电信同城化工作领导小组的通知》。两市信息化主管部门与三大运营商初步拟订两地电信资费同城化计划。

信息化保障体系不断完善。信息化政策法规制定取得重要进展，市委、市政府发布《关于加快"信息广州"建设的意见》，提出广州今后 5 年信息化发展的目标、任务和具体对策；《广州市信息化促进条例》进入立法程序。网络与信息安全建设全面推进，初步建立起"一案三制"的网络与信息安全管理体系；成立广州市信息安全测评中心，加强电子政务信息和网络安全管理；扩大信息知识技能普及范围，开展面向政府、企业及农村的信息化培训。

文化领域信息化建设成效显著。升级改造"广州数字文化网"，实现市与各区（县级市）图书馆联合共建，促进文化信息资源整合共享，网站辐射力大大提升，访问者覆盖港澳台、欧美等 30 多个国家和地区。文物保护信息化工作继续推进，不断充实文物信息数据库内容，开展第五至第七批市级文物保护单位文物保护范围和建设控制地带划定工作。

移动信息服务

旅游信息化服务能力进一步提升。广州旅游网服务能力不断拓展提升，网上旅游宣传力度加大，网站资讯服务能力不断提高，同时整合携程网、广东银旅通信息网络发展有限公司等电子商务网站资源，共同打造广州旅游电子商务平台。

资料来源：广州年鉴编写委员会.广州年鉴（2009）[M].广州：广州年鉴社，2009.

本章小结

通过本章的学习，应了解社会信息化的意义，结合案例熟悉移动经济的发展过程，理解移动经济的特点；了解移动信息化的作用，熟悉移动信息化的企业应用，掌握移动信息服务产业价值链，熟悉移动信息服务产业特征。

本章复习题

1. 试阐述社会信息化的意义。
2. 试分析移动经济的特点。
3. 举例说明移动信息化的的企业应用。
4. 试阐述移动信息服务产业价值链组成。
5. 试述移动信息服务产业特征。

第二章

移动通信与无线通信系统

学习目的
★★★★

知识要求 通过本章的学习，掌握：

● 移动通信的概念
● 无线网络的特点
● 无线局域网的应用
● 无线局域网的组建要点
● 无线局域网的组建方案

技能要求 通过本章的学习，能够：

● 熟悉移动通信的发展过程
● 理解无线网络的接入
● 掌握无线局域网的组建
● 熟悉无线局域网的组建方案

35

学习指导
★★★★

1. 本章内容包括：移动通信的概念；无线网络的特点；无线局域网的应用；无线局域网的组建要点；无线局域网的组建方案。

2. 学习方法：结合案例熟悉移动通信的发展过程、理解无线网络的接入、掌握无线局域网的组建、熟悉无线局域网的组建方案。

3. 建议学时：4 学时。

中国银联昆明分公司"银信通"

中国移动在充分挖掘客户需求的基础上，利用移动通信技术、移动网络的稳定性和成熟性在云南全省成功推出了无线 POS 业务，以及移动小额支付系统的开发。具体应用功能如下：

（1）无线 POS 业务。根据客户的需求，考虑银行刷卡对安全性要求较高，中国移动提出利用无线 DDN over GPRS 技术，结合银联的无线 POS 机具，提供给昆明银联专线和专用的 APN，使消费者能够放心地自由刷卡，不用再在固定地点排队刷卡。为保证系统的安全性，中国移动采用多种安全策略：SIM 卡只开通 GPRS 业务，并进行鉴权；提供银联专用的 APN，建立专用的虚拟网；提供银联专用的 2M 专线，保证和互联网和其他网络的物理隔离。

（2）资讯短信。根据客户的需求，中国移动为昆明银联员工定制了天气预报（和省气象局合作提供）和新华快讯（和新华社云南分社合作提供）这两类行业短信，使昆明银联员工能够每天及时地掌握天气和新闻动态。省气象局和新华社云南分社信息发布系统和中国移动短信网关相连，每天定时向定购的客户发送相关信息。

通过"银信通"业务系统，用户可以非常清楚地了解到个人账户的情况，如账户余额及明细查询、存款、取款、消费、工资到账、转账等情况，为银行卡客户提供了安全保障的信息获取平台。随着短信业务被大众所接受和广泛使用，以短信为通道的服务范围和内容更加广泛，针对在金融业与其客户的交互应用可以推广到越来越广的范围，从而提供有偿和无偿的服务，提高金融机构的服务能力和拓展银行的服务范围。

资料来源：中国移动公司。

讨论：

1. 无线 POS 有何经济和社会意义？
2. 你使用银联"银信通"有何感受？

第一节　移动通信

一、移动通信的概念

移动通信是移动体之间的通信，或移动体与固定体之间的通信。移动体可以是人，也可以是汽车、火车、轮船、收音机等在移动状态中的物体。移动通信的传输手段必须通过无线电波，而固定点之间的通信可以用无线传输也可以通过有线传输。对移动通信网来说，可以单纯用无线传输，也可以与有线传输结合起来，组成更有效的网络。移动通信可利用的无线电波的频率资源有限。因此，必须充分利用网络结构来提高频道的使用效率，使有限的频率得到充分利用。移动通信可用于许多不利于有线传输的场合，如河岸与岛屿间的通信，用户密度低且分散的农村或边远地区的通信，高原沙漠等不适合搭建有线网络的地区。

移动通信发展到现在已经非常成熟，体现在理论体系、技术手段、运作模式和类型均有明确的定义，形成了完整的产业链，是现代社会生活不可或缺的重要组成部分。当然，随着技术的进步和社会的需求，移动通信技术也会继续发展进步。

二、移动通信的分类

（一）按照使用要求和工作场合不同的分类

在移动通信中，用户对系统有通信距离、内容、通信方式等不同的使用要求和工作场合。鉴于此，我们可以把移动通信系统分为：

（1）集群移动通信，也称大区制移动通信。它的特点是只有一个基站，天线高度为几十米至百余米，覆盖半径为 30 公里，发射机功率可高达 200 瓦。用户数约为几十至几百，可以是车载台，也可是以手持台。它们可以与基站通信，也可通过基站与其他移动台及市话用户通信，基站与市站有线网连接。

（2）蜂窝移动通信，也称小区制移动通信。它的特点是把整个大范围的服务区划分成许多小区，每个小区设置一个基站，负责本小区各个移动台的联络与控制，各个基站通过移动交换中心相互联系，并与市话局连接。利用超短波电波传播距离有限的特点，离开一定距离的小区可以重复使用频率，使频率资源可以充分利用。每个小区的用户在 1000 以上，全部覆盖区最终的容量可达

100万用户。

（3）卫星移动通信。利用卫星转发信号也可实现移动通信，对于车载移动通信可采用赤道固定卫星，而对手持终端，采用中低轨道的多颗星座卫星较为有利。

（4）无绳电话。对于室内外慢速移动的手持终端的通信，则采用小功率、通信距离近的、轻便的无绳电话机。它们可以经过通信点与市话用户进行单向或双方向的通信。

（5）短距离无线通信。WiFi、蓝牙等技术同属于在办公室和家庭中使用的短距离无线技术。

（二）按照移动通信技术出现的时代的分类

移动通信技术出现以后，所使用的关键技术经历了很大的变化和进步，大致可以划分为：

（1）1G。1G（First Generation）表示第一代移动通讯技术，是指最初的模拟、仅限语音的蜂窝电话标准，制定于20世纪80年代。

（2）2G 。2G（Second Generation）表示第二代移动通讯技术。代表为GSM。以数字语音传输技术为核心。2G技术基本可被分为两种：一种是基于TDMA所发展出来的以GSM为代表，另一种则是CDMA规格，复用（Multi-plexing）形式的一种。 主要的第二代手机通信技术规格标准包括GSM、IS-95、PDC（Personal Digital Cellular）等。

（3）3G。3G（3rd Generation）指第三代移动通信技术。它能够处理图像、音乐、视频流等多种媒体形式，提供包括网页浏览、电话会议、电子商务等多种信息服务。CDMA被认为是第三代移动通信（3G）技术的首选，目前的标准有WCDMA、CDMA2000、TD-SCDMA。在芬兰赫尔辛基国际电联（ITU）大会上，由中国所制定的TD-SCDMA、美国所制定的CDMA2000和欧洲所制定的WCDMA所组成的最后三个提案中，几经周折后，最终将确定一个提案或几个提案兼容来作为第三代移动通信的正式国际标准（IMT-2000）。其中，中国的TD-SCDMA方案完全满足国际电联对第三代移动通信的基本要求，在所有提交的标准提案中，是唯一采用智能天线技术，也是频谱利用率最高的提案，可以缩短运营商从第二代移动通信过渡到第三代系统的时间，在技术上具有明显的优势。

（4）4G。就在3G通信技术正处于酝酿之中时，更高的技术应用已经在实验室进行研发。第四代移动通信系统的最新技术将是一个比3G通信更完美的新无线世界，最大的数据传输速率超过100Mbit/s。4G手机将可以提供高性能的汇流媒体内容，并通过ID应用程序成为个人身份鉴定设备。它也可以接受高分辨率的电影和电视节目，从而成为合并广播和通信的新基础设施中的一个纽带。此外，4G 的无线即时连接等某些服务费用将比 3G 便宜。还有，4G 有望集成不同模式的无线通信——从无线局域网和蓝牙等室内网络、蜂窝信号、广播电 1 视到卫星通信，移动用户可以自由地从一个标准漫游到另一个标准。4G 通信将是一种超高速无线网络，是继第三代以后的又一次无线通信技术演进，如图 2-1 所示。

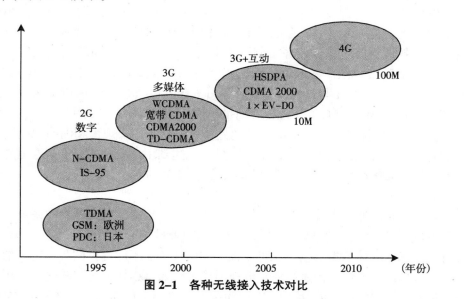

图 2-1　各种无线接入技术对比

三、移动通信技术的发展历程

在过去的 10 年中，世界电信发生了巨大的变化，移动通信特别是蜂窝小区的迅速发展，使用户彻底摆脱终端设备的束缚、实现完整的个人移动性、可靠的传输手段和接续方式。进入 21 世纪，移动通信将逐渐演变成社会发展和进步的必不可少的工具。

1. 第一代

第一代移动通信系统（1G）是在 20 世纪 80 年代初提出的，它完成于 20 世纪 90 年代初，如 NMT 和 AMPS，NMT 于 1981 年投入运营。第一代移动通信系统是基于模拟传输的，其特点是业务量小、质量差、交全性差、没有加密和速度低。1G 主要基于蜂窝结构组网，直接使用模拟语音调制技术，传输速率约 2.4kbit/s。不同国家采用不同的工作系统。

2. 第二代

第二代移动通信系统（2G）起源于 90 年代初期。欧洲电信标准协会在 1996 年提出了 GSM Phase 2+，目的在于扩展和改进 GSM Phase 1 及 Phase 2 中原定的业务和性能。它主要包括 CMAEL（客户化应用移动网络增强逻辑），SO（支持最佳路由）、立即计费、GSM 900/1800 双频段工作等内容，也包含了与全速率完全兼容的增强型话音编解码技术，使得话音质量得到了质的改进；半速率编解码器可使 GSM 系统的容量提近一倍。在 GSM Phase2+阶段中，采用更密集的频率复用、多复用、多重复用结构技术，引入智能天线技术、双频段等技术，有效地克服了随着业务量剧增所引发的 GSM 系统容量不足的缺陷；自适应语音编码（AMR）技术的应用，极大提高了系统通话质量；GPRs/EDGE 技术的引入，使 GSM 与计算机通信/Internet 有机相结合，数据传送速率可达 115/384kbit/s，从而使 GSM 功能得到不断增强，初步具备了支持多媒体业务的能力。尽管 2G 技术在发展中不断得到完善，但随着用户规模和网络规模的不断扩大，频率资源已接近枯竭，语音质量不能达到用户满意的标准，数据通信速率太低，无法在真正意义上满足移动多媒体业务的需求。

3. 第三代

第三代移动通信系统（3G），也称 IMT 2000，是正在全力开发的系统，其最基本的特征是智能信号处理技术，智能信号处理单元将成为基本功能模块，支持话音和多媒体数据通信，它可以提供前两代产品不能提供的各种宽带信息业务，例如高速数据、慢速图像与电视图像等。如 WCDMA 的传输速率在用户静止时最大为 2Mbps，在用户高速移动是最大支持 144Kbps，频带宽度 5MHz 左右。第三代移动通信系统（IMT 2000），在第二代移动通信技术基础上进一步演进的以宽带 CDMA 技术为主，并能同时提供话音和数据业务的移动通信系统，亦即未来移动通信系统，是一代有能力彻底解决第一、二代移动通信系统主要弊端的最先进的移动通信系统。第三代移动通信系统一个突出特色就是，要在未来移动通信系统中实现个人终端用户能够在全球范围内的任何时间、任何地点，与任何人，用任意方式、高质量地完成任何信息之间的移动通信与传输。可见，第三代移动通信十分重视个人在通信系统中的自主因素，突出了个人在通信系统中的主要地位，所以又叫未来个人通信系统。

第三代移动通信系统将会以宽带 CDMA 系统为主，所谓 CDMA，即码分多址技术。移动通信的特点要求采用多址技术，多址技术实际上就是指基站周围的移动台以何种方式抢占信道进入基站和从基站接收信号的技术，移动台只有占领了某一信道，才有可能完成移动通信。目前已经实用的多址技术有应用于第一代和第二代移动通信中的频分多址（FDMA）、时分多址（TDMA）和窄带码分多址（CDMA）三种。FDMA 是不同的移动台占用不同的频率。TDMA 是不同的移动台占用同一频率，但占用的时间不同。CDMA 是不同的移动台占用同一频率，但各带有不同的随机码序，以示区分布进行扩频，因此同一频率所能服务的移动台数量是由随机码的数量来决定的。宽带 CDMA 不仅具有 CDMA 所拥有的一切优点，而且运行带宽要宽得多，抗干扰能力也很强，传递信号功能更趋完善，能实现无线系统大容量和高密度地覆盖漫游，也更容易管理系统。第三代移动通信所采用的宽带 CDMA 技术完全能够满足现代用户的多种需要，满足大容量的多媒体信息传送，具有更大的灵活性。

但是，第三代移动通信系统的通信标准共有 WCDMA，CDMA2000 和 TD-SCDMA 三大分支，共同组成一个 IMT 2000 家庭。首先，成员间存在相互兼容的问题，因此已有的移动通信系统不是真正意义上的个人通信和全球通信；其次，3G 的频谱利用率还比较低，不能充分地利用宝贵的频谱资源；最后，3G 支持的速率还不够高，如单载波只支持最大 2~fDps 的业务。这些不足点远远不能适应未来移动通信发展的需要，因此寻求一种既能解决现有问题，又能适应未来移动通信的需求的新技术（新一代移动通信：Next Generation Mobile Communication）是必要的。

4. 第四代

4G 是第四代移动通信及其技术的简称，是集 3G 与 WLAN 于一体并能够传输高质量视频图像以及图像传输质量与高清晰度电视不相上下的技术产品。4G 系统能够以 100Mbps 的速度下载，比拨号上网快 2000 倍，上传的速度也能达到 20Mbps，并能够满足几乎所有用户对于无线服务的要求。而在用户最为关注的价格方面，4G 与固定宽带网络在价格方面不相上下，而且计费方式更加灵活机动，用户完全可以根据自身的需求确定所需的服务。此外，4G 可以在 DSL 和有线电视调制解调器没有覆盖的地方部署，然后再扩展到整个地区。很明显，4G 有着不可比拟的优越性。

4G 移动系统网络结构可分为三层：物理网络层、中间环境层、应用网络层。物理网络层提供接入和路由选择功能，它们由无线和核心网的结合格式完成。中间环境层的功能有 QoS 映射、地址变换和完全性管理等。物理网络层与中间环境层及其应用环境之间的接口是开放的，它使发展和提供新的应用及服务变得更为容易，提供无缝高数据率的无线服务，并运行于多个频带。这一服务能自适应多个无线标准及多模终端能力，跨越多个运营者和服务，提供大范围服务。第四代移动通信系统的关键技术包括：信道传输；抗干扰性强的高速接入技术、调制和信息传输技术；高性能、小型化和低成本的自适应阵列智能天线；大容量、低成本的无线接口和光接口；系统管理资源；软件无线电、网络结构协议等。第四代移动通信系统主要是以正交频分复用（OFDM）为技术核心。OFDM 技术的特点是网络结构高度可扩展，具有良好的抗噪声性能和抗多信道干扰能力，可以提供无线数据技术质量更高（速率高、时延小）的服务和更好的性能价格比，能为 4G 无线网提供更好的方案。例如无线区域环路（WLL）、数字音讯广播（DAB）等，预计都采用 OFDM 技术。4G 移动通信对加速增长的广带无线连接的要求提供技术上的回应，对跨越公众的和专用的、室内和室外的多种无线系统和网络保证提供无缝的服务。通过对最适合的可用网络提供用户所需求的最佳服务，能应付基于互联网通信所期望的增长，增添新的频段，使频谱资源大大扩展，提供不同类型的通信接口，运用路由技术为主的网络架构，以傅利叶变换来发展硬件架构实现第四代网络架构。移动通信会向数据化、高速化、宽带化、频段更高化方向发展，移动数据、移动 IP 预计会成为未来移动网的主流业务。

第二节 无线网络概述

最近十几年里，通信行业发生了重大的技术演变。从模拟、语音、电路交换传输开始，发展到今天的高速网络，并提供分组交换、数字语音和数据服务。现在通用的主要有两种类型的无线接入技术：一种是蜂窝网络，它能覆盖大的范围；另一种是其他无线接入技术，如 WiFi 或蓝牙，它们往往能提供更高的数据传输速率，但覆盖范围较小。这些短程技术通常用于覆盖范围较小，人口稠密的地区，如城市中心或大学校园。可以通过将短程技术进行配置以实现系统切换或者通过蜂窝网络整合短程技术以实现更大的覆盖率。

无线接入网络通常根据两个指标进行分类：终端用户的数据传输速率和网络覆盖的范围。通常会存在这两方面的权衡：蜂窝网络技术提供了高覆盖率但数据速率低；而其他技术如 WiFi 能提供更高的数据传输速率，但覆盖范围小。如图 2-2 所示为各种无线技术接入对比。

部署移动网络需要较高的投资，包括部署天线和底层基础设施的成本，以及获取使用频率的牌照的成本。由于蜂窝网络倾向于重用现有的天线站点和上一代技术的核心网络资产，所以蜂窝网络一般由大的国际网络运营商所控制，这使得新运营商很难进入市场。

相反，短程网络更容易部署。设立天线和收发站的费用通常较低，因为它们的覆盖范围小，网络的初始投资也较低。此外，很多这种技术不需要牌照，

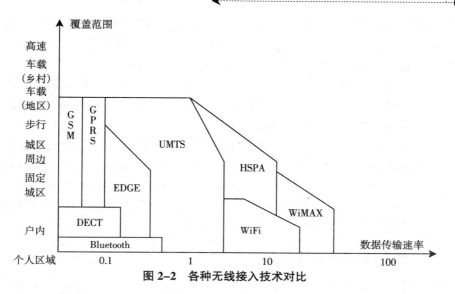

图 2-2　各种无线接入技术对比

这意味着部署短程网络成本较低，阻碍较少。

一、蜂窝网络技术

　　第一代蜂窝网络是在 20 世纪 80 年代部署的，它能提供模拟语音电话但使用率很低。第二代网络部署之后，蜂窝网络开始受到欢迎。在欧洲国家中，GSM（全球移动系统）标准推动了蜂窝网络的发展，而在美国使用的 CDMA One 则影响较小。这些技术使得数字语音电话的通话质量第一次可以与固定电话相媲美。此外，GSM 推出了国际漫游，使用户即使在国外也可以正常通话。

　　虽然 GSM 提供了高质量的语音电话，但对数据业务却没多大贡献，因为其数据传输率太低。此外，GSM 的电路交换传输效率低，这是因为它在连接期间占据固定的带宽。所以，对用户收费是根据他们的连接时间而不是实际的数据传输量。为了解决这些问题，GPRS（通用分组无线系统）和 EDGE（速率提高的 GSM）技术应运而生。除了能提供浏览 Internet 所需的高速率外，这些技术还提供包交换传输，使用户能够"始终保持连接"。

　　第三代移动网络预计能够提供真正的宽带质量。目前，有两个相互竞争的标准：一个是宽带码分多址（WCDMA），如欧洲的通用移动通信系统（UMTS），它是 GSM 的后继者；另一个是 CDMA2000，它是建立在 CDMA One 网络的基础之上的。除了提供的数据传输率略有改善，UMTS 的主要优点是它允许根据所需的服务质量高低安排数据流量优先级。

　　由于 UMTS 的容量和数据传输速率不足以支持高效的宽带接入，于是人们在此基础上又进行了一些改进。高速下行分组接入（HSDPA）提供了更高的下载数据传输速率，天线容量增加了，网络的响应时间也减少了。它还辅以高速上行分组接入（HSUPA），从而增加了上传的能力。当两者相结合，其数据传输速率可以和有线非对称数字用户线（ADSL）网络相媲美。后续演进技术的标准化正在进行之中，这将可以简化网络架构，提高数据传输速率，减少延迟和每个数据包的费用（UMTS 论坛，2006）。

蜂窝网络方面的一个重大发展是 IP 多媒体子系统（IMS），这是 UMTS 标准的重要组成部分。它是中央网络组件，可以将蜂窝网络和固定网络以及短程接入网（如 WiFi 整合）。由于整合的过程发生在运营商的网络，运营商仍然控制着终端用户（Cuevas, Moren0, Vidales & Einsiedler, 2006），并且运营商可以对接入公共互联网页面进行限制（Braet & Bailon, 2007）。

二、短程无线接入技术

在蜂窝技术发展的同时，短程无线接入技术也不断涌现，主要源于固定互联网领域。这些技术中最著名的是无线区域网络（Wireless LAN）和无线宽带（WiFi），它们是以太网标准的无线扩展，可以达到 50m/s 的传输距离。WiFi 标准有很多，能提供 11~100Mb/s 的速度。下一代的 WiFi（802.11 n）可提供更高的数据传输速率。虽然这种技术只是为固网提供了无线接入点，但可以将接入点合并以达到更大的网络覆盖率。与蜂窝网络相比，WiFi 被部署到人口密集区时显得更快、更便宜、更有效。但是，安全性低、抗干扰能力低、范围小是它的短板。在应用上，WiFi 被用于室内互联网接入、公司基于 IP 和内部网的语音通信、互联网的公共接入点和点对点网络（Bohlin, Lindmark, Rodriguez & Burgelman, 2006）。

WiMAX（全球微波互连接入）的移动版本是一种可以提供几公里覆盖范围的新技术。相对于 WiFi，它提供了更高的数据传输速率、更宽的覆盖面和更高的安全性。此外，它比 WiFi 能更有效地利用频谱。同时，它的部署费用更高，不适用于本地高速覆盖。除了提供互联网接入，WiMAX 可以用来覆盖 WiFi 网络接入点之间的空隙。它也可以与蜂窝网络相结合以提高这些网络的能力。

另外还有用于机器之间通信的局域网（PAN）（Frodigh, Parkvall, Roobol, Johansson & Larsson, 2001）。这些短程技术包括蓝牙、超宽带和 Zygbee。因为具有低耗电、低成本的特性，蓝牙技术最初是为取代电缆而研发的。它使用和 WiFi 相同的无线频谱，可以以较低的传输速率覆盖 10~100m/s。超宽带则因为其潜在的干扰而尚未被广泛应用。它在高频谱范围内使用低功率脉冲，能覆盖约 20m 的距离。

短程技术的一种特殊应用是在自组织网络中的应用。自组织网络由无线移动节点构成，并不需要中央控制单元，也没有网络基础设施（Chlamtac，Conti&Liu，2003；Niemegeers & Heemstra De Groot，2003）。如果有足够的用户，这种网络的可靠性和移动性可以非常高。这种技术不需要像基站和中央控制单元那样的网络组件。因此，自组织网络的部署比需要中央控制的网络的部署更快、更便宜。另外，由于不依靠中央网络组件，它也更灵活，理论上更可靠。其缺点是没有标准路由协议，存在安全问题，并且当用户较少时，其网络可靠性降低。

三、移动通信与 Internet 融合

近年来空前发展的移动通信和 Internet 已经成为迈向信息社会的两个重要标志。增长中的移动话音通信已不能完全满足人们获取信息的需求。技术的发展和人们对移动数据通信与移动接入 Internet 的日益强烈的需求，极大地促进了移动通信与 Internet 的融合，移动走向 IP，IP 走向移动，并最终融合为无线移动 Internet，将是技术发展的必然趋势。这无疑将对我们的工作方式、生活方式带来巨大的变化。

移动通信与 Internet 相融合而产生的移动数据业务，将不受信息源和用户访问位置的限制，以统一的标准向用户提供无处不在的信息网络服务，因而成为网络界和电信业界共同关注的一个焦点。

通信网由核心网、接入网和终端三部分组成。未来核心网将基于 IP 技术，而接入网将呈现多技术互补共存的局面，包括从固定到卫星和从个人对个人到定制广播的所有技术均可作为接入核心网的技术。业务应用将根据应用和用户的要求以及不同网络的能力做出自己的选择。这要求终端有较高的智能以充分利用本地可获得的不同应用。

四、网络接入方式

随着移动网络技术和移动终端的发展，将移动设备接入互联网的中间件和应用有很多。

第一种是 WAP，其初衷是将相关信息和服务更容易、更快速地传递给移动用户。尽管基于 WAP 的浏览器没有实现这个初衷，但其传送机制却依然在使用（Jaokar & Fish，2004）。WAP 架构的中心部分是处于应用服务器和移动设备中间的 WAP 网关。网关使用超文本传输协议（HTTP）与应用服务器通信，而与客户端通信则使用无线标记语言（WML），这是为了克服 HTTP 在无线网络应用上的限制（Jaokar & Fish）。WAP 也可以用于将互联网信息通过

WAP 推入协议发给终端用户，如包含链接的短信。WAP 协议是 i-Mode 的基础，i-Mode 是一种用来在移动设备上浏览 WAP 站点的专利技术。

访问远程服务器上的应用的另一种方法是使用 J2ME 或无线二进制运行环境（BREW）运行手持设备下的应用程序，J2ME 可以使用超文本标记语言（xHTML）调整内容以适应设备的屏幕。

Web 服务是移动互联网接入服务中一种极具前景的服务（Farley & Capp，2005；Pashtan，2005）。近年来，Web 服务在 IT 世界越来越流行。网络服务是面向服务架构（SOA）的基础工具，SOA 定义了三个基本角色。服务请求者是要求从外部接受服务的一方，提供服务的一方则称为服务提供商。服务提供商提供的服务发布在服务中间商的数据库中，服务请求者可以通过询问中间商而找到对应的服务提供者，并要求相应的服务。服务提供商和服务请求者通过异步信息进行交流。Web 服务定义了一组协议来实现 SOA。简单对象访问协议（SOAP）用于在服务请求者和供应者之间传递信息，该消息使用 XML（可扩展标记语言）协议建立；Web 服务描述语言（WSDL）是用于描述由服务提供者发布的服务的标准；WSDL 文件由服务中间商使用 UDDl 协议（统一描述、发现和集成协议）保存。所有这些标准都是开放的，也就是说，任何服务提供者和请求者都可以使用 Web 服务相互交流。该标准还"保护"服务提供商提供的应用程序的内部复杂性，简化了提供者和请求者之间的沟通，并保证了他们的系统之间的互操作性。因为服务请求者很容易转换到其他供应商提供的其他服务，所以网络服务非常灵活。此外，由供应商提供的服务是可重用的，即对多种终端服务有用的一种通用功能可以在服务设计中被反复应用。

五、移动互联网服务（MWS）

移动互联网服务（MWS）（Farley & Capp，2005）有很多优势。由于 MWS 使用开放标准，开发新的服务和重用服务都十分容易（Farley & Capp，2005）。后者还使得通用服务模块可以被整合到其他如认证、计费和内容信息服务等服务中。此外，MWS 将使动态服务挖掘和移动电子商务的互操作性得到发展（Pilioura、Tsalgatidou 和 Hadjiefthymiades，2003）。现在的移动设备和操作系统、分析程序等多种多样，互操作性很难得到保证，这也导致了成本的低效率。由于业务的发展导致更多种类和数量的服务、更高层次的个性化服务、更好和更简单的用户界面以及使用更适合的接入技术提供服务，MWS 也被期望能都使得终端用户受益。

举例说明 MWS 应用。MWS 可以解决的一个问题是，用户可能有多个移动设备，如电话、PDA 和笔记本电脑，而里面并不一定都有用户的通信录。为了解决这个问题，通信录可以存储在中央数据库中，用户可以通过 MWS 访问通信录数据（Farley & Capp，2005）。MWS 的另一个应用是用于提供诸如地理地图或认证和计费服务的通用服务组件。服务提供商可以重用这些通用组件，并将它们整合进特定的服务中，而无须对各种服务都开发这些模块。事实上，通用的认证和支付服务是微软和沃达丰所提出的 MWS 架构的主推业务（微软，2003）。除了从外界请求服务，MWS 也可以用于由外部向移动设备请求信息。例如，服务提供商提供的情景感知应用程序可以请求关于用户的位置和正在从事的活动的信息。如果由 UDDI 中的用户发布的标准 Web 服务能够被如此应用，那么在原则上，任何服务提供商都能很容易地把情景感知信息加到其价值定位上。用同样的方法，可以将从便携式传感器、人际交往、支付以及其他信息得到的情景信息应用到服务中。

移动设备和有线设备的一个明显区别在于其便携性和设备的流动性，即移动设备可以移动到另一个位置。除了流动性，移动设备的个人特质也决定了 MWS 和固网服务的区别。通常，移动设备为个人所拥有，这使得将设备和此设备用户的身份联系在一起成为可能。这就提供了很多业务机会，例如个性化 MWS。然而，这同时也产生了身份管理和隐私保护等问题，这些问题比在固网服务中加更棘手。

标准化的 MWS 架构尚未明确定义，但是行业成员如微软和沃达丰（微软，2003）正在共同努力发展 MWS 架构，诺基亚和 Sun 也是如此（Nokia & Sun，2004）。开放互联网标准化组织 OMA（开放移动联盟）也在正在做这方面的工作。在应用 WMS 方面，需要在开放式协议和使用私用标准之间做出均衡选择，使用私有标准可能会降低互用性，并且可能导致"围墙花园"的商业模式。

应该注意到，目前移动信息智能终端发展很快，许多移动设备可提供广播、音乐、视频的播放和编辑、Internet 浏览器、日程安排、录音和拍照功能。除了提供 GSM 接入，现在大多数设备具有蓝牙和红外功能，并能接入 3G 和 WiFi 网络。此外，移动终端的处理能力、数据存储能力、屏幕分辨率也得到了大大的提高。在软件方面，现在的设备能够执行 Java 应用程序，能够通过移动互联网浏览器上网，并有特定的操作系统，如微软的 Windows Mobile，谷歌的 Andriod 以及 Symbian。随着无线网络的容纳量、数据传输速率和成本效益不断增加，越来越多的智能性终端正在改变移动领域内各个角色的面貌。

第三节 无线局域网

无线局域网络（Wireless Local Area Networks，WLAN）是利用无线技术实现快速接入以太网的技术。与有线网络相比，WLAN 最主要的优势在于不需要布线，可以不受布线条件的限制，因此非常适合移动用户的需要，具有广阔市场前景。

一、无线局域网的应用

（一）无线局域网的地位

凡是遵从 IEEE802.11 系列协议标准的网络均定义为无线局域网，其传输数据速率达到中高（2~320Mbps），传输距离中等，在一定的局部范围内建立的网络，是计算机网络与无线通信技术相结合的产物，能够提供传统有线局域网的功能，使用户真正实现随时、随地、随意的宽带网络接入。传统有线以太网的局限性直接导致了目前对于无线技术的需求，虽然目前无线网络依旧不及有线网络那么普及，但是组建无线局域网，不仅在办公条件不完善时能发挥作用，而且在临时增删办公点和移动性办公业务方面也有着独特的优势。无线局域网拓展了网络的应用空间，也改变了网络的部署模式。有了无线局域网，电脑上网将不用再依赖于网线。

目前，无线局域网正在以其方便灵活的特性以及日益低廉的价格成为通信领域发展最快的分支之一。无线局域网在热点地区（机场、宾馆、企业）提供宽带高速无线接入方面有其独特优势，将在下一代移动通信系统中占据重要地位。

对于 WLAN，可以用不同的标准进行分类。根据采用的传播媒质，可分为光 WLAN 和射频 WLAN。光 WLAN 采用红外线传输，不受其他通信信号的干扰，不会被穿透墙壁偷听，而且发射器的功耗非常低；但其覆盖范围小，漫射方式覆盖 16m，仅适用于室内环境，最大传输速率只有 16mb/s，通常不能令用户满意。由于光 WLAN 传送距离和传送速率方面的局限，现在几乎所有的 WLAN 都采用另一种传输信号——射频载波，使用无线电波进行数据传输。

WLAN 作为有线接入方式的补充，最主要的优势在于无需布线，相对于有线网络，无线局域网的组建、配置和维护较为容易，非常适合由于种种原因不宜安装有线网络的地方，如受保护的建筑物，或者经常需要变动布线结构的地方，有许多无法与有线网络连接的终端设备的地方，如展览馆等，同样 WLAN 支持的便携性使它非常适于在宾馆、写字楼、机场等移动办公者密集的地区向用户提供方便快速的数据业务。

（二）无线局域网的应用范围

此外，越来越多的无线局域网产品投放市场，价格越来越低、覆盖范围也不断增大，而依据规范开发网络底层到应用层接口的中间件厂家也将有更多的应用产品投放市场。无线局域网已作为一种宽带网络解决方案得到了广泛的应用，无线局域网的应用将会成为未来网络的技术主流。主要应用范围如下：

（1）Inter 网访问接入。例如在商业楼宇、酒店，咖啡厅，用户可随时随地收发电子邮件、进行文件传输、查询资料信息等。

（2）难以布线的环境。如受保护的老建筑、偏远矿产地区、海洋地区、重大自然灾害地区、沙漠区域等。

（3）流动性网络环境。如野外勘测、试验、军事、公安等。

（4）使用便携式可移动上网设备进行快速网络连接的地方。如机场、餐厅、宾馆、银行、证券交易所等。

（5）用于突发性事件信息传输。如森林火灾、病虫害等信息的传输，高峰时间段交通信息的传输，体育文艺比赛竞技场。

（6）专门工程或高峰时间所需的暂时局域网。如学校、商业展览、建设地点等人员流动较强的地方。

（7）流动工作者需实时获取信息的区域。例如医院，医生和护士在病房、诊室或急救中进行会诊、查房，手术时可以不必携带沉重的病历，而使用笔记本电脑、PDA 等实时记录医嘱，并传递处置意见，查询病人病历和检索药品。

（8）移动办公系统。如各种业务人员、部门负责人、工程技术专家和管理人员，只要有可移动计算机或笔记本电脑，无论是在办公室、资料室、洽谈室、甚至在宿舍都可通过计算机无线网络随时查阅资料、获取信息，领导和管理人员可以在网络范围的任何地点发布指示，通知事项，联系业务。

（9）电信运营商。如提供热点（Hotspot）、热区（Hotzone）、热城（Hotci-ty）等不同规模区域的无线网络覆盖，为各界人士提供移动宽带无线网络接入服务。

（10）作为有线 LAN 的无线延伸，亦可作为有线 LAN 的无线互连。

（三）无线局域网的协议

由于 WLAN 是基于计算机网络与无线通信技术，在计算机网络结构中，逻辑链路控制（LLC）层及其之上的应用层对不同的物理层的要求可以是相同的，也可以是不同的，因此，WLAN 标准主要是针对物理层和媒体访问控制层（MAC），涉及所使用的无线频率范围、空中接口通信协议等技术规范与技术标准。

二、 无线局域网的优点

无线局域网具有网络配置灵活、适应性强、安装维护方便等优点，而且有较好的经济性，是实现 Internet 高速接入的一种方案。无线局域网可以作传统有线网络的延伸，在某些环境也可以替代传统的有线网络。与有线网络相比，无线局域网具有以下优点：

（一）安装便捷，无需布线

一般在网络建设中，施工周期最长、对周边环境影响最大的，就是网络布线施工工程。在施工过程中，要进行穿墙或过天花板布线的繁琐工作。而无线局域网最大的优势就是免去或减少了网络布线的工作量，一般只要安装一个或多个接入点 AP（Access Point）设备，就可建立覆盖整个建筑或地区的局域网络。

（二）使用灵活

在有线网络中，网络设备的安放位置受网络信息点位置的限制。而一旦无线局域网建成后，在无线网的信号覆盖区域内任何一个位置都可以接入网络，可以使网络遍及有线所不能到达的地方，用户不管在任何地方都可以实时地访问信息。

（三）经济节约

由于有线网络缺少灵活性，要求网络规划者尽可能地考虑未来发展的需要，这就往往导致预设大量利用率较低的信息点。而一旦网络的发展超出了设计规划，又要花费较多费用进行网络改造，而无线局域网可以避免或减少以上情况的发生。尽管无线局域网硬件的初始投资要比有线硬件高，但一方面无线网络减少了布线的费用，另一方面在需要频繁移动和变化的动态环境中，无线局域网的投资更有回报。

（四）易于扩展

无线局域网可以组成多种拓扑结构，能够根据需要灵活选择。这样，无线局域网就能十分容易从只有几个用户的小型局域网扩展到具有上千用户的大型网络，并且能够提供像"漫游"等有线网络无法提供的功能。可以很方便地为临时增加的场地提供网络连接，不需要任何繁琐物理布线，大大提高了场地设立的灵活性。

三、无线局域网的问题

前面介绍了无线网络的优点，但是由于无线网络覆盖范围存在局限、性能不可预知、服务质量（QoS）不尽如人意、覆盖信号时好时坏的缺陷，无线局域网还存在很多问题，无法避免。

（一）信号覆盖范围

无线局域网的各个传输协议都谈到了信号覆盖范围，一般的无线设备，传输距离一般是在室内是 100 米左右，而在室外空旷的地方，一般是 300 米。如果采用一些功能加大的无线发射设备，传输的距离还会增加。但是，这只是理论上的数据。在实际中，由于各种影响，其传输距离往往没有这么长。

（二）无线网络传输质量和速度无法保证

在实际使用环境中，会有各种各样的障碍物，这些障碍物会严重影响到无线数据的传输，无线电信号会因为距离拉大及信号路径当中的阻碍物而减弱，造成信号强度减弱并且不可预知，暂时出现盲区以及数据包丢失。如现在很多办公室，基本上都利用一些材料把房间隔成很多小的工作间。不同的材料，对信号有不同程度的屏蔽。比较密封的房间，对于无线信号的接收能力就比较差，特别是很多房间出于光线的原因，采用玻璃来进行分割。毕竟无线信号不是阳光，阳光可以穿透玻璃而达到透光的效果，而无线不能。

（三）无线局域网的传输带宽是有限的

由于物理层的开销，使无线局域网的实际最高有效吞吐量仅为标准的一半，并且该带宽是被 AP 所有用户共享的。无线带宽可以很容易被消耗：来自有线网络远远超过无线网络带宽的网络流量，广播流量，传输较大的数据文件等。

（四）空中电磁信号的干扰

无线局域网一般工作在自由频段，以大气空间为传输介质，对干扰因素非常敏感，很容易受到外界电磁干扰。很多空间都在无线局域网的物理控制范围之外，如公司停车场、无线网络设备的安装位置以及邻近高大建筑物等。干扰的来源是多方面的，有可能来自于大自然，也有可能来自于相同频段传输的人工设备，如邻近的无线网络、微波炉、蓝牙设备和无绳电话等，都会增加噪声电平和传输错误。WLAN 在防御外界干扰的同时，也有责任降低自身对外界的射频干扰。

（五）信号很容易被窃听

现在市场上很流行一种手机窃听器的工具，利用这种工具，可以很方便地偷听到别人的电话。而无线局域网，也会遇到类似的问题，若数据在无线网络上进行明文传输，对于任何用户来说，只要凭借一些简单的工具，就可以对这些数据进行窃听，以达到不为人知的目的。

四、无线局域网主要工作过程

无线局域网采用单元结构，每个单元称为一个基本服务组（BSS）。无线局域网的操作可分为两项工作：工作站加入一个 BSS，工作站从一个 BSS 移动到另一个 BSS，实现小区间的漫游。几个主要工作过程：

（一）扫描

为了得到 WLAN 提供的服务，工作站在进入 WLAN 区域时，须进行同步扫描以定位 AP，获取相关信息。扫描方式有主动扫描和被动扫描两种。

（1）主动扫描。工作站在预定的各个频道上连续扫描，发射探试请求管理帧，并等待由 WLAN 中各个 AP 回应的探试响应帧；收到各接入点的探试响应帧后，工作站将对各帧中的相关部分进行比较以确定最佳 AP。

（2）被动扫描。工作站获得同步的第二种方法是被动扫描。如果工作站已在 BSS 服务区，那么它可以收到各 AP 周期性发射的信标帧，因为帧中含有同步信息，所以工作站在对各帧进行比较后，确定最佳 AP。

（二）关联

用于建立无线访问点和无线工作站之间的映射关系。工作站获得了 AP 的同步信息并通过了验证之后（验证包括 AP 对工作站身份的确认和共享密钥的认证等），就开始关联过程。关联过程包括：工作站和 AP 交换信息，建立工作站和 AP 的映射关系，分布系统（DS）根据该映射关系来实现相同 BSS 及不同 BSS 用户间的信息传送。关联过程结束后，工作站就能够得到该 BSS 提供的服务了。分布式系统将该映射关系分发给扩展服务区中的所有 AP。一个无线工作站同时只能与一个 AP 关联。在关联过程中，无线工作站与 AP 之间要根据信号的强弱协商速率，速率变化包括：54Mb/s、22Mb/s、11Mb/s、 5.5Mb/s、2Mb/s 和 1Mb/s。

（三）漫游

漫游指无线工作站在一组无线访问点之间移动，并提供对于用户透明的无缝连接。当工作站开始漫游并逐渐远离原 AP 时，它对原 AP 的接收信号及帧差错率将变差，于是，工作站启动扫描功能重新定位 AP，一旦定位了新的 AP，工作站随即发射重新连接请求给新的 AP，新 AP 将该工作站重新连接请求通知分布系统，分布系统随即更改该工作站与 AP 的映射关系，并通知原 AP，不再与该工作站关联，然后，新 AP 向该站发射重新连接响应。至此，完成漫游过程。漫游包括基本漫游和扩展漫游。基本漫游是指工作站的移动仅局限在一个扩展服务区内部。扩展漫游指工作站从一个扩展服务区中的一个 BSS 移动到另一个扩展服务区的一个 BSS。

五、无线局域网的硬件设备

（一）无线网卡

无线网卡是无线局域网的基本单元，在无线局域网的信号覆盖范围内，通过无线连接网络进行上网而使用的无线终端设备。无线网卡主要包括 NIC（网卡）单元、扩频通信机和天线三个功能模块，与台式计算机、笔记本电脑、个人数字助理（PDA）等终端设备相连接，实现终端设备间、终端设备与无线接入点（AP）间的无线通信，完成对无线信道的检测、选择、控制和管理，并具有接收自动增益控制、发射功率控制以及传输速率的自适应调节等功能。

无线网卡与普通网卡相似，不同的是，它通过无线电波而不是物理电缆收发数据。无线网卡为了扩大有效范围需要加上外部天线。无线网卡根据接口类型的不同，主要分为四种类型，即 PCMCIA 无线网卡、PCI 无线网卡、USB 无线网卡和 CF 无线网卡。

（1）PCMCIA 无线网卡。PCMCIA 接口又可以分为 16 位的 PCMCIA 和 32 位的 CardBus。目前，大部分无线网卡产品都采用 32 位的 CardBus 接口，该接口同样具有即插即用、高速传输等特点。实际上，PCMCIA 接口与笔记本结合得更好，配合起来使用的效果更佳，同时还可以节约一个 USB 接口。适合家庭笔记本电脑用户、移动办公用户、商务人士使用。

（2）PCI 无线网卡。PCI 无线网卡是台式机专用的无线网卡，使用 PCI 插槽，无需外置电源，节省空间和系统资源。它的优点是可以独立于主机 CPU，与电脑内存间直接交换数据，减轻了 CPU 的负担。但它的缺点也很明显，主要是信号接收位置不可调，易受到电脑主机的干扰，易掉线。

（3）USB 无线网卡。这种网卡不管是台式机用户还是笔记本用户，只要安装了驱动程序，都可以使用。USB 接口主要使用两大标准：USB1.1 和 USB2.0，前者传输数据的最高速度为 12Mb/s，而后者可高达 480Mb/s。在早期 IEEE 802.11b 标准的产品中多使用 USB 1.1 接口，后来的 IEEE 802.11g 标准的产品多使用 USB 2.0 接口。采用 USB 接口的无线网卡不但具有即插即用、散热性能强、传输速度快、无须供电以及兼容性非常强等优点，还能够方便地利用 USB 延长线使网卡远离电脑，避免干扰以及随时调整网卡的位置和方向。其缺点是不易于管理，而且价格相对略贵。适合移动办公用户以及笔记本上没有空闲 PCMCIA 接口的用户使用。

（4）Compact Flash 无线网卡。全称为"标准闪存卡"，简称"CF 卡"，遵

53

循 ATA 标准制造，主要应用在 PDA 等设备里面，由于 CF 卡内部采用模拟硬盘控制器的设计，使得 CF 卡可以比较容易地通过 IDE 接口实现与电脑的连接，一定程度上可以起到移动存储的作用。多家厂商通过 CF 卡接口为 PDA 等小型移动终端提供 CF 接口无线网卡。

（二）无线 AP

AP（Access Point）无线访问接入，用于无线网络的无线 Hub，是无线网络的核心，终端设备可以通过无线网卡和 AP 进行通讯等数据交换操作。AP 是无线局域网和有线网络相连接的设备，同时 AP 还进行无线信号的发射，为用户提供无线接入以太网的功能，并能完成对无线用户的接入控制和管理以及对无线信道的动态分配，具有用户端口隔离和虚拟局域网（VLAN）功能。AP 可以简便地安装在天花板或墙壁上，它在开放空间最大覆盖范围可达 300 米。

（三）无线路由器

随着无线网络的发展，特别是宽带共享技术的需要，上述单纯性无线 AP 已越来越不能满足市场的需求。市场上出现了无线路由器，它将替代单纯的 AP。无线路由器就是带有无线覆盖功能的路由器，它主要应用于用户上网和无线覆盖。我们可以将无线路由器理解为具备宽带接入端口、具有路由功能、采用无线连接客户端的普通路由器。它不仅具备单纯性无线 AP 所有功能如支持 DHCP 客户端、支持 VPN、防火墙、支持 WEP 加密等，而且还包括了网络地址转换（NAT）功能，可支持局域网用户的网络连接共享。可实现家庭无线网络中的 Internet 连接共享，实现 ADSL 和小区宽带的无线共享接入。无线路由器可以与所有以太网接的 ADSL MODEM 或 CABLE MODEM 直接相连，也可以在使用时通过交换机/集线器、宽带路由器等局域网方式再接入，可以把通过它进行无线和有线连接的终端都分配到一个子网，这样，子网内的各种设备交换数据就非常方便。其内置有简单的虚拟拨号软件，可以存储用户名和密码拨号上网，可以实现为拨号接入 Internet 的 ADSL、CM 等提供自动拨号功能，而无需手动拨号或占用一台电脑做服务器使用。此外，无线路由器一般还具备相对更完善的安全防护功能。大多数无线路由器包括一个四个端口的以太网转换器，可以连接几台有线的 PC。这对于管理路由器来说非常方便。

（四）无线天线

无线天线可以扩展无线网络的覆盖范围，把不同的办公大楼连接起来。这样，用户可以随身携带笔记本电脑在大楼之间或在房间之间移动。无线设备本身的天线都有一定距离的限制，当超出这个限制的距离，就要通过这些外接天线来增强无线信号，达到延伸传输距离的目的。关于天线有如下几个重要参数：

频率范围：指无线天线工作的频段，这个参数决定无线天线适用于哪个无线标准的设备。不同无线设备的工作频段是不同的。

增益：增益表示天线功率放大倍数，数值越大表示信号的放大倍数越大，也就是说当增益数值越大，在发射功率一定的情况下，信号越强，传输质量就越好。增益的单位是：dbi。

极化方向：天线的极化方向是指信号辐射时形成的电场强度方向。有全向天线、扇面天线、定向天线。目前市面上销售的普通无线路由器都采用的是全向天线，这样在无线路由器工作时，其产生的信号是均匀地向四周发散的。定向天线在工作时，其绝大部分信号是沿着给定的方向传输，因此能够在同样的发射功率下，获得更远的传播距离。

应用范围：增益天线按照部署的位置还可分为室内天线和室外天线。室内天线用于室内传输距离近，发射接收功率较弱的环境；相反，室外天线一般传输距离远，发射接收功率大，并且室外天线有着一些特殊的设计，比如防水防雷等，因此价格要略为昂贵。

第四节　无线网络的组建

当前，无线局域网已经被各界广为使用，包括各类移动办公场所、酒店、卫生保健、零售市场、制造业、仓库管理、中小企业、社区网络和家庭网络、校园以及学术交流场所，还可以向某一地区用户提供无线移动上网服务。无线局域网技术，成为继有线网之后的又一种主流网络应用技术。相对于有线以太网物理端口接入稳定、管理丰富而言，其可移动性却得不到满足。无线局域网技术随着近年来的逐步完善和发展，以其灵活性和与有线以太网络的互补性，成为局域网络接入层的一种补充手段。无线局域网技术的发展可以为此提供更加高效、灵活的解决方案，通过无线网络，可以使人们在任何地方能够方便地访问网络资源，获得了空前的应用灵活性，大大节约了网络开支和成本。

无线局域网与普通的有线网络技术、基于蜂窝的电话网、专用分组交换网及其他技术的无线计算机通信相比，有许多本质上的区别。组建一个无线局域网，在整个设计实施过程当中，需要充分考虑到无线技术的特性，并与用户的实际需求相结合。一个好的无线局域网设计方案，应该包括详细的拓扑结构、物理设计、操作计划和维护计划。

一、无线网络设计步骤

无线网络的设计步骤主要有以下几点：用户需求分析、确定网络覆盖范围及协议标准、网络结构设计、制订网络安全控制策略、制订测试计划和维护计划。

（一）用户需求分析

关于用户的需求，首先要确定用户的类型，是内网用户还是外网用户，或者二者都有。如果主要是给访客提供互联网接入的话，你会希望它从有线局域网中独立出来，可以将它放在隔离区。如果是为内部员工服务的话，就需要提供相关的资源，并且需要保证不会损害网络的整体安全。如果内外双方都需要无线网络的话，可能就需要建立两个单独的无线局域网，以满足每一个方面的要求。

（二）确定网络覆盖范围及协议标准

确定网络覆盖范围，在大型建筑内，需要设置多种类型的接入点以保证无线网络的覆盖率。你需要对建筑进行实地评估，以确定接入点和中继器的最佳位置。类似停车场等不希望被覆盖的地区也应该被考虑到。你可以选择在墙壁上使用某些材料，以阻止无线信号的传输。甚至还可以选择能够阻止信号的涂料。

目前用得比较多的无线网络协议有 IEEE 802.11a、IEEE 802.11b、IEEE 802.11g、IEEE 802.11n 等，一般相比较新的传输协议都兼容较老的，而 IEEE 802.11a 这种无线网络标准已经被淘汰，其他的三种在速度方面分别可以达到 11Mb/s、54Mb/s、300Mb/s 几种规格，当然，价格也会随着速度的提升而增加，另外这个速度也仅是理论速度，需要采用同一种标准的无线路由器和无线网卡搭配使用才能达到最佳的状态。

此外，还有一点值得关注的是网络带宽，无线是一个共享带宽的技术，因此，带宽的需求，依赖于同时使用的用户数量，以及网络传输的数据类型。有一些规划工具，可以帮助估计带宽的需求。此外，计划不仅是为了满足当前的需要，还要考虑到未来增长的情况。

（三）网络结构设计

对于不同局域网的应用环境与需求，无线局域网可采取不同的网络结构来实现互连，主要有以下几种结构：点对点型、点对多点型、基础结构网络（Infrastructure）、完全分布式网络以及网状（Mesh）结构网络。

（四）制定网络安全控制策略

在建立无线网络的时候，安全是一个必须考虑的重要问题。因为无线信号是在空气中传输的，所以与有线网络比起来，它们更容易受到拦截和蓄意破坏。无线安全机制应当包括强有力的认证和加密模式。如认证方式、加密策略的选择，用户权利的划分，密钥的确定，以及安全管理机制的制定等。

（五）制订测试计划和维护计划

在将整个公司接入无线网络之前，以及部署之后，都有必要对无线局域网的效果进行测试，特别是在验收过程中，要尽可能多做测试。这样就必须要制订详细的测试计划，确定测试步骤、测试内容、结果分析，尽可能多地找出潜在的问题和安全性或可用性的缺陷。测试内容包括：无线信号实际覆盖情况是否存在死区；传输速率、丢包率、数据重传率等有关整个无线网络传输性能的指标；是否存在信道冲突及确定冲突分布位置；了解整个无线网络的 AP、SSID、信道分布状况。测试用户无线网络中是否存在安全隐患，查找且定位一些安全问题，如 AP 安全机制、无线加密方式、无线信号泄漏、Ad-hoc 检测、非法无线设备的接入、恶意无线干扰、恶意的无线访问点接入及各种攻击等，同时建立完善的无线网络验收报告。

无线局域网搭建好之后，后期还需要维护工作。根据测试计划，定期对网络进行检测，以便及时发现问题，如出现故障后网络的可用性、服务状态、固件及时升级等，甚至要考虑受到攻击后整个网络的可恢复性及恢复时间。尽量缩短不可服务时间，提高服务质量。

上面介绍了无线局域网的设计步骤，在部署无线局域网的过程当中，还有一些注意事项，需要我们给予重视：

（1）相关规定。在室内使用的无线局域网，应考虑电磁波对人体健康的损害及其他电磁环境的影响。应该严格遵守无线电管理部门的规定，所采用的无线设备都应该符合能够使用的频段，规定的发射功率及带外辐射等各项技术指标。

（2）控制成本。企业来如何控制投资成本，以及得到良好的投资回报率是一个重要的问题。在设备选择时应提前根据自己的实际环境选择产品种类及数量。如一个办公区域比较分散，障碍物较多的办公室环境，应该选择一个信号穿透能力较强的路由器。

（3）数据安全性。数据安全性是我们一直强调的重点。由于无线局域网的数据经无线媒体发往空中，要求其有较高的通信保密能力。在考虑无线局域网时，尽量采用安全加密协议。现在无线网络设备，一般都支持在数据传输过程中的加密协议。通过加密技术，可以最大限度地保护数据在传输过程中的安全性。一般来讲，可以在无线发射设备上进行设置，进行强制的数据加密手段。如此可以保证从无线设备上发送出去的数据，都是加密过的。

57

（4）可扩展性。无线局域网建成之后，必须预留出扩充的空间。虽然部署无线网络不需要铺设网线，但如果没有预留扩充位置，无线网络依然无法扩充。

（5）保留现有的有线网。在组建无线网络时，最好不要全部放弃有线网络，维持有线和无线共存的网络结构。充分利用有线网络与无线网络的优点，达到扬长避短的目的。如对于一般用户办公的台式电脑，因为其一般不需要移动，最好直接使用有线网络。而对于一些移动设备，采用无线局域网。而对于一些特殊的应用，要采用有线网络。如远程会议系统等，对于网络传输的稳定性、网络传输的速度、网络安全性等会有比较高的要求。

二、无线网络组建过程

（一）设备选择

无线网络的带宽和传输距离等因素决定了组建的无线网络规模的大小，但组建网络需选用的设备基本相同，规模越大的网络所需设备的价格和参数越高。无线局域网在人们的印象中是价格昂贵的，但实际上，在购买时不能只考虑设备的价格，因为无线局域网可以在其他方面降低成本。使用无线局域网不仅可以减少对布线的需求和与布线相关的一些开支，还可以为用户提供灵活性更高、移动性更强的信息获取方法。

在规划无线网络的时候，选择哪个供应商的无线设备是重要的一步。现在很多硬件供应商包括思科、华为、网件、D-Link、TP-Link、中兴、3com 等，都可以提供包括无线网卡、无线路由器、中继器、天线及无线网络适配器等在内各种类型的无线设备。无线网络联盟会对设备进行认证，以确保它们通过测试，并且满足可靠性和兼容性的标准。虽然不同供应商的认证产品可以在一起使用，但你可能会发现使用同一供应商的产品可以保证部署顺畅并且使得用户的技术支持更容易。

（二）硬件安装

设备选型与采购完成之后，自然是安装网络设备。根据无线局域网的规划，进行基础设备的安装与设置。

（1）AP 的安装。无线 AP 是无线网和有线网之间沟通的桥梁。由于无线 AP 的覆盖范围是一个向外扩散的圆形区域，因此，应当尽量把无线 AP 放置在无线网络的中心位置，而且各无线客户端与无线 AP 的直线距离最好不要太长，以避免因通讯信号衰减过多而导致通信失败。除了 AP，还可能用到无线路由器、网桥等设备。

（2）天线的安装。如果需要更远距离或者楼宇间传输无线信号，那么就要用到天线。对于全向天线，在安装的时候不需要考虑两端天线安装角的问题，安装起来比较方便，适合于距离要求不高的环境；而定向天线可以将增益做得很高，一般的方向性越尖锐的天线增益就越高，信号的传输距离就越远，但是方向性过于尖锐的天线安装和调整的难度就越大，两边的天线必须对准才能保证信号的传输；适合于距离要求比较高的环境。

（3）无线网卡的安装。现在很多移动设备都自带无线网卡，只需要启用并设置即可工作。对于没有自带网卡的设备，需要打开机箱安装，要注意的是，确保无线网卡有正确的接口。在实际施工过程中，在减少带宽的情况下，可以增加建筑物之间的传输距离，进行远距离传输。对于要连接的建筑物，必须要能保持空阔，高大的树木和建筑物等障碍物都会直接影响无线电波的传输。

（三）基本设置

在安装完网络设备后，需要对无线 AP 或无线路由器以及安装了无线网卡的客户端进行相应设置。

（1）设置无线路由器。要认真阅读随产品附送的《用户手册》，从中了解到默认的管理 IP 地址、访问密码以及各项设置参数的含义。除了基本设置、SSID 设置、DHCP 设置、WEP 设置等，还需要进行 WLAN 连接类型以及访问控制等内容的设置。现在的无线路由设备都提供 Web 界面，对设备进行设置。

（2）客户端设置。在客户端计算机中，右键点击系统任务栏无线连接图标，选择"查看可用的无线连接"命令，在打开的对话框中点击"高级"按钮，在打开的对话框中点击"无线网络配置"选项卡，进行相应的设置。提示：由于 Windows XP、Windows 7 以及 Windows 2000 系统本身没有相关的组件来支持无线网络的使用，所以大家在进行网络参数的设置工作之前，一定要借助专门的无线网络的管理和配置程序，来设置网络参数，目前许多无线网卡都会随机附带 Client Manager 这个程序，安装之后，运行程序进行设置。另外，为了保证无线局域网中的计算机顺利实现共享、进行互访，应该统一局域网中的所有计算机的办公小组名称。

（四）高级安全设置

为了保证无线局域网的安全性，除了上述基本设置之外，还应该进行一系列安全方面的设置，同时，一次设置并非终身有效，仍需要在使用过程中及时调整网络安全设置，以确保无线网络安全性的最大化。无线 AP 有两种基本的过滤方式："MAC 地址过滤"和"IP 地址地滤"，针对未经授权访问的用户，绑定 MAC 地址或者 IP 地址是基本的做法，适用于对信息要求不高的家庭用户，对于企业用户，建议使用 WEP 和 WPA 两种常见到的加密方式。此外还要防止非法 AP 的接入访问。在无线 AP 接入有线集线器时，会遇到非法 AP 的攻击，非法安装的 AP 会危害无线网络的宝贵资源。解决方法可以利用对 AP 的合法性验证以及定期的站点审查来防止，在此验证过程中不但 AP 需要确认无线用户的合法性，无线终端设备也必须验证 AP 是否为虚假的访问点，然后才能进行通信。最后，还要防范病毒及黑客的攻击。常见的解决方法是加装防火墙、给客户端安装和升级杀毒软件等，另外还应将无线网络与核心网络隔离。

（五）测试验收与故障排除

无线局域网组建完成之后，需要对网络各个硬件设备、网络工作状态、网络性能、网络安全性等进行测试，发现问题，排除故障。通常有如下一些测试项目：是否能正确地连通网络；是否能正确地传送大的数据文件；是否能进行客户端/服务器的事务处理；是否能处理流数据。此外还有一些特殊的测试项目：漫游、数据负荷、广播和组播的接收以及相同设置不匹配的接入点的测试等。常用的检查方法有：硬件排错，无线 AP 的可连接性，检查各项设置，测试信号强度，多个 AP 问题，以及用户访问列表等。

（六）对技术人员进行培训

在使用无线局域网之前，需要对技术人员进行相关的培训，以确保他们有能力对无线局域网进行维护、管理和故障排除等工作。各个无线设备供应商都会提供培训和认证等服务。

第五节　各类无线局域网组建方案

一、家庭无线局域网组建方案

随着无线技术在日常生活中日益普及，人们越来越渴望在家中利用网络随时随地自由地工作、学习和娱乐。尤其是笔记本电脑使用的增加，人们也不满足仅仅坐在书房电脑前上网，而希望可以在更舒适的地方，例如躺在床上或坐在客厅躺椅上，也能访问网络。而且，现今的很多家庭都拥有了两台甚至两台以上的电脑，这就需要在家庭环境中具备多个网络接入点。但是大部分家庭在最初装修布局时并未考虑到这一点。

通过在家中组建无线网络，就可以解决以上问题。在家中设立无线局域网既简单又省钱。人们能在各个房间自由走动，随时接入网络冲浪，而无需担心电缆和插头。

（一）组建方案

家庭无线局域网的组网方式和有线局域网有一些区别，最简单、最便捷的方式就是选择对等网，即以无线 AP 或无线路由器为中心（传统有线局域网使用 HUB 或交换机），其他计算机通过无线网卡与无线 AP 或无线路由器进行通信。该组网方式具有安装方便、扩充性强、故障易排除等特点。另外，还有一种对等网方式不通过无线 AP 或无线路由器，直接通过无线网卡来实现数据传输。不过这种方式，对计算机之间的距离、网络设置要求较高，相对麻烦。

WLAN 的传输的范围是在室外为 300 米，在室内环境中最长为 100 米，这基本上已经能够满足一般家庭用户的需要。当然，如果你需要更远的传输距离，可以通过加定向天线或者增加 AP 的数目来实现。由于无线网络受环境的影响较大，不同材质的障碍物对无线信号的传输都有影响。这需要注意 AP 的摆放位置，以利于达到较好的传输效果。

家庭无线局域网的组建，最简单的莫过于两台安装有无线网卡的计算机实施无线互联，其中一台计算机还连接着 Internet。这样，一个基于 Ad-Hoc 结构的无线局域网便完成了组建。其缺点是：范围小、信号差、功能少、使用不方便。

无线 AP 的加入，则丰富了组网的方式（见图 2-3），并在功能及性能上满足了家庭无线组网的各种需求。技术的发展，令 AP 已不再是单纯的连接"有线"与"无线"的桥梁。带有各种附加功能的产品层出不穷，这给目前多种多样的家庭宽带接入方式提供了有力的支持。

61

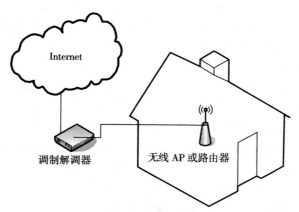

Internet

调制解调器　　　　无线 AP 或路由器

图 2-3　家庭无线局域网

（二）实施方案

家庭局域网的组建非常简单，目前的无线网络设备功能完善，笔记本等设备都自带无线网卡，物理安装完成之后，按照说明书进行配置，即可实现无线上网。

用网线连接无线宽带路由器和上网设备如 ADSL、Modem 等。最好放置设备的地点能"看到"你有可能使用网络的地方。或者简单地说，最好放在整个屋子的正中间，别太偏。最好能挂在墙上，至少也要摆在桌子上，别放在脚底下。大多数路由器都能覆盖半径 30 米的范围。确保您的电脑在该范围之内，否则将无法保证获得最佳的性能和最快的速度。切记：将计算机与路由器近距离部署在一起，并且确保中间没有混凝土墙等障碍物，此时才能获得最佳的效果；因为混凝土会吸收无线电波，从而降低无线连接的速度。以上所说无线路由器，其实就是带路由功能的 AP，这种设备通常是带一个 WAN 口和四个 LAN 口。一般这种设备的软件功能有路由、DHCP、NAT，简单的防攻击，此外它内外网使用不同的 IP 地址，天然就是一个简单的防火墙。只要 AP 一直通电保持工作状态，网络也就一直保持着连通状态，开机既可上网，使用起来十分方便。

二、办公室无线局域网组建方案

组建办公无线局域网与家庭无线局域网的组建原理相同，但是，因为办公网络通常拥有的计算机较多，涉及建筑物房间比较多，网络连通距离比较远，所以对所实现的功能以及网络规划等方面要求也比较高。架设办公室无线局域网并不是买几个无线设备组装起来那样简单，除了三个基本要素（办公室无线信号的覆盖范围、组建无线网络的安全性、无线设备的兼容）外，还有很多小型无线局域网所没有的特点：大型基础网络架构、同频干扰的避免，用户管理策略，安全机制，服务质量控制机制，VLAN 的设计等。

（一）组建方案

目前，企业里面的无线局域网，大都无法完全脱离传统的有线网络，一方面早期的无线设备不可能完全废弃，另一方面无线网络上应用的局限性，所以有线网络为主无线网络为辅，二者共存的网络架构，未来很长的时间内，仍将占据主导地位。在架构无线局域网之初，要充分结合现有的网络基础设施，使得二者能够充分配合扬长避短，企业的投资回报最大化。

组建办公室无线局域网，第一，要确定网络覆盖范围和网络结构，尤其是高密度，大流量的热点地区，往往是设计的难点和重点。第二，大型无线网络通常都会有同频干扰的问题，主要采取以下办法解决或改善：采用扩频技术，小区频率复用以及应用扇区天线或智能天线。第三，用户管理问题：主要决定哪些人对哪些资源有哪些权限的问题。第四，安全机制，无线网络也是网络，传统的有线网络里面临的安全问题，无线网络中全部相同。此外，无线网络的特殊性导致了一些新的网络安全问题，这应该是网络管理人员特别关注的内容。第五，服务质量 QoS 的设计。企业里对于网络的传输质量有较高的要求，这方面主要有以下几点内容：数据包的优先级别的设定，接入点的 QoS 保障，还有带宽控制机制。第六，VLAN 的设计：内网外网的划分，根据服务器和客户端的具体情况，逻辑上放在不同的子网上。

（二）实施方案

方案的实施过程中，应该以不影响现有网络业务（如果有的话）为前提。

1. 无线网卡的安装和设置

对无线网卡的设置，其中涉及一些重要的参数及属性，例如网络类型（对等结构型或基础结构型）、ESSID（用于确认是否允许这个无线网卡进入当前的无线局域网）、网络加密方式及所用密码等，只有当这些参数的设置与相关无线网络接入设备（如无线访问接入点和无线网桥）中的参数设置一致时，才能通过该无线网络接入设备进入相应的无线局域网。

2. 无线网络接入设备的安装和设置

大多数无线网络接入设备（如无线访问接入点和无线网桥）都提供默认的初始化连接配置，或者通过 RS232 串行口进行初始化配置，并提供 Web 界面进行网络参数的设置。

（1）MAC 或 IP 地址过滤。

（2）ESSID：这个标识符可以是任何一串 1~31 个 ASCII 字符或数字，区分大小写且不允许存在空格。

（3）无线网络的加密方式及所用密钥：现在大多数的无线设备都具备 WEP 加密以及更为安全的 WPA 加密。

（4）该设备最多允许多少台工作站接入。

（5）用户访问控制列表。

（6）DHCP 配置。

（7）IP 地址管理策略：在有线网络和无线网络共存的企业里，为了安全与管理方便，最好采取不同的 IP 地址管理策略。对于有线网络的电脑，采取固定 IP 地址，并且，固定的 IP 地址有一定的范围，通过网络检测器一看，就知道哪些是通过有线网络传输的。对于无线设备，采用一段 IP 地址，进行自动分配。如此的话，可以保证无线网络连接跟有线网络连接不存在冲突，有效地减少了维护的工作量。

三、企业无线局域网组建方案

(一) 中小企业无线局域网

一个典型的中小企业，公司规模和人员、办公地点都有可能在短时间内发生重大变化，公司的网路设施也必须做出相应的调整。如果采用有线局域网络，很难快速灵活地应对公司的高速增长带来的一系列要求。另外，固定的有线网络无法为来访客户或者临时工作人员提供网络服务。无线局域网，可以解决如此众多的组网问题，一个可移动、自由的网络环境，能大大提高企业自身的应变能力和工作效率。

一个无线路由器，两个无线 AP，再加上几十块无线网卡，即可完成一个中小企业的无线局域网的组建。整个网络集灵活性、安全性、易用性和稳定性于一体，不仅节省了综合布线的费用和时间，大大提高了办公的效率，而且能应对中小企业的高成长和变化的特点。

在灵活性方面，无线路由器通常都拥有多个网络接口，并集成防火墙及无线接入点功能，可以随需扩充无线节点；而无线 AP 也可以支持更多的 AP 接点。当人员增加时，只需要根据人员扩充规模，来增加相应的无线 AP、无线网卡即可。

安全性方面，采用集成防火墙的无线路由器，以硬件的方式防范来自网络外的攻击。同时，现在的组网设备，大都支持 64/ 128/ 152 位 WEP 加密技术，支持 WPA，WPA-PSK，802.1X 和隐藏 SSID 等安全协议，从而让整个无线网络的安全性提升到最高。具体拓扑如图 2-4 所示。

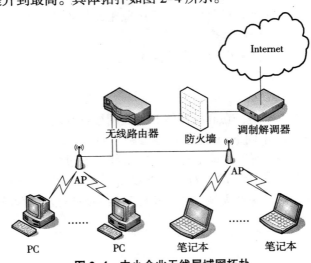

图 2-4 中小企业无线局域网拓扑

（二）大型集团公司无线局域网

    某集团公司有多栋大楼，楼内已有 LAN 系统，设备工作正常。为解决移动站点访问和存取公司网上信息，采用无线局域网产品，可以比较灵活地组成一体化企业网络，达到与专线相同的性能，且安装维护方便，不需交频率使用费。具体方法是使用无线接入点（AP）的桥接功能，一端与建筑物间天线相连，一端与有线网络 Hub 相连，这样把两栋大楼互相联接起来替代专线功能。周围移动站点通过无线接入点与公司有线网络互连，访问和存取公司信息。具体组建方案如图 2-5 所示。

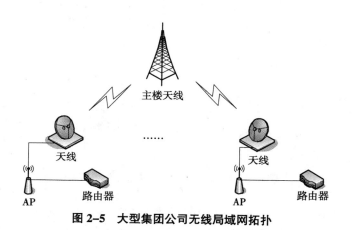

图 2-5　大型集团公司无线局域网拓扑

四、会展中心无线网络组建方案

    会展中心一般是面积较大的集办公、会议和展览于一体的专业会展服务中心，用于举办高规格、高品位的国家或国际级的大型科技文化类会议及各种展览。大型展览对于网络连接有特殊的需求，希望在开会或参展的同时，需要连接到互联网。这就要求展览中心在其展厅内提供足够多的端口供客户使用。而展会现场原有的有线网络就存在端口不足和不易移动等缺点。另外，因展台的位置经常变动，或者大会主持者会根据参展商的要求，专门为其将电话线或专线拉到其展位上。而当展会结束后，再将线撤走。这种方式非常费时费力，也使会场显得相当凌乱，而由此带来的较高的使用费，也使一些小的参展商放弃参展。

（一）客户需求

    对于展会来说，无论是展览者还是参观者，对网络连接都有很高的需求。另外，展会举办各种展览，展台的位置经常变动，每次布展需要重新连接有线网络，成本很高。客户希望使用无线局域网的接入点（AP）将整个展会现场覆盖以后，无论展台位置如何变动，安装了无线局域网网卡的计算机都可以通过无线 AP 连接到 Internet，展览者和观众都可以利用自由便捷的 Internet 连接在现场演示交流、交换文件、收发电子邮件，记者甚至可以在展会现场将报道发出。同时可以通过监控系统，了解会场的情况，保障会场的秩序。

（二）系统架构

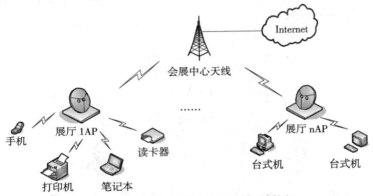

图 2-6　会展中心无线网络组建系统构架

该系统架构中，在各个展馆内架设多个基于 802.11b 或 802.11g 标准的无线接入点，以达到无缝覆盖的效果。参展人员的终端设备可在整个展馆自由移动，而不会与网络中断连接。展馆管理部门可通过在展厅内的无线监控系统，清楚地了解各个展厅的情况，保障了展会的秩序。

功能和特点如下：

（1）技术先进：先进的无线技术，给展馆网络的实施带来前所未有的便利。

（2）可靠性高：无线通讯设备运行稳定，保证信息的可靠传输，全面的功能满足了各种应用需求。

（3）标准与开放：无线网络可与原有网络系统的平滑连接。

（4）灵活性：利用无线局域网的接入点（AP）将整个展会现场覆盖，无论展台位置如何变动。

（5）安装了无线局域网网卡的计算机都可以通过 AP 连接到 Internet。

（6）高安全性：可以采用基于 WEP/WPA、802.1X、MAC 地址控制等加密认证功能对用户访问权限进行控制。

五、校园无线网络组建方案介绍

校园信息化建设一直是高质量、高效率教学办公的保障，校园办公，信息化管理系统在各高校/中小学校得到普遍应用。随着"211 工程"和"985 工程"的启动和创建世界性高水平综合性大学的战略实施和深入，网络技术在各大高校已经得到了广泛的应用，无线局域网以其方便性和灵活性，受到了师生员工的大力支持。众多学校已经启动了无线校园计划，旨在建成高速率，广覆盖，易管理的安全校园无线网络，满足校园网可持续发展要求，进一步提升学校的综合竞争实力，为师生带来前所未有的无线体验。对比传统的有线网络，校园无线网络具有如下特征：

（1）全覆盖。以高速无线的方式覆盖整个校园，主要包括教学楼办公室、礼堂、公寓、图书馆、廊道绿地等，强大的无缝漫游功能确保了网络通信的流畅性，让学校师生随时随地可以接入网络，享受无线校园带来的乐趣。

（2）可管理。由于校园有线网络已经建成，统一的网络管理已经投入使用，之后建成的无线网络，可以很好地融入现有校园管理系统，便于统一管理和维护。

（3）安全性。原有网络系统已经具备多种安全防御能力，建成的无线网络很好的融入原有网络安全解决方案体系，无线网络 WPA，802.1x 等安全认证技术，补充为具有多层次的安全访问控制措施，可以实现对用户身份鉴别、访问控制、可稽核性和保密性等要求。

（4）可扩充性。在校园网络规模不断发展的情况下，无线网络可满足在不改变主体架构与大部分设备的前提下，平滑实现升级和扩充，降低原有网络的硬件投资，并保证扩展后的系统可用性与稳定性。

（5）多种服务的支持。基于校园级网络的未来可持续发展，采用的无线产品均具备可适应未来发展校园级无线宽带应用（如无线语音应用、无线视频会议应用、无线多媒体通信应用等）的需要，并提供低成本的无缝升级和前后兼容。

（6）为外来人员提供便捷灵活的网络接入服务。高校里经常举办学术研讨与交流会议、学生的互访活动，需要临时性地提供大量网络接入服务，提高学校的数字化水平。

校园无线网络组建方案：

（1）在已有的网络基础设施上，对于需要灵活接入的地点：如教室、学生宿舍、开阔地来说，可以只安装一条与无线接入点的连接线，以代替连接固定基站的多余线缆。学生或者教师的笔记本电脑配上无线网卡，就可以在整个校园内实现网络接入，同时也可以方便地改变教室的配置，而不需要改变线路布局。

（2）复杂的校园网络都采取层次化网络架构，通过三层交换机和二层交换机实现网络连接。一个或者多个三层交换机可以提供一个高性能的核心层，二层交换机部署在各个网段的无线接入点。可以在网络中部署多个接入点，以扩大无线网络的覆盖范围，实现用户漫游。层次化的结构可以在需要灵活连接或者需要经常改变连接配置的场所简化无线网络的部署工作，如图 2-7 所示。

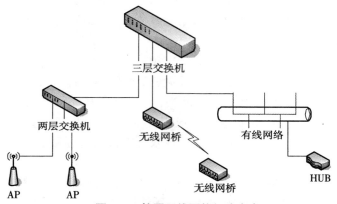

图 2-7 校园无线网络组建方案

六、小区无线网络组建方案介绍

作为人们的活动中心——住宅小区，其智能业务的需求在日益增长，宽带小区的建设已成为电信设备厂商、网络营运商甚至房地产商们关注的焦点。住宅小区一般物理分布分散，环境复杂，通讯的距离较长，若全部使用有线接入，则存在布线困难、施工不便、费用高、周期长等问题。采用无线方式，无须布线，架设方便，运行、维护成本低，周期短，可为不同的需求提供解决方案。住户只要在自己的电脑上插一个无线网卡，通过经营者提供的无线网桥，便可以在家中任何一个角落上网。

作为小区的管理者，无线方案不受位置的限制，可以在任何时间、任何位置全方位的监控小区内部情况，增加小区的安全性，节省人力物力。物业部门的各项收费的服务均可处于宽带控制之下，轻松实现居民和管理者之间的交流。对于用户，同一户人家也可以几个人同时上网，满足每位居民的需求。

由于小区的面积，建筑数量，建筑机构，楼层高低各不相同，所以不同的环境会采用不同的覆盖方式。需要将整个社区进行分类细化，先建立单个的覆盖单元模型，再根据实际环境来进行组合。

网络拓扑：一般小区的无线覆盖分为两层结构：接入层和汇聚层。接入层主要由无线 AP 构成，用来实现用户无线终端的接入；汇聚层主要有无线网桥构成，主要用来实现将各个无线 AP 接入的信号汇聚到小区网络出口。在保证覆盖的基础上，为了降低可能的故障率，汇聚层的无线级联层数要求越少越好，在有条件的情况下最好能通过一级网桥直接将 AP 的信号汇聚至网络出口。

天线的选择：根据不同的情况选定全向天线还是定向天线，然后根据现场的情况来选择天线的增益大小。在选择天线增益大小的时候不能一味地选择大增益的天线，而要结合天线的覆盖角度和周围的情况来选择。如果周围的建筑物很多，由于建筑物的反射，用高增益的天线，反倒会对无线 AP 自身造成严重的干扰。如果附近有其他的 AP，这时要根据 AP 的覆盖范围来选择天线的增益，并适当调整 AP 的发射功率，使 AP 达到最好的覆盖效果。

天线的安装位置也很重要，特别是大功率的设备连接增益高的天线时，在规划和安装时，在天线的前后 3 米内不能有阻挡物。如果在很近的距离内有阻挡物，发出去信号会被周围的物体反射回来，形成干扰信号，从而加重设备处理数据的负担，影响网络带宽。两点之间应无障碍物。如果有障碍物，天线的高度应该再加上障碍物的高度。图 2-8 是一个小区的组建实例。

69

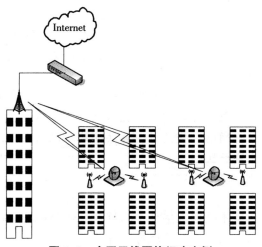

图 2-8 小区无线网络组建实例

本章案例

北京东城区政府的移动信息化

东城区处于中国首都北京，是政治、经济、文化、教育、科技等资源较为丰富的地区，也是对城市信息化管理需求较高的地区。随着城市现代化建设进程的加快，大力推进创新城市管理模式迫在眉睫。2001年，东城区区委、区政府把城市管理问题列为重点解决并突破的六个方面之一，并为此专门组织专家成立了创新城市管理模式课题组，围绕《依托数字城市技术创建城市管理新模式》课题进行深入调查研究，提出了"网格化城市管理信息平台及应用系统"的设计方案。

中国移动在东城区政府应用规划的基础上，利用移动公司的基础网络和短信、彩信、GPRS、网络位置服务和移动电话会议等增值业务，配合东城区现有城市信息管理体系，搭建了城市管理数字化平台，从而完成了"网格化城市管理信息平台及应用系统"设计方案的落地。此平台实现多种有利于提高城市整体信息化应用水平和城市管理效率的应用，整合优化了城市部件和政府信息资源，实现了城市管理的主动、精确、快速和统一。

此平台的成功运用，不仅是一种城市管理模式的创新，也是移动信息化服务于政府部门的一个成功案例。使用此平台上的各项业务，可以达到城市监管中心对城市公共设施的时时监控和维护，方便对城市管理人员的管理，节省了政府在信息化应用方面的费用，实现信息传输更加便捷和快速，城市管理更加直观、简便、精确的目标。

东城区网格城市管理解决方案具有良好的社会效应，逐渐得到政府各机构和市民的认同。这代表着以管理创新为核心的信息化建设越来越受到社会的关注，完善社区服务信息网络，提高社会公共领域和社区信息化水平，提高公众满意度的任务也越来越艰巨。

资料来源：政府及企业信息化建设成功案例（共5例）[EB/OL].百度文库，2011-10-09.

➡ **问题讨论：**

1. 北京东城区的城市管理数字化平台技术包括哪些内容？

2. 你认为移动信息化对城市管理有何普遍意义？

本章小结

通过本章学习要掌握移动通信的概念、移动通信的分类、移动通信技术的发展历程。熟悉无线网络技术，如蜂窝网络技术和短程无线接入技术、掌握移动网络接入方式。

组建无线网络的首要工作是进行无线网络设计，而设计可以分为用户需求分析、确定网络覆盖范围及协议标准、网络结构设计、制定网络安全控制策略、制订测试计划和维护计划等步骤。当无线网络规划者设计好优秀完备的无线网络并通过鉴定和测试后，就可以通过如下过程：设备选择、硬件安装、基本设置、高级安全设置、测试验收与故障排除、对技术人员进行培训等来组建无线网络。

要熟悉各类无线局域网的组建方案，根据学过的方案，要能完成各类实际设计任务，参考并发展无线局域网的设计原则，创新网络设计工作。

本章复习题

1. 简述移动通信的发展历程。
2. 试述无线网络的接入方式。
3. 无线网络的设计步骤包括哪些?
4. 组建无线网络的过程包括哪些?
5. 设计一个无线局域网的组建方案。

第三章
移动信息服务承载系统

学习目的

知识要求 通过本章的学习，掌握：

- 移动互联网的概念
- 移动互联网的平台
- 移动数据业务的类型
- WAP 业务的内容要点
- 短消息业务的使用

技能要求 通过本章的学习，能够：

- 熟悉移动互联网业务的发展趋势
- 理解移动互联网的架构与平台
- 掌握移动数据业务的类型
- 熟悉 WAP 业务的内容
- 熟悉短消息业务的流程

学习指导

1. 本章内容包括：移动互联网的概念；移动互联网的平台；移动数据业务的类型；WAP 业务的内容要点；短消息业务的使用。

2. 学习方法：结合案例熟悉移动互联网业务的发展趋势、理解移动互联网的架构与平台、掌握移动数据业务的、熟悉 WAP 业务的内容、熟悉短消息业务的流程。

3. 建议学时：4 学时。

 引导案例

石油行业的移动信息化

中国移动针对延长油田公司信息化特点，为其提供互联网专线、视频会议、车辆定位、油井监控等一系列功能的综合解决方案。此信息化方案为油田公司每年节省近百万元。

针对石油行业勘探、开采、运输、炼制、销售各环节分散，中国移动综合运用短信、移动数据流量等通信技术，结合各类信息平台，协助各油田单位及时发布各类有关生产、办公、服务的相关信息，同时也可以通过短信或 WAP 上网方式来上报和查询。具体功能如下：

（1）车辆定位。利用中国移动通信网络，采用相关定位技术，结合 GIS 地理信息系统，通过无线终端，确定定位目标的实际位置信息，以短信、彩信、语音、客户端软件等方式呈现给相关管理者，实现对车辆（定位调度、及时报警）等全方位监控和管理。

（2）油井监控。油井远程测控系统可以免去人工巡井，减轻工人劳动强度，并且提高了设备监控与采油数据的实时性，甚至准确性。并且当抽油机、电泵出现故障时能及时发现，能够有效监控、防患和控制。增加原油产量，提高工作效率。

资料来源：中国移动。

➡ **问题：**

1. 石油行业的移动信息化为何能提高生产效率？
2. 你认为其他行业可以应用移动信息化吗？

第一节 移动互联网业务

一、移动互联网的内涵

移动互联网是通信网和互联网的融合，其不同定义如下：

无线互联网是指通过无线终端，如手机和 PDA 等使用世界范围内的网络。无线网络提供了任何时间和任何地点的无缝链接，用户可以使用 E-mail、移动

银行、即时通信、天气、旅游信息及其他服务。

也有人认为，移动互联网是指用户能够通过手机、PDA 或其他手持终端通过各种无线网络进行数据交换。

由以上定义可以看出，移动互联网包含两个层次。首先是一种接入方式或通道，运营商通过这个通道为用户提供数据接入，从而使传统互联网移动化；其次在这个通道之上，运营商可以提供定制类内容应用，从而使移动化的互联网逐渐普及。

本质上，移动互联网是以移动通信网作为接入网络的互联网及服务，其关键要素为移动通信网络接入，包括 2G、3G 和 E3G 等（不含通过没有移动功能的 WiFi 和固定无线宽带接入提供的互联网服务）；面向公众的互联网服务，包括 WAP 和 Web 两种方式，具有移动性和移动终端的适配性特点；移动互联网终端，包括手机、专用移动互联网终端和数据卡方式的便携式电脑。

互联网是移动互联网的基础，从本质和内涵来看，移动互联网继承了互联网的核心理念和价值，如体验经济、草根文化和长尾理论等。移动互联网的现状具有三个特征：一是移动互联应用和计算机互联网应用高度重合，当前主流应用仍是计算机互联网的内容平移。数据表明，目前在世界范围内浏览新闻、在线聊天、阅读、视频和搜索等是排名靠前的移动互联网应用，同样这也是互联网上的主流应用。二是移动互联网继承了互联网上的商业模式，后向收费是主体，运营商代收费生存模式加快萎缩。三是 Google、Facebook、Youtube、腾讯和百度等互联网巨头快速布局移动互联网，业务增长迅速。这三个特征也表明移动互联网首先是互联网的移动。

移动互联网的创新点是移动性，移动性的内涵特征是实时性、隐私性、便携性、准确性和可定位等，这些都是有别于互联网的创新点，主要体现在移动场景、移动终端和移动网络 3 个方面。在移动场景方面，表现为随时随地的信息访问，如手机上网浏览；随时随地的沟通交流，如手机 QQ 聊天；随时随地采集各类信息，如手机 RFID 应用等。在移动终端方面，表现为随身携带、更个性化、更为灵活的操控性、越来越智能化，以及应用和内容可以不断更新等。在移动网络方面，表现为可以提供定位和位置服务，并且具有支持用户身份认证、支付、计费结算、用户分析和信息推送的能力等。

移动互联网的价值点是社会信息化，互联网和移动性是社会信息化发展的双重驱动力。首先，移动互联网以全新的信息技术、手段和模式改变并丰富人们沟通交流等生活方式。例如，Facebook 将用户状态、视频、音乐、照片和游戏等融入人际沟通，改变和丰富了人际沟通的方式和内容。其次，移动互联网带来社会信息采集、加工和分发模式的转变，将带来新的广阔的行业发展机

75

会，基于移动互联网的移动信息化将催生大量的新的行业信息化应用。例如，IBM 推进的"智慧地球"计划很大程度上就是将物联网与移动互联网应用相结合，而将移动互联网和电子商务有效结合起来就拓展出移动商务这一新型的应用领域。

目前，移动互联网上网方式主要有 WAP 和 WWW 两种，其中 WAP 是主流。WAP 站点主要包括两类网站：一类是由运营商建立的官方网站，如中国移动建立的移动梦网，这也是目前国内最大的 WAP 门户网站；另一类是非官方的独立 WAP 网站，建立在移动运营商的无线网络之上，但独立于移动运营商。

二、移动互联网业务的特点

移动互联网是一种基于用户身份认证、环境感知、终端智能和无线泛在的互联网应用业务集成。最终目标是以用户需求为中心，将互联网的各种应用业务通过一定的变换在各种用户终端上进行定制化和个性化的展现，它具有如下的典型特征：

（1）技术开放性。开放是移动互联网的本质特征，移动互联网是基于 IT 和 CT 技术之上的应用网络。其业务开发模式借鉴 SOA 和 Web 2.0 模式将原有封闭的电信业务能力开放出来，并结合 Web 方式的应用业务层面，通过简单的 API 或数据库访问等方式提供集成的开发工具给兼具内容提供者和业务开发者的企业和个人用户使用。

（2）业务融合化。业务融合在移动互联网时代下催生，用户的需求更加多样化和个性化，而单一的网络无法满足用户的需求，技术的开放已经为业务的融合提供了可能性及更多的渠道。融合的技术正在将多个原本分离的业务能力整合起来，使业务由以前的垂直结构向水平结构方向发展，创造出更多的新生事物。

（3）终端的集成性/融合性和智能化。移动终端既是一个通信终端，也是一个功能越来越强的计算平台、媒体摄录和播放平台，甚至是便携式金融终端。随着集成电路和软件技术的进一步发展，移动终端还将集成越来越多的功能。随着终端智能化由芯片技术的发展和制造工艺的改进驱动，二者的发展使得个人终端具备了强大的业务处理和智能外设功能。终端智能操作系统使得移动终端除了具备基本的通话功能外，还具备了互联网的接入功能，为软件运行和内容服务提供了广阔的舞台。

（4）网络异构化。移动互联网的网络支撑基础包括各种宽带互联网络和电信网络，不同网络的组织架构和管理方式千差万别，但都有一个共同的基础，即 IP 传输。通过聚合的业务能力提取，可以屏蔽这些承载网络的不同特性，实现网络异构化上层业务的接入无关性。

（5）个性化。由于移动终端的个性化特点，加之移动通信网络和互联网所具备的一系列个性化能力，如定位、个性化门户、业务个性化定制、个性化内容和 Web 2.0 技术等，所以移动互联网成为个性化越来越强的个人互联网。

（6）终端移动性。移动互联网业务使得用户可以在移动状态下接入和使用互联网服务，移动的终端便于用户随身携带和随时使用。

（7）终端和网络的局限性。移动互联网业务在便携的同时也受到了来自网络能力和终端能力的限制。在网络能力方面，受到无线网络传输环境和技术能力等因素限制；在终端能力方面，受到终端大小、处理能力和电池容量等的限制。

（8）业务与终端、网络的强关联性。由于移动互联网业务受到了网络及终端能力的限制，因此其业务内容和形式也需要适合特定的网络技术规格和终端类型。

（9）业务使用的私密性。在使用移动互联网业务时，所使用的内容和服务更私密，如手机支付业务等。

三、移动互联网业务的发展趋势

移动互联网业务正朝着信息化、娱乐化、商务化和行业化等方向发展。

（一）信息化

随着通信技术的发展，信息类业务也逐渐从通过传统的文字表达的阶段向通过图片、视频和音乐等多种方式表达的阶段过渡。在各种信息类业务中，除了传统的网页浏览之外，以 Push 形式来传送的移动广告和新闻等业务的发展非常迅速。移动广告通过移动网络传播商业信息，旨在通过这些商业信息影响广告受众的态度、意图和行为。近年来移动广告在日本、韩国及欧洲等发达国家和地区快速增长，可以预见，人们对手机终端传递信息方式的依赖将越来越严重。

典型的信息类业务有四种：一是手机报，即根据综合、体育和音乐等内容形成系列早晚报，推出各类品牌专刊，形成彩信报刊体系；二是手机杂志，即通过手机下发彩信的方式，将杂志的内容下发到手机；三是手机电视，即通过手机播放视频流的方式播放电视节目；四是手机广告，即通过手机下发彩信和播放视频流等方式向用户推送广告。

（二）娱乐化

当前，从日韩等国的移动互联网业务的发展情况来看，包括无线音乐、手机游戏、手机动漫和手机电视等在内的无线娱乐业务增势强劲，成为移动运营商最重要的业务增长点。在我国，近几年来随着彩铃、炫铃和 IVR 语音增值业务的相继推出，迅速掀起了一股无线音乐流行风。为了进一步推动无线音乐业务发展，中国移动加快构建 12530 中国移动音乐门户。还成立了 M.Music "无线音乐俱乐部"，为手机用户提供一个全新的音乐体验区。

典型的娱乐类业务有四种：一是无线音乐排行榜，由用户下载数量决定的榜单，是最具有说服力的音乐榜；二是手机音乐，提供不受时间和地点限制的音视频娱乐服务；三是手机游戏，提供统一的用户游戏门户和社区；四是 IM 社区，建立移动虚拟社区，使用户成为信息创造者和传播者。

（三）商务化

近几年，为了满足广大用户移动炒股、移动支付和收发邮件等需求，中国移动和中国联通全面加快了移动商务应用的开发和市场推广步伐。与传统的股票交易方式相比，以手机为载体的"掌上股市"业务比现场交易、网上交易和电话委托更方便、更快捷。"掌上股市"业务一经推出，便受到了社会各界的广泛关注。

为了推动移动支付业务的发展，近两年来，移动运营商全面加大了与金融部门的合作力度，手机银行、手机钱包和手机彩票等移动支付业务的应用步伐逐步提速。2006 年 8 月，中国移动推出手机二维码业务，基于手机二维码的手机购票等业务开始全面起步，为用户带来了崭新的移动商务体验。如今，越来越多的手机用户开始用手机缴纳各种公共事业费用、投注彩票、缴税，甚至购买电影票和机票，各种移动支付业务正在日益走向普及。

此外，为了满足广大商务用户随时随地收发邮件的业务需求，2006 年，中国联通在我国率先推出了具有邮件推送功能的"红草莓"手机邮箱业务。用户使用该业务，无需登录互联网即可随时随地用手机直接接收电子邮件；同时，中国移动推出了 BlackBerry 手机邮箱业务。在移动运营商的积极推动下，手机邮箱业务正日趋升温。

典型的商务类业务有四种：一是手机钱包，可以购买彩票和股票，还可以进行小额支付；二是 RFID，可以作为门禁卡、会员卡和信用卡，拓展手机的功能；三是二维条形码，可以做各类电子票和门票使用；四是手机邮件，使用手机收发并处理邮件。

（四）行业化

近几年，在全面服务大众用户的同时，中国联通和中国移动全面加快了服务行业信息化的步伐。在全面了解不同行业信息化需求的基础上，中国移动积极联手产业各方开发出了集团短信、集团 E 网、无线 DDN、移动定位和移动虚拟总机等行业应用解决方案，并在交通、税务、公安、金融、海关、电力和油田等领域得到了日益广泛的应用，有效提高了这些行业的信息化水平。在全面了解企业集团客户差异化需求的基础上，中国移动推出了 MAS（移动代理服务器）和 ADC（应用托管中心）两种移动信息化应用模式，加快了行业应用向中小企业的渗透步伐。

典型的行业类业务有两种：一是移动定位，用于车辆调度、车辆导航等；二是移动办公，可以让员工不在办公室时仍能轻松处理工作事宜。

移动互联网是电信、互联网、媒体和娱乐等产业融合的汇聚点，各种宽带无线通信、移动通信和互联网技术都在移动互联网业务中得到了很好的应用。从长远来看，移动互联网的实现技术多样化是一个重要趋势。

（五）网络接入技术多元化

目前能够支撑移动互联网的无线接入技术大致分成 3 类，即无线局域网接入技术 WiFi、无线城域网接入技术 WiMAX，以及传统 3G 加强版的技术，如 HSDPA 等。不同的接入技术适用于不同的场所，使用户在不同的场合和环境下接入相应的网络。这势必要求终端具有多种接入能力，也就是多模终端。

（六）移动终端解决方案多样化

终端的支持是业务推广的生命线，随着移动互联网业务逐渐升温，移动终端解决方案也在不断增多。移动互联网设备中人们最为熟悉的就是手机，也是目前使用移动互联网最常用的设备。Intel 推出的 MID 则利用蜂窝网络、WiUAX 和 WiFi 等接入技术，并充分发挥 Intel 在多媒体计算方面的能力，支撑移动互联网的服务。手机操作系统也呈现多样性的特点，如 Windows 系统、Linux 操作系统和 Google 的 Android 操作系统等都在努力占据该领域魁首的位置。

（七）内容制作的多元化

移动和固定互联网的互通应用的发展使得有效连接互联网和移动网的移动互联网网关技术受到业界的广泛关注。采用这一技术，移动运营商可以提高用户的体验并更有效地管理网络。由于大量新型移动互联网业务的发展，所以移动网络上的流量越来越大。在移动互联网网关中使用深度包检测技术，可以根据运营商的资费计划和业务分层策略有效地进行流量管理，网关技术的发展极大地丰富了移动互联网内容来源和制作渠道。

移动互联网的热点业务如表 3-1 所示。

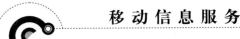

移 动 信 息 服 务

表 3-1 移动互联网的热点业务

业务名称	描述
移动音乐	通过移动网在线试听、下载音乐，以铃声和整曲下载为主要业务
移动视频	通过移动网在线欣赏或下载视频，有直播和点播两种形式
位置及相关业务	通过电子地图和 GPS 定位开展的业务，可以在此基础之上附加很多不同的服务
信息类业务	新闻、图片和手机报等，特点是单向传递，主要向用户传播实时的信息
信息类业务	移动 IM 类业务，特点是交互性。该业务也可与其他业务结合，形成综合社交网络
邮件	移动邮件是移动商务应用中较为典型的应用，以 PushMail 为代表，有黑莓等典型的邮件服务提供商。运营商提供的移动邮件业务常与邮件服务提供商合作开展
游戏	游戏业务实际上是一种应用类业务，可以将计算机游戏开发者与手机应用开发结合为一种业务。运营商适合建立游戏商店，引入分成机制。若对终端有较强控制（如深度定制机型），还可以开放部分网络能力的访问（如位置信息），形成更有吸引力的游戏
电子书	电子书业务是电子阅读的种形式，该业务有两种开展方式，一是电子图书库；二是单本电子书应用
电子支付	电子支付是电子商务类应用之一，是通过移动终端进行支付（常见的是 NFC 技术）
应用商店	应用商店实际上不是一种业务，而是运营商开展业务的一种形式。即运营商建立应用商店，制定商店的规则并管理商店，但是将应用商品的开发开放给第三方

第二节 移动互联网的架构与平台

一、移动互联网的架构

移动互联网的结构包括网络层面和应用层面两个方面。

从网络层面来看，移动互联网是互联网的一个接入网，GPRS、CDMA2000 和 WiFi 等无线数据网都是这样接入网络的。3G 技术带来了更好的移动性和高速的数据传输速率，更容易带给用户更丰富的应用。而且把 3G 网络作为主要的移动接入网已经是运营商的力推目标，所以 3G 网络将会成为移动互联网的主要接入网。移动互联网实际上与 3G 是相辅相成的，网络的建设需要过程，并且不同的区域也会有不同的考虑，所以同一个运营商的多种无线数据网络共存并互为补充的情况仍将存在较长时间。3G 网络作为接入网比传统的 IP 接入网要复杂得多，运营商对用户的控制也比传统 IP 接入网要强得多。网络层面的竞争主要存在于运营商之间，而 3G 网络作为移动互联网的接入网络。

从应用层面来看，典型的移动互联网应用有两种形式。

（1）以计算机作为用户的使用终端通过数据卡、手机或嵌入式模块接入 3G 等无线网络访问互联网。这里的 3G 网络等无线网络仅作为一个数据通道，用户的实际应用与有线接入的互联网没有不同，仍然是互联网应用。运营商主要为用户提供了一个与有线接入不同的互联网接入手段，除了提供数据通道外，所能提供的业务有限。

（2）以手机等移动终端作为用户的使用终端通过 3G 等无线网络访问互联网。由于受限于移动终端的体积、性能和操作特殊性等原因，所以大多数应用专门为移动终端设计（如 WAP 等）。在这种情况下，移动互联网应用可以看成是适合于移动终端使用的特殊互联网应用。由于使用了移动终端和 3G 网络，使得终端生产商、电信运营商和移动互联网应用提供商共同决定了移动互联网的发展趋势。在这种应用中，因为运营商能够更容易控制用户终端，所以也具有比互联网应用更大的话语权。

移动互联网的整体架构如图 3-1 所示。

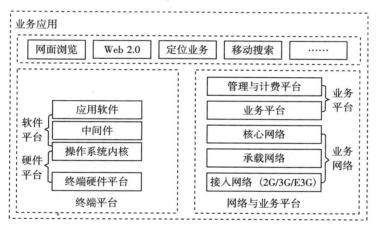

图 3-1　移动互联网的整体架构

从网络上看，除了接入技术的不同，移动互联网与固定互联网在架构上并无本质不同。然而通过深入分析，由于发展特点和阶段的不同，所以移动互联网的终端平台与固定互联网有巨大的差异。相比于固定互联网，移动互联网架构体系的最大特点是非标准化和封闭性。它体现在终端平台标准化程度低、体系林立且封闭性强，既缺乏业界共同制定的标准，也缺乏能够真正适应和引领发展的事实性标准。目前，移动终端平台在移动互联网的发展中具有关键作用，移动互联网的业务提供与创新需要终端平台的适配和开放。

移动终端的硬件平台包括 3 种形式，如图 3-2 所示。

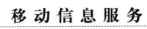
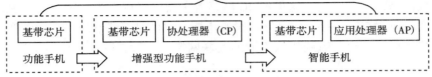

图 3-2　移动终端的硬件平台

（1）所有功能集成在一起的功能手机。

（2）基带芯片和协处理器（CP）分离的增强型功能手机，其中基带芯片主要用于通信功能；而协处理器主要负责多媒体方面的功能。

（3）智能手机内含基带芯片和应用处理器 AP，AP 的功能已类似计算机的处理器芯片。其上可加载操作系统和应用软件，从而构成了一个功能强大的移动计算平台。从功能手机到增强型功能手机再到智能手机，移动终端的计算能力和多媒体功能越来越强，呈现互联网应用的能力也越来越强。从趋势看，智能手机是移动互联网理想的平台，如图 3-3 所示。

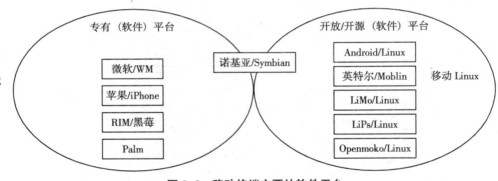

图 3-3　移动终端主要的软件平台

二、移动互联网的平台

（一）平台的概念

网络的基本功能是提供连接，连接的可以是人（通信网）、物（物联网）和产品服务（商业网）等。一些产品和服务把两个不同的用户群联系起来，形成的市场称为"双边市场"。如金融领域的信用卡就是一个典型的"双边市场"（或称"双边网络"）产品，它提供了消费者和商家两个群体之间的联系。而在双边市场中将不同用户群连接起来的产品和服务，常被称作"平台"。平台也可以指实体产品，如消费者的信用卡和商家的刷卡终端，也可以指信用卡整套全新的支付服务体系。平台也可以是提供服务的场所，如证券交易所。

"平台"这个术语使用很广，其含义有基础、场所、跳板、规范及标准的互动界面等。在商业界，平台实质上是指一系列商业能力。这些能力可以建立、连接、扩展其他的能力，通过这种方式来满足客户的需求及对各种需求关系进行匹配。

在科技界，平台是指一套能够开发新技术的技术体系。Windows 是一种软件平台，成千上万的应用软件基于它开发出来；Intel 的芯片构成了个人计算机系统中的核心硬件平台；在汽车工业中，标准化的制造平台促进了各种零件的复用，并协调全球的设计和生产。联发科（MTK）提供包括芯片和软件在内的完整手机技术方案，成为山寨机产业生态系统的基础研发平台。

在生态学中，平台是指某些基础物种。这些物种为其他物种提供必需的多种生存要素，是其他物种赖以生存的必要基础，如无花果树是热带生态系统中重要的生存基础。它们一年四季产出果实，为多种动物提供了可靠的食物来源，尤其在果实短缺的时期；另外，它还提供了一种重要的在别的食物中不易获取的营养成分。

学者艾义斯和斯葛迈兰斯（Evans and Schmalensee 2007）将平台分为 4 种类型，即交流型平台（Exchanges Platform）、交易型平台（Transaction Devices Platform）、媒体型平台（Advertising Supported Media Platform）和软件型平台（Software Platform）。

依据这一分类对移动互联网时代产业生态系统进行分析，运营商在以语音交流为主的时期处于产业生态系统的核心，作为交流型平台为产业生态系统提供基础服务。但在即时通信和社区兴起的过程中，这类新型服务的提供商作为新的交流型平台逐渐生长壮大，在即时通信和社区这个细分的生态系统中逐步成为基础和平台型物种。在电子商务这个逐渐兴起的产业生态系统中，电子支付、虚拟商城等互联网企业承担了交易型平台的功能，成为这个细分产业生态系统的基础物和平台型物种。

随着"泛媒体化"的出现，互联网门户、搜索引擎和博客等媒体型平台迅速生长，取代了媒体生态系统中原来报纸和电视等企业基础物种的地位。搜索引擎成为容量巨大的网页信息系统的核心，通过它可以方便地链接到需要的网页。正在兴起的云计算和云服务企业也将改变整个 IT、ICT 及软件生态系统的生态格局。

事实证明，在移动互联网时代日益开放的产业生态系统中，由于迁移和沉没成本的原因，以及规模效应及网络效应的影响，那些率先进入平台运营的企业将占据先机。如 Facebook 的交流平台正从根本上改变人们彼此交流的方式；

苹果类移动设备正改变开发者、广告主和厂商为用户提供服务的方式。移动设备正发展成为包括基于位置的服务和个人认证服务等在内的各种类型云服务的远程控制设备，并持续拓展创新，为用户提供更多的服务。

（二）平台带来的效应

信息产业存在一种直接网络效应，称为"梅特卡夫准则"。即对每一用户而言，网络对他的价值与网络中其他人的数量成正比。这意味着更多的用户愿意选择接入较大的网络以获得更多的价值，从而使得用户规模较大的网络同时获得了价值竞争优势，最终导致强者越强和弱者越弱。在网络竞争中开发者不处于网络之上，无法和用户交互信息，因此不会对用户产生任何影响，并且开发者之间也不存在直接网络效应。

平台竞争则不同，因为开发者和用户都处于网络之上，所以不仅存在开发者之间和用户之间的两种直接网络效用；同时还存在两种间接网络效应。对每一用户而言，平台（仍是一种网络）对他的价值与平台上开发者（软件）的数量成正比；对每一开发者而言，平台对他的价值与平台中用户的数量（下载量）成正比，即用户和开发者两个相对独立的网络之间的相互吸引作用。

间接网络效应的存在，使得原本在网络竞争中处于用户规模劣势的一方依然可以通过开发者或软件数量来吸引用户。苹果在计算机互联网时期相对微软处于用户规模的劣势，但是在移动互联网时期，正是因为凭借其卓越的商业模式迅速汇聚起来的丰富和优质的软件来吸引用户的间接网络效应推动用户规模（和下载量）的扩大。而不断上升的用户规模（和下载量）又进一步吸引更多的开发者加入苹果的平台，继而形成两种间接网络效应之间的良性循环；同样Google的成功也依赖于其软件的先发资源优势来吸引更多用户使用其Android平台，继而激发两种间接网络效应的良性互动。

移动互联网的产业链如图3-4所示。

三、移动互联网平台的竞争

平台竞争的目的是标准之争，这里的标准是指一种产品因为具有足够大的用户规模而处于网络效应的优势一方，并逐步形成强者恒强的正反馈。产品成为标准有很多好处，如用户和开发者都会倾向选择加入网络价值更大的标准方的网络、用户放弃标准而转用其他平台的转网成本很大，以及开发者放弃为标准一方开发软件而转向其他平台的开发成本也会增大，标准一方将成为游戏规则的主导者。标准之中最核心的产品就是OS，因为OS是控制开发和用户使用界面的最核心环节，因此平台竞争也可以看做是移动互联网产业链的OS标准之争。移动互联网产业链还未像计算机互联网产业链那样形成Microsoft Win-

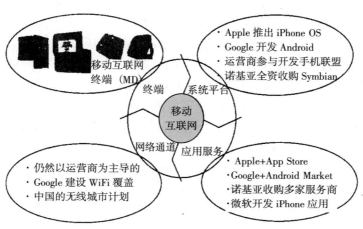

图 3-4　移动互联网的产业链

dows 为 OS 标准的局面，而终端+OS+内容应用正是强势一方促进尽快形成标准和弱势一方尽可能延缓标准过早产生的重要商业途径。

（1）利用直接网络效应促进（延缓）标准的途径：一般具备用户规模先发优势的一方最容易成为标准；而挑战者要挑战主导者的地位，必须具备 N=10 倍的性能优势，或者采取开放合作的策略（如免费使用和开源代码等）。

（2）利用间接网络效应促进（延缓）标准的途径：利用开放的平台和便捷的结算渠道激发开发者的积极性，迅速扩大软件规模来吸引用户。当前移动互联网 OS 标准竞争中，苹果利用快速汇聚的软件规模优势和卓越的各类终端（iTouch、iPhone 和 iPad 等）性能优势迅速扩大终端和 iOS 的份额；Google 作为后起的挑战者，利用卓越的软件先发优势和开放合作策略，迅速扩大 Android 的用户规模。

第三节　移动数据业务

一、移动数据业务的现状

（一）移动数据业务的概念

移动数据业务就是通过无线的手段向移动用户提供数据多媒体服务。移动数据业务与固定数据业务还是有所不同的，例如在速率、质量等方面的要求目前就没有固定数据业务那样高。移动数据业务归纳起来主要有如下几个特点：

（1）并不是独立建设一个网络来提供业务，而是基本上依托现有的移动话音网络，通过提升网络及移动终端的数据功能来实现的。

（2）数据承载是以 IP 为基础的，因此建设一个基于 IP 的网络专门用于承载移动数据业务是非常必要的。例如中国移动的 CMNET，应该说在 2000 年初中国移动开始大规模建设 CMNET 是具有战略性的，尽管当时只是着眼于 IP 电话、互联网接入等有限的几项业务，但已经预计到它对今后大量移动数据业务的开展是必不可少的。

（3）移动数据业务既包含实时性业务，也包含非实时性业务。必须认识到实时性业务和非实时性业务都有其应用范围，相互不一定是取代的关系，也无先进与落后之说。事实上，社会对非实时性业务的需求也非常高，例如短信业务等。

（4）移动数据业务发展不同于传统业务的开展，需要新的运营模式。

（5）应用和内容是移动数据业务发展的关键。移动数据业务是一个新兴市场，是指通过移动网络在数字蜂窝电话、智能手机、无线 PDA 和笔记本电脑上，传送差异化的语音以及互联网接入、信息、娱乐、事务处理等业务。随着有线互联网向移动互联网延伸，彰显"随时、随地、口袋应用"等优越特性的移动互联时代，已快速融入社会生活，改变着人们的娱乐、休闲方式和消费、商务模式。移动数据业务已经成为电信业务市场发展最抢眼的亮点，成为通信运营商最为重视的战略高地。

（二）我国移动数据业务的现状

移动数据业务是以短信业务的飞速发展作为标志的，加上移动互联网、GPRS、WAP 等设施的建设和使用，中国移动的"移动梦网"业务品牌的推出，更是给移动数据业务带来质的发展。移动和数据代表着电信今后发展的趋势，而这两者的融合所产生的各种新的业务则是今后新的增长点。因为移动数据业务可以满足用户对移动的多种需求，同时在移动 ARPU 值逐年下降的情况下，可以作为提高移动 ARPU 值的手段。随着中国移动用户的迅速增加，移动网络的不断优化及新业务的不断涌现，移动数据业务呈现出了高速发展的势头，表现在业务量增长迅速、用户接受程度不断提高、用户群进一步细分。

（1）业务量增长迅速。新的应用不断刺激移动数据业务收入增长，短信业务的发展尤其突出，基于短信的增值应用种类繁多，短信被称为"第五媒体"和"拇指文化"。其他移动数据业务如多媒体短信业务（MMS）、无线应用协议（WAP）等也表现出了极大的发展潜力。

（2）用户接受程度不断提高。移动数据应用越来越普及，业务普及率已占移动用户总数的 80%。移动数据业务逐步从非主流业务发展为主流业务，逐步被广大用户所接受。此外，其应用领域也不断拓展，如基于移动网络的企业/行业应用。

（3）用户群进一步细分。激烈的竞争和多样化的用户要求使运营商不断对用户的需求进行细分，于是出现了一些新的用户群，如一个以时尚年轻人为代表的所谓"数据上的高端用户、语音上的低端用户"的新用户群。中国移动"动感地带"以灵活而有吸引力的资费，为这个用户群提供学生套餐、娱乐套餐、时尚办公套餐等多种创新的个性化服务。

（三）中国的移动数据业务前景

移动数据业务可大致分为通信和消息、信息和娱乐、移动电子商务、实时多媒体等几类业务。WAP、IM、MMS、移动电子邮件、移动电子商务如小额支付、移动银行、移动证券、票务订购等将是中国市场上最具潜力的移动数据业务。LBS、流媒体业务、移动游戏等其他业务也将在近几年得到快速发展。为了更好地培育和发展移动数据业务，需要移动运营商从市场、技术和政策三个方面来推进相关工作。通过多种创新的手段，包括改善用户服务、业务、宣传、新业务的前期体验、资费优惠、业务捆绑等，培育市场和用户需求，移动运营商可以不断提高宽带移动业务的渗透率，扩大用户基础，并将在新业务的用户需求培育过程中充当主要角色。移动数据业务是信息产业发展的亮点，并将创造巨大的市场价值，构建一个良好的商业模型将是移动数据业务成功的关键。随着 3G 移动网络的到来，在带宽上（无线空中接口带宽）给予了移动数据业务腾飞的网络技术条件和保障。可以预计，未来的几年是移动数据业务蓬勃发展的几年。移动数据业务的发展是适应于电信业大的发展趋势的，而电信业的发展除了技术因素之外，主要就是来自市场的驱动力。一般预计，未来电信的发展有三大方向：移动互联网、移动电子商务和移动多媒体。这三大方向既是技术的结晶，也是沟通的全新方式，将更大程度地渗入生活的各种细节，如购物、交易、娱乐、教育等。当移动通信的附加功能尽可能地增多时，手机就成为真正的万能终端。

二、移动数据业务的分类

根据移动数据业务功能的不同，移动数据业务可以分为信息类业务、娱乐类业务、消息类业务、接入类业务、移动商务业务、数据承载类业务、移动终端类业务。

（一）信息类业务

信息类业务是根据用户不同的兴趣与需求，向用户提供新闻、天气、运动、旅游、金融等信息。信息类的移动数据业务发展已经相当成熟，而新的移动技术的支持更是推动信息类业务的有力推动因素之一。此类技术主要指通过移动的手段承载或传递信息。例如 Internet 接入、移动定位业务（LBS）等。此外，E-mail、语音信箱等虽不是严格意义上的移动业务，但目前通过移动的手段来使用这种业务也较为普遍。这些新的移动技术包括 Locate-based（基于位置的业务）。而 Locate-based 的移动技术，则通过综合考虑位置这一因素，进一步提高了信息与用户的关联，令信息类用户的细分更为有效和细致。

（二）娱乐类业务

娱乐类的业务包括铃声、图标、音乐、游戏、博彩、聊天、交友约会等。娱乐类的业务主要针对的用户群是年轻人，以满足他们追求时尚、好奇等需求。由于娱乐类的业务需要引领潮流，这些业务的生命周期相对比较短。目前，这类的业务得到了很大的发展，尤其是音乐下载、游戏和聊天等。

（三）消息类业务

目前，消息类业务中的 SMS（短消息业务）仍然占有绝对重要的地位。由于 SMS 使用简单方便，满足基本的消息功能（一般有 140 个字节），可以预见，SMS 在今后也将被继续广泛使用。由于 MMS 的出现，EMS 正被取代。MMS 支持手机收发多媒体信息，内容包括文本、声音、图像、视频等。从发展的角度看，MMS 不能完全替代 SMS，但它将被广泛应用于很多特定的业务中，如手机贺卡、手机屏保、手机地图、商业卡片等。MMS 将原来只是基于文字的信息内容转变成为富有图片、声音等的多媒体信息，大大增加了信息的趣味性和易接收性。IM（即时消息）在社区群体的通信中将扮演越来越重要的角色，这主要得益于它的"在线"特性。E-mail 业务也将针对手机的特性被重新定义。

（四）接入类业务

主要是指 WAP 技术。WAP 就是专门针对适用于手机上网或移动数据业务而制定的标准，主要完成协议转换、编解码等功能，目前标准已发展到WAP2.0。此外，还应用于移动和固定的 WWW 等。还有移动终端如何通过无线的手段接入网络。例如无线局域网（WLAN）、蓝牙（Blue Tooth）技术等，其中蓝牙技术只是用于短距离小范围的无线接入。

（五）移动商务业务

主要是指通过移动网络向移动用户提供的各种应用，如电子商务、在线银行等。移动商务业务包括在手机上的小额支付、M-Commerce（Mobile Connneree）、账户交易等。移动商务业务具有广阔的市场前景，但面临网络安全等的挑战。同时，这类业务也需要协调与银行的竞争关系，因为目前银行在信用卡交易中的利润空间是巨大的。

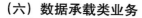

（六）数据承载类业务

此类技术是实现移动数据业务的主要技术，指的是核心网络，它是通过在已有话音网络上增加数据的功能或直接建设具有话音和数据功能的网络来实现的，也是现在移动网络升级换代的核心部分。对于 3G，则是 WCDMA、CD-MA2000、TD-SCDMA 等标准所具有的数据功能。

（七）移动终端类业务

主要是指具有数据功能的移动终端，如带增值功能的手机、移动 PDA 等。

移动数据在今后发展方面，其业务的经营范围开始从单一型向多元化转变，而业务品牌也从单一品牌向多层次品牌过渡；网络结构已不再是单纯的基础网移动数据的技术和业务种类较多，也互相交叉，应该说没有严格意义上的分类。事实上，移动数据业务如何分类并不重要，也有不同的分类方法，主要的是如何将这些业务推向市场并被用户所接受。从这个意义上讲，了解用户对不同业务的真正需求以及对开展业务的着力推广和培育才是最重要的。"移动梦网"作为中国移动的移动数据业务的品牌，目前可以提供多种业务和应用。其中有：信息浏览或信息点播类业务，如新闻、天气预报等信息类业务；SP 利用中国移动的短消息平台或 WAP 平台提供 SMS、收发 E-mail、统一消息（Unified Message）等通信类业务；移动电子商务服务，包括各种交易、购物等应用的商务类业务；交互式游戏，图片、铃声下载，聊天室等娱乐类应用以及其他特殊的服务，如广告等具有特殊付费方式或使用其他用户资料的特殊服务等。

三、移动数据业务的价值链

为了适应移动数据业务发展的需求，移动运营商正在从旧的运营模式中逐步转轨，通过开展更广泛的合作去构建产业价值链。目前，移动通信产业正在形成一个以运营商为核心，由移动终端制造商、网络设备制造商、移动网络提供者、移动虚拟运营商、系统集成商、应用开发商、软件开发商、内容提供商、服务提供商、用户等上中下游多个环节共同组成的新型产业链。这条产业链的每个环节都紧密联系在一起，每一环节对其他环节的依赖性也日益增强。

移动通信产业价值链中，根据不同的实际市场情况，有些角色是合为一体的。比如，目前中国移动和中国联通同时承担了移动网络运维和直接面对用户的业务营销等任务，因此它们既是移动网络提供者，也是移动网络运营商。而现在，不少的 SP 既创造内容，也提供业务，因此它们同时扮演 SP 和 CP 的角色。另外，不少网络设备制造商并没有生产整套移动网络设备的能力，但通过与其他设备制造商的合作伙伴关系，令它们具有了系统集成商的能力，可以为移动网络提供者提供整套的移动网络解决方案。

移动数据业务的应用和推广对移动终端的依赖性越来越大。比如，NTTDo-CoMo 的 i-Mode 业务能开展得畅行无阻，其中一个重要因素是与之合作的手机生产厂家很多。为加强与终端提供商的合作，不断地推出支持其新业务的新款手机，NTTDOCOMo 主要采取了四项措施，即定做手机终端、提供手机补贴、将手机和业务捆绑销售、进行资本与技术合作。正是由于终端对业务良好的支持能力，才奠定了 i-Mode 成功的基础。目前，中国移动和中国联通也意识到这点，均加强了与移动终端设备商的合作，向市场推出定制手机。

移动运营商在产业链中起到了不可替代的主导地位，在整合资源、规范化管理等方面都起到决定性的作用。

四、主要的移动数据业务

(一) 短消息业务 (SMS)

短消息也称短信，是中国移动行业近两年来发展突飞猛进的业务，其发展之迅速可以用始料不及来形容，远远超出了我们当初的想象。短信业务在亚太地区发展良好，特别是在菲律宾其短信业务收入占到移动业务收入的 1/5~1/4。短消息是利用短消息中心 (SMSC) 通过信令网来进行传送的非实时业务。通过短信网关与互联网连接可使手机与网络之间互通短信。其特点是技术成熟、功能简单、使用方便，虽然信息量偏小且交互性弱，但资费便宜，使得大量用户在对实时性没有特别要求的场合广泛采用，特别适用于传递小信息量的文本信息。短信业务的开展是推广移动数据业务的第一步，也是提高 ARPU 值和利润率的重要手段，通过鼓励用户使用短信业务可培养用户使用其他移动数据服务，在国内还有相当大的发展空间。

(二) 多媒体短信业务 (MMS)

MMS 是按照 3GPP 标准 (3GPP TS 23.140)、WAP 论坛标准 (WAP-206 和 WAP-209) 的有关多媒体信息标准开发的新业务，它最大的特点就是支持多媒体功能，目前在 GPRS 网络的支持下，以 WAP 为载体传送视频短片、图片、声音和文字，可以支持语音、上网浏览、电子函件等多种高速数据业务。从非实时的消息业务发展来看，通常会谈到 SMS、EMS 和 MMS，但 MMS 并不是 SMS 业务简单的升级或者替代。SMS 和 EMS 都使用 GSM 网的信令网来传输，通过 SMS 中心提供，虽然 EMS 也支持图片/动画消息，但使用控制信道非常昂贵，多媒体功能也受到限制。而 MMS 使用数据信道传输，利用 GPRS 或 3G 网络来提供，从而满足业务传送内容对网络带宽、传输速度和移动终端的要求。MMS 基于通用的内容格式，包括文本、HTML、AMR 和 MP3 等多种声频标准，GIF、JPEG 和 PNG 图片格式等。

（三）无线局域网（WLAN）

WLAN 即无线局域网作为一种短距离无线接入技术近年来随着移动数据业务的迅速发展备受青睐。WLAN 技术有 IEEE 802.11 和欧洲电信标准化协会（ETSI）制定的 Hiper LAN 两大体系，其中 IEEE802.11 已逐渐成为市场发展的主流。IEEE 802.11 标准体系又分为 IEEE 802.11b、IEEE802.11a、IEEE 802.11g，就其应用的广泛性来说，IEEE802.11b 较为流行。IEEE 802.11b 目前用的是 2.4GHz 频带，采用补码键控 CCK 调制方式，传输速度可达到 11Mbit/s，同时采用标准安全协议 WEP（Wired Equivalent Privacy）。WLAN 技术优势明显，其速度快、接入手段灵活方便、投资小、支持的厂商多等，主要可以很好地满足上网用户的需求，同时适用于室内小区特别是机场、宾馆、会议中心等一些热点集中地区作为高速数据无线接入手段。WLAN 目前市场看好，尤其在亚洲市场增长势头更为迅猛。在中国，各大电信运营商都已着手建设 WLAN。中国移动已经在全国范围内的重点地区建设 WLAN 并逐步提供业务；中国电信推出了"天翼通"无线宽带局域网，而中国网通开始实施"无限伴侣"计划；中国联通也正准备实施其无线局域网建设计划。与此同时，著名的芯片厂商 Intel、AMD 也都相继宣布将全面支持 IEEE802.11b 标准。可以预计，WLAN 在今后将继续有较大的发展。

（四）移动位置服务（LBS）

移动位置服务作为移动网上的一项新的增值业务，已经得到众多移动运营商的关注，在部分国家已开始商用或实验。该业务是通过移动网络获取移动终端用户的位置信息（经纬度坐标），在电子地图平台的支持下，为用户提供相应服务的一种增殖业务。在国内，中国移动已有十几个省进行了 LBS 业务实验，提供设备的厂家主要是 Nokia、Ericsson、Motorola 等，提供的业务是面向个人用户的大众应用和行业应用。移动位置服务可以有很多应用，主要包括提供增值服务应用、社会公益应用以及对移动网络运营管理服务等。具体来说，在增值服务中有定位服务、交通信息、广告信息等与当前所处位置相关的信息服务，用于公安、消防、交通、新闻媒体等领域的行业应用以及游戏应用，这些应用的定位精度一般可以在 500m 范围之内；另外一种就是跟踪导航类服务，主要是对移动终端的位置进行追踪和定位，其定位精度一般在 10~50m。社会公益应用主要指交通事故定位、医疗救护定位等公共安全业务，定位要求在 300m 左右范围。对移动网络运营管理服务主要是用于网络规划和提高网络质量。如利用定位手机位置来估计用户的分布情况及用户的流动性，定位系统还可跟踪掉线电话来确认出现问题的地方等。LBS 基于 GSM 网络的定位技术主要有三种：CellID 方式、E–OTD 方式和 A–GPS 方式。在这三种定位方式中，基于 Cell ID 的定位方式对现有网络和终端的要求最小，对终端没有特殊要求（STK 卡方式除外），也不需要增加专门的定位功能，但定位精度相对来说最差，取决于小区覆盖半径，但基本可以满足现有定位业务的需要。目前，中国移动开展 LBS 业务实验的省市除北京外（北京采用 A–GPS 系统）采用的都是基于 Cell ID 的定位方式。

第四节　WAP 业务

一、无线应用协议（WAP）

WAP 平台是开展移动业务的核心平台之一。通过 WAP 平台，手机可以方便快捷地接入互联网，真正实现不受时间和地域约束的移动商务。WAP 是一种通信协议，它的提出和发展是基于在移动中接入因特网的需要。WAP 提供了一套开放、统一的技术平台，用户使用移动设备很容易访问和获取以统一的内容格式表示的互联网或企业内部网信息和各种服务。同时，WAP 提供了一种应用开发和运行环境，能够支持当前最流行的嵌入式操作系统。WAP 可以支持目前使用的绝大多数无线设备，包括移动电话、PDA 设备等。在网络方面，WAP 也可以支持目前的各种移动网络，如 GSM、CDMA、PHS 等。当然，它也可以支持未来的第三代移动通信系统（3G）。目前，许多电信公司已经推出了多种 WAP 产品，包括 WAP 网关、应用开发工具和 WAP 手机等，向用户提供网上资讯、机票订购、移动银行、游戏、购物等服务。WAP 是一种尝试，它试图定义一个标准，以解决对来自互联网的内容如何进行过滤并提供给移动用户的问题。WAP 的开发旨在使用户很容易地利用移动终端访问互联网的内容。整个移动产业都受到 WAP 的推动，因为 WAP 同时结合了通信中发展最快的两个方面：无线和互联网。WAP 被看作是一个全面的、可扩展的协议，它可以用于以下方面：

（1）任何移动电话（从单行显示到智能电话）。

（2）当前的无线业务，如 SMS、数据、非结构化补充业务数据（USSD）和 GPRS 等。

（3）各种移动网络标准，包括 CDMA、GSM 和通用移动电话系统（UMTS）等。

（4）多种输入终端（如 PDA、辅助键盘、键盘和触摸屏）等。

WAP 把相对简单的微浏览器集成到移动电话中。WAP 旨在把目前销量很大的移动电话变成基于网络的智能电话。

人们在设计 WAP 时只是考虑了它的效用，并没有考虑将其作为提高速度的一种方式。WAP 被设计用来：①提供一个适合于移动手机小屏幕的用户接口；②适应移动网络的速度和响应时间的限制。

二、WAP 协议体系结构

WAP 结构为无线通信设备的应用开发提供了一个可伸缩、可扩展环境。这可通过对整个协议栈的分层设计来达到。WAP 的分层结构使得其他服务和应用能通过一组定义完好的接口来使用 WAP 协议栈的功能部件，外部应用可直接访问会话层、事务层、安全层和传输层（见图 3-5）。下面简要描述协议栈结构的各个组成部分。

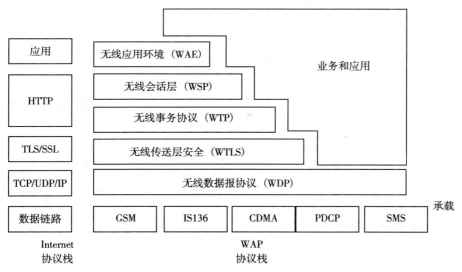

图 3-5 WAP 的协议结构

（一）无线应用环境（Wireless Application Envirnment，WAE）

WAE 是将 WWW 和移动电话技术相结合的通用应用环境。WAE 的主要目的是建立一个互操作环境，从而允许网络运营商和服务提供商能建立一些应用和服务。这些应用和服务可在不同的无线平台上以高效实用的方式运行。WAE 包括一个微浏览器环境，其有下述功能：

（1）无线标记语言（Wireless Markeup Language WML）。一个轻量级的标记

语言，类似于 HTML。但为适用于手持移动终端而进行了优化。

（2）无线标记语言脚本（WML Script）一个轻量级的脚本语言，类似于 JavaScript。

（3）无线电话应用（Wireless Telephony Application，WTA）及其接口（WTAI）。无线电话服务和编程接口。

（4）内容格式。一组定义好的数据格式，包括图像、电话簿记录和日历信息。

（二）无线会话协议（Wireless Sessjon Protocal，WSP）

WSP 为 WAP 应用层提供了两个会话服务的一致性接口：其一是位于事务层协议（WTP）之上的面向连接服务；其二是位于安全或非安全的传输层协议——无线数据报协议（WDP）之上的无连接服务。

无线会话协议目前包含一些适合于浏览应用的服务（WSP/B）。WSP/B 提供下达功能：

（1）HTTP/1.1 功能和语义，以便于无线传送的压缩编码方式出现。

（2）长存的会话状态。

（3）会话转移时的会话挂起和恢复。

（4）为可靠和不可靠的数据推送提供一个公共设施。

（5）协议能力协商。

为适应有较长时延的低带承载网络，WSP 协议进行了优化。WSP/B 使得 WAP 代理服务器能将 WSP/B 客户端与标准 HITP 服务器连接上。

（三）无线事务协议（Wireless Transaction Protocol，WTP）

WTP 运行于数据报服务之上，并提供一个轻量级的、面向事务的协议，此协议适合于实现客户端模型。WTP 有效地运行于安全的或不安全的无线数据报网络之上，并提供下述功能：

（1）两类事务服务，即不可靠的单向请求，可靠的单向请求，以及可靠的双向请求—应答事务。

（2）可选的用户到用户连接可靠性。WTP 的使用者触发对每一收到报文的证实。

（3）可选的带外数据确认。

（4）允计异步事务。

（四）无线传输层安全性（Wireless Transport Layer Security，WTLS）

WTLS 是基于工业标准传输层安全性（Wireless Transport Layer Security，WTLS）协议上的一个安全性协议，WTLS 一般与 WAP 的传输层一起被使用，并且为了适于在窄带通信信道中应用作了一些优化，WTLS 提供下述功能：

（1）数据完整性（Data Integrity）。WTLS 包括一些设施，确保终端与应用服务器之间传送的数据不变。

（2）保密性（Privacy）。WTLS 包括一些设施，确保终端与应用服务器之间传送的数据保密，并不被可能会听到数据流的中间方所理解。

（3）身份认证（Authentication）。WTLS 包含一些设施，在终端和应用服务器之间建立身份认证。

（4）服务拒绝（Denial of service）保护。WTLS 包含一些设施，用于进行数据重放检测或拒绝接收经认证的不合格数据，WTLS 使得许多典型的对服务拒绝的攻击难以得逞，并且保护了上面的协议层。

WTLS 也可用于终端之间的安全通信。比如，对电子商务卡交换的身份认证，根据安全性需要和基础网络的特性，在应用中，可以有选择地使用或不使用 WTLS 某些功能。比如，在其下层已提供保密服务的网络中不需再使用 WTLS 的保密功能。

（五）无线数据报协议（Wireless Datagram Protocol，WDP）

WAP 结构中传输层的协议称为无线数据报协议。WDP 层运行于各种类型载体服务之上，WDP 为 WAP 的上层协议提供一致的传输服务，并在可访问的某一载体服务之上进行透明通信。

由于 WDP 协议为其上层协议提供一个公共的接口，因而安全层、会话层和应用层的功能独立于其承载无线网络（Underlying Wireless Network）。透明的实现可通过修改传输层协议使其适用于其下层承载网络的特征。在保持传输层接口及其基本特征一致的基础上，可通过使用网关达到一致的互操作性。

（六）承载网络（Bearers）

设计 WAP 协议的目的是为了使它能运行于各种不同的承载网络服务之上，包括短消息、电路交换数据和分组数据，不同的承载网络提供涉及吞吐量、误码率以及时延等不同质量水平的服务，WAP 对这些不同水平的服务进行补偿。

由于 WDP 层将不同的承载网络服务与 WAP 栈融为一体，WDP 规范列举了一些其支持的承载网络以及为了允许 WAP 协议在其上运行而利用的一些技术。当然随着无线市场的发展，会不断产生新的承载网络。

（七）其他服务和应用

WAP 分层结构使得其他一些服务和应用可通过一组定义好的接口来使用 WAP 栈的某些功能部件，外部应用可直接访问 WAP 的会话、事务、安全和传输层，这样就使得一些目前没有被 WAP 指定的，然而对无线市场非常有价值的服务和应用也能使用 WAP 栈。例如，一些应用如电子函件、日历、电话簿、记事簿、电子商务或一些服务如白页与黄页，也可经过开发，从而能够使用 WAP 协议。

三、WAP 业务

WAP 可应用于大部分通信网络，如 GSM 900/1800/1900、CDMA 及 3G，并且能够透明地通过移动网络传输，硬件上需要 WAP 代理服务器的支持。WAP 独立于承载网络，不论用户在使用何种网络都有可能获得相同的信息。短消息、电路交换型数据和分组数据都可以作为 WAP 的载体，WAP 将提供越来越个人化的数据服务。WAP 提供以下业务：

（1）信息类。Web 页浏览、新闻、体育赛事、远程订票、商贸信息、公众信息、媒体预告、各地的天气情况、网上购物及酒店预测。与使用计算机在互联网上查询相比，WAP 具有快速和可随时随地查询的优点。利用无线网络的优势，WAP 业务考虑了用户当前所处位置这一因素，WAP 系统智能地把离用户最近场所地信息显示在屏幕上。WAP 交通导航业务甚至可以把用户正驾驶的汽车周围的交通信息在 WAP 手机屏幕上动态显示出来。

（2）事务类。公司内部局域网新闻、虚拟工作群、工作组件、同步时间安排表和移动办公室。

（3）通信类。E-mail、消息、个人组织者相互联系和远程监控。用户可以在移动中快捷地发送和接收 E-mail，甚至可以把邮件文本打印到附近的传真机上。并且可以随时调阅日历、地址本和任务列表等。为用户提供了极大的灵活性，使 WAP 用户无论身在何处都能获取与工作有关的信息。

（4）金融类。买卖交易等，移动电子商务包括移动银行、网上购物、订票（航空、火车和电影院等）和电子银行等。由于传统移动设备属于个人通信设备，移动用户和无线网络运营商有法律意义上的签约关系，所以用户通过移动设备进行的移动电子商务可以避免互联网上 B-C（Business to customer）电子交易带来的信誉问题。

（5）交通类。交通、航行电子助理和交通工具跟踪。

（6）安全监控类。家庭电器远程控制，与蓝牙技术结合，WAP 用户可以在移动中查询并启动家中设备的运行情况等。

（7）遥感勘测类。交通监视和远程传感。

（8）娱乐休闲类。虚拟社区、音乐欣赏、网上游戏、网上博彩和电子明信片。

只要拥有一部 WAP 手机，就可以随时掌握一切，真正体验自在的生活模式。无论身在何处，都可以通过 WAP 手机上网接受各项线上银行服务，甚至预订旅馆和购买或预订电影和音乐晚会的门票。

　　WAP 手机不仅是一部移动电话，更是一个 WAP 浏览器及数字助理，能更全面地发挥通信优势。用 WAP 手机可以透过不同的方式传达信息，加强人与人之间的紧密联系。例如，利用 WAP 传送及收发电子邮件，并传送文字及语音数据。用户还可透过具备 WAP 特性的内联网读取和交流信息。此外，也可通过移动电话内的线上即时对话服务与朋友沟通，或者直接把图像及铃声传送给他们。

　　对于商务人士，WAP 能提供市场上最新的第一手信息，完全配合业务和工作需要。无论置身海外、户外或在旅途中，都可以通过浏览 WAP 网页获得全球各大城市的天气报道，查询不同股票市场的最新股价并买卖；也可以使用全球定位系统在 WAP 手机内的地图上准确搜寻方向和位置，突破时空的阻碍。

　　在娱乐方面，WAP 也提供了崭新的消费模式。无论在哪里都可以随心所欲地与朋友，甚至与其他 WAP 用户玩网上游戏，一起分享 WAP 的乐趣。

　　移动互联网的业务创新方向如图 3-6 所示。

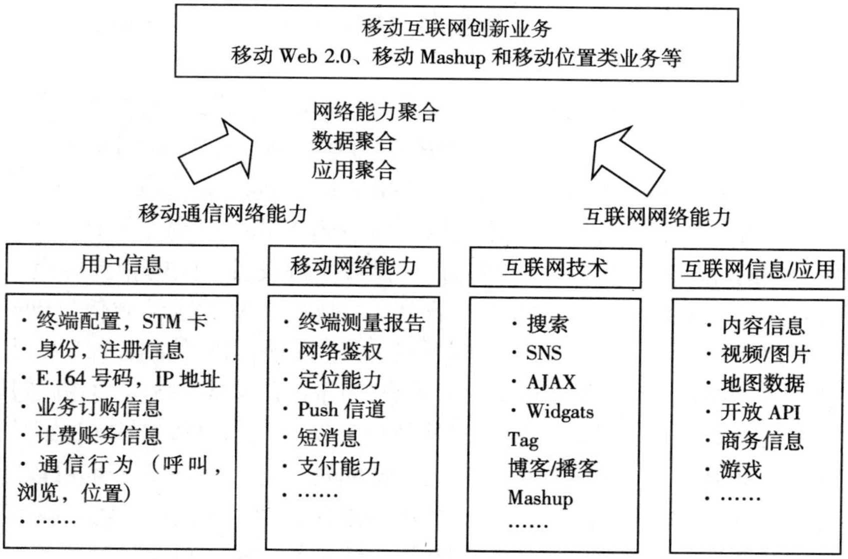

移动互联网创新业务
移动 Web 2.0、移动 Mashup 和移动位置类业务等

网络能力聚合
数据聚合
应用聚合

移动通信网络能力　　　　　　　　　　互联网网络能力

用户信息	移动网络能力	互联网技术	互联网信息/应用
·终端配置，STM 卡 ·身份，注册信息 ·E.164 号码，IP 地址 ·业务订购信息 ·计费账务信息 ·通信行为（呼叫，浏览，位置） ·……	·终端测量报告 ·网络鉴权 ·定位能力 ·Push 信道 ·短消息 ·支付能力 ·……	·搜索 ·SNS ·AJAX ·Widgats Tag 博客/播客 Mashup ……	·内容信息 ·视频/图片 ·地图数据 ·开放 API ·商务信息 ·游戏 ·……

图 3-6　移动互联网的业务创新方向

第五节　移动短消息业务

一、短消息业务概述

短消息服务（SMS）是一种标准、廉价、方便、快捷的信息传输方式，在通信网络信号覆盖的范围内，客户可通过短消息很方便地获取到各类消息。移动电话之间可以互相收发短信息，内容以文本、数字或二进制非文本数据为主。与语音传输以及传真一样，短消息业务是移动通信网络所提供的一种重要电信业务，短消息业务通过无线信道进行传输，由特定的短消息服务中心（SM-SC），完成存储和转发功能，是一种普及程度很高的信息交互手段，其普及使用的程度大大超过计算机终端，同时操作简单方便，深受广大用户的喜欢。

（一）短消息业务类型

常用的短消息业务主要有两种形式：点到点消息业务和外部信息源到手机业务。

（1）点到点消息业务。手机或特定手持设备之间相互发短消息。手机或特定手持设备将短消息经过移动通信网络中的基站等设施发送到短消息服务中心，再由短消息服务中心将该短消息内容转发到目标地址，是一种由一个移动电话或手持设备发起并终止的长度受限制的发送方式。点到点消息业务是通过短消息中心的存储转发来实现短消息在手机或手持设备之间的相互传递。

（2）手机与外部信息源之间的短消息。主要指手机发送请求信息到外部信息源和外部信息源将应答信息传递给手机。外部短信息实体（ESME），是基于TCP/IP 协议网络或 X.25 网络开发的短信息应用系统（SMSAS）。手机与其他外部信息源之间要进行互发短信息，在外部信息源和短信息服务中心之间需要点对点协议（SMPP），将短信息内容直接发送到短信息服务中心，也可以通过中国移动短信息点对点协议（CMPP）、中国联通短信息网关接口协议（SGIP）或中国电信集团公司短信网关协议（SMGP）等接入互联网短信息网关（ISMG），再通过该网关接入短信息服务中心，最后由短信息服务中心将短信息内容转发到目标地址。

（二）短消息实现方法

短消息有两种实现办法：一种是通过服务器连接无线发送模块直接发送，另一种是通过互联网和计算机网络建立短信息处理平台。前者单条信息手发时

间长，可扩展性差；后者节省时间、动态性、开放性、可拓展性较高。

（三）短消息平台的网络拓扑结构

短消息平台的网络拓扑结构为：用户上行一条信息，经短信息中心（SMC）由移动通信运营商的网络路由到短信息网关（SMG），再由 SMG 根据 SP 的特服号，经公共互联网路由到特定 SP 的短信息网关，SP 的短信息接收模块监听到由用户上行的信息，将此信息转交给短信息业务处理模块进行处理，并将处理结果交给短信息发送模块分发给 SMG，再由 SMG 路由到 SMC，最后由 SMC 传递给用户。

短消息处理平台主要由三大模块组成：短信息接收模块、短信息业务处理模块、短信息发送模块。其中，短信息接收模块和发送模块必须遵循相关移动通信的通信协议，如中国移动通信的 CMPP 协议、中国联通的 SGIP 协议和中国电信的 SMGP。因此，对于短信息平台来说，主要就是开发短信息业务处理模块。

（1）短信息接收模块。接收模块分别支持中国移动的 CMPP 协议、中国联通的 SGIP 协议以及中国电信的 SMGP 协议，负责接收来自各自短信息网关的短信息，可同时接入多个短信网关，如接入北京移动的同时，也可接入上海移动，所谓的短信息接收模块实际就是一个服务器端的监听程序，同时在服务器端的不同端口监听来自不同短信息网关的信息。

（2）短信息业务处理模块。短信息业务处理模块是短信息处理平台的核心部分，也是最复杂的模块，负责对不同用户的各种消息进行分类处理。包括多个具体应用接口模块和多个转发模块。对不同的运营公司分别进行定时发送和分开转发。

（3）短信息发送模块。短信息发送模块主要是将用户所需要的信息发送到用户所在的运营商的短信息网关，与短信息接收模块一样，可以发送到多个不同运营商的短信息网关。

二、短消息系统

GSM 标准中定义的点对点短消息服务使得短消息能在移动台和短消息服务中心之间传递。这些服务中心是通过称为 SMS-GMSC 的特定 MSC 同 GSM 网络联系的。

SME（Short Messaging Entity），短消息实体。可以接收或改善短消息，位于固话系统、移动基站或其他服务中心内。

SMSC（Short Message Service Center），短消息服务中心。负责在基站和 SME 间中继、储存或转发短消息；移动台（ME）到 SMSC 的协议能传输来自移动台或朝向移动台的短消息，协议名为 SMTP（Short Message Transmission Protocol）。

SMCGWMS，接收由 SMSC 发送的短消息，向 HLR 查询路由信息，并将短消息传送给接收者所在基站的交换中心。

HLR（Home Location Register），归属位置寄存器。用于永久储存管理用户和服务记录的数据库，由 SMSC 产生。SMS 网关与 HLR 之间的协议使前者可以要求 HLR 搜索可找到的用户地址。它与 MSC 与 HLR 之间的协议一起，能在移动台因超出覆盖区而丢失报文，随后又可在找到时加以提示。

MSC（Mobile Switching Center），移动交换中心。负责系统切换管理并控制来自或发向其他电话或数据系统的拨叫。

VLR（Visitor Location Register），访问位置寄存器。含有用户临时信息的数据库。交换中心服务访问用户时需要这些信息。

GSM 中唯一不要求建立端对端业务路径的业务就是短消息，即使移动台已处于完全电路通信情况下仍可进行短消息传输。

短消息是以 7 号信令网为载体，传输的是文字信息。信息内容的大小限制在 70 个汉字（140 个字节）左右。短消息主要以手机端对端的发送和接收，以及手机与互联网之间的发送和接收为主。

移动网络通常包括语音信道和控制信道两大部分。短消息虽然与话音传输及传真一样同为 GSM 数字蜂窝移动通信网络提供的主要电信增值业务，但短消息并不占用语音信道，这样不仅保证了传输的快捷，而且也大大降低了沟通成本。

短消息通信仅限于一个消息，换言之，一个消息的传输就构成了一次通信。因此，业务是非对称的，一般认为终端发起（Mobile Originated，MO）短消息传输与终端结束（Mobile Terminated，MT）短报文传输是两回事。这并不阻碍实时对话，但系统认为不同的消息彼此独立，消息的传输总是由处于 GSM 外部的短消息服务中心（SMSC）进行中继，消息有目的地或起源地，但只与用户和 SMSC 有关，而与其他网络基础设施无关。

三、短消息的业务流程

（一）终端发起（MO）短消息

一个用户发送短消息时，他必须至少在其内容中包含最终地址的识别符和处理此消息的服务中心号码，然后请求传递。

短消息的传输要求在移动台和 MSC 之间建立信令连接。消息本身的传递要求在无线路径上建立专用的链路层链接，并要求采用专用的消息传递协议。

在规定的协议栈的顶部是所谓的传输层协议，在移动起始短消息情形下，它是一条单独的报文，即 SMTP（不是 TCP/IP 的 SMTP）短消息传送报文，低层处理应答的传送，它只指出 SMSC 已收到报文。

（二）终端结束（MT）短消息

目的地为手机用户的短消息必须首先从发送方路由至短消息服务中心，然后再被路由至实际地址。

当 SMSC 有短消息需发送到某一 GSM 用户时，它建立一条包含各种利于接收者的信息的 SMS-DELIVER 报文。此信息包括用户信息内容，最初的发送者身份及用于批示短消息已被 SMSC 接收的时间标记。与 MO 情形相似，SMS-DELIVER 报文将在各种接口上传送。

在到达目的地前，报文的实际路由必须利用 MAP/C 查询功能获得，采用的方法如下：SMSC 将短消息传到与短消息中心相连的 SMS 网关，网关的选择依赖于其目标用户，因为通常网关仅能处理某些用户（某家营运商或某个国家的用户）。这样，用户通过目录号（一般同电话一样）来识别，这些目录号最初是由短消息发送者输入的，这使得 SMS 网关能识别有关的 HLR 并查询它。查询是通过发送一个专用报文，即用于短消息的 MAP/CSEND ROUTING INFOR 报文来实现；对其应答既可采用包含用户正在访问的 MSC/VLR 的 SS7 地址的 MAP/C SEND ROUNTING INFOFOR SHORT MESSAGE RESULT 报文，又可当已知用户此时不可到达时采用拒绝报文。

101

（三）短消息不可到达

短消息不可到达的情况有三种：

第一种情形是，当被 SMS 网关查询时，移动台不在服务区域、未获得服务授权或有未成功发送报文正等待告警，HLR 就会立即知道不能发送。

第二种情形是，MSC/VLR 已收到报文但不能传送的情况。此时，它先向 SMS 网关发送一故障指示，作为 MAP/H FORWARD SHORT MESSAGE 报文的应答；然后，网关一方面会向 SMSC 发送否定报告，另一方面向 HLR 发送 MAP/C SET MESSAGE WAITINGDATA 报文，在收到报文确认后进行表格更新。该事件会储存在 VLR 和 HLR 内的用户记录中。

第三种情况是，MSC/VLR 向用户发送有效报文后发现不可送达。

四、短消息业务的发送和接收

下面以中国移动的短消息业务为例，介绍短消息业务的发送过程。

（一）全球通用户短消息的发送过程

用户 A 给用户 B 发送短消息。首先用户 A 将短消息发出，提交到短消息中心。短消息中心是负责保存和转发短消息的处理中心，如果短消息中心成功接收到短消息，此时用户 A 的手机便显示"成功发送"；如果提交失败，就会显示"发送失败"。然后，短消息中心把短消息提交到用户 B 所在的移动交换中心（移动交换中心负责下发短消息），移动交换中心成功接收到并下发成功的话，会反馈给短消息中心。此时，如果用户 A 开启短消息回复报告的话，短消息中心会发送一个短消息给用户 A，告诉他"对方已接收"。然后移动交换中心会下发短消息到用户 B 所在的短消息中心，再由此短消息中心发送短消息给用户 B。整个发送和接收过程就完毕了。

（二）神州行用户短消息的发送过程

神州行用户的短消息发送过程和全球通用户大致是一样的，只是由于神州行用户是预存话费的，所以在发送过程中增加了一项，就是用户 A 发送给短消息中心以后，短消息中心并不把短消息提交到对方所在的移动交换中心，而是先到业务控制点去核查用户 A 的话费余额是否足够，如果用户 A 的话费余额足够的话，短消息中心就会把短消息提交到对方所在的移动交换中心。下面的过程和全球通用户就基本相同了。

（三）短消息的接收

手机在接收到短消息以后，会发出提示音或震动来提醒接收到短消息，此时，用户就可以查看短消息。当手机关机时或不在服务区的时候，短消息将保存在短消息中心，然后短消息中心将在一定时间内向接收方的手机不断发送此短消息，直到接收用户的手机开机或进入网络，可以接收到此短消息为止。

（四）短消息的存储和有效期

当阅读完短消息后，便可以选择删除或保存它。一般的手机，只能把短消息保存在 SIM 卡中，所以如果选择保存，请确定 SIM 卡是否有空间保存短消息。不过现在市面上大部分手机型号可以支持在机身上存储短消息，这就大大方便了那些短消息爱好者。前面介绍过，在手机没有开机或不在服务区的时候，发送或接收的短消息是被保存起来的，在一定的时间内等待重新发送或接收，这个时间就是短消息的有效期。超过此时间，此短消息将会被永久删除，所以最好在手机上设置短消息有效期为最长时间。

 本章案例

天津四联领航汽车行业移动信息化

天津四联是天津市著名汽车行业的品牌企业，是一家从事汽车贸易、提供汽车相关服务为主要经营方向的专业汽贸公司，天津四联经过专心经营，赢得

社会各界的认可和赞誉，多年来获得各大奖项近百余次：其中连续蝉联上海通用"五星级"销售服务中心和售后服务中心称号，成为屈指可数的"双五星"汽车销售服务企业，同时也是上海通用和上汽集团极少数多年蝉联至高奖项的经销商。

四联的成功不是偶然的，天津四联在完善企业硬件设施建设的同时更加注重公司软实力的打造。四联深知，如今的市场竞争，归根结底就是信息的竞争，是信息速率的竞争。

早在 2003 年，四联就开通了中国移动提供的集团 V 网业务和企业彩铃业务，通过运用天津移动为四联量身定做的这一全新的企业移动通讯解决方案，极大地降低了公司内外通讯费用，为企业节省通讯开销，使公司的业务通讯不再受到限制的同时，利用企业彩铃这一独特的传播平台，整合了企业通讯资源，在客户电话沟通之初就树立了统一的企业形象，促进业务成交量增长。可以说，四联公司通过提高移动信息化应用获得了降低成本、宣传形象、提高利润的三重收益。

企业内部的移动信息化得到了完善和提升，四联的对外会员体系搭建，也在而后运用了天津移动的企业信息机业务，对会员和客户进行先进模式的信息数据管理。

2001 年，"天津市四联汽车俱乐部"成立，首次组织的葫芦岛休闲自驾游开创了天津汽车俱乐部大型自驾游的先河。从那时起，四联就抢占先机，在天津移动的协助下运用"企业信息机"健全自己的会员信息管理体系，使得四联在客户和会员的管理上能够高效有序地，即时传递和搜罗数据信息；同时在组织会员活动、与会员互动时，又能根据会员情况很好地进行活动策划和实施，确保活动收益。

一系列移动信息化的建立与会员体系的活动举办，让每位客户感受到四联会带来的咨询新途径和生活新体验，让会员们深切体验到"成为四联的尊贵会员，就有全方位多元化的优越感受！"

就是这样，天津四联与天津移动公司一直保持着良好的合作共赢关系。多年来，天津移动公司一直将四联的通讯和信息管理需求与自身的相关业务挂钩，为四联量身定制了诸多便利实用的企业移动通讯管理解决方案，为四联提供更便捷、更实惠的通信服务，帮助四联节省运营成本，提升企业信息化管理质量，保证了天津四联在行业中的风向标地位。

天津四联作为著名品牌，拥有雄厚实力，发展前途不可限量。如今的四联处于事业的稳步上升阶段，需要巩固现有客户群体、扩大潜在市场；同时巩固加深自己的品牌感染力，保证自身销售及服务网络的高效广大、信息数据安全稳定，这成为四联公司亟待解决的问题。天津移动公司对此为四联提供了集团 V 网、企业管家和企业彩铃等解决办法：宽带数据专线得到更新，以短信为媒介的移动信息化得到了充分的应用，使数据化管理更简便、更安全；企业彩铃让客户们感受到四联公司的贴心服务，提升了四联公司的自身服务质量、品牌影响力。

　　进入 3G 时代，天津移动又为天津四联带来了全新的升级服务体验。2009 年 3 月，四联公司与天津移动公司签订了基于中国移动 TD-SCDMA 技术的 3G 网络光纤接入服务。这样，四联公司将会拥有最先进的信息通讯技术，更多元化的信息传导，更全方位的信息数据库管理，更大限度地提高四联公司的运营效率。

　　资料来源：Labs. 移务信息化案例展示（一）［DB/OL］. http: //labs.Chinamobile.cCom/mblog., 2009-05-18.

问题讨论：

　　1. 天津四联公司在营销活动中采用了哪些移动信息化手段？

　　2. 你认为企业的移动信息化能够促进其效益的提高吗？

本章小结

　　通过本章内容学习，应熟悉移动互联网的概念、移动互联网业务的发展趋势；移动互联网是指用户能够通过手机、PDA 或其他手持终端通过各种无线网络进行数据交换。互联网是移动互联网的基础，从本质和内涵来看，移动互联网继承了互联网的核心理念和价值，如体验经济、草根文化和长尾理论等。将不同用户群连接起来的产品和服务，常被称做"平台"。要掌握移动互联网的平台的特点和分类。熟悉移动数据业务的类型，其中 WAP 业务的内容和短消息业务的使用等是本章重点。

本章复习题

　　1. 试举例说明移动互联网业务的发展趋势。

　　2. 试分析移动互联网平台的特点。

　　3. 简要说明移动数据业务的类型。

　　4. 举例分析 WAP 业务的内容要点。

　　5. 你是如何使用短消息业务的？

第四章

移动信息服务运营与管理

学习目的

知识要求 通过本章的学习，掌握：

● 移动信息服务用户的需求

● 移动信息服务的运营模式和策略

● 移动信息服务平台的管理

● 移动信息服务交易的商业模式

● 移动信息服务的安全

技能要求 通过本章的学习，能够：

● 熟悉移动信息服务用户的需求趋势

● 理解移动信息服务的运营模式

● 掌握移动信息服务平台的管理过程

● 熟悉移动信息服务交易的商业模式

● 熟悉移动信息服务的安全措施

105

学习指导

1. 本章内容包括：移动信息服务用户的需求；移动信息服务的运营模式和策略；移动信息服务平台的管理；移动信息服务交易的商业模式；移动信息服务的安全。

2. 学习方法：结合案例熟悉移动信息服务用户的需求趋势、理解移动信息服务的运营模式、掌握移动信息服务平台的管理过程、熟悉移动信息服务交易的商业模式、熟悉移动信息服务的安全措施。

3. 建议学时：4 学时。

 引导案例

中外合资公司的移动信息化

该企业是一家中日合资有限公司，创建于 1998 年。公司业务范围遍及电力通讯塔、船舶制造、钢格板等钢铁热镀锌加工，大部分产品销往日本、韩国、美国等 10 多个国家和地区，有良好的市场信誉。公司现有一般职工 180 人、技术人员 18 人。

在如何提高内部员工沟通效率、降低公司运营成本；持续关怀和维系原有客户、不断开拓新业务市场等迫切需要解决的重要问题方面，中国移动上海公司为案例企业提供了相应的集团业务和集团产品的支持与帮助。目前，该企业已使用中国移动上海公司的集团 V 网业务、集团彩铃业务和集团 TD 商话等业务。

使用集团 V 网后，公司只需给员工名片上统一印刷一个移动总机虚拟号码，所有客户都可打该公司集团 V 网虚拟号来联系该公司的员工，而无需将员工个人手机号码提供给客户，保证了公司形象的整体划一。即使员工离职，也可避免公司客户资源流失。

使用集团 V 网无需添置或购买任何设备，也不需要增加话务前台和维护人员，中国移动为每家公司都提供 24 小时的总机人工服务。并且根据该公司财务主管统计数据显示，包含 58 位公司员工的集团移动总机每月缴纳的账单费用在 4500 元左右。而该公司未使用之前，58 位员工的移动电话账单支出为每月 7500 元左右，即公司每月可节省 3000 元左右的电话账单费用。由于集团 V 网包含公司内部的免费通话功能，既大大节省了员工相互之间通话的成本，又促进了员工之间的交流。

以往该公司每月通过传统的报刊、杂志、广告等媒体渠道，投入在产品宣传上的费用达 10 万余元。使用集团彩铃后，大大节省了公司宣传成本，每当客户打电话进来都能听到公司产品和业务的介绍，每月 5 元×36 人=180 元的费用支出，让客户感觉特别值。

集团 TD 商话的使用，大大降低了国内长途通话费用。20 部集团无线固话，基本满足公司国内长途需求。

现阶段，为了使客户适应日趋激烈的市场竞争环境，中国移动上海公司又提出了新的信息化需求，即精确营销，个性关怀。在服务营销方面，针对各家

中小企业存在的业务种类繁多、产品更替速度快，新业务无法准确快速地传递给客户问题，推出企业短信通和企业彩讯业务，使用这两项业务即可快速将相应的产品信息直接传递到每个客户手上，客户可直接用手机回复预订产品。每逢新春佳节，各家中小企业也可通过企信通及企业彩信将祝福的信息传达给每个客户，增进企业与客户之间的关系维护。

资料来源：中国移动上海公司奉贤分公司，2010-02-05。

问题：

1. 移动信息服务如何能提高内部员工沟通效率、降低公司运营成本？
2. 移动信息服务如何能创新企业的市场营销？

第一节　移动信息服务用户的需求

移动互联网产品继承了互联网产品的显著特征，普遍具有高时效性、体验性和高可定制性。与实体类产品相比，其产品提供与用户需求的适配时间更短且变化节奏更快。在当前信息化应用发展普及阶段，移动互联网业务带有极强的对用户需求的创造性和引导特性。相比传统电信市场下的用户需求，移动互联网用户需求趋势的特征可简要归纳为多样化、整合化、碎片化和合理化。

一、多样化需求

这是当前移动互联网用户需求最为显著的特征之一，主要体现在如下两个方面：

（一）从用户普及率和主要付费意愿来看

在当前所处的移动互联网初期发展阶段，用户常用业务和付费的意愿相对集中。

（二）随着移动互联网应用的逐步发展

用户对其业务需求的多样化特征日趋显著。

（1）从上网意图来看，用户分析研究表明，对于移动互联网用户而言，休闲娱乐及生活服务类业务已变得同等重要；与此同时，用户使用移动互联网的具体目的也逐渐倾向于多元化发展。与热衷于媒体和游戏的传统互联网用户不同，移动互联网用户更加关注信息服务类与交流沟通类业务。

（2）从移动互联网具体业务类型来看，无论是用户当前正在使用移动增值业务，还是用户感兴趣的移动互联网业务，均呈现出明显的多元化特征并涵盖了娱乐、咨询、沟通、理财、购物和社交等多方面的业务。

（3）从具体业务内容来看，当前移动互联网用户对同种业务中不同风格内容的多样化需求现状也是非常明显的。包括可视电话、高速移动宽带、高清晰语音、手机电视、手机浏览器、手机银行、手机邮箱、手机游戏、移动办公、手机导航、手机地图、手机阅读、移动IM、手机音乐、移动搜索、杀毒/安全、手机社区或其他等。

（4）在CP/SP方面，用户需求的多元化导致了CP/SP的进一步丰富。目前，移动互联网中排名前5的CP/SP分别为手机腾讯、手机百度、3G门户、手机新浪与移动梦网。

而这5个CP/SP各自的服务定位差异化明显，恰好覆盖了当前移动互联网中的交流、搜索、娱乐、内容信息及综合门户5个主要方面。

二、整合化需求

该需求已成为移动互联网用户的关键诉求之一，主要体现在两个方面。

（1）移动互联网业务产品质量相差较大，种类和定位在不断地细分，且资费模式不够明朗（如按流量还是按时长计费之争始终没有定论），这使用户对于当前的多种应用普遍存在顾忌与迷惑。

（2）大众用户期望能够获得统一的服务界面，从而以较少的业务获取成本来满足其多元化的服务需求。同时，考虑到移动互联网信息类产品所特有的经验性质，其效用唯有通过消费者的体验方才能真正被判断出来。鉴于此，绝大多数用户更愿意接受某一统一品牌的辐射影响，以延续已有应用体验的方式来尝试新的业务，从而在迅速明确产品定位和减少选择成本的同时充分地降低其体验成本及风险。

移动互联网上主流的CP/SP多元化、门户化和整合化的业务开展也可印证用户需求。

三、碎片化需求

由于受到手机终端的限制，与传统互联网相比，移动互联网用户时间、信息和消费碎片化的行为趋势更为明显，因此用户期望业务能够充分迎合和满足上述需要。移动互联网用户的碎片化特征主要体现在四个方面。

（1）时间碎片化。这是其他几种碎片化倾向的基础。用户使用移动互联网应用的行为一般穿插在日常工作和生活中，较容易受到用户生活行为及外部环境干扰。因此，单次会话时间一般较短，这说明用户黏性和消费习惯的养成是移动互联网应用成功的关键要素之一。

（2）获取信息碎片化。总体而言，用户通过移动互联网关注和获取的信息碎片化特征明显，而且其阅读层次通常浮于表面，不够深入。因此不能期望用户花费很多的时间来消化并整理来自移动互联网的内容，这使内容的适当组织整理及其信息的精准性成为移动互联网信息类服务应用的主要特征。

（3）体验碎片化。用户对移动互联网应用的体验通常来自多次的短暂交互，而非长时间的单次体验。第一印象将成为用户体验的关键，因为它有可能对用户进一步尝试的意愿和好恶评价产生显著影响。上述用户行为特征要求应用必须高度重视用户体验的精细化与一致性。

（4）消费碎片化。手机将成为用户随身携带的终端支付平台。经过早期移动增值付费业务的长期教育和培养，小额、多次和增量的碎片化支付方式已被目前的移动互联网用户广泛接受，逐渐成为移动互联网消费形态的主流，并正以移动支付业务的形态积极渗透实体经济。这种消费行为与其他碎片特征的结合必然要求移动互联网应用具备较为完善的基础设施及商务流程支持。

四、合理化需求

用户希望 3G 时代增值业务改进方面的前两位分别是资费更加合理、更加便宜（占被调查人群的 69.5%）和网络速度更快（占被调查人群的 61.4%），可见合理化需求趋势主要表现在用户群体中普遍存在的带宽合理化及资费合理化期望。

（一）移动互联网业务的特征

（1）平台化特征。移动互联网平台包括移动终端侧软件多层面平台和网端平台，而在两大平台内的各层软硬件体系中又存在平台化的发展趋势。这种趋势的根本原因在于移动互联网业务与互联网业务一样是一个"应用为王"的世界。而在移动互联网的使用中用户受到手机终端输入和浏览的局限，对一站式的平台业务更为青睐。而能为用户提供平台式的应用服务是产业各环节共同追逐的目标，出现了包括移动通信运营商、互联网内容提供商及终端厂商三大阵营。

（2）以人为节点的强交互网络。以人为节点的强交互网络是 Web 2.0 的一个业务理想。近期的雏形业务主要是社交网站（SNS），它通过开放用户数据及社会关系帮助普通 Web 页面实现社交化功能。当前互联网加速 SNS 化，传统互联网运营商纷纷向 SNS 转型。

（3）媒体化属性。移动互联网比互联网的媒体属性更为强大，但是互联网 SNS 业务缺乏稳定的盈利模式的支撑，整体流于泛娱乐化，存在缺乏产业资金支持原创等问题。

（4）移动终端的深化与泛化。移动终端不断发展，既有手机终端的纵深发展，也有特定终端的泛无线宽带化发展。

（5）业务生长特质。移动互联网业务的开发具有两个特征：一是技术门槛低，业务开迅速简单，UGC 比例增加；二是业务开发可跨平台运行，一次开发，随处运行。

（二）移动互联网业务的创新

移动互联网业务主要包括通过手机的网页浏览、电子邮件、文件下载上传、即时消息、位置服务、在线游戏、视频播放、移动搜索和移动社区等，按照创新方式可以分为以下两大类。

（1）固定互联网业务向移动终端的转移，由于目前固定互联网的业务发展较为成熟，因此现阶段移动互联网业务发展主要是实现固定互联网业务的复制。

（2）结合移动通信能力的有别于固定互联网的业务创新，这是移动互联网业务的发展方向。这类移动互联网业务创新通过移动通信独特能力和互联网内在要素的结合，能够创造出丰富多彩的个性化业务，解决移动增值业务长期无法丰富的瓶颈；同时结合移动网络的业务支撑能力，能够实现业务的运营、管理和计费。

（三）移动互联网与固定互联网业务的比较

相比传统固定互联网，移动互联网业务主要有三大显著特点：

（1）移动性。手机具有随时随地的网络连接及精确的位置信息，这是移动互联网区别于传统互联网的最显著特征，位置信息与其他信息及业务能力的结合将为移动互联网带来巨大的业务创新潜力。

（2）个性化。手机是私密性极强的个人专有设备，一般仅限手机用户本人使用；同时手机和 SIM 卡天然具有身份识别特征。因此移动互联网用户与手机用户是一一对应的，手机将承载满足用户需求的个性化和差异性业务，并且用户身份和信息的使用将为移动互联网创造众多的业务模式，如定向广告。

（3）融合性。手机的功能集成度越来越高，终端技术与计算机技术和消费电子技术的融合使手机不只是一个通信终端，各行各业都可以通过移动互联网为用户提供在线服务，手机将成为各种业务的会聚点。

第二节　移动信息服务运营

一、移动信息服务运营概述

根据麦肯锡业务三层面理论模型（见图4-1），一个企业要想获得持续发展，必须具备三种不同层面的业务。其中，第1层面的业务是企业当前的核心业务，能够为企业带来稳定的利润，保证企业的生存。对于运营商而言，虽然当前语音通信所带来的收入逐渐放缓，但仍然是为企业创造稳定利润的来源，因此语音业务是全业务时代运营商的第1层面的业务。

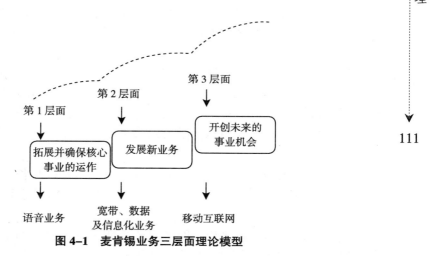

图 4-1　麦肯锡业务三层面理论模型

第2层面的业务是企业当前正在迅速发展的业务，这类业务不仅能带来较为丰厚的利润，而且呈现稳定增长的趋势。对运营商而言，数据业务和信息化业务近年来发展迅速，为企业带来了稳定增长的收入，因此属于第3层面的业务。

第3层面的业务是具有一定前瞻性的业务，这类业务往往处于创新和开拓阶段，能够为企业的未来带来巨大的发展机会。随着市场和技术的发展，三网融合的进程迅速加快。全业务时代的电信运营商必将会涉足互联网和信息增值领域，因此，移动互联网和信息增值可视为运营商第三层面的业务。

国外运营商在促进移动互联网发展采用如下发展策略：

（1）升级网络，提高网速。网络，尤其双向高速网络是移动多媒体及高带宽应用得以发展的基础，因此国外运营商非常重视移动网络的持续升级。网速的提升可以承载一系列基于高带宽和高速率的移动多媒体应用和下载服务，并进一步带动移动互联网业务的发展。

（2）区分商旅和大众市场，推出针对性业务。针对高端商旅市场，主推 E-mail 业务，E-mail 服务在欧美商务人士市场比较受欢迎。该业务的特点是两种收费模式，即收取一定的月租费和按流量收费；两种接收方式，即时接收和通过 Web 网页接收。

针对大众市场，为适应小众化趋势推出多样化应用，包括沟通类应用，如移动社区和移动 IM 等；便利类应用，如定位/导航和移动支付/移动商务等；娱乐类应用，如全屏浏览、移动视频、手机电视、移动音乐和移动游戏等。

（3）与互联网巨头强强合作，引入传统互联网热点应用。传统互联网的热点应用，如 MSN、社区网站、搜索和视频等已经积聚了大量的用户群。提供这些服务，尤其是在其他运营商还没有提供的时候，无疑可以吸引用户以扩大市场规模。

（4）定制功能终端，配合业务推广。移动互联网业务的发展不仅需要网络速率和稳定性方面的支持，更需要终端在功能和业务方面的推动。国外 3G 和移动互联网服务做得比较好的运营商无不从终端入手，以定制终端来配合其业务的推广，而以 iPhone 为代表的智能终端更是对移动互联网的普及起到了极大的促进作用。

（5）资费以流量包月为主。毋庸置疑，在网络基础具备、终端功能强大，以及内容/应用较为丰富的情况下，资费便成为刺激或阻碍移动互联网业务发展的关键因素。

对于国际主流运营商来说，网络、终端和内容/应用方面的支持与储备都已经具备，因此，它们为了进一步促进移动互联网发展而纷纷推出以流量包月为主的资费套餐。

二、移动运营商的运营策略

（一）移动运营商的战略竞争

随着移动互联网时代的到来，运营商需要根据自己的现有竞争优势和资源配置调整自身在市场中的战略定位，其中最核心的竞争体现在三个方面。

（1）网络基础。拥有运行网络，可为连接业务和增值业务提供可靠并可计费的网络支持。

（2）客户基础。拥有庞大的高价值的用户群体，用户黏性好，市场平台成熟。

（3）收费基础。收费渠道是移动互联网相对于固定互联网的一大优势，也是移动电子商务的理想基础。

运营商首先应继续增强目前作为业务提供商和网络提供商的角色，也可以依托其强大的硬件网络，加入存储提供商的竞争。针对一些新兴的业务增长点，如 SNS 网络可以建立相应的门户，依靠其庞大的用户群迅速占领市场；同时加强与付费交易平台和广告中介商的合作，为移动互联网业务提供收费和广告支持。

各大运营商为构建可运营的移动互联网，一种措施是构建业务网络。这是因为随着移动互联网业务的部署，业务的种类丰富程度和创新要求运营商在核心网的基础上建立能够支撑移动互联网业务开发和部署的业务网络，如中国移动的分布式业务网络 DSN，以及 IEEE 的下一代业务网络 NGSN。这些技术与之前的 IMS 和 OMA Parlay X 及智能网等技术的相同之处是均希望将核心网的能力提供给上层应用；不同之处则是这些新技术的目标是建立独立的重叠网（Overlay Network），更加注重业务网络自身的特性（有的引入云计算的概念，有的引入 P2P 的概念），而不仅是核心网上的一个业务增强层。

从网络侧扩展建立独立的业务层，增强运营商对移动互联网的控制力是一种网络侧的思路。还有一种思路则是对终端侧进行控制，这种思路的重点是认为终端是直接面对用户的窗口，控制终端就是控制了用户。而现有的智能终端具备实现运营商深度定制的可能性，其中的典型是基于 Android 的运营商定制系统。运营商在 Android 基础上深度定制，将自有业务深度定制到终端上，从而达到控制终端和用户和推广业务的目标。

移动互联网新结构如图 4-2 所示，该结构的核心是构建运营商可以控制的业务网络，提供计算资源、存储资源、软件资源和业务资源，不同的业务节点之间用 P2P 网络连接。其中主要分为两部分：一是业务网络，其核心是在网络侧建立类似云的业务网络，并结合业务节点的概念实现业务路由；二是运营商深度定制的终端，这部分主要通过运营商定制操作系统和中间件，以及分层控制终端访问能力，并在终端上内置访问业务网络的基本机制，其典型应用是移动 Widget。

（二）主流电信运营商的策略

分布式智能开放系统是为适应电信运营商商业模式的转型而提出的，从主流电信运营商的策略来看，主要有以下几种方式：

（1）向"通信+商业渠道"的转型。优化通道掌控、应用汇聚和终端体验，尤其是通过客户需求分析，实现产品与服务与需求价值匹配，形成规模经营、

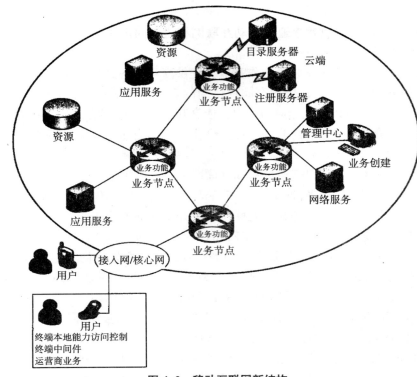

图 4-2　移动互联网新结构

快速交付和精确营销的新型渠道能力。

（2）向"通信+媒体广告"的转型。利用丰富的客户需求信息资源，创建数据挖掘分析能力，利用通道与终端交付能力形成"泛终端"和"富媒体"分众立体式广告模式。

（3）向"通信+信息服务"的转型。利用公众通信网的基础性和安全可信的运营能力，基于宽带通信与云计算技术的发展形成信息设施、信息生产和信息应用的服务，即"云计算"服务。

（4）向"前+后"收费模式的转型。基于渠道和媒体特征开发后向收费模式，通过降低用户通信与信息费的方式加快用户发展（快速聚合）并增加使用时间（提高浏览量）；同时增强渠道和媒体效用，提高代理费和广告费等创收能力。

（5）建立以"客户价值为核心"的运营构架，在原运营构架基础上，增加"业务数据中心系统 BDCS"为重要的核心运营系统，以构成电信运营商新的运营构架。

　　电信运营商转型应发挥网络和客户优势，转向对业务、平台、客户、界面等商业资源的运营。为了适应向"通信+商业渠道+媒体广告+信息服务"的商业模式转型，可在原来通信网络传送和平台接入能力的聚合能力，以及业务交付和服务支持的运营能力的基础上，增加一个重要的核心运营系统，即业务数据中心。

　　从"以网络为中心"的运营转型为"以客户为中心"的运营，而通信网络只是实现客户接入业务的通道和用户聚合的手段。各种新商业模式的运营都将基于数据中心对用户信息挖掘，在分析特征数据库和商业智能后，通过公众计算通信网络以个性化分众服务的方式传送给客户，使客户得到良好的终端体验。

　　因此，在网络服务日益趋向于信息服务和信息管理服务的背景下，业务的提供需要大量计算能力的支持。随着网络带宽的变大，计算能力遍布到整个网络之中。通信技术与业务正在趋向以计算技术与应用技术为主，计算技术与应用正在趋向以网络与服务的提供为主。今天的公众通信网逐渐演进为 PCCN 公众计算通信网，分布式智能开放系统（Distributed Intelligent Open System，DIOS）是未来 PCCN 公众计算通信网的核心系统。它具有分布式、智能、开放和统一化系统特性，可实现网络智能管理，业务智能开发和服务智能提供。

　　DIOS 以分布式存储、分布式计算资源、分布式数据库和文件系统为基础，通过云网络整合统一资源，实现按需弹性扩展能力；通过数据挖掘、分析和智能调度，实现网络也可以智能地自组织和可重构及业务与资源、应用与服务，以及终端与用户的最佳匹配；建立能力引擎开放平台，向第三方开发者开放云资源，全面快速响应服务；统一虚拟化标准，降低成本，实现统一资源共享最大化；统一管理平台，提高集中管理效率，实现电信级可运营可管理。

（三）移动运营商的优势

　　从网络层面来看，移动互联网的发展无疑会带动 3G 业务的发展；从应用层面来看，移动互联网的特点也使得运营商具有了相对于传统互联网应用更大的优势。与互联网相比，这些优势表现在以下方面。

　　（1）用户身份识别的优势。在互联网应用中，身份识别一直是较为困难的。在移动互联网中，移动终端具有更明显的个人特征。用户的身份识别可以依赖于移动终端的身份识别，这比传统互联网和固定终端都要准确得多，这是运营商在移动互联网领域特殊的优势。

　　（2）收费途径的优势。传统互联网因为用户身份确认困难，所以针对前向用户的收费一直是一个弱点。必须借助网上银行或基于网上银行的支付系统来完成，这种手段降低了用户使用的方便性。而运营商的收费渠道多，使用便利，尤其针对小额支付的业务具有天然的优势。从用户身份的认定和用户群大的优势来说，可以把移动终端作为多种不同行业的支付终端。例如，车费和水电费等，这种情况已经在国外有经验可循。

（3）网络融合产品的优势。从网络层面来看，移动互联网可以看成是通信网络和互联网的一种融合网络，能够发挥通信网络特点的网络融合业务对运营商来说是一个具有优势的领域。

（4）对终端的控制能力较强。运营商和移动终端生产商的合作较为密切，移动互联网对终端的依赖程度较高，这对运营商来说是非常有利的一点。

三、移动信息服务的运营模式

商业模式是包括了产品模式、用户模式、市场模式、营销模式和盈利模式在内的一个不断变化的、有机的商业运作系统。其中，盈利模式是商业模式体系中最为核心的子模式，其他几个子模式的最终目标都是为了实现盈利模式。

从国外运营商提供的移动互联网服务来看，从全屏浏览到传统互联网的热点运用，再到运营商定制种类多样的内容。所有这些服务沿着从纯接入到个性化内容这条线进行排列，具体可分为3个层次。

（1）完全基于接入的服务。主要提供互联网接入服务，其典型业务有互联网浏览和适配手机特点的全屏浏览等。

（2）基于接入的集成服务。主要提供基于传统互联网的热点应用，其典型业务包括搜索、Youtube、E-mail、eBay、社区和即时通信等，这些业务主要使用合作伙伴品牌。

（3）基于内容和应用的服务。主要提供基于运营商定制内容和应用的服务。其典型业务包括音乐、视频、手机电视、移动支付、定位/导航和游戏等，这些业务使用的主要是运营商自有品牌。

这3个层次代表3种不同的运营模式，第1层次的商业模式是"纯粹的接入管道"，全球的主流移动运营商都提供该类服务；第2层次的商业模式是"智能的接入管道"，欧美移动运营商，如Verizon、Vodafone等都提供该类服务；第3层次的商业模式是"精细的内容渠道"，日本和韩国移动运营商都提供该类服务。

3种运营模式对运营商资源和运营能力的要求不同，运营商选择何种运营模式需要结合自身资源、能力及市场发展状况来决定，如表4-1所示。

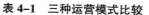
表 4-1　三种运营模式比较

	精细的渠道模式	智能的管道模式	纯粹的管道模式
对价值链的控制力要求	对移动通信价值链的掌控能力很强	对价值链的掌控力较强	对价值链的掌控力较弱
用户需求基础	用户对移动互联网的依赖程度很高	用户对传统互联网的认可度和依赖度很高，对传统互联网的免费模式非常认可	用户对传统互联网的认可度和依赖度很高，对其免费模式非常认可
战略远营能力	精细化的内容运营能力，满足用户日益增加的内容需求	合作开放的运营能力，通过客户端等方式积极引进Google、Myspace和Youtube等互联网上的典型业务，从而提升用户黏性	激进策略的战略思维和运营能力，除了提供有竞争力的资费之外，还非常积极地引进互联网的各种应用
具体做法	挖掘用户的个性化需求，为用户提供个性化的贴身的业务。从而打造传统互联网粗放的业务形式所不能提供的用户体验，提升移动业务的用户黏性和竞争力	为互联网业务月发者开放API，为其创造更便利的开发环境。打造第三方应用平台二，聚集更丰富的应用内容	积极引进互联网的各种应用，为Skype、Facebook和Twitter等著名的互联网应用提供定制终端，定位为纯粹的管道，快速发展用户
运营商	以日本DoCoMo，韩国SKT为代表的日韩运营商	以Vodafone为代表的欧美运营商	以和黄3为代表的新兴运营商

四、国外运营商的运营经验

（1）需要大力提高 3G 网络覆盖及稳定性。网络是提供服务的前提，移动互联网之所以在 3G 时代大行其道，是因为 3G 网络的高速率使得带宽型和多媒体型业务的实现成为可能。而从目前国内 3 家运营商的情况来看，3G 网络的覆盖率和稳定性还需要进一步提高。

（2）需要更好的开放性。移动互联网本质上具有互联网的开放特性，而开放是互联网得以快速发展的一个重要因素。因此，运营商需要改变通信行业运营较为封闭的做法，以互联网的开放标准对待移动互联网的发展。也只有这样，才能促进整个产业链的良性发展，从而也为运营商带来更为长远的利益。实际上，目前不少相关企业采取了非常开放的态度，如苹果公司和谷歌都已经开放了自己的手机软件平台。

（3）需要注重与产业链紧密合作。包括与终端厂商的合作，以及与内容服务提供商的合作。一直以来，国内的运营商都更为倾向于自己做内容和应用，而且在与内容提供商的合作中，也经常强调运营商对于产业价值链的主导和控制。但在 3G 和移动互联网的时代，业务和应用呈现出明显的多样化与小众化趋势，仅靠运营商的力量无法为用户提供多样化和个性化服务。这就需要运营

117

商放开胸怀，与产业内的终端厂商和内容提供商紧密合作；同时还要与产业外的相关行业合作为用户提供便利的服务，如移动商务和定位/导航等。产业链内外的广泛和平等合作将促进移动互联网的普及和整个产业的繁荣。

（4）采用 Web 方式。WAP 方式是中国移动互联网发展的一大特色，我国使用手机上网的用户多数采用 WAP 接入的方式。然而 Web 方式已经在世界范围内成为移动互联网发展的主流，它不仅使用户可以得到与传统互联网一致的体验，也大大节约了社会资源。

（5）推出有针对性的移动互联网内容/应用。国内的市场空间很大，移动互联网业务正处于起步阶段，用户类型与需求呈现多样化的特点。这为移动运营商实施差异化的竞争提供了很好的空间，完全可以结合企业自身资源和能力等各方面优势，为特定的用户群提供有针对性甚至是个性化的内容/应用。

在具体的业务提供模式方面建立计算机和手机页面统一的门户，能为用户提供符合 FMC 融合趋势的无缝连接体验，有利于传统互联网用户向移动互联网渗透；同时移动互联网在应用场景方面与传统互联网能形成有效互补，也有利于扩大传统互联网业务的受众，从而形成传统互联网与移动互联网用户相互促进增长的正反馈。

运营商自建门户的另一个重大战略意义在于对业务平台的控制，从全球的移动互联网发展动态来看，无论是终端厂商、互联网公司还是电信运营商，对业务平台都越来越重视。并且都在积极着手建设自己的平台，以期更多的合作伙伴加入其中。如诺基亚近期推出的 Ovi 门户和 Google 推出的 Android 手机平台都反映了移动互联网产业链中"平台为王"的趋势。随着产业环境的开放，平台也变得越来越开放，第三方开发者根据 SDK 可以较容易地实现平台功能的扩展。自建门户作为连接用户和 SP 的平台，能较好地充当运营商向用户提供丰富移动互联网业务的载体。

在用户发展方式上，提供 Push 型新闻资讯类业务。用户无需定制该业务，运营商主动将一些重大的头条新闻或资讯标题 Push 到用户的手机屏幕上，信息以滚屏的形态出现。用户若对某条新闻或资讯感兴趣，可以继续通过链接了解详情。其中，运营商对 Push 的信息采取免费，对用户继续浏览的详细信息内容采取收取信息费和流量费的形式。此举有效挖掘了用户对信息的需求，有利于引导那些对数据业务缺乏认知的非活跃用户逐渐习惯于通过移动互联网的方式获取信息。

（6）以灵活多样的资费套餐刺激用户需求。国外运营商的移动互联网的资费方式非常灵活，不仅有包月套餐，而且有按天收费的套餐；不仅有分业务的流量套餐，而且有分终端的流量套餐。灵活多样的资费方式适应了不同用户的需要，如不同使用程度和不同使用特点的用户等。因此，运营商在制定资费策略的时候需要同时考虑流量和收入之间的关系，在资费调整与流量上升之间保持适当的平衡。

第三节 移动信息服务平台

在移动服务运作过程中，商户可设置移动门户网站，商户通过登录该门户网站使用移动商务服务，通过语音、WAP、Java、SMS 等方式使用移动业务，如安全商务数据处理业务、安全认证业务和交易类业务等。移动电子商务业务管理的内容涉及单点登录管理、本地业务和全网业务管理、用户认证、授权与审计管理、SP 数据管理、计费管理和结算管理等方面。

一、移动商务门户

移动商务门户是用户进入移动电子商务业务和应用的入口，用户通过它可以方便地进入个性化的内容和选择自己所需要的业务。

移动商务业务可以由短信、语音、WAP、Web 承载。可以根据业务的需要，在软硬件上扩展承载移动电子商务业务的传统应用网关，实现移动商务网关的功能。

移动商务门户融合移动门户网站的个性化特性和电子商务网站的购物特性，可以独立于 WAP 门户和 Web 门户，也可以作为公司移动门户的一个组成部分。从方便用户使用和自身管理的角度出发，建议采用后一种方式建立自己的移动商务门户。

二、单点登录管理

移动商务的关键点之一是用户操作简易，而单点登录就是为了满足用户这一要求而产生的技术。

（一）单点登录特点

单点登录（Single Sign On，SSO）支持一站式服务："一点接入，全网服务，一点结算"。

单点登录支持 SP 的应用环境，接入到业务体系结构中的任何一个结点就可以服务于全网用户，并且能够实现 SP 在接入地与全网用户服务费用的结算。终端用户可以通过登录一个移动门户获得全网性业务的服务。单点登录的具体实现由数据业务管理平台 DSMP 支持。

（二）理想的单点登录系统

理想的单点登录系统可以描述如下：

（1）从用户的视角看，虽然是在复杂的企业应用环境中，但单点登录不会影响到诸如业务过程、响应效率、网络吞吐量等操作感知，并将互操作性方面的问题减至最少，任何事情都能顺利进行。

（2）单点登录系统应该容易被接受和使用。所有用户都能够立即学会如何使用这个工具。

（3）从管理员的角度看，计算和网络环境在各个方面必须能被管理，而且不会引起额外的工作或安全漏洞。管理过程应该适合组织的结构和政策，这意味着权力和控制需要有一定的层次结构。

（4）认证方法应能在分布式的组织环境中得到全部贯彻而不用付出额外努力。所有的应用程序，无论新旧，可以不需要或只需很少的改动即可适应新的认证方式。

（三）单点登录的安全

单点登录实现了用户操作的方便和简易，但不可避免地会带来安全问题。前面描述的是一个理想的状态，而在实际应用中，一些理论上不错的方案却在实际中无法实现。单点登录在实际应用中有三个主要的安全问题：计算环境相关的问题、组织结构的问题和电子身份认证方法的问题。

三、本地业务和全网业务管理

移动电子商务按照业务覆盖区域范围可分为全网业务和本地业务两类。

用户的移动性是移动电子商务业务开展的特点之一。在本地业务的实现上，除了实现用户在归属地能够使用本地移动电子商务业务外，还应该能够实现用户在漫游状态下使用本地电子商务业务。移动运营商自行组织实施本地移动商务业务时需要处理好用户漫游问题。

交易类业务的实物交易中存在物品派送的问题（属于物流范畴），一般情况下不适合用户在漫游状态下使用。在极特殊的情况下，如提供物品的商家在用户漫游地设有连锁店，能够实现用户在漫游状态下使用该业务。其他交易类业务，以及安全商务数据处理类业务和安全认证类业务提供数字化产品和服务，原则上都能够满足用户漫游使用的要求。

在业务的开展中，业务提供方的业务流程不涉及 SP 代理的问题。通道提供方的业务流程则涉及 SP 代理。

（一）用户在非漫游状态下使用本地业务的流程

用户在非漫游状态下使用本地业务的流程如图 4-3 所示。

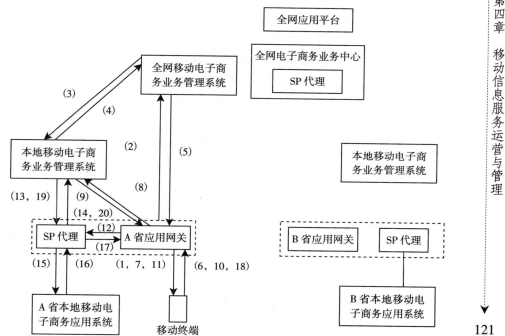

图 4-3　非漫游状态下使用本地业务的流程

（1）A 省移动终端向 A 省应用网关发出业务请求。

（2）A 省应用网关向全网移动电子商务业务管理平台发出业务请求。

（3）全网移动电子商务业务管理平台向该用户归属省移动电子商务业务管理平台发出用户认证请求。

（4）该用户归属省移动电子商务业务管理平台检查用户数据库，向全网移动电子商务管理平台返回认证成功消息和该用户个性化定制信息。

（5）全网移动电子商务管理平台向 A 省应用网关返回移动电子商务门户首页。

（6）应用网关向移动终端返回移动电子商务门户首页。

（7）移动终端选择使用 A 省本地应用，将业务请求发给 A 省应用网关。

（8）A 省应用网关向 A 省移动电子商务管理平台发出业务请求。

（9）A 省移动电子商务管理平台向 A 省应用网关返回本省首页。

（10）A 省应用网关向移动终端返回 A 省首页。

（11）移动终端选择某本地应用，向 A 省应用网关发出业务请求。

（12）A 省应用网关将该业务请求转发给 A 省 SP 代理。

（13）A 省 SP 代理向 A 省移动电子商务管理平台发出业务认证请求。

（14）A 省移动电子商务管理平台对用户是否有权使用该业务进行检验，如有权，则返回成功消息，否则返回失败消息。

（15）A 省 SP 代理向 A 省应用平台发出业务请求。

（16）A 省应用平台向 A 省 SP 代理返回业务响应。

（17）A 省 SP 代理向 A 省应用网关返回业务响应，并记录计费日志。

（18）A 省应用网关向终端返回业务响应。

（19）A 省 SP 代理向 A 省移动电子商务管理平台提交计费日志。

（20）A 省移动电子商务管理平台向 A 省 SP 代理返回计费响应。

（二）用户在漫游状态下使用本地业务的流程

用户在漫游状态下使用本地业务流程如图 4-4 所示。

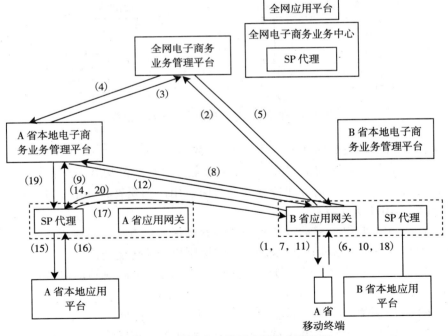

图 4-4　漫游状态下使用本地业务的流程

（1）A 省移动终端在漫游到 B 省时向 B 省应用网关发出业务请求。

（2）B 省应用网关向全网数据业务管理平台发出业务请求。

（3）全网数据业务管理平台向 A 省数据业务管理平台发出用户认证请求。

（4）A 省数据业务管理平台检查用户数据库，向全网数据业务管理平台返回认证成功消息和该用户个性化定制信息。

（5）全网数据业务管理平台向 B 省应用网关返回移动电子商务门户首页。

（6）B 省应用网关向移动终端返回移动电子商务门户首页。

（7）移动终端选择使用 A 省本地应用，将业务请求发给 B 省应用网关。

（8）B 省应用网关向 A 省数据业务管理平台发出业务请求。

（9）A 省数据业务管理平台向 8 省应用网关返回本省首页。

（10）B 省应用网关向移动终端返回 A 省首页。

（11）移动终端选择 A 省某本地应用，向 B 省应用网关发出业务请求。

（12）B 省应用网关将该业务请求转发给 A 省 SP 代理。

（13）A 省 SP 代理向 A 省数据业务管理平台发出业务认证请求。

（14）A 省数据业务管理平台对用户是否有权使用该业务进行检验，如果有权，则返回成功消息，否则返回失败消息。

（15）A 省 SP 代理向 A 省应用平台发出业务请求。

（16）A 省应用平台向 A 省 SP 代理返回业务响应。

（17）A 省 SP 代理向 B 省应用网关返回业务响应，并记录计费日志。

（18）B 省应用网关向终端返回业务响应。

（19）A 省 SP 代理向 A 省数据业务管理平台提交计费日志。

（20）A 省数据业务管理平台向 A 省 SP 代理返回计费响应。

（三）全网业务使用流程

（1）移动终端向拜访地应用网关发出业务请求。

（2）拜访地应用网关向全网移动电子商务业务管理平台发出业务请求。

（3）全网移动电子商务业务管理平台向该用户归属省移动电子商务业务管理平台发出用户认证请求。

（4）该用户归属省移动电子商务业务管理平台检查用户数据库，向全网移动电子商务业务管理平台返回认证成功消息和该用户个性化定制信息。

（5）全网移动电子商务业务管理平台向拜访地应用网关返回移动电子商务门户首页。

（6）拜访地应用网关向移动终端返回移动电子商务门户首页。

（7）移动终端选择使用某全网应用，将业务请求发给拜访地应用网关。

（8）拜访地应用网关将该业务请求转发给全网 SP 代理。

（9）全网 SP 代理向全网移动电子商务业务管理平台发出业务认证请求。

（10）全网移动电子商务业务管理平台对用户是否有权使用该业务进行检

验，如果有权，则返回成功消息，否则返回失败消息。

（11）全网 SP 代理向全网应用平台发出业务请求。

（12）全网应用平台向全网 SP 代理返回业务响应。

（13）全网 SP 代理向拜访地应用网关返回业务响应，并记录计费日志。

（14）拜访地应用网关向终端返回业务响应。

（15）全网 SP 代理准实时地向全网移动电子商务业务管理平台提交计费日志。

（16）全网移动电子商务业务管理平台向全网 SP 代理返回计费响应。

四、用户认证、授权与审计

电子商务业务管理平台的用户管理体系需要考虑用户的身份认证、授权和审计的各个环节以及用户使用的安全性与方便性等诸多方面。

在交易类业务的开展中，如果作为业务提供方，即属于自营业务，必须根据具体业务需要，对用户进行严格的身份认证和授权，以及完备的应用系统级审计。如果仅作为平台提供方，即属于部分业务或通道业务，电子商务业务管理平台只需要确认用户的身份和权限，以及对于系统资源的使用情况，而具体业务使用的认证、授权和审计工作则由业务提供方完成。

（一）用户相关数据

用户相关数据包括用户基本数据、用户状态数据和业务订购关系数据，全部用户相关数据都存放在用户归属地 DSMP 平台中。

（1）用户基本数据。保存用户基本情况的数据，如用户名、口令、性别、年龄、用户个性化信息、伪号码等。用户基本数据应由省 DSMP 向省 BOSS 系统进行同步。

（2）用户状态数据。标志用户是否有权订购、使用移动电子商务业务的状态的数据，主要保存用户是否停机的信息。用户状态数据由省 BOSS 系统实时地发送省 DSMP。

（3）业务订购关系数据：保存用户订购了哪些业务以及这些业务的用户个性化设置信息的数据。移动电子商务平台管理用户的移动电子商务账号数据、信用数据、统计分析等业务相关数据。

（二）支付账号的管理

支付账号管理可以分为如下三类，其中后付费账号由 BOSS 管理，预付费账号由 DSMP 管理。

（1）支付账号与手机账单捆绑。实质是手机账单支付，属于后付费，适用于交易金额比较小的业务，如直接计入移动计费系统的支付业务。

（2）手机号码与银行账号捆绑。实质是银行账号支付，属于预付费，适用于银行参与的宏支付业务。

（3）手机号码与储值卡号码捆绑。这里的储值卡号码可以是专门为移动电子商务支付开通的账号，独立于手机账单，属于预付费，适用于开展的微支付业务和直接计入移动计费系统的支付业务。

（三）认证、授权和审计

认证、授权和审计一起实现，以确保合法用户安全、方便使用特定资源，这样既有效地保障了合法用户的权益，又能保障移动电子商务系统安全、可靠地运行。

1. 认证、授权

身份认证（Authentication）用于实现移动电子商务系统对操作者身份的合法性检查。对系统中的各种服务和应用来说，身份认证是一个基本的安全考虑。

授权（Authorization）是指对用户使用移动电子商务系统资源的访问权限进行合理分配的技术，实现不同用户对系统不同部分资源的访问。通常情况下，用户的授权与用户身份认证技术一起实现。

访问权限是指授予管理员用户不同的权限。在权限的分配时应该注意：互斥的操作权限不能赋予同一个角色；赋予角色的权限应是其完成任务所需要的最小权限集；同一用户不可担当互斥的角色。

用户首先需要登录到系统，系统根据认证的结果授予其相应权限。电子商务业务管理平台采用 SSO 单点登录，通过一次身份认证，可以透明登录所有授权移动电子商务业务系统。

2. 审计

审计（Accounting）是指收集、记录用户对移动电子商务系统资源的使用情况，以便于统计用户对网络资源的访问情况，并且在出现安全事故时，可以追踪原因，追究相关人员的责任，以减少由于内部计算机用户滥用网络资源造成的安全危害。

审计过程在用户集中化建设中应该与其他功能隔离开，可以在不同的级别上进行审计，如网络设备审计、操作系统审计、数据库审计、应用系统审计等。

审计系统能够对资源的使用事件提供一个完备的记录，可以在非法事件发生后进行有效的追查。

用户集中化管理系统中的审计系统应该具有预警功能，每当有违反系统安全的事件发生或者有涉及系统安全的重要操作发生时，能实时地向安全管理员发送相应的预警信息，同时根据系统预定义的安全策略及时、自动地做出反应。

3. 集中化用户认证、授权和审计系统

移动电子商务业务管理系统采取集中统一的用户身份管理技术和平台，使得系统和安全管理人员可以对信息系统的用户和各种资源进行集中管理、集中权限分配和集中审计。电子商务业务管理系统集中化用户认证、授权和审计系统的需求应该包括六方面内容。

（1）集中统一的用户生命周期管理。用户、账号的创建、维护及删除都由集中统一的用户管理平台来完成。

（2）集中统一的用户权限管理：用户在不同信息系统中的权限由统一的管理平台进行管理，对用户权限的管理应该按角色进行。

（3）信息系统的单点登录。在系统的认证和授权中实现单点登录功能，使用户成功登录后，不需要再次登录就可访问他有授权的其他信息系统。

（4）统一、集中的日志审计管理。在用户集中化管理平台上建立相对集中、统一的日志审计管理体系，为业务系统的安全管理提供重要的日志分析工具。

（5）跨系统和跨地区的业务授权管理。针对不同地区的分散的业务授权管理，在各级机构建立完善的、集中管理的业务系统资源授权库，使得系统用户能够跨系统和地区安全地访问业务系统的资源和数据。

（6）提供用户身份认证、授权验证及日志记录接口。为信息系统开发者提供身份认证、用户业务授权验证和日志记录功能接口，使业务系统能够实现单点登录、用户操作授权验证和用户操作日志的自动记录。

五、SP 相关数据管理

为了完成计费、结算工作，除了对用户相关数据进行管理之外，还需要对 SP 相关数据进行管理。

SP 相关数据保存 SP 基本信息和 SP 所提供业务的信息，都存放在与该 SP 相连的 DSMP 的移动电子商务业务管理模块中。SP 相关数据是进行 SP 管理和业务管理的基础。

六、计费

（一）计费模式

在移动电子商务业务的开展中，如果作为业务的提供方，计费可以按照"通信费+信息服务费"方式进行，具体信息服务费的收取方式可以根据业务特性制定，如在交易类业务中可以根据交易量，交易次数/交易时长来收取，在安全商务数据处理类和认证类业务中可以采用按照业务佣金或特许权使用费的方式来收取。另外，信息服务费还可以按照包月、会员等方式来收取。

如果仅为业务服务商提供开放平台、为业务服务提供商提供移动环境，计费主要是通信费。

（二）计费信息采集

移动电子商务中产生的信息费计费采集点在 SP 代理或应用平台（当应用平台为自建时），通信费原则上是在原承载网计费系统上进行计费。为了满足某些特殊计费策略的要求，通信费的计费采集点也可以在 SP 代理或应用平台。

SP 代理或应用平台采集的计费记录发送给相应的 DSMP 平台，由 DSMP 平台完成下一步的计费处理。

计费准确率定义为计费采集点吐出计费记录的准确率，该准确率的要求见相关业务计费规范。

七、结算

（一）结算关系

安全商务数据处理类业务和安全认证类业务的主要结算关系都与 SP 有关。

对于交易类业务，如果作为交易类业务的业务提供方，根据业务开展范围（全网业务或本地业务），结算是在集团公司或业务提供省公司与用户归属省公司之间进行。

如果为各种交易类业务服务商提供开放平台，根据业务开展范围，存在如下结算关系：

（1）用户使用全网业务，结算是在集团公司与全网 SP 代理之间进行。

（2）用户在非漫游状态使用本地业务，结算是在本省公司与本地 SP 代理之间进行。

（3）用户在漫游状态使用本地业务，结算是在业务提供省公司与业务提供 SP 代理之间，以及业务提供省公司与用户归属省公司之间进行。

如果支付涉及银行，则还存在移动与银行的结算关系。

移动电子商务业务平台只做信息费结算依据的采集，内部各账务团体之间的结算、与 SP 的结算都在 BOSS 内完成。

（二）与 SP 结算

根据 SP 提供的业务种类不同，与 SP 的结算方式也有不同，具体应按照双方签订的合约进行结算。

八、业务与应用管理

(一) 运营模式与业务管理

在交易类业务的开展中,如果作为业务提供方,即属于自营业务,必须根据具体业务需要,对用户进行严格的身份认证、授权以及完备的应用系统级审计。如果仅作为平台提供方,即属于通道业务,DSMP 的电子商务业务管理模块只需要确认 SP 的身份和权限以及对系统资源的使用情况,具体的用户管理以及业务使用的认证、授权和审计工作由业务提供方完成。

安全商务数据处理类业务主要由安全服务提供商来运营,安全认证类业务主要由信任服务提供商来运营。如果只负责提供安全通道,用户数据由 SP 管理,DSMP 的电子商务业务管理模块只需要确认 SP 的身份和权限以及对于系统资源的使用情况。如果自身作为安全服务提供商或者信任服务提供商,应该对用户进行严格的身份认证、授权以及完备的应用系统级审计。

(二) DSMP 与移动电子商务业务管理模块

移动商务业务管理模块是 DSMP 的子模块,作为 DSMP 的一个扩展和补充。原则上 DSMP 管理用户数据、SP 数据和终端相关数据,负责移动电子商务相关的用户管理、业务和应用管理、计费和结算功能,但与每项具体业务直接联系的支付信息和安全信息的采集与管理由移动电子商务业务管理模块来完成。

第四节 移动信息服务交易

一、信息服务交易商务模式

信息服务是以用户需求为导向,将有价值的信息传递给用户,最终帮助用户解决问题,从而实现信息增值的活动。随着信息技术的飞速发展,人们生产和获取信息的方式不断增多,而随着信息价值的提升,各种信息服务交易也逐渐兴起。网络具有信息传递与信息处理的双重功能。对于信息检索、信息发布和信息咨询等服务模式,可以通过网络直接提供给消费者。用户可以通过网上订购、付费浏览以及网上赠予等移动电子商务形式,享受原本只能在互联网上获得的交易类信息服务。用户也可以借助终端设备,根据自己的个性特点和需求选取不同种类的信息,不受时间和地域的限制,享受快捷的自助信息订购与远程信息获取，节省了时间和成本。根据移动运营商在信息服务交易类移动信息服务业务中所扮演的不同角色，可以将其划分为三种模式，如表4-2所示。

表4-2　信息服务交易商务模式

	管道模式	围墙模式	平台模式
移动通信服务	移动通信运营商	移动通信运营商	移动通信运营商
商务平台	商务服务提供商	移动通信运营商	商务服务提供商
信息服务交付	信息服务提供商	移动通信运营商	信息服务提供商
支付服务	金融机构	金融机构/移动运营商	金融机构/移动运营商
信用认证	信用服务提供商	移动通信运营商	信用服务提供商/移动运营商
安全认证	安全服务提供商	移动通信运营商	安全服务提供商/移动运营商

二、管道模式

管道模式信息服务交易模式是指移动运营商在交易过程中仅承担运营职责，提供业务通道和服务接入，但并不参与到具体的信息业务中去。

随着移动互联网时代的来临，互联网业与电信业之间的联系更加紧密，通过移动终端登录互联网获取信息、享受各种网络服务，已经在人们的生活中悄然兴起；与此同时，通过移动互联网实现移动电子商务也已成为众多商家关注的焦点。随着互联网公司的加入，越来越多的用户倾向于通过手机等移动终端使用互联网上的主流应用，这使运营商开放其移动互联管道成为不可避免的趋势。截至2009年，在英国移动运营商中，互联网公司的移动互联网应用流量的占比由2007年的40%快速上升为80%。

目前，管道式信息服务提供在国内外运营商中已经十分普遍。用户平时通过移动互联网登录百度、谷歌等网站搜索信息，或者通过各类移动终端登录电子邮箱收发邮件，这些服务都可以归为移动运营商为客户提供的管道式信息服务。

（一）业务模式

管道模式信息服务业务是指用户与业务提供商之间通过移动运营商提供的"管道"而实现的信息服务买卖，是数字经济发展所带来的一种新的商业交易模式。在这类业务实现中，用户通过在线方式订购服务并支付相应费用。用户既可以选择直接通过银行或支付服务提供商进行支付，也可以选择通过运营商提供的手机支付方式完成支付活动。一般情况下，信息服务交易类业务所涉及的支付金额都比较小，通过小额支付可以完成整个服务的购买过程。交易成功后，服务提供商通过移动互联网以在线方式为用户提供服务。目前的许多信息服务，如信息检索等，都被作为免费服务提供给用户，因此忽略了用户与提供商之间的买卖环节。

在安全性方面，由于移动运营商仅在服务过程中扮演媒介支持的角色，所以在这类业务中，运营商只需保证实现过程的安全性，而服务内容的安全性则由服务提供商保证。例如，某客户通过手机终端登录 Gmail 邮箱，那么移动运营商应保证客户登录以及发送和接收邮件等过程的安全与稳定，并在必要时给予客户相关提示，而谷歌公司则应对用户的邮件内容等信息安全给予保证。

（二）业务流程

管道模式信息服务交易模式的业务流程如图 4-5 所示。

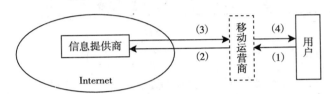

图 4-5　管道模式信息服务交易流程

图 4-5 所示流程说明如下：

（1）用户通过移动终端向运营商发出登录移动互联网的请求。

（2）用户通过运营商搭建的"管道"，实现与信息提供商的交流。

（3）信息提供商在获取用户需求之后，将客户所需要的信息通过"管道"反馈给用户。

（4）用户得到需要的信息。

（三）业务资费

在管道模式信息服务交易中，如果存在具体业务费用，则由业务提供商向用户收取，移动运营商仅向客户收取服务过程中产生的数据业务的流量费。例如，移动客户通过手机登录搜索引擎或邮箱等，移动仅向客户收取由此产生的数据流量费。如果客户使用的是收费邮箱（如有些网站提供的 VIP 邮箱等），则由该网站向用户收取相应费用。

（四）业务分析

管道模式服务模式下，各内容与服务提供商是产业链上的主导者，由于移动运营商移动"管道"的开放，使它们能够将固网上开展的业务通过移动互联网拓展到移动终端用户，特别是随着 3G 时代的来临，许多互联网企业开始纷纷向移动互联网领域延伸，从而获得更加丰厚的收益。而运营商仍然是在自身电信运营领域内开展业务，因此这种方式也能给运营商带来通信流量的增长。

面对网络时代海量的信息传输与数据流量，为保证服务质量，运营商应着眼于打造精品网络，即大力推进网络建设，优化移动网络覆盖，保证数据业务的稳定性与网络速度，有效实现移动互联网流量分流，合理规划手机上网的资源分配。同时，运营商应向智能化管道提供商转变。所谓智能化管道，是指用户侧的智能化感知、网络侧的可管可控可扩、应用侧的应用环境资源和价格的结合。运营商应以用户需求特征为主导，通过深度包检测和情景感知等技术，准确了解用户业务情况和消费轨迹。

而各互联网企业通过加强与移动运营商的合作，能够基于智能管道，了解用户的个人偏好，积极地参与到移动电子商务信息服务中，从而向用户推荐更具针对性、更加个性化的特定信息服务，充分满足客户小众化、多样化的海量需求。

三、围墙模式

围墙模式信息服务交易模式是指移动运营商不仅提供业务通道和服务接入，而且完全由自己提供业务，无须其他内容和服务提供商的参与。

例如，中国移动推出的 12580 信息服务平台就属于这种模式的范畴。12580 信息服务平台是中国移动在海量信息的搜集与整理的基础之上，为客户提供的生活信息咨询服务平台。它能够通过固定或移动终端为用户提供即时便捷、随时随地的生活信息查询服务，包括餐饮、娱乐、交通、优惠等多种生活信息。用户可以通过短信查询、WAP 查询、手机客户端查询和语音查询等多种方式随时随地获取所需的生活服务信息。

（一）业务实现

围墙模式信息服务是用户与运营商之间的信息服务买卖活动，没有其他内容和服务提供商的参与。用户向运营商支付购买服务所需的各种费用，然后通过在线、电话或短信等通信方式向用户提供服务。例如，在 12580 信息服务中，用户可以通过电脑或手机登录互联网或移动互联网查询所需信息，也可以通过拨打 12580 电话获取相关信息。由于目前中国移动还没有针对 l2580 业务设置额外的业务费用，所以用户只需交纳通信费或数据流量费即可享受服务。

在整个服务过程中，由于运营商既是信息的提供者，也是传递者，所以运营商需全面保证客户在服务过程中的信息安全，特别是用户的隐私信息。例如，用户需要通过 12580 平台查询自己所在位置附近的酒店信息，或是查询去往某地的机票信息等，对于这些可能涉及用户隐私的信息，运营商应注意在服务过程中进行保密，以免使用户的隐私权受到侵害。

131

第四章 移动信息服务运营与管理

(二) 业务流程

围墙模式信息服务交易模式的业务流程如图 4-6 所示。

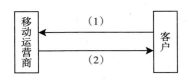

图 4-6　围墙模式信息服务交易流程

图 4-6 所示流程说明如下：

（1）用户向运营商请求信息服务。

（2）运营商根据客户需求向用户提供信息服务（并交纳相应费用）。

(三) 业务资费

在这种信息服务交易中，移动运营商除向客户收取服务过程中产生的通信费或数据业务流量费以外，如果存在其他具体业务费用，则同时向用户收取该费用。如 12580 信息查询为免费服务，因此中国移动仅向客户收取由此产生的通信费或流量费。

(四) 业务分析

在围墙模式服务模式下，运营商需在信息收集、归纳和提供等方面做许多额外工作，因此提供服务的难度与管道模式信息服务交易相比而言会更大，但这种方式除了能够给运营商带来通信量的增长以外，还可能为运营商带来额外的业务收费，同时也有利于增加客户黏性，在客户群中打造品牌效应。

其实，围墙模式下的电信增值业务的运营与传统语音业务的运营是类似的，只是业务种类比以往更多样化了。运营商通过独立运营模式，利用自己的通信网络和服务平台自行发布和推广信息服务产品，其中不涉及任何利润分成问题。

随着这种信息服务模式的发展，运营商可以考虑帮助商家为消费者提供更具针对性的信息服务，并在此过程中融入广告宣传。运营商可以利用自身庞大的客户群为商家扩大宣传，起到吸引客户的目的，并向商家收取广告费用。而吸引广告商数量的多少，则取决于运营商信息服务平台的知名度。

但是在这种模式下，由于没有充分调动产业链其他参与者的积极性，业务的种类会具有一定的局限性，不能很好地满足客户日益增长的丰富多彩的信息需求。

四、平台模式

平台式信息服务交易模式是指移动运营商与内容提供商合作，共同为用户提供信息服务。在合作过程中，运营商与商家各自发挥自身优势，形成合作共赢的信息服务模式。移动运营商拥有网络资源和广大的客户群体，可以搭建起拥有庞大客户数量的信息平台，而不同商家可以为客户提供不同种类的信息内容，这就使信息渠道变得丰富、实用，更具价值。

在这种情况下，运营商与商家之间实现了跨行业的业务操作，并使移动运营商涉足信息服务行业，是传统电信企业向综合信息服务提供商转型。这种模式使运营商除传统的电信服务收益外，还可获得额外的非电信业务收入，但同时也存在一定的业务和管制风险。

"互联星空"是中国电信推出的综合信息服务渠道，从正式运营至今已经成为重要的宽带信息门户，并开始逐步向移动互联网挺进。中国电信利用用户资源、网络资源、应用支撑平台资源、营销网络、客户服务和宣传渠道等资源，创造出新型的商业模式，通过聚合合作伙伴的内容和应用，为中国电信互联网用户提供了丰富多彩的内容和信息应用服务，实现了用户、互联星空合作伙伴和中国电信的多方共赢。

（一）业务实现

通过与多方参与者的广泛合作，"互联星空"的信息服务范围已经十分广泛。除基础通信类业务，如电子邮箱、通知类业务（邮件、电话、短信通知等）、IP 通信类业务等（IP Phone、IP 视频通信、即时通信类业务等）以外，还包括各项增值类信息服务业务，如下所述：

（1）资讯服务类业务：包括新闻、体育、旅游、生活资讯及财经资讯的浏览、查询和定制等服务。

（2）在线娱乐类业务：包括影视、音乐、在线互动游戏等内容和应用。

（3）在线教育类业务：包括远程教育和在线网络教育。

（4）电子商务类业务：利用网络从事商品或信息服务的查询、购物、缴费和购买彩票等。

（5）在线理财类业务：证券、期货、外汇交易等信息咨询及在线交易服务。

（6）医疗保健类业务：健康保健咨询、资讯服务，以及在线预约和挂号等。

（7）公众服务类业务：包括航班、火车时刻表、天气预报、工商企业、交通违章、紧急救助等信息查询。

用户可以通过手机登录 WAP 版"互联星空"，享受便利的信息服务。然而，由于"互联星空"提供了丰富的信息内容服务，这也对运营商在实现服务的过程中安全保障方面提出了更高的要求。各类细分内容可能涉及不同类型的隐私信息，因此信息泄露等危险需要得到特别关注。

（二）业务流程

合作类信息服务交易模式的业务流程如图 4-7 所示。

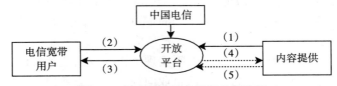

图 4-7　平台模式信息服务业务流程

图 4-7 所示流程说明如下：

（1）各信息内容提供商将各种内容发布到中国电信提供的"互联星空"开放平台上。

（2）用户通过移动终端向互联星空平台发出信息服务请求。

（3）若平台上已有信息已经能够满足用户需求，则平台直接将用户所需信息反馈给用户。

（4）若平台不能满足用户需求，则平台将用户需求发送给内容提供商，以请求提供个性化服务（并交纳相应费用）。

（5）内容提供商将相关信息服务通过互联星空平台反馈给用户。

（三）业务资费

由于"互联星空"涵盖的信息内容十分广泛，所以资费模式也各不相同，主要有订阅模式、付费浏览、广告赞助、周边产品销售、网上赠予、组合模式等。此外，运营商与内容提供商之间存在比较深入的合作，因此存在利润分成。

（四）业务分析

"互联星空"增值业务平台将运营商与内容提供商有机整合到一起，其核心是运营商提供开放平台，SP 开发内容，双方收入分成。"互联星空"通过网络运营商与信息资源提供商的联盟合作，共同营造信息服务的良性循环环境，从而实现各个环节共同获利，并推动信息产业健康、持久、长远地发展。"互联星空"具有非常明显的四个特点：

（1）丰富的内容、个性化的服务和不断创新的业务。

（2）强大、高速畅通的网络支撑。

（3）产业链的竞合作用。

（4）收费模式的创新，它提倡"一点接入、全网服务；一点认证、全网通行；一点结算、全网收益"的业务运作模式，为中国电信宽带用户提供全网的业务服务。

在这种模式下，产业链各方实现了共赢。运营商使门户内容进入电信移动渠道；同时在门户内融合各种自营增值业务，成为流媒体、视讯、远程教育、娱乐、IPTV 等业务的立体展示和交叉营销的整合平台。同时，运营商依托自身强大的网络资源优势、庞大的用户规模和终端优势对资源进行整合，在合作模式中占据主导地位，在整个产业链中发挥承上启下的作用，从而推动整个移动电子商务产业链的发展。而各内容和服务提供商充分利用互联星空这一信息平台，加强与用户之间的联系，实现随时随地的多渠道互动，把握住移动电子商务浪潮中的发展机遇。

第五节　移动信息服务管理

移动互联网的监管涉及范围广泛，涉及技术、经济、公民权利和社会价值的判定等诸多领域，需要公安、工商、新闻、文化和电信等在内的多个管理部门和企业在各自职责范围内通力合作，采取积极的措施进行综合性治理。移动互联网的安全管理的挑战将进一步加大，内容管理的难度也不断增大。移动互联网不仅应用于个人的生活和休闲，还将广泛应用于生产管理和社会公共服务等经济社会活动的各个领域，如面向广大中小企业的移动 SaaS、面向政府和各个行业的移动信息化服务，以及基于移动互联网的社会公共服务等。因此移动互联网产生管理问题的环节增多，所管理对象和范围将大大扩展。

一、移动互联网的内容监测

为提高网络管理水平和服务质量，有效防止信息安全事件的发生，迫切需要一个高性能、大容量且安全稳定的信息安全监控系统，在出现非法有害及敏感信息时能够及时告警并采取一定的措施。以保证移动互联网网络、下联客户和增值平台等的安全运行，杜绝网上非法信息的泛滥。

（一）移动互联网的内容监测系统建设目标

（1）实时监控不良信息的发布，及时追踪有害信息来源。

（2）监控移动互联网业务发展状况，对业务类型和访问流量进行分析统计，为企业互联网数据业务运营提供数据支持。

（3）建设中心监管平台，全面监控与管理互联网网站发布的信息。及时发现不良和敏感信息，规范互联网行为，促进互联网信息化的良性发展。

（二）互联网信息安全监控管理系统的设计原则

（1）实用性。系统应部署简单，不影响互联网网络现状。网络拓扑不发生改变，不增加网络故障点。

（2）灵活性。采用模块化结构，具有良好的扩展能力，并能够根据将来信息安全形势发展需要灵活扩展监控内容及网络覆盖范围。

（3）安全性。必须从网络、主机、数据库和应用软件等方面保证系统运行和审计数据的安全。

（4）可靠性。系统应有防护性能，防止网络病毒及攻击；应用软件应有容错能力，软件故障不应引起各类严重的系统再启动；整个系统需要按照电信级系统设计、开发及施工，充分保证 7×24 小时不间断运行，并且提供足够的冗余。

（5）经济性。系统应具有较高的性能价格比，要根据实际网络规模紧凑配置，使资金的产出投入比达到最大值。

二、移动互联网的安全

事实上。移动互联网来自移动通信和互联网技术。可谓是取之于传统技术，而超脱于传统技术。但是不可避免地，移动互联网也继承了传统技术的安全漏洞。此外，移动互联网由于本身的特点，也产生了许多不同的安全问题。它不同于传统移动通信的最主要的特点是扁平网络、丰富业务和智能终端，由此导致安全事件总体可以归纳为 4 个部分，即网络安全、应用和平台安全、终端安全，以及信息与内容安全，如图 4-8 所示。

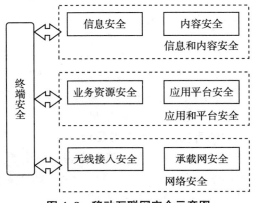

图 4-8　移动互联网安全示意图

移 动 信 息 服 务

（一）终端安全

作为"无所不在"的服务，以及个人信息和业务创新的载体，终端是移动互联网区别于固定互联网的最重要环节，其安全问题贯穿并影响了移动互联网安全的各个环节。

不同于传统用户终端仅仅是传统通信网的从属设备，移动互联网中所使用的基本上都是智能终端。随着中国移动互联网的日趋成熟、移动业务及第三方应用的快速增长，移动智能终端的功能多样化和使用普及化已是大势所趋，越来越多的基于 Symbian、Windows Mobile、Palm、Android 和 Linux 等开源操作系统的移动智能终端被人们所广泛使用。

总的来说，由于移动互联网终端软硬件技术的局限，其安全性比固定互联网要好。首先表现在移动终端的平台不统一，因此平台的不兼容性限制了恶意代码的传播，并且现阶段操作系统漏洞不多；其次硬件处理能力比计算机差，无线带宽有限，限制了恶意代码的传播；再次某些互联网安全问题不易威胁到移动终端。但是移动终端也有其安全问题的特殊性，包括其移动性的特性会招致更多的窃听和监视问题；其个性化容易引发涉及隐私/金融等的恶意代码攻击。较计算机用户，移动互联网用户缺乏安全意识。另外，其病毒传播途径多样化，如短信、彩信、互联网、蓝牙和存储卡等；较计算机而言，移动终端对用户的重要性增加，已经如身份证一样不可或缺。因此使攻击价值增大，危险度和严重性增加。

（二）网络安全

不同于传统多级和多层传统通信网，移动互联网采用的是扁平网络，其核心是 IP 化。但是由于 IP 网络与生俱来的安全漏洞，所以 IP 自身带来的安全威胁也在向移动核心网渗透。近年来，日益严重的网络安全问题越来越受到人们的关注。僵尸主机正在与蠕虫、病毒和攻击行为等结合起来，不仅威胁到公众网络和公众用户，也越来越多地波及其承载网络的核心网。特别是移动互联网的控制数据、管理数据和用户数据同时在核心网上传输，使终端用户有可能访问到核心网，导致核心网不同程度地暴露在用户面前。

移动互联网在固定互联网的基础上，其网络节点和相应的协议由于引入了移动性而需要扩展。移动互联网的接入方式多种多样，因此网络安全也将呈现不同的特点。固定互联网的网络结构封闭，便于管理和控制；移动互联网安全的特殊性主要表现在网络结构、协议及其网络标识几个方面。互联网主张开放和平等，网络中没有控制点；而移动互联网多主张封闭性更强的"围墙花园"模型和有差别的服务。网络中可以部署关键控制点，便于实现可管和可控。引入移动性需要互联网的协议支持，对原有的互联网协议需要进行扩展。移动互

第四章 移动信息服务运营与管理

137

联网的网络标识是其最重要的特点之一，除了可以像固定互联网一样使用 IP 地址作为位置和身份标识，在移动互联网中也可以采用 SIM 卡信息作为用户标识精确定位终端及其位置。因此从这个方面来讲，移动互联网的溯源性要优于固定互联网。

（三）业务和应用安全

不同于全部由运营商管理的单一业务通信网，移动互联网承载的业务多种多样，部分业务还可以由第三方的终端用户直接运营。特别是移动互联网引入了众多手机银行、移动办公、移动定位和视频监控等移动数据业务，虽然丰富了手机应用，也带来了更多安全隐患。目前，利用 Web 网站提供的网站浏览业务大肆散发淫秽色情信息的行为屡禁不止。

固定互联网的业务复制是目前移动互联网业务发展的特点，而融合"移动"特征的业务创新则是移动互联网业务发展的方向。因此，其业务系统环节会更多，应用涉及的用户及服务器的信息会更多，信息安全问题比固定互联网更为复杂。由于移动互联网用户基数大，节点自组织能力强，并且涉及大量的私密信息和位置信息，因此有可能引发大规模的攻击和信息发掘，包括拒绝服务攻击以及对于特定群组的敏感信息搜集等。

（四）内容安全

不同于传统运营商"以网络为核心"的运营模式，移动互联网转移到"以业务为核心"的运营模式，并且逐渐集中到"内容为王"。事实上，已经有众多内容服务商，如手机广告、手机游戏、手机视频和手机购物等传统互联网上的内容服务企业都在第一时间加入了移动互联网这个未来的大产业中，但是移动互联网内容服务也带来了许多新问题。

移动互联网服务过程中会发生大量的用户信息（如位置、消费、通信、计费、支付和鉴权信息等）交换，如果缺乏有效管控机制，将导致大量的用户信息滥用，使用户隐私保护面临巨大的挑战。

三、移动互联网安全策略

移动互联网的安全通信框架可以参考 ITU–T 的 X.805 框架，该安全框架基本上按照 3 个层次、3 个平面和 8 个维度搭建。从保障移动互联网的安全角度而言，要保证终端、网络和业务方面的安全。目前，移动互联网在终端和业务安全方面相对存在较大隐患。

（一）移动互联网的安全域划分

安全域是指同系统内有相同的安全保护需求和安全等级，相互信任并具有相同的安全访问控制和边界控制策略的子网或网络，相同的安全域共享一样的安全策略。划分安全域可以限制系统中不同安全等级域之间的相互访问，满足不同安全等级域的安全需求，从而提高系统的安全性、可靠性和可控性。

通过分析移动互联网现状和安全威胁，移动互联网总体安全架构可分为骨干网和省网两个层面，具体安全域划分如图4-9所示。

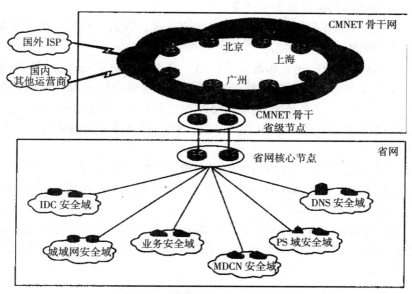

图4-9　移动互联网的安全域划分

互联网安全域划分为骨干网和省网安全域，省网安全域又可细分为省网核心域、IDC安全域、城域网安全域、业务安全域、MDCN安全域、PS域安全域和DNS安全域。

移动互联网骨干网安全域主要的核心骨干节点负责骨干和互联互通数据转接，汇接骨干节点完成各区域转接业务。其他节点作为一般骨干节点负责转接各省业务。

（1）省网核心域主要包括省网的边界路由器，各省通常设置两个节点的路由器。

（2）省网IDC安全域主要包括IDC边界路由器、IDC核心交流和业务服务器等。

（3）省网城域网安全域主要包括城域网边界路由器、接入网相关设备和认证服务器等。

（4）省网业务安全域主要包括WAP、MMS和LBS等数据业务。

（5）省网MDCN安全域主要包括网管系统、计费系统和办公系统等支撑系统。

（6）省网 PS 安全域主要包括 Gn 域、Gp 域、Gi 域和 Gom 域和计费接 Vl 域等。

（7）省网 DNS 安全域主要包括负载均衡设备和 DNS 服务器等。

（二）移动互联网具体安全对策

针对目前移动互联网上安全问题的突出表现，提升手机安全性需要从网络和用户综合考虑。

（1）针对恶意程序建立病毒监控网络，在网络和终端侧联合解决问题。用户端软件发现病毒或恶意软件后，向用户发出通知进行警告；同时告知病毒查杀办法。并且定期更新病毒库，及时应对各种新出现的病毒或恶意程序。对于数据信息的安全性保护和访问控制，可以通过设置访问控制策略保证其安全性。

（2）针对恶意骚扰，来电防火墙可以设置不同的拒接模式，并可针对不同的号码设置不同的接听或拒接方案。随着智能手机的广泛应用，用户需要对垃圾邮件进行有效的防护。

（3）针对隐私泄露，移动互联网终端应具有身份认证的功能。可以通过口令或者智能卡方式和实体鉴别机制等手段保证安全性，也可以应用防盗产品有效保护用户隐私。

140

四、移动信息服务安全措施

（一）网络安全措施

由于移动互联网具备的计算能力有限、带宽和显示能力有限、私密性较强、有多个主流操作系统并有特定的运营模式等特点，所以其安全问题在网络方面的应对办法与传统互联网不同，可以考虑从以下几个方面实施。

（1）当前移动互联网内容多数在 WAP 网站且 WAP 网站数量较少，可以通过对 WAP 网站的监管减少不良信息，保障网络安全。自 2009 年 3 月起，中央外宣办、工信部、公安部、文化部、工商总局和银监会等 8 个部门联合开展重点整治手机低俗之风专项行动，从源头上净化移动互联网网络环境。

（2）运营商应担负社会责任，在 WAP 网关上采取技术措施对低俗网站和不良信息做有选择的过滤，以保障青少年绿色上网，不受黄色等不良信息骚扰和侵害。日本最近开始实施《不良网站对策法》，规定手机服务商有义务提供过滤服务，促使未满 18 周岁的未成年人远离不良网站。

（3）软件厂商应加快研发适用于不同操作系统、计算能力及内存有限的手机绿色上网软件，政府应倡导手机生产厂商预装相关绿色上网的软件。

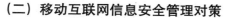

（二）移动互联网信息安全管理对策

移动互联网业务纷繁复杂，需要通过多种手段不断健全业务方面的安全机制。借鉴国外对各类互联网新业务信息安全的管理对策，可以将移动互联网业务管理归纳为管理体制、法律法规、行政及技术 4 个方面。

（1）在管理体制上，对于互联网新业务的管理可借鉴国外管理经验成立针对互联网新业务的监管单位。例如，韩国信息通信部针对淫秽视频设立了"非法有害信息举报中心"，韩国警察厅则在网上开设"网络警察厅"；此外，第三方监督机构也在互联网新业务的监管中发挥着不可忽视的作用，如英国的防欺诈咨询小组（FAP）。

（2）在法律法规上，针对互联网新业务进行立法管理是发展趋势。例如，韩国信息通信部将针对淫秽视频发布一部互联网伦理法规；在重视隐私保护的欧洲，欧洲网络与信息安全署也已经建议针对社交网站进行立法管理；而美国《信息自由流通法案》修正案也明确表示对危及国家安全的博客作者不予保护。

（3）在行政管理上，加大对服务提供商的监管被认为是一条实现有效监管的捷径，如美国要求社交网站和视频服务提供商保留用户数据；此外，限制关键用户（国家关键部门的工作人员）使用互联网新业务也被视为保护国家信息安全的一种手段。

（4）在技术手段上，除了事后处理，一些国家也在尝试用技术手段事先拦截非法内容。例如，韩国利用技术手段阻止网民从国外网站下载并转载淫秽视频。

本章案例

农夫山泉 SMP 移动商务平台

农夫山泉是一个倾注全部力量去决胜终端的快速消费品公司。移动商务在农夫山泉的应用主要有三个方面：移动访店、市场督导以及销售行为管理。移动商务系统在农夫山泉已经运行了 5 年，是农夫山泉这几年高速发展的动力引擎。SAP 公司为农夫山泉提供了全方位的移动商务解决方案。另外，基于 SAP BW on HANA 解决方案，农夫山泉形成了一套非常高速、有效的商务智能（BI）决策支持系统。遍布全国各地的 10000 多个销售和市场人员都可以通过他们的手机随时随地访问 BI 系统并传送一线采集的各种数据。

1. 农夫山泉用移动管控终端

小王是养生堂农夫山泉的一位销售代表，他每天的工作是走访商户，了解公司产品当天的销售情况，然后以最快的速度把数据传回总部。以前，他需要做的是带上本子，把情况一一记录在册，然后回到电脑前发送文件。而如今用上短信平台后，他再也不用埋头填那些单据了，也不用急着往电脑旁边赶了，只需要发个短信，所有信息都能在第一时间发回公司。公司的平台在收到短信后，也会自动回复一个确认短信，或者给他一个发货信息。

农夫山泉公司是国内知名的快速消费品公司，由于业务需要，它们拥有一大批像小王这样的业务代表，分布在全国各地直至乡镇、村头。他们是农夫山泉抵达消费者的末梢神经，也可以说是渠道的最前端。如何控制好这些零售终端？这对农夫山泉来说是一个挑战。在"渠道为王"的年代里，谁能踢好最终面对消费者的"临门一脚"，谁就能在消费者做出购买决定的最后一刻俘获对方的心。

因此，"占终端、决胜终端"成为诸家企业的必然之举。在信息化如此发达的今天，很多企业纷纷借助IT手段实现渠道建设，实现对渠道的管理。而应用移动技术实现对终端的掌控则是农夫山泉的创新之举。

2. 让终端数据在第一时间被掌握

其实，农夫山泉也有CRM，但CRM只适用于对信息控制力比较强的客户，而如何与处于企业信息网络覆盖之外的下游客户保持互通成为他们迫切需要解决的问题。农夫山泉CIO胡健介绍，之前为了收集相关数据，实现控制终端的目的，公司采取了人海战术。养生堂农夫山泉系列产品在全国有销售代表4000余人，加上其他系列产品的销售代表，总计8000余人。这些"业代"控制着全国所有的大中小型超市。"业代"们每天必须在渠道里跑"线路"。公司规定每个"业代"每天跑50家门店，一周跑300家，收集数据、沟通、理货。每人所对应的300家门店不同，每人负责一个区块。那么，区块怎么走是最短距离？每个店面需要进多少货？什么价格？"业代"们走一圈下来要将所掌握的这些数据层层上报，总部拿到数据之后才可以看到：终端店面有多少货，今天要进多少货，哪些品种需要加大生产力度。

显而易见，这种采用手工方式层层收集、层层汇总的数据容易失真并且在时间上滞后。不但对决策失去了意义，而且很可能会造成错误的决策。因此，从2007年开始，农夫山泉决定对这种模式进行改造，建立一种具有农夫山泉特色的、适合业务需要的管理方式，短信平台应运而生。

这个平台只需凭一部手机发一条短信，业务代表在"扫街"时就可以完成信息的及时输送，再不用手拿小本子每天在超市的货架旁记录，公司也能第一时间获得销售数据。CRM中的移动访店，第三方检查，桶装水送水订单确认，驻店理货员陈列上报等这些环节，都能实现数据的方便收集，能在第一时间把数据反映到总部进行决策。

3. 保障了快速决策

为了实现数据的轻松传输，从 2007 年搜罗需求到调试、试运行，仅 3 个月的时间系统开发完毕。同年 12 月在杭州试点并全国实施。2008 年 3 月 15 日，全国四个区域、160 多个办事处上线，截至目前已经扩展到 300 多个办事处，8000 多名业务代表在使用这一系统。移动应用涉及所有业务代表，涉及所有下属机构，包括大区和办事处，除港澳台地区以外的中国所有城市和乡镇。由于业务上能及时收集到市场的陈列和竞品活动，因此，可以快速决策，先于对手进行市场政策调整。

同时，企业营销管理部门也可以运用此平台，向全国各地的销售商发布产品信息，如产品名称、产品型号、产品编码、订货方式等。此外，短信接收功能还提供了便利的产品防伪查询工具。消费者在购买产品时将防伪码通过短信发送到后台，系统自动将其转入产品编码库，然后将查询的结果通过短信回复给消费者。

胡健主持开发的这套系统，掌握住农夫山泉的核心部门——销售部门，它很好地帮助销售部门将业务流程进行梳理，有效地利用了管理信息，对市场及时做出反应、快速作出决策。

目前，整个公司 8000 名业代，每天都将短信订单发送到数据库里，然后系统自动打出报表进行分析决策，从而避免了时间的滞后和数据的失真，为公司提供了很好的决策工具。与此同时，农夫山泉取消了对业务员纸质报送数据的绩效考核，所有"业代"的考核指标都是由短信平台上报的数据自动产生，与他们的工资挂钩。此外，客户资料、零售商和批发商信息也可以实时获取。

4. 直观效益凸显

农夫山泉在终端应用移动技术的效益已经凸显，这套移动商务平台为企业迅速发展带来了非常直观的效益。首先，改善了企业运作，该系统能够迅速地得到市场反馈的信息，加速了新品面市，减少了断货现象，业务代表的业绩每日上传公司数据中心，公司可以清楚掌控各访销员的任务完成情况；其次，大大提高了管理层和终端业务代表的工作效率。销售员在拜访零售分销商时，不用再携带大叠销售表格，只要将所需的各种资料下载到手持设备上就可以了。

农夫山泉借助移动商务手持终端系统，配以强大的客户管理后台及 BI 数据分析系统，为业务部门提供最新的客户和线路信息、销售订单数据、物流跟踪数据，使业务代表可以在任何地点进行渠道和终端客户数据的交互。同时，移动商务手持终端系统能够根据用户权限的不同，对各级组织进行汇总数据查询，并且提供决策支持；另外，能够与 SAP 数据、OA 数据、电子商务数据进行 SOA 架构下的实时同步和数据交换，实现统一数据管理和应用重载的目的。

农夫山泉的移动商务应用创造了目前中国移动商务应用的数量之最。在终端销售市场拥有 8000 名代表；数据量巨大，月平均达到 1000 万条/月；客户资料最全、最详尽，拥有客户资料 100 万家；使用范围最广，中国除台湾外所有省市，包括西藏和新疆等边远乡镇，都能够覆盖到；接口最复杂，跨越所有运营商。

农夫山泉移动商务系统包含的模块有：组织管理、人员管理、品项管理、渠道管理、客户管理、线路管理、应用管理、物流管理、价格管理、商务智能、SAP 接口和 OA 接口。其中商务智能、SAP 接口和 OA 接口基于 SOA 架构。农夫山泉移动商务平台是一个基于 Web 的集成销售自动化系统，使终端销售可以在销售现场通过手机短信或 GPRS 来与后台系统进行数据交互并为客户提供服务，例如提交客户订单、上报库存排面、竞品销售信息等。该商务系统与企业现有系统无缝集成，上行、下行双向同步；能够通过简单的脚本设置实现复杂的同步逻辑，数据存储在中心数据库的 Receivewait、Sendwait 数据表中；以事务为基础，变化的记录被同步，传输的字节数最少，通过 2M 光纤建立连接。

该移动商务系统构建在 HP 的小型机和存储上，通过光纤与移动和联通网关连接。采用了运营商的行业网关而非信息机；使用甲骨文底层的数据同步技术，与其他系统实时同步组织人员数据；使用 SOA 架构，构建在 Weblogic 上的 Webservice 与 SAPECC6.0 进行应用数据重载。

农夫山泉通过移动商务系统的应用，进一步奠定了快消行业排头兵的地位，对终端的管理不断加强，使农夫山泉公司销售业绩大幅提升。对此，胡健并不张扬，当他重新审视自己的"作品"时谦虚地说："虽然我们具备很强的基于移动商务的研发能力，但是企业需求是不断变化的，我们要在使用的过程中不断发现问题。根据企业不断变化的业务需求及时调整开发新的功能模块，不断持续完善系统，做到随需应变。"

5. 挖掘移动应用的潜力

深化移动应用，就要涉及与企业内部核心业务应用的集成。企业内部的 ERP、CRM、MMS、CIS 等系统与移动应用进行整合，数据互联，在统一的 OLAP 分析工具的支持下，进行数据的整合和抽取，并在数据仓库层面上进行数据展现。同时，建立在 SOA 架构上的 ESB 门户云平台基础上，对关联系统的数据进行交互，全面做到数据整合，平台整合。对于移动终端的选择，公司在领导管理层进行 iPnone 和 iPad 数据展现、流程审批，在业务代表层进行 Andriod 移动应用，业务代表更多地使用相对廉价的 Andriod 系统，厂商支持比较好。国内厂商多，选择余地大，运营商支持好。

伴随移动商务的广泛应用，移动计算势在必行，公司在移动计算方面会面临内部的变革和能力构建的挑战。移动应用需要和云计算紧密关联，在企业的移动商务应用的后台，必须支撑强大的云平台，必须进行 PAAS 和 SAAS 架构的整合，形成足够支持大数据上传和处理的能力，对于硬件和中间件控制平台，也需要加大投入，并随时实现平行扩展。

对于移动商务未来的发展趋势，移动应用在两个方面需要大力发展：在运营商方面，扩大移动商务应用的带宽，并在城市的 GPS 定位方面进行大力的发展并开发定位数据接口和地图系统，更多的民营资本的加入对降低成本和提高服务质量是决定性的；同时要大力发展云，云在目前的企业私有应用还是社会的公有应用上都已经推广，只有在云平台的基础上，移动商务才有足够的发展空间。

资料来源：CIO 发展中心，首席记者/方芳，2012 年 11 月。

问题讨论：

1. 农夫山泉的移动商务解决方案实施后有何成效？
2. 农夫山泉公司的移动应用为何需要和云计算紧密关联？

本章小结

通过本章的学习，应熟悉移动信息服务用户的需求趋势，移动互联网业务带有极强的对用户需求的创造和引导特性，移动互联网用户需求趋势的特征可简要归纳为多样化、整合化、碎片化和合理化。理解移动信息服务的运营模式，有 3 种不同的运营模式：纯粹的接入管道、智能的接入管道、精细的内容渠道。掌握移动信息服务平台的管理过程，在移动服务运作过程中，商户可设置移动门户网站，商户通过登录该门户网站使用移动商务服务。熟悉移动信息服务交易的商业模式，根据移动运营商在信息服务交易类移动信息服务业务中所扮演的不同角色，可以将其划分为 3 种模式：管道模式、围墙模式和平台模式。熟悉移动信息服务的安全措施，包括网络安全、应用和平台安全、终端安全，以及信息与内容安全，了解安全策略，掌握安全措施。

本章复习题

1. 今年移动信息服务用户的需求趋势如何？

2. 移动信息服务的运营模式如何创新?

3. 简述移动信息服务平台的业务流程。

4. 试比较移动信息服务交易三种商业模式的优缺点。

5. 你认为移动信息服务的安全措施包括哪些?

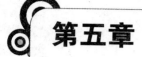

第五章

移动信息服务的智能终端

学习目的

★★★★

知识要求 通过本章的学习，掌握：

- 移动智能终端的概念
- 移动智能手机的发展趋势
- 移动智能手机的操作系统
- 移动智能终端的安全
- 移动智能终端的客户需求

技能要求 通过本章的学习，能够：

147

- 熟悉移动智能终端的内涵
- 理解移动智能手机的发展前景
- 掌握移动智能手机的操作系统的异同
- 掌握移动智能终端的安全实现
- 熟悉移动智能终端的客户体验

学习指导

★★★★

1. 本章内容包括：移动智能终端的概念；移动智能手机的发展趋势；移动智能手机的操作系统；移动智能终端的安全；移动智能终端的客户需求。

2. 学习方法：结合案例熟悉移动智能终端的内涵、理解移动智能手机的发展前景、掌握移动智能手机的操作系统的异同、掌握移动智能终端的安全实现、熟悉移动智能终端的客户体验。

3. 建议学时：4 学时。

 引导案例

智能手机用作门禁卡

目前，13.56 MHz 非接触式智能卡广泛用于人员身份信息的验证，以确定人员是否可以进入大楼或使用设备。利用这种高频智能卡技术，可以实现多种多样的密钥和双重验证，能防止任何人未经授权使用卡片或读卡器，因此提高了安全性。此外，加密数据存储给卡片上的信息又增加了一层安全保护。

现在，我们进入了移动性更强、应用更先进、信息安全威胁更多的时代，与此同时，业界正在转向新一代门禁控制架构，以在固定和移动设备上置入可移植的身份识别虚拟凭证卡。那么，我们怎样确保信息安全呢？

凭借 HID Global 新一代门禁控制解决方案 iCLASS Secure Identity Object (SIO)-Enabled (iCLASS SE) 平台，可在移动设备中安全地嵌入和配置虚拟凭证卡，这种方式使安全性得到了前所未有的提高，同时允许虚拟凭证卡置入多种移动设备。该平台基于凭证卡端的 SIO 技术和读卡器端的 SIO 解码器，二者结合执行类似于传统卡片和读卡器的功能，不过 iCLASS SE 平台采用的是基于标准、独立于技术和灵活的身份数据结构，可提供全新的安全性、可移植性以及性能。

SIO 虚拟凭证卡保障数据的真实性和私密性，同时依靠多层安全机制防止数据复制。这类凭证卡在针对设备的安全保障之外，又增加了一层安全保障，具有给数据增加一层包装的作用，这层包装可使密钥更加多样化，并提供额外的验证和加密，以防止安全保障遭到破坏。此外，SIO 专为特定设备建立并绑定在该设备上，从而防止 SIO 被复制到另一台设备上，因此可防止各种场所受到复制卡的攻击。

此外，SIO 虚拟凭证卡在 HID Global 的 Trusted Identity Platform (TIP) 框架内运行，该框架建立了一条安全和可信的边界，可在基于 SIO 技术的门禁控制应用中，保障密钥的安全提交。TIP 框架为在移动设备等各种平台上安全配置 SIO 虚拟凭证卡提供了方便，无论用户身处何地、采用哪一种网络连接，都没有问题。

在虚拟凭证卡管理方面，SIO 技术支持空中配置和管理。例如，SIO 模式提供安全的远程管理功能，如果用户手机丢失，就可以利用这些管理功能更安全、更方便地配置、监视和修改虚拟凭证卡的安全参数，从而可消除复制虚拟凭证卡的可能性、临时发放新的虚拟凭证卡（如果需要）以及废除丢失或被盗

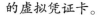

的虚拟凭证卡。

基于 NFC 的门禁系统能实现新一代更便利、更安全的交易。为了实现这个目标，就需要一种简单但有安全保障、全面可扩展并基于标准的身份信息提交系统，这样才能支持种类繁多的身份验证设备，例如从读卡器、卡片到 NFC 手机的各种设备，最终实现 NFC 技术在全世界的安全使用。

资料来源：RFID 世界网，2012 年 5 月 10 日。

➡ 问题：

　　1. 你对 NFC 不仅用于手机支付还可用于门禁系统有何看法？
　　2. 你认为身份识别虚拟凭证卡管理还可采用哪些频段技术？

第一节　移动智能终端概述

移动终端的技术发展和功能开发直接影响着移动业务的发展进程，甚至成为影响移动业务发展的关键因素。另外，移动新业务的不断推出也将对移动终端技术乃至今后的移动终端、类型、功能等方面的发展产生很大的影响。近年来，移动终端的内涵变得越来越宽泛，各类终端的定义边界越来越模糊，即"融合"的趋势日益明显。例如，手机在融合了 MP3 或者 MP4 等消费类电子产品的多媒体功能之后，又开始融合 GPS 功能；iTouch 融合了通话功能之后，摇身变成了 iPhone；车载导航设备 PND 先是融合了多媒体功能，然后是准备向在线服务和 MobileTV 领域进军。在融合的大趋势下，终端之间的功能开始趋同。市场咨询公司 In.Stat 试图将这些边界日益模糊且拥有相似功能的便携式终端进行一个便于研究的分类，即将这些设备分为三类：一类是通信设备，其特点是拥有一个移动网络号码，即电话号码，这类终端包括智能手机、多媒体手机、功能性手机及低端手机；二类是超移动计算机设备，属于计算机的范畴，具有计算和处理功能，以及移动上网特性，这类终端包括 MID 和 UMPC 设备；三类是便携式娱乐设备，这类设备可以显示和播放多媒体内容，包括 MP3 播放器、MP4 播放器，以及智能玩具和便携式车载导航设备 PND。

一、现有移动终端的局限性

目前，市场上推出的移动终端在通信协议上基本支持 GPRS、WAPl.1，大部分移动终端支持 WAPl.2。现有终端能够保证使用 GPRS 网络的用户获得在线服务，如查看网页、收发邮件等，同时享受 MMS 服务，这为移动商务业务的开展奠定了基础。

以往的终端设备可以通过功能来区分，现在的终端设备在功能上日渐交叠，呈现出共同的发展趋势：一是通信和内容逐渐数字化；二是处理能力逐渐增强；三是存储空间逐渐增大。此外，终端设备还呈现出多网络特性和多重功能特性。多网络特性是指个人移动终端设备除了具备手机的固有特性（可以接入移动网络）之外，这些终端设备还被要求可以接入 WiFi 和 WiMAX，接收广播电台和 GPS 信号，甚至具备可以接收广播电视的特性；多重功能特性是指各类终端基本都具有多媒体特性，即配备了摄像头（拍照和录像）、音乐播放和视频播放、GPS 导航、游戏等娱乐或通信功能。

然而，我们应该看到，目前绝大多数用户拥有的移动终端基本上以提供语音通信和短消息服务为主。尽管有些终端已经支持部分数据业务，但由于安全性、可操作性等方面的限制，也在很大程度上阻碍了移动电子商务业务的开展。这主要体现在如下几方面：

（1）存储容量小，限制了数据存储，如图片、音频、视频等数据的保存。

（2）运算能力低，限制了应用的开发，如安全运算、支付实现等。

（3）能量低，不能保证终端设备的长时间运行。

（4）显示屏幕小，给用户使用带来不便，对应用开发提出更高的要求。

（5）键盘操作不方便，给用户使用带来不便。

（6）各种终端技术平台和应用平台差异大，给用户使用带来不便，不利于实现应用的跨平台使用，限制了应用的广泛性。

因此，现有的移动终端在对移动电子商务业务的支撑中，一方面用户得不到可靠的安全保证；另一方面没有给用户提供友好的使用界面。这些缺陷严重阻碍了移动新业务，尤其是移动电子商务业务的开展。

二、移动终端的发展趋势

随着移动终端显示屏、封装、CPU 处理速度、内存等技术的发展，同时为了满足移动业务发展和创新的要求，移动终端的总体发展有如下趋势。

（一）支持多媒体

移动终端不仅要满足通话的需求，而且要能够支持图片、视像、音乐等多媒体内容。

（二）功能的多元化

移动终端功能上的改进是随着移动通信业务的发展，以及用户对终端功能需求的增加而出现的。

从未来发展方向来看，功能上的改进、增添和智能化是移动通信业务发展必不可少的，只有移动终端具备了大存储容量、高传输速率、清晰显示等功能，才可能发展包括移动视频、移动定位、移动支付等多项移动通信业务。

（三）具备多模功能

由于全球在移动网络标准的选择上不统一，目前很多国家会存在不同的通信网络，即使是采用了相同的技术，各国在分配频率上也有所不同。

移动终端应能支持更多的通信协议，移动业务的开展将对数据处理能力要求更高，要求移动终端具有业务集成能力，并能够在任何网络条件下得到属于自己的业务。这就要求未来的移动终端具有跨网络的业务提供能力，也就是说，人们将要求业务提供商不会因为网络环境的变化而中断业务的提供。因此，对于移动终端来说，支持多模式、多制式将成为必需。

（四）外观设计时尚化、个性化、性别化

从目前的发展趋势看，时尚化、个性化、性别化以及移动终端功能和外形的"专业化"将是未来的发展方向。

移动通信已经跨过了为用户提供简单通话功能的阶段，开始向高端业务进军。从目前的消费观念看，低端的语音通话逐渐成为了人们日常通信的必需手段，而未来的高端应用则是一种消费品的概念，具有消费品的特点，也就是说，用户将仅仅使用价格上能够承受的业务。

因此，未来的通信网络平台接口应是开放的，移动终端产品也应该是多样的。针对不同用户群和不同应用，应该有不同的终端产品，而通话功能将成为最基本的功能之一。

151

移动终端功能的发展趋势如下：

（1）向智能化发展，实现功能更丰富。随着手机音质和色彩等娱乐相关功能的不断提升，手机智能化大势所趋，目前已经可以轻松地将 MP3、照相机和 GPS 导航仪等各种功能集中在通信手机上。随着其他各类相关技术的成熟，终端硬件的发展趋势是集成更多的功能和融合更多的业务，未来手机将具备通信、娱乐、商务和金融等各类集成功能。

（2）处理能力更强，存储空间更大。根据摩尔定律，每隔 18 个月，芯片的性能会成倍提升。商品性能会变得越来越好，而价格却变得越来越便宜，这正是科技的飞速发展给人们带来的实惠。3G 时代的大量多媒体应用促进了移动终端数据功能的发展。相应地，终端产品的计算和处理能力不断提升，部分智能手机的配置已经超越早期个人电脑的配置，而且这一趋势还在不断发展。同时，随着音乐和各类应用程序的普及，移动终端在满足用户通话需求之外也需要提供大容量的存储空间的支持，这是 3G 应用中多媒体资源大量出现和商务应用的必然结果。

（3）模块化发展趋势。由于手机所承载的移动数据功能越来越多，为减轻终端开发的负担，节省成本并支持应用业务的发展，手机设备已经出现了硬件及软件架构向通用化发展的动向。即大量采用嵌入式操作系统与中间件软件，关键零部件也呈现出标准化发展趋势。产业链中的芯片、模块和设计方案都可自成一体，使得新功能和新应用可以快速、方便地实现。

三、移动终端实现技术的趋势

从现代移动终端的技术构成来看，大体可以分为以空中接口为主的通信部分、以计算能力为主的计算机部分（在一定意义上移动终端可看成一台计算机）和以业务处理为主的应用软件部分。这三个部分都会随着移动通信业务模式的改变而发生变化，以满足业务模式变化和业务创新的要求。

（1）在移动终端的通信部分，未来的终端将支持多种空中接口，如 WCD-MA、CDMA2000 等，这需要手机在多模技术上有一个大的突破，否则终端将不能满足业务的需求。在这方面，软件定义无线电（SDR）通过软件的改变来改变设备的模式，也许会成为一种最终的解决办法。

（2）在移动终端的计算机部分，除去通信处理所需要的计算能力，用于支持业务处理的计算机处理能力也将有很快增长。这方面的变化趋势是手机平台的计算能力将和网络结合起来。在网络对手机计算能力的分担上，依靠网格技术使手机的计算能力和网络的计算能力共享资源，使手机计算真正成为网络的一个组成部分。现在，Java 可以作为这种平台的基础，虽然利用 Java 平台不能实现手机与网络资源的共享，但 Java 的采用可以跨越 CPU 的差别。从编程的角度看，终端实现了与网络的统一。

（3）在应用软件方面，为了使移动终端和网络的联系更为紧密，支持不同的业务，未来移动终端的发展方向将是采用 XML 这一动态描述业务语言来解决业务多样化带来的压力，并且在今后将和 Java 结合在一起。另外，也有专家认为，未来的移动终端将支持更多的网络协议，尤其是 3G 系统将支持 SIP 协议，这将使移动终端具有更强的多业务能力。

（4）为了在现有的技术条件下为移动业务的创新提供更好的支持，近年来，厂商在智能卡技术上也投入了巨大的研发精力。现在许多移动新业务都是在智能卡的支持下开展的，如 STK 卡、Java 卡等，这也将是未来的重要发展方向。为了满足未来业务发展对移动终端提出的要求，人们还必须解决诸如电池续航能力、移动终端的节能等问题。另外，通信厂商和 IT 厂商也将加入到移动终端的设计中来，以促进移动终端对移动电子商务业务的支持。总之，终端技术正在移动电子商务业务的引导下向前发展。

四、移动终端的分类

（一）智能手机

智能手机（Smartphone），是指"像个人电脑一样，具有独立的操作系统，可以由用户自行安装软件、游戏等第三方服务商提供的程序，通过此类程序来不断对手机的功能进行扩充，并可以通过移动通讯网络来实现无线网络接入的这样一类手机的总称"。手机已从功能性手机发展到以 Android、IOS 系统为代表的智能手机时代，是可以在较广范围内使用的便携式移动智能终端，已发展至 4G 时代。

（二）笔记本

笔记本有两种含义，第一种是指用来记录文字的纸制本子，第二种是指笔记本电脑。而笔记本电脑又被称为"便携式电脑"，其最大的特点就是机身小巧，相比 PC 携带方便。虽然笔记本的机身十分轻便，但完全不用怀疑其应用性，在日常操作和基本商务、娱乐操作中，笔记本电脑完全可以胜任。在全球市场上有多种品牌，排名前列的有联想、华硕、戴尔（DELL）、ThinkPad、惠普（HP）、苹果（Apple）、宏基（Acer）、索尼、东芝、三星等。

（三）PDA 智能终端

PDA 又称为掌上电脑，可以帮助我们完成在移动中工作、学习、娱乐等。按使用来分类，分为工业级 PDA 和消费品 PDA。工业级 PDA 主要应用在工业领域，常见的有条码扫描器、RFID 读写器、POS 机等。工业级 PDA 内置高性能进口激光扫描引擎、高速 CPU 处理器、RFID 移动终端器、WINCE5.0 操作系统，具备超级防水、防摔及抗压能力。广泛用于鞋服、快消、速递等多个行业的数据采集，支持 BT/GPRS/3G/WiFi 等无线网络通信。

（四）平板电脑

平板电脑（Tablet Personal Computer，简称 Tablet PC、Flat Pc、Tablet、Slates），是一种小型、方便携带的个人电脑，以触摸屏作为基本的输入设备。它拥有的触摸屏（也称为数位板技术）允许用户通过触控笔或数字笔来进行作业而不是传统的键盘或鼠标。用户可以通过内建的手写识别、屏幕上的软键盘、语音识别或者一个真正的键盘（如果该机型配备的话）。平板电脑由比尔·盖茨提出，应支持来自 Intel、AMD 和 ARM 的芯片架构，从微软提出的平板电脑概念产品上看，平板电脑就是一款无须翻盖、没有键盘、小到放入女士手袋，但却功能完整的 PC。

五、移动终端智能化

　　手机终端智能化使终端厂商开始有能力与电信运营商争夺渠道，为媒体多元化渠道创造了机会。手机终端智能化使得客户端应用软件类似手机报，即用户通过预装或下载的客户端软件离线或在线读取手机报内容，成为一种重要形式。目前，苹果公司已与众多新闻媒体合作，在其 iTunes store 平台中拥有全球 1000 多种报纸，《南方周末》《中国日报》等媒体也已经植入该平台中，通过 iPhone、iPod 等终端，用户可绕过移动运营商直接订阅这些报纸。国内，联想、中兴等智能手机生产商及一些电子书、阅读器厂商也在纷纷打造自己的平台商店，期望在渠道竞争中分得一杯羹。渠道多了，内容便为王，所有这些渠道竞争为媒体发展提供了新契机。在过去的 5 年中，上网冲浪的智能手机经历了飞跃式发展，仅在 2011 年该行业就产生了 2939 亿美元的销售额。目前，全世界智能手机的使用人数已经逾 10 亿人。由于在美国等发达国家，半数以上的手机用户已经使用智能手机，而中国等新兴经济体的消费者倾向于价格更为亲民的智能手机，因此高端智能手机的需求正在减弱。

　　面向移动互联网的终端目前主要分为 3 类，即智能手机、上网本和使用数据卡上网的笔记本电脑。上网本和使用数据卡上网的笔记本电脑除了采用新的网络接入方式外，与传统笔记本电脑并没有本质的区别。移动通信终端正逐渐向智能化方向发展，硬件、软件和 UI（人机交互界面）是终端技术发展最主要的 3 个方面。对比显示，2009 年的智能手机的配置相当于 2001 年的台式机的配置。因此移动终端正逐渐具备掌上个人电脑的特征，成为人们日常生活必不可少的设备。在移动互联网时代，智能手机将逐渐取代功能手机占据移动终端市场的主导地位。智能手机通常是指具有开放操作系统、可扩展硬件和软件并能够向第三方开放 API 的手机。在智能手机中，应用处理器成为系统的核心，而 GSM/GPRS/CDMA 等通信调制解调器则成为实现连接功能的外设之一。智能手机通常采用复杂的嵌入式操作系统，如 Symbian、Windows Mobile 和 Linux 等，能够为上层应用提供统一的应用接口，在架构上主要由硬件平台和软件平台两个部分组成。

　　进入移动互联网时代，终端所扮演的角色已经越来越重要。移动终端是距离用户最近的设备和最直接接口，是运营商一切业务的载体。目前，业务和终端平台深度融合的趋势日益明显，终端对业务能力的支持程度将直接影响移动互联网业务的推广和普及，包括移动运营商、互联网运营商 Google、消费电子厂商苹果、计算机操作系统霸主微软和芯片厂商 Intel 在内的各产业巨头都对移动终端平台倾注了极大的精力和野心，希望通过终端平台整合产业链，构建以自己为中心的移动互联网产业生态环境。终端平台已经成为移动互联网产业链的中心环节，谁掌控了终端平台，谁就掌控了产业链的话语权。

第二节　智能手机概述

一、智能手机的基本概念

智能手机是指"像个人电脑一样具有独立的操作系统，可以由用户自行安装软件、游戏等第三方服务商提供的程序。通过此类程序来不断扩充手机的功能，并可通过移动通信网络来实现无线网络接入的这样，一类手机的总称"。

目前，移动终端市场中的智能手机得到了快速发展，据统计，截至 2009 年底，日本移动智能手机出货量为其全部手机出货量的 52%；北美为 25%；西欧为 23%；中欧、中东和非洲为 8%；亚太为 7%；拉丁美洲为 5%，显然发达国家的智能手机普及率明显地领先于发展中国家。

Strategy Analytics 的统计数据显示，2010 年第 2 季度，全球智能手机的销售量达 6000 万部，同比增长 43%，占全部手机出货量的 19%。与第 1 季度的 5430 万部相比，智能手机在全球手机市场中的比例仍在继续扩大。Gartner 预测，2011 年,智能手机用户数将是数据卡用户的 4.3 倍以上；Morgan Stanley 也宣布，2013 年全球 3G 用户将突破 23 亿户，其中超过一半的用户将为智能手机用户。

随着微电子及信息技术的发展，手机所用的 IC 芯片集成度越来越高、CPU 处理能力越来越强、存储空间越来越大、软件和应用越来越丰富，宽带无线通信技术，以及各种微型传感器和显示技术等为智能手机的发展奠定了基础。有的智能手机的 CPU 处理速度可以到 1GHz 以上，与笔记本电脑的处理速度相当。存储能力从 1G 迅速发展为 8G、16G、32G 或更高，使得手机可以短时间内处理大量数据，很多情况可以做到实时处理。手机可以存储大量的数据信息，方便了使用者的需要。由于众多的开发者将精力投入到手机软件设计上，使得手机的功能和应用迅速膨胀。3G 技术及正在迅速发展的 LTE 和 4G 技术，以及智能天线和感知无线电等技术使得移动通信的宽带越来越宽，为手机建设了一条通往外部世界的高速公路，可以让人们在移动过程中享受到高速通信的便利。再加上 WiFi、蓝牙和 NFC 等短距离微功率传输手段，以及将来可能的可见光通信和无处不在的 USB 有线接入方式，使得手机的宽带通信能力今非昔比。智能手机终将替代功能手机，而且性价比越来越高。

二、智能手机功能的发展趋势

（一）智能手机功能呈现的发展趋势

（1）高像素拍照手机。根据中关村在线的统计数据显示，500万及以上像素的手机关注比例呈直线上升的势头。从目前手机市场的情况看，几乎所有的智能手机都装有摄像头。并且像素也在不断地提高，从320万像素奔向500万像素，如今又开始向800万像素过渡。

（2）触摸屏。触摸屏标志手机实现了从有键盘到无键盘的质的飞跃，触摸带来的输入方式上的革命性改变，预示着手写触摸在不远的未来一定会成为主流趋势。尤其是以苹果为代表的电容触摸屏可以实现多点识别和缩放图像，极大增加了用户的体验感知。

（3）GPS导航。拥有GPS导航功能的手机用户关注比例上升趋势非常明显，预示手机与GPS融合势头在未来会不断加剧，未来支持GPS导航功能的手机必然是发展的趋势。

（二）智能手机应用的发展趋势

随着人们对于智能手机的使用与认识的增多，以及苹果公司等引领的软件应用商店的发展，越来越多的人认识到智能手机的发展方向应该是向着计算机功能发展。即把终端打造成为开放式的软件平台，借助于这一平台实现相关的商务、娱乐或其他应用。

（1）应用商店。苹果公司的 iPhone 的主要成功之处在于提供了内容丰富的应用商店，如图5-1所示。

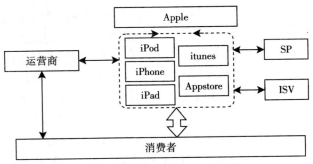

图5-1 苹果应用商店运作模式

苹果通过 iPhone 打造了一个平台，服务提供商（SP）和应用程序提供商，甚至 AT&T 这样的通信运营商都通过平台为用户提供服务。苹果公司在封闭之中体现开放，极大地提高了合作伙伴的积极性。因而其应用程序之丰富令人惊叹，这也成为吸引用户的一个重要工具。

（2）行业应用。除了面对个人用户的应用，面对行业的应用也迅速发展起来。根据物联网的发展和无线城市建设的需求提出了针对城市管理、安全防护、物流、文通以及金融等行业的需求，这些针对行业用户 M2M 的应用与传统的手机终端有所区别。因其通信的主要内容不是语音，而是各类的数据，在现有通信终端的基础上出现了各类集成了专门功能的专业化终端。

（三）通信终端融合化的发展趋势

终端不仅是使用通信的工具，更是技术发展、市场策略和用户需求的体现。因此受到移动互联网和物联网等大的战略发展方向的影响，移动通信终端将呈现"通信终端融合化和各类物品通信化"的"两化"发展趋势。

（1）通信终端融合化。以通信终端为基础，通过融合各类业务和功能实现手机的多功能化。例如，手机和消费电子融合，产生音乐手机、照相手机、手机游戏、移动支付和手机导航等功能和应用；手机和多种无线通信技术融合，产生多模手机，支持 WLAN、WiFi 和 RFID 的手机等；与广播技术融合，产生手机电视和手机的收音机功能。黑莓手机则体现了手机和办公系统的融合，苹果手机体现了终端与业务和内容服务的融合，这些融合终端的产生其本质是互联网应用的延伸。

在移动互联网概念提出之初，业界就有 NGI（下一代互联网）路径还是NGN（下一代通信网）路径的争论。NGI 强调终端是智能的，网络是透明的管道；NGN 则强调终端是傻瓜的，网络是智能的。从目前的发展趋势来看，终端的发展似乎倾向于 NGI 的方向，未来智能手机的操作系统将更加智能化，终端设计更具针对性。针对商务、娱乐、运动、老人、儿童和女性等各个细分市场，突出个性化和融合化，移动通信终端逐步成为移动互联网的入口。

（2）各类物品通信化。在物联网时代，通信主体将从人与人扩展到物与物，通过给物一个身份地址，利用嵌入式智能芯片和各类中间件技术实现物与物之间的通信和人对物品的管理控制。实现这些功能不仅仅是通信网络合传感网的任务，也离不开终端的支持，与手机具备更多功能相对应的发展趋势是使更多的物品具有通信功能。

移动互联网的业务开发在很大程度上依赖于终端软件平台，业务接入、业务适配和用户需求匹配都需要终端软件平台的支持。构建健康良性的移动互联网产业生态环境要求终端软件平台以自主开发的手机新型操作系统为核心，以跨平台的中间件为基础，以开放的应用平台为运行环境，以开发者社区为关键，打造一个从操作系统到中间件和应用平台的平台体系。

同时，构建终端软件平台体系涉及产业链的多个层面，需要高效整合产业的上下游，吸收包括运营企业、SP 服务商、终端制造商、OS 与中间件软件开发商、应用软件开发商和芯片制造商等各方力量广泛参与。从而增进同一领域强强联合的产业链规划，构建产业联盟促进移动互联网应用创新，带动移动互联网产业的整体发展。

三、智能手机硬件的发展趋势

终端硬件平台目前形成了精简指令集（RISC）和复合指令集（CISC）两大处理器内核架构阵营，精简指令集以 ARM 为代表：复合指令集以 Intel X86 为代表。ARM 在智能手机市场中占据霸主地位，而以 Intel X86 在上网本市场中占有大部分市场份额，并积极向智能手机扩展，但在短期内仍难以撼动 ARM 的主导地位。两阵营的技术对比如下：

（1）功能方面。ARM 芯片主要针对移动终端设计，集成度较高，因此面积小、成本低，同时在功耗和待机时间方面具有较大的优势；Intel X86 芯片除支持 VoIP 外，基本还不支持移动通信功能，面积较大，在功耗和待机时间上与 ARM 产品仍有明显的差距。

（2）软件支持方面。目前，互联网上大部分应用软件都是采用基于 X86 架构的浏览器和 Java 开发的，熟悉 Intel X86 平台开发的软件工程师较多；而基于 C 或 C++语言的应用移植到 ARM 平台上时需要转换。Intel 基于 X86 硬件架构推出了 Moblin.or9 项目，试图构建一个开放开源的软件平台，并建立开源社区，拓展基于 X86 硬件架构的软件生态系统。

（3）运营模式方面。Intel 是芯片厂商，出货量大，制定了很多标准；ARM 作为 IP 供应商，不直接从事芯片生产，靠转让设计许可由合作公司生产各具特色的芯片。

四、智能手机软件的发展趋势

终端软件主要包括操作系统和第三方应用软件，终端的软件系统（如计算机的软件系统）帮助机器实现用户想要的各种功能。

终端软件平台主要包括操作系统、中间件、应用平台和应用层软件，目前移动互联网软件平台形成了多个平台竞争的局面，格局还远未明确。诺基亚的 Symbian 是目前市场占有率最高的操作系统，成熟稳定，有极强的第三方软件支持；微软 Windows Mobile 的市场份额不及 Symbian，但正在加速追赶，并有微软强大的应用软件支持；以 Linux 为核心的 Google Android、中国移动 OMS 和 Lim0 势头强劲，代表了未来的发展方向；苹果的 iPhone 和 RIM 的黑莓以其独特的设计和市场定位也占有一定的市场份额。

移动互联网的发展对软件平台开放性的要求越来越高，开放与开源已经成为面向移动互联网的终端软件平台的发展趋势，开放是指终端软件平台的 API 接口和 SDK 工具等开放；开源是指终端软件的源代码开放。移动互联网各产业巨头都致力于以开放开源的新型操作系统为核心，打造一个从操作系统到中间件和应用平台的平台体系。以广泛吸引第三方参与业务开发形成开发者社区，构建一个以自己为中心的移动互联网产业生态环境。

移动互联网软件平台的核心是操作系统，目前几大操作系统阵营中已经开放开源的包括 OHA（Google 的 Android）、LiMO 基金会和中国移动的 OMS。而其他主要操作系统阵营，包括诺基亚的 Symbian、微软的 Windows Mobile、苹果的 OSX 和 RIM 的黑莓操作系统等仍然采用不开源的策略。虽然专有和封闭性的终端平台仍然占据统治地位，但操作系统的开放、开源已经成为一种发展趋势，以 Linux 为内核的 Android、Lim0 和 OMS 正在成为目前移动互联网发展的重要力量。受开源操作系统发展的影响，目前居于绝对领导地位的 Symbian 系统也即将走向开放。诺基亚购买了 Symbian 的所有股权，宣布将实现开放和开源，免除联盟内公司的开发许可费用。目前主要的操作系统如表 5-1 所示。

表 5-1 主要的终端操作系统

名称	Symbian	iphone OS（iOS）	Android	WM	Blackberry
拥有人	诺基亚	苹果	Google	微软	
支撑厂家	诺基亚	苹果	HTC 和摩托等	酷派和 HTC 等	RIM
开放性	平台开放	平台开放	系统开放	接口开放	接口开放
其他	Symbian 程序员仅仅只有 5 万余人，与极为庞大的用户群体不成比例	有较多限制，APP Store 已有超过 20 万个应用程序，用户体验好并有广泛的基础	Android 应用开发基于 Java 语言，底层操作系统是 Linux。世界上拥有众多的 Java 开发者，而 Linux 也有广泛的基础	全球约有 38 万 Windows Mobile 专业开发者为其研发各种应用软件，并且有 9000 余家微软合作伙伴为其提供各种各样的技术支持	

第三节　智能手机操作系统的比较

一、智能手机的操作系统概述

终端操作系统是终端的核心软件平台，影响终端运行速度、用户界面和业务集成等。该操作系统分为实时操作系统（RTOS，又称为"封闭操作系统"）和开放式操作系统（Open OS）。其中，封闭式操作系统多数直接嵌入在机器的芯片上，采用的是嵌入式处理器。其优点是占用存储空间小、造价低且耗电量小，缺点是功能简单和用户不能自由安装卸载应用程序。用户只能使用厂商提供的手机功能，而不能自行扩展，这些都阻碍了移动终端产品开发的速度和应用水平。开放式操作系统允许用户随时装卸第三方软件，可以从网上下载支持该操作系统的软件，还可以随时删除，其优点是功能丰富，用户可自行升级或装卸软件，缺点是造价高、占用存储空间大且耗电量也大。目前，主流的封闭式操作系统有 Symbian、NucleusPlus、VxWorks 和 REX 等；主流的开放式操作系统有 Windows Mobile、Symbian、Palm 和 Linux 等。

目前，智能手机和平板电脑等主流智能终端使用的操作系统包括 Symbian、Windows Phone、Android、iOS 和 Black Berry 等，其开放性程度和发展思路很不同。目前几大操作系统中已经开放和开源的包括 Android 和 Symbian3，而其他主要操作系统阵营（包括微软的 Windows Phone 7，以及苹果的 iOS 和 RIM 的黑莓操作系统等）仍然采用不开源策略。目前主要的操作系统阵营的特点比较如表 5-2 所示。

表 5-2　主要操作系统的特点比较

	iOS	Android	Symbian	Black Berry	Windows Phone
当前最新版本	iOS4 2	Android3	Symbian3	Black Berry OS 6.0	Windows Phone 7
开发公司	Apple	OHA 联盟	Symbian 协会		
系统家族	Unix Like	Unix Like	嵌入式	嵌入式	
源码模式	封闭源码	开放源代码	开放源代码	封闭源码	部分开放源代码
是否支持多任务	部分支持	支持	支持	支持	支持
是否支持 Flash	不支持	支持	支持	支持	不支持
内置浏览器	Safan	Mobile Chrome	Symbian 浏览器	热点浏览器	Mobile IE
软件商店	App Store	Android Market	Oiv Store	App World	Market Place
游戏平台	Game Center	无	N-Gage	无	Xbox Live

　　在操作系统领域，各操作系统在移动性、性能、扩展能力、模块化程度和耗电量等方面各有不同。在市场上也都想扩充自己的势力范围，达到一统天下的目的。在未来相当长的一段时间，内这些操作系统还会共存，并且在发展趋势上存在共同的特点，即通用性、开放性和易用性。由于操作系统的不同造成了上层应用软件的不兼容，实现同一功能的软件需要适配不同的操作系统开发不同的版本，所以对应用开发商的资质要求较高。这大大限制了应用的开发与发展，并挫伤了应用开发商的积极性。从计算机操作系统的发展历程来看，目前 3G 终端操作系统的发展可以预见的是未来的移动终端操作系统将逐渐统一。即具有统一的平台与接口，操作系统的通用性也会更好。并且操作系统还将逐渐屏蔽底层硬件系统的细节，为上层的应用开发、开放更简单和更统一的接口。从而大大降低对移动终端应用开发商的要求，降低门槛。很多有创意但是技术实力并不雄厚的小应用开发商也能借此机会进入，使得应用越来越丰富，共同推动操作系统的进一步发展。

二、Symbian

　　根据 Gartner 的统计，2010 年，Symbian 的市场份额为 37.6%；Android 为 22.7%；RIM 为 16%；iOS 为 15.7%。2007 年底诺基亚推出了类似苹果 iTunes 商店的 Ovi 商店，在方便用户下载各类应用的同时也为应用开发者创造了更有效的盈利模式，从而吸引更多的开发者快速推出种类繁多的 Symbian 应用。此外，诺基亚还为新版 Symbian 推出了完全免费的离线导航应用 Ovi 地图并在其中整合了许多创新的 LBS 业务。接入运营商的无线网络后可为用户提供实时更新的路况信息，以及附近演出与打折信息等个性化贴身服务。目前，主流智能手机操作系统中，只有 Symbian 系统向用户提供免费的离线地图与导航应用，可以算是其一项差异化服务。但是否能发展成为杀手级应用，要看 Nokia 的推广力度及整合能力。相信 Nokia 在 LBS 业务上的投入，将为 Symbian 系统的后续发展赢得更多的用户发展空间。

三、iOS

　　iOS 是苹果公司专用的智能操作系统，它的成功得益于苹果巨大的品牌力量。在很多用户眼里，苹果意味着人性化的工业设计与革命性的应用创新。2007 年 1 月，苹果发布的第 1 款 iPhone 在全球手机市场投下了一颗重磅炸弹，传统手机厂商感受到前所未有的巨大压力，纷纷表示 iPhone 的出现颠覆了手机的传统设计理念，未来的手机设计将以 iPhone 为标杆。由此可见，iPhone 的整机设计理念在当年是相当超前的。凭借苹果品牌的巨大感召力，iOS 系统迅速瓜分了 Symbian 和 Windows mobile 等传统智能手机系统的市场份额。

同时，近来随着 Google Android 的面市以及 Nokia 对 Symbian 不断地改进与完善，iOS 的技术领先优势逐步被弱化，甚至在多任务操作、对 Flash 的支持及多媒体格式的支持等方面落后于竞争对手。iOS 疾风猛进的发展势头得到了一定程度的遏制，市场占有率也发展到了一个较为稳定的水平。

四、Android

Google 认为手机价格越来越低，但手机平台的价格变化不大，在手机成本中所占比例越来越大。基于此，Google 主持开发 Android 平台，希望提供一个免费、开放且功能强大的手机操作系统。以推动手机价格更为低廉，让全世界 40 多亿手机用户因此受益，从而更方便和更频繁地访问互联网。

早在 2005 年，Google 收购了成立仅 22 个月的高科技企业 Android，其创始人就是后来主持 Android 平台开发的 Andy Rubin。Android 平台由操作系统、中间件、用户界面和应用软件组成，号称是首个为移动终端打造的真正开放和完整的移动软件。发展至今，其经历了 Android 1.0、Android 1.1、Android 1.5、Android 1.6、Android 2.0、Android 2.1 和 Android 2.2。很多公司也开发出基于 Android 的衍生系统，包括中国移动的 OMS 平台、中国联通的 Uniplus 平台和创新工厂的 Tapas 等。市场上销售的很多智能手机也是基于 Android 平台的，包括三星的 1909、海信的 E90、联想的乐 Phone，以及 MOTO 的 Droid 和 XT800 等。

随着以 Android 为平台的互联网手机用户规模不断扩大，网民数量不断增加，全球互联网所使用的 IPv4 地址数量遇到了发展瓶颈；同时，由于互联网在人们生活中的日益普及与物联网手机应用的兴起，更加速了 IPv4 地址日益走向耗尽的边缘。相信在不久的将来，全世界便会走入 IPv6 时代。手机操作系统对于 IPv6 的支持，是移动互联网支持 IPv6 至关重要的环节。

五、Windows Phone 7

Windows Phone 7 于 2010 年 10 月发布，是市场中的新进入者。其大字体和地铁图标式的界面设计具有很强的视觉冲击力，给用户带来非常新颖的客户体验。Phone 7 自推出后，迅速吸引了大量应用开发者，其应用商店 Market Place 在发布两个月的时间内就已推出了 4000 个应用程序。目前还在以每天 100 个左右的速度在增长，而 Android 应用商店用了 6 个月的时间才达到这一数字。

Phone 7 的娱乐功能不可轻视，在游戏功能方面更为突出。微软正在花巨资将更多的 Xbox360 平台发行的游戏及 iOS 平台的游戏移植到 Phone 7 手机中，还将 Ztme 音乐及视频体验整合到其中。

虽然 Phone 7 系统在技术上具备先进性，但它既没有 iphone 当年对传统手机概念颠覆性的创新，也没有 Andriod 诞生时那样难得的历史机遇。目前 Phone 7 并没有实现其他系统不能实现的功能，而只是对其他系统功能的重复和改进，以一种更绚丽的形式加以表现。要想迅速从 iOS、Android 和 Symbian 那里抢夺更多的用户，它还缺少创新的应用和机型。

六、Windows Mobile

Windows Mobile 原型为 Windows CE，后开发出适用于手机及其他掌上设备的操作系统，之后又将其整合。Windows CE 是微软为嵌入式设备打造的通用操作系统，并不代表一个对所有平台适用的标准软件。为了足够灵活，且满足广泛的产品需求，Windows CE 采用标准模式。可以通过设计位于内核和硬件之间代码来设定硬件平台，从而实现产品定制。在 Windows Mobile 2003 版本之前，Windows Mobile 操作系统名为 "Pocket PC" 和 "Smart Phone" 等，自 2005 年后推出了 5 个版本。

（1）Windows Mobile 5.0。微软于 2005 年 5 月 9 日推出，内部名称为 "Magnet0"，基于 WindOWS CE 5.0。主要新特性为改进的存储系统，电池在完全耗尽后仍能保留第三方程序和用户文件；内置部分 net framework 2.0 特性，加入 Power Poim 软件，Word 和 Excel 支持图片式统计图形；虚拟 GPS 端口可自动指定 GPS 程序的接入，简化了蓝牙和 WiFi 的设置，并且 Windows Media Player 版本提高到 10.0。

（2）Windows Mobile 6.0。微软于 2007 年 2 月 12 日在巴塞罗那推出，内部名称为 "Crossbow"。内核为 Windows CE 5.2，其操作界面和 Windows Vista 相似。

（3）Windows Mobile 6.1。微软于 2008 年 4 月 1 日推出，其内核仍为 Windows CE 5.2。主要新特性为改善了 Internet Explorer，支持移动 IE 网页缩放，便于阅读和网页概览。在终端上整屏显示加入缩放、Adobe Flash 视频、Silverlight 和 H.264 视频等；支持上传到生活空间（Live Spaces），带 Windows Live 的终端与微软 Live Space 实现无缝同步照片；支持入门中心，帮助设置和使用新手机；文本消息串织；交换服务器自动发现；自定义域邮件设置；选取 POP3/IMAP 邮件；通过蓝牙汽车套件存取号码簿信息，蓝牙耳机自动配对和微软系统终端移动终端管理器 2008。将短信改为类似于 Messenger 的聊天界面；增加了文字输入选项以及复制和粘贴，并且大大简化了蓝牙和 WiFi 的设置。

（4）Windows Mobile 6.5。2009 年 2 月 16 日，在西班牙举行的世界移动大

会上，微软联合宏达电、LG 和 Orange 等主要手机合作伙伴推出了基于 Windows Mobile 6.5 的数款手机。

（5）Windows Mobile 7。基于全新的 Windows CE 6.0 内核，将支持 32000 个并行进程和每个进程 2 GB 虚拟存储空间。支持的新特性包括多点触控；具备最新的多媒体能力和对网络多媒体的原生整合能力；大幅度提升了系统的视觉效果，使用了从未出现过的视觉切换界面；Internet Explorer 支持全屏浏览和多页面，并能方便地放大；摇动控制；丰富的手势，可以通过手势实现打开键盘锁、打开程序、放大页面和滚动列表等多种功能。

七、智能手机操作系统的发展趋势

（1）业界正在把关注的焦点从硬件转移到手机操作系统上，各大厂商为了满足市场需求，纷纷推出各自的产品。

（2）多种操作系统共存有利于市场竞争，但过多的手机操作系统也会给用户、手机厂商和运营商带来麻烦。种类繁多的手机操作系统阻碍了移动互联网的发展，软件兼容面临瓶颈，后续开发困难重重。

第一，用户方面。各个操作系统对文件格式的定义不同，在某型号手机上正常运行的文件到了另一型号手机上会出现运行错误。目前，基于移动互联网的服务很多，但用户对操作系统不熟悉，无法正常使用这些业务应用。以彩信为例，虽然彩信接收成功率在 96% 以上，仍然有用户无法接收，问题在于很多用户不知道如何在手机终端上设置。

第二，手机厂商方面。手机操作系统一般都是由手机制造商自行开发或加以改造，这种相对封闭的研发方式，导致其他软件厂商很难为这些操作系统开发应用软件，造成系统兼容性不强且开发应用困难。

第三，运营商方面。手机操作系统与网络不能很好地结合，很多运营商推出的服务不能得到很好的应用，影响了运互联网业务的推广。

（3）解决手机操作系统的问题，需要手机厂商、软件厂商和运营商共同努力。

（4）越来越多的业务应用对手机的操作系统和软件开发平台提出了更高的要求，操作系统及其开发平台需要支持复杂的上层应用和常见的多处理器系统，并应具备以下特性：

第一，可以帮助实现智能手机的功能特性。

第二，满足 3G 手机对非常复杂的上层应用的支持。

第三，对多核的支持。内核可以同时支持 ARM 和 DSP，两个版本的 API 几乎一样，从而使 ARM 上的代码和 DSP 上的代码可以非常容易地相互移植。

第四，具有优良的电源管理功能。

第五，支持灵活的用户界面，用户可能要求在一天内有不同的用户界面。例如，工作时间是一个用户界面；工作外时间是另外一个用户界面。因此，运营商和手机销售商要求一个开放、灵活、易用和易开发的软件平台，并具有本地浏览器引擎，从而使用户界面、应用和服务成为手机的一部分。

第四节 移动智能终端的安全

一、移动终端的安全要求

(一) 移动终端的安全威胁

移动终端是用户在移动通信系统中使用的工具，上面保存了用户的个人信息和各种商务数据，因此容易成为攻击者的目标。在移动通信中，移动终端存在的安全威胁有如下几方面：

1. 鉴别和访问控制

(1) 盗用。攻击者可以盗用终端和 UICC（UMTS IC Card）卡以获得接入服务。用户可以在窃取的终端上使用合法的 USIM（User Services Identity Module）获得接入服务。

(2) 借用。借用终端和 UICC 卡的人可能获得特权误用设备。用户可能在更改了 IMEI（International Mobile Equipment Identity）终端上使用合法的USIM。

2. 数据完整性

(1) 终端数据的完整性。入侵者可能通过本地或远程两种方式修改、插入或删除存储在终端上的应用软件和数据，可能破坏终端的物理和逻辑控制。

(2) USIM 数据的完整性。入侵者也可能通过本地或远程两种方式修改、插入或删除存储在 USIM 上的应用软件和数据。

(3) UICC 与终端的接口数据完整性。入侵者可能在 UICC 与终端的接口修改、插入、重发或删除用户数据。

3. 数据机密性

(1) 入侵者可能偷听 UICC 与终端的接口。

(2) 入侵者可能伪造 USIM 或终端的数据，截获 UICC 与终端的接口数据。

4. 复制 SIM 卡

目前，已经出现复制 SIM 卡的专用设备。复制 SIM 卡可能导致呼叫欺骗，如果应用安全性基于设备的用户鉴权（SIM），还有可能伪装成真正用户。

5. 手机病毒威胁

以手机终端目前的数字处理能力（容量和运算），还不至于强大到可以独立处理、传播病毒，所以病毒只能通过电脑、WAP 服务器、WAP 网关来破坏手机。病毒对手机的攻击分为三个层次：第一，通过攻击 WAP 服务器使 WAP 手机无法接收到正常信息；第二，通过攻击、控制"网关"，向手机用户大量发送垃圾信息；第三，直接对手机本身进行攻击，如有针对性地对其操作系统和运行程序进行攻击，使手机无法提供服务。目前，流行的手机病毒有 EPOC 病毒、Unavailable 病毒，还有针对具体手机的病毒。有些病毒可以导致手机异常关机，或者无法提供正常的服务，或者手机键盘死锁等。

（二）移动终端的安全需求

针对移动终端受到的安全威胁，移动终端需要解决的安全问题包括五个方面。

（1）确定身份。由支付提供方（发行方）对用户进行鉴定，确认其是否为已授权用户。

（2）保密性。保证未被授权者不能获取敏感商务数据（通常这些数据会给某些欺诈行为提供方便）。

（3）数据完整性。这个特性可以保证商务数据在用户同意交易处理之后不会被更改。

（4）不可否认性。可以避免交易完成后交易者不承担交易后果。

（5）防病毒。防止由于病毒而造成终端数据丢失和交易遭到破坏。

为了满足移动商务的上述安全需求，移动终端需要具备基本的安全功能包括：

（1）随机数发生器。

（2）加密功能，可以在手机硬件、软件或者智能卡上实现。

（3）数字签名，一般在智能卡上提供。

（4）验证签名，在手机和智能卡上提供。

（5）证书处理，包括保存、申请、更新、撤销、查询等。

（6）病毒检测和清除。

安全是移动电子商务的焦点问题。如果安全问题可以很好地得到解决，不仅消费者和合作者会增强信心，降低系统运营成本。现在的安全措施都比较简易，主要通过用户的 PIN 进行识别。因此，需要未来的移动终端提供完善安全保证机制以推动移动商务的发展。

二、个人可信任终端 (PTD)

在移动信息服务中，移动终端在安全方面引入了个人可信任终端 (PTD) 的概念，其中很重要的是安全元素 (SE) 的核心功能和实现方式。在各种安全元素的实现方式中，安全功能的最终实现都采用了智能卡技术，目前的技术主要提供三种实现方式，分别是 WIM 卡、STK 卡和 Java 卡。

(一) PTD 的概念

移动电话作为 PTD (个人可信任设备)，具有如下特征：

(1) 能够实现对数字签名的合法绑定。

(2) 个人化，由个人控制和使用，并且大部分时间由个人携带。

(3) 拥有用于与交易相关的服务的应用平台和用户接口，如银行、支付、奖品和票务。

(4) 有符合要求的用于与交易相关的服务的安全功能。

(5) 包含了安全元素，用于保护关键数据，如私钥。

PTD 应实现对用户的验证 (验证个人是否真的拥有 PTD)。只有经过合法的用户验证后，PTD 才可以用于交易。安全元素执行用户验证 (如芯片卡只有在接收到用户输入的 PIN 后才执行加密操作)。

为了访问多种业务，PTD 使用特定服务的证书数据库。它包含实际的证书或指向证书位置的指针 (证书 URL)。另外，PTD 包含了交易数据库 (合同和发票/票据)。PTD 中最重要的组件就是安全元素，它用于实现终端的可信任性。

(二) PTD 接口

PTD 接口如图 5-2 所示。

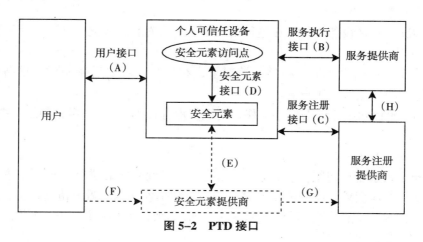

图 5-2 PTD 接口

图 5-2 中，虚线表示特定元素在全配置中不存在，只是在特定的情况下使用，如时间产生；元素在正常的操作情况下不存在。图 5-2 中各部分说明如下：

（1）用户。PTD 的所有者。

（2）个人可信任设备（PTD）。用于进行移动电子交易，它包含了安全元素。

（3）安全元素（SE）。用于保存加密密钥和使用这些密钥执行操作。

（4）安全元素提供商。给用户提供安全元素，作为 PTD 的一部分或者是独立的。

（5）服务提供商。在应用交易中，PTD 的对等实体（与别的应用程序相对应，如注册）。

（6）服务注册提供商。给用户提供服务证书（对应于服务的证书）。

（三）安全元素（SE）

1. 安全元素核心功能

（1）初始化。PTD 初始化是指给安全元素安装初始公私钥对和根 CA 证书，这些是用于执行安全交易的。

（2）注册。注册是指服务提供商将用户身份和账号关联。注册过程会使得 PTD 个人化。

（3）安全会话建立。安全会话的组件包括机密性、数据完整性和服务器认证。

（4）认证。用户认证是指服务提供商确定用户的身份。它允许服务提供商验证用户是否享有这项业务。

（5）用户授权。授权是指服务提供商确信用户接受了事务契约。

（6）密钥产生。

情况一：在设备之外。在这种情况下，密钥对在设备之外产生，保存在设备中。

情况二：用户产生。在这种情况下，在生产过程之后密钥对在设备中产生，这时模块是属于用户的。

（7）密钥和用户证书保存。移动终端仅保存证书 URL，实际的证书由网络拥有。

2. 安全元素管理

安全元素管理包括一切在 SE 传送给用户之前和之后进行的操作。安全元素需要从供应商处订购，需要提供订购注册和个人信息，需要协商密钥管理和产生，需要生成证书并且下载到 SE 上。SE 需要注册和激活。SE 的状态需要一直为发布者知道。

（四）安全元素实现

在移动商务的构架中使用安全元素非常重要，因为使用移动 PKI 解决方案的强力认证要求将安全元素作为重要的选项包括进来。SE 用于保存加密密钥和使用这些密钥执行操作。

如图 5-3 所示，安全元素可以是可去除的或者不可去除的。可去除的 SE 是基于开放的芯片卡。基于芯片卡的 SE 包括 WIM 芯片卡应用程序和其他的应用程序以用于支付。可去除的芯片卡可以在嵌入式硬件模块或者软件模块中实现。

三、Java 卡的实现

（一）Java 安全实现

Java 提供了两种机制来保证安全，分别是 Java 安全 Socket 层和 Java 加密库。

1. 安全机制一：Java 安全 SOCKET 层

电子商务交易需要可靠的安全性，有两种方法实现安全系统。第一种是在管理交易的应用程序内进行认证和加密。这种方法提供了对安全策略和算法的直接控制，但是缺少灵活性，并且每一个应用程序都必须实现自己的安全，这其中存在潜在的安全缺陷。第二种方法是采用分层的方法。在这种情况下，所有的应用程序都依赖于某些可信任子层的安全，这些子层用于认证和加密管理。这种方法最灵活，并且对于任何使用这些子层的应用程序都能够安全地传输。安全 SOCKET 层提供了第二种解决办法。

2. 安全机制二：Java 加密

Java 提供如下的安全 API 功能。

（1）数字签名。数字签名算法有 DSA，其功能包括产生公/私钥对和用于签名、验证的随机数。

（2）消息摘要。安全消息摘要，如 MD5 和 SHAI。这些算法也称为单向函数算法，用于产生数据的"数字指纹"，这经常用于数字签名和别的需要保证数据唯一性和不可修改性的应用。

（3）密钥管理。一组管理规则（实体，如个人用户或者组），密钥和证书。它允许应用程序设计他们自己的密钥管理系统，与别的系统在高层次上进行互操作。

（二）移动设备上的 Java

移动终端通常内存资源有限和用户界面受限，为了在移动终端上利用 Java 的功能和安全特征，需要一个特殊的平台，这就是 J2ME。

J2ME（Java 2 Micro Edition）是一组技术，它支持将 Java 与无线设备集

成，将 Java 带回最初的设计思想（嵌入式编程）。无线设备类型、操作系统和网络是各种各样的，但是 Java 给这些设备提供了统一的编程平台。在这些设备上的灵活而安全的运行环境对于移动电子商务而言非常有用。

（三）Java 卡概念

Java 卡是保证移动商务的安全的一个非常重要的应用。Java 卡是能够运行 Java 程序的智能卡。有人认为智能卡将取代钱包中的现金，推动移动电子商务的发展。智能卡可以在芯片上安全地保存现金账户，包括协商传输的软件（如购买和存款）。智能卡是电子商务的重要推动技术。Java 通过提供容易理解和熟悉的环境来使智能卡对于开发人员和商业人员更方便使用。Java 卡程序用 Java 来编写并且使用通常的 Java 编译器进行编译。由于存储资源和计算能力有限，Java 并不是支持 Java 语言规范定义的所有语言特征。

（四）Java 卡技术

随着智能卡技术的发展和应用需求的多样化，要求卡具有更强的安全性、更灵活的使用方便性及一卡多用的功能。Java 卡技术可使用 Java 编程语言写的程序，这些程序能在智能卡或其他有限资源的设备中运行，我们把这种智能卡称为 Java 卡。因为 Java 卡技术最大的优点是隐藏了卡的生产厂家各自的专有技术、特有的操作系统，为应用程序提供了一个统一的、兼容的运行环境。

四、WIM 卡的实现

（一）WIM 的概念

WIM（WAP Identity Module，WAP 身份模块）是 WAP 安全体系结构的一个重要部分。WIM 驻留在手机中，用于保存所有的安全信息，如密钥和证书。同时，它还能执行加密操作。

WIM 用于执行 WTLS 和应用程序级的安全功能，特别是保存和处理用于用户身份和鉴别的信息。这些功能的实现都以能够在 WIM 中存储敏感数据，特别是以密钥为基础，同时还要求与这些密钥有关系的操作可以在 WIM 中执行。

（二）WIM 的结构

图 5-3 所示为 WIM 与 WAP 的分层结构模型的关系。WAP 协议的分层和功能与 ISO/OSI 参考模型 [ISO/498] 的上层很相似。层管理实体进行协议初始化、配置和处理协议本身不处理的错误情况（如由于移动终端漫游出了覆盖区而造成的连接丢失）。

WIM 是防篡改的设备，它用于增强安全层和应用层中某些功能的安全性。WIM-SAP（WIM 服务访问点）用于描述所有 WIM 实现中共有的 WIM 功能。

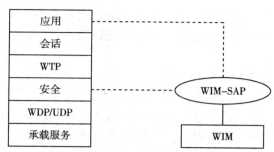

图 5-3　WIM 与 WAP 的分层结构模型的关系

(三) WIM 的安全操作

1. WTLS 操作

在 WTLS 中，WIM 主要用于在握手期间执行加密操作（特别是用于客户端鉴别）和保证长期 WTLS 安全会话的安全性。

2. WAP 应用安全操作

使用 WIM 的应用级安全包括签名和解开密钥。这两个操作都使用私钥，并且私钥不离开 WIM。这些操作是通用的，它可以应用于 WAP（使用 WMLScript）和 WAP 以外的应用程序。验证过程：①解开密钥；②数字签名；③签名验证。在验证过程中，移动终端发送公钥、签名和数据的 Hash 值给 WIM，WIM 返回验证的状态。

(四) WIM 的实现方式

从各种方面分析来看，将 WIM 功能和 SIM 功能集成的 SWIM 卡方案是最适合的 WIM 模块实现方式。①用户的需求将最终决定所建议的解决方案能否得到市场的认可；②目前有研究表明，在现存的操作系统和硬件条件下可以实现性能良好的 WIM；③WIM 卡采用的智能卡芯片与目前广泛使用的 SIM 卡类似；④通过发布 WIM 卡，运营商将在需要强安全性的移动电子商务中占据重要地位；⑤WIM 卡性能已经不是瓶颈，加密运算完全能满足交易的需要。

五、STK 卡的实现

(一) STK 的概念

SIM Card Toll Kit，即 SIM 卡开发工具包。STK 的本质是 SIM 卡制造商根据 GSM 标准，提供给移动业务提供商的一个二次开发的编程接口。它类似于一种完善的小型编程语言，有自己特定的语法约定。STK 改变了原来 SIM 卡在手机中的地位。在符合 GSMll.11 标准的手机中，具有 STK 功能的 SIM 卡可以主动向手机发出各种命令，这样 SIM 卡就不再仅仅是一种用户的身份识别模块，而是一个可以存储用户的各种信息和定制业务，并且能够根据需要自主地控制和处理手机的键盘输入、自动进行网络访问的真正意义上的微型计算机系统。

（二）STK 的分类

根据 STK 菜单写入 SIM 卡的方式不同，STK 技术可以分为静态 STK 卡和动态 STK 卡。静态 STK 技术在 SIM 卡的制造期就把应用菜单固定地写在卡中，而在 SIM 卡的使用期内，用户只能使用预置在卡内的业务。动态 STK 技术是指可以在 SIM 卡的使用期内对卡内的业务菜单进行修改的 STK 卡。目前已经提出的动态 STK 应用空中下载技术，从根本上解决了这些问题。空中下载技术是利用短消息传输通道，根据用户的需要将应用菜单下载到用户的 SIM 卡上，从而可以方便地定制 SIM 卡的服务。

（三）STK 的作用

STK 技术最大的贡献在于它为 SIM 卡的增值业务提供了可开发的环境，即一个简单、易操作的开发平台。只需用户在 SIM 卡上开发，再经过后台服务器的配合，就可以推出丰富多彩的业务，如信息点播、手机银行等。基于空中下载的动态 STK 技术将在未来移动电子商务中扮演重要的角色。

六、移动设备安全

本节主要讨论在安全元素之外的与 PTD 相关的安全特征，即移动设备的安全特征。

（一）操作环境

很多 PTD 实现允许下载本地程序代码，这些代码可以无限制地访问 PTD 资源。PTD 允许下载这些代码，但是需要验证代码的真实性，这个机制是基于代码签名。公钥保存在原始的 PTD 内部，下载的代码用公钥进行验证。这种机制必须能够向用户指明：如果代码不经过验证，那么代码就不能安装在用户端。

（二）加密

（1）随机数产生。随机数可以在安全元素中产生，但是需要移动设备（Mobie Equipment，ME）也具备这个功能。

（2）加密级别。为了满足保护金融交易数据的要求，建议对于传输层安全和别的安全，支持 128 位（或者更高）的加密（高级）。对于互操作性，建议支持 56 位加密（中级）。推荐在实现中优先使用高级加密（如在 WTLS 握手中，建议将 128 位加密作为首选，56 位加密作为次选）。建议不使用 40 位加密。

（三）实时时钟

为了验证证书有效期和别的目的，建议 PTD 有实时时钟。时钟通常由用户调整。实时时钟支持时区。

与当前安全会话相关，建议 PTD 对用户有如下显示选项：

（1）服务器证书细节（对象，发布者，有效期，指纹）；

（2）安全变量（密钥交换，加密和 MAC 算法和密钥长度）。

当使用客户端认证的时候，建议 PTD 对用户有如下显示选项：用户证书细节（对象、发布者、有效期、指纹）。

第五节　移动智能终端的客户体验

一、移动智能终端的客户

调查表明，当前智能手机用户的特征是年龄集中在 25~35 岁，基本为具有大专及以上学历的公司职员或管理人员。工作年限集中在 2~10 年，没有性别差异。

一个有意义的发现是，智能手机潜在用户的特征与现有用户基本相同，没有显著差异。这意味着摆在市场参与者面前的是一个非常明确的目标市场。

相对于普通手机，智能手机最大的优点是能够支持多种多样的应用程序，从而得到用户的欢迎与认可；与此同时，在线阅读与微博、手机浏览器和手机支付等新一代基于移动互联网产生的新业务也极大地推动了智能手机市场的快速扩大。调查发现，平均每个智能手机用户在手机中自主安装 12 个软件或应用，最主要安装的是聊天软件，如 QQ、飞信和 MSN 等；其次是视频、音乐播放器和网页浏览器。与之相对应，用户在使用智能手机时，除打电话和收发短信外，最常使用的是手机聊天和浏览网页；其次是听音乐、拍照、看电子书、玩游戏、发邮件和炒股票。

作为应用程序赖以依托的手机操作系统已经成为 3G 时代各个厂商的必争之地，那么究竟哪个操作系统更被消费者认知？调查发现，平均每个智能手机用户知道 4 种操作系统，认知比例最高的是苹果的 iPhone OS（78%），最低的是 Android（32%）和 Palm（32%），如图 5-4 所示。

173

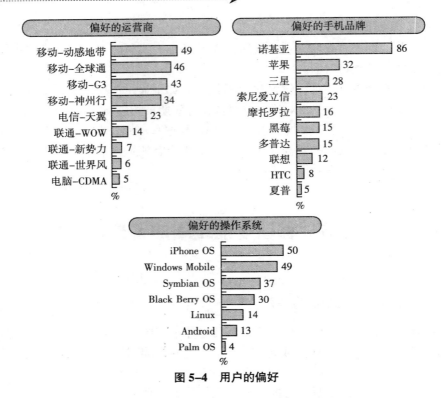

移动信息服务

偏好的运营商

移动-动感地带	49
移动-全球通	46
移动-G3	43
移动-神州行	34
电信-天翼	23
联通-WOW	14
联通-新势力	7
联通-世界风	6
电脑-CDMA	5

%

偏好的手机品牌

诺基亚	86
苹果	32
三星	28
索尼爱立信	23
摩托罗拉	16
黑莓	15
多普达	15
联想	12
HTC	8
夏普	5

%

偏好的操作系统

iPhone OS	50
Windows Mobile	49
Symbian OS	37
Black Berry OS	30
Linux	14
Android	13
Palm OS	4

%

图 5–4　用户的偏好

　　另外，WindoWS Mobile 和 Black Berry OS 的认知度也比较高，排在 iphone OS 之后。相比之下，潜在用户对操作系统的认知度不如智能手机现有用户。智能手机现有用户认知 4.06 种操作系统，潜在用户认知 3.29 种。

　　具体而言，用户在挑选手机品牌时首先考虑手机的性能和质量，其次是外观；在挑选操作系统时考虑的顺序依次是易用性、兼容性和扩展性；在挑选运营商时首先是网络和资费或套餐方案，其次是考虑提供的业务和服务。

二、智能终端客户的体验要求

　　为了维护移动终端的可操作性，移动终端生产厂家应该从用户的角度完成关于移动电子商务业务的核心功能，提供一致的用户体验。

　　这里主要给出移动终端生产厂家的交易部分的定义，不讨论特定的应用或服务部分的定义，也不讨论完整的移动终端行为和实际的 UI。

(一) 一致性

　　用户接口的一致性允许用户在不同的应用程序之间保持他们操作的知识和技能。可视化接口中的一致性能帮助人们容易学习和理解接口的图形语言。除了使用的术语保持一致以外，有效的应用程序在很多方面也可以保持一致性。一般来说，一致性可以通过使用户接口行为在内部和外部上一致来实现。

（1）内部一致性。用户接口行为对参考的应用程序的其他部分有意义。例如，使用 Pop-up 菜单修改对象属性，那么用户可能希望对于别的对象属性也可以用相同的方法进行编辑，因此应该给用户提供最少的新操作方式。

（2）外部一致性。用户接口与运行的环境应保持一致，这里包括操作系统与运行在操作系统中的典型应用程序套件的一致性。外部一致性最广泛的形式就是遵循用户接口标准。这里有很多标准，如使用标准化的脚本语言，插入体系结构或者配置方法。

（二）用户体验

用户体验包括用户与公司、服务和产品交互的所有特征。用户体验的首要要求就是满足客户的具体需求，而不是打扰或麻烦用户。产品的简单和优雅可以使用户对产品的使用和拥有变成一种享受。真正的用户体验不是仅给用户提供他们想要的东西，而是给用户提供应用程序列表。为了获得高质量的用户体验，服务的各个环节必须无缝地结合，包括工程、市场、图形和工业设计以及接口设计。

好的用户体验不仅需要好的用户接口设计，考虑到用户采用多种不同的应用程序，还需要在不同的应用程序之间保持一致的体验。体验的重新使用能够帮助用户方便地使用别的应用程序。

一致的用户体验有助于用户和服务提供商在安全移动电子交易领域合作，增加电子交易给双方带来的好处。

（三）一致的用户体验

移动终端生产厂家应该在如下几方面提供一致的用户体验：

（1）使客户了解使用的上下文，包括安全环境和使用的服务。

（2）移动终端应该有方法使用户相信操作的安全。移动终端应该提供方法来保护个人和秘密信息，如要求个人身份号（PIN）显示在移动终端上时应当不被旁观者发现。

（3）移动终端初始化，包括产生密钥和安全元素的初始化。

（4）证书下载。

（5）注册是指服务提供商将用户身份和服务账号关联，它是通过将用户证书和服务关联来实现的。注册过程将使 PTD 个人化。

（6）交易阶段包括建立安全会话、用户验证、用户授权、PIN 查询、用户认证、数字签名、特殊情况和错误情况。错误情况包括如下情形：错误的 PIN、解锁 PIN、安全元素不可得、服务器认证失败、在用户认证时发送给服务器的

175

证书错误、在用户认证时客户端没有匹配的证书等。

（7）移动终端作为个人可信任终端的管理，包括 PIN 管理、证书管理（如浏览证书信息、去除证书）、发票和票据管理。

三、智能手机对移动客户的影响

智能手机引入的服务和应用改变了移动通信网络的话务模型，与传统的语音和数据相比，有非常大的不同，因此对网络的影响也有显著的不同。智能手机业务量的占比如表 5-3 所示。

表 5-3 智能手机业务量的占比

	终端类型	用户数量占比（%）	传送数据量占比（%）	数据呼叫次数占比（%）
运营商一	智能手机	63	87	96
	其他手机	37	13	4
运营商二	智能手机	8	90	55
	其他手机	92	10	45

由表可知，智能手机占全网数据量的比例远大于其用户的比例。在运营商一的用户构成中智能手机比例较高，为 63%。全网用户使用数据业务较多，智能手机产生的数据量占全网的 87%，比终端的占比高 24%。在运营商二的用户构成中智能手机的比例较低，仅为 8%。全网用户使用数据业务较少，智能手机产生的数据量占全网的 90%，比终端占比高近 82%。在呼叫次数的占比方面，运营商一几乎均由智能手机造成，达 96%；运营商二也超过了半数，达 55%。

智能手机呼叫所伴随的信令给移动通信网络带来了大量的信令负荷，当业务负荷达 25%~35% 时，信令就有可能出现超负荷现象。因此，传统移动通信网络已经满足不了大量智能手机的通信需求，需要重新修订网络容量与信令设计标准，移动通信网络信令与业务负荷关系如图 5-5 所示。

苹果 iphone 可以说是智能终端的代表，正是由于 iphone 及其独特的"iphone+App Store+iTunes"商业模式，在全球引发了一股强大的智能手机风潮。

（一）iphone 终端增强了运营商在发展新增用户方面的比较优势

AT&T 明显领先于 Verizon 的两个时间点，一个是在 2008 年 3 季度 iphone 3G 版手机发布时，一个是在 2009 年 3 季度 iphone 3Gs 版手机发布时。可以看到，iphone 手机对于用户的增长无疑有拉动作用。

（二）iphone 终端吸引更多的高价值用户

iphone 终端不仅在短期内能有效刺激用户发展，并且由于其吸引的大都是

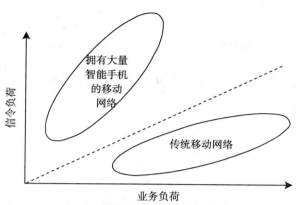

图 5-5 移动通信网络信令与业务负荷关系示意图

高价值用户，因此更将为运营商带来更长远与丰厚的收入和价值。

由于智能终端为用户带来的全新功能体验及其存储和数据处理能力的提升，刺激了用户对于移动互联网的使用欲望，从而极大地拉动了移动互联网数据流量的快速增长。在普通场景下，智能手机相对普通手机而言，流量提升了10倍。

智能终端对 3G 业务的推动作用主要体现在两方面：一是促进各类 3G 数据业务的普及；二是提升用户 3G 数据业务的 ARPU。

首先，智能终端强大的数据处理能力和良好的用户体验与交互促使智能手机用户在各种新型数据应用上花费的时间相对更多。如图 5-6 所示，智能手机用户花费大约 60% 的时间在 Web 和 Web 应用，以及地图和游戏等方面，这些都是智能手机上新型数据应用的内容，但仅花不到 40% 的时间在通话和邮件应用等传统服务上；非智能手机用户花费在通话和邮件应用等传统服务上的时间则占到 70%。

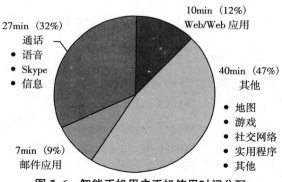

图 5-6 智能手机用户手机使用时间分配

其次，智能终端在相当大的程度上提高了各类 3G 数据业务的使用比例。根据美国 eMarketer 公司 2010 年 6 月的分析报告，智能终端用户对于社交网络（SNS）、新闻/天气、地图/导航艘索、娱乐/饮食、银行/金融和电子购物等各类新型手机应用的使用比例均远高于普通的非智能手机用户，如图 5-7 所示。

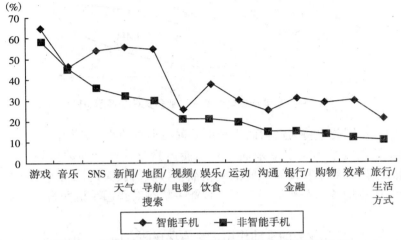

图 5-7 智能手机和非智能手机用户手机应用的使用比例

再次，智能终端对移动数据业务收入的提升作用，尤其是对数据业务收入和 ARPU（平均收入）的提升作用非常明显。根据美国市场的调查数据，智能终端用户的 ARPU 是总体用户的 1.6 倍，数据业务 ARPU 是总体用户的 243 倍。以 AT&T 为例，2010 年第 3 季度 3G 智能手机用户数同比增加 79%，推动整体移动数据收入提高 31%，其中 iphone 起到了非常关键的作用。而智能手机与普通手机相比，ARPU 高出 70%。

智能终端对 3G 的发展也会带来一些负面影响，首先，高数据流量造成网络拥塞，从而影响用户体验；其次，高手机补贴降低了行业的整体收益。

四、智能手机用户的要求

（一）用户对移动终端操作性的要求

在移动商务中，业务的可操作性也是非常关键的因素，是用户考虑的重要方面。因为繁琐复杂的业务会大大打击用户使用移动电子商务的热情。对于可操作性的要求，主要涉及如下 5 个方面：

（1）友好的用户界面，提供各种通信方式，如手写笔、键盘、触摸屏等；菜单设置简洁明了，如一级菜单、图标方式等。

（2）用户接入服务方便，点击一个号码或者浏览 Web 页面等。

（3）商务交易流程简单，主要是减少用户操作的复杂性和提高交易的时效性。

（4）货品和业务充足，提供丰富的服务来满足用户的各种需求。

（5）业务可达的地理范围广。

业务的简单应用是移动数据业务面临的非常大的共同问题，必须通过分析用户的行为、心理和对业务的接受程度来确定一个适当的业务模式，这样才能确定简单应用性的解决方案。

另外，可操作性问题也不仅仅局限于用户终端，还包括用户在支付时的收款机、POS 机、自动贩卖机等，这些都需要制定一些行业标准，与相关行业企业达成共识。

到目前为止，大多数移动数据业务是复杂的应用，需要用户花很多精力去熟悉业务，这个过程让很多用户望而却步。因此，为了促进移动电子商务业务的开展和推广，需要提供可操作性强的移动终端，并制定出相关的标准。

（二）关于人机交互界面

人们日益频繁使用手机这个通信和娱乐工具的同时，UI 成为了人们选择和使用手机时主要的考虑因素。作为面对用户并实现手机所提供功能的平台，手机 UI 的发展随着手机设备制造业的发展历经了从实现拨打电话和使用电话簿等简单的功能到实现多媒体功能及结合综合性信息的过程。

在 20 世纪 90 年代中期以前的手机产品中，其功能还局限在拨打电话方面，UI 的主要功能还仅仅是作为用户控制手机硬件的主要渠道。从 21 世纪初期开始，手机产业开始了多媒体化浪潮，逐渐融合其他设备的功能，如拍摄照片和播放音乐等。手机厂商也开始初步引入智能手机软件操作系统，手机 UI 的发展方向已经转变为以硬件、软件和服务为基础的综合性服务窗口。

手机 UI 发展的一个重要趋势是跟随手机产业整体从封闭不断走向开放，厂商的手机 UI 设计和开发战略更趋于强调可用性与提升用户体验。可用性的改善体现在 UI 使用形式上的演变，从输入数字提取被选择的功能，扩展到声音识别等多种识别系统通过触摸屏方式提高系统可用性；提升用户体验表现为对 UI 信息维度不断拓展，以及与外观一体化的时尚元素和本土元素的运用。更友好且更个性化的 UI 设计因追求跨越"感觉不错"到"令人兴奋"的效果，以诺基亚用户细分为例的手机 UI 样式如表 5-4 所示。

表 5-4　以诺基亚用户细分为例的手机 UI 样式

UI 样式	UI 设计重点	诺基亚机型
经典界面	强调使用和工作的效率系列产品的兼容性	Nokia 6610
表达界面	强调实用的直观性和简洁	Nokia 3330
时尚界面	强调个性、外观和时尚	Nokia 7210
极致界面	强调别致、个性化和注重细节	Nokia 8910

五、移动智能终端市场消费模式的变迁

中国的手机消费从象征少数人的身份与地位到走进普通百姓生活，只经历了十几年的时间，其间消费者对于手机消费的观念、模式以及消费过程中所体现的消费者权利已经发生巨大变化。中国移动终端市场消费模式的变迁，如图5-8 所示。

产品至上时代　通信技术产品　　个性化时代　外观、功能　　个性化时代　多功能、细分化　　个性化时代　自主定制

图 5-8　移动终端市场消费模式的变迁

信息时代人们对复杂信息的掌握和处理、对丰富多彩的技术与服务的应用需求，促进终端向多功能化发展，从而不断催生出多功能一体化的产品。一机多用、功能强大、节约空间、压缩成本等显而易见的优势成为人们的首选。占移动通信市场主导的话音业务，将被集话音、数据与多媒体视讯功能于一体的多功能业务取代。

移动终端的功能趋于多样化、细分化愈加明显。从价格角度看，满足不同消费层次的高中低端产品将同时并存，每一种功能都有不同价位的产品。每一细分市场都将有与之相适应的终端可供选择。从功能角度看，专为某一行业或专业人士设计的终端产品也将出现。目前专为银行、公安系统设计的移动终端已经进入实用，终端的行业化细分将达到更高的程度。随着移动终端数据功能的增强，应用范围将进一步扩大。除了成为人和人（P2P）相互交流的工具，还会成为人和机（P2M）、机和机（M2M）之间进行交换信息的工具，是物联网时代所有人和物之间必不可少的通信工具。

移动终端可能表现为一个模块、一个计算机卡等。在产品功能、价格、外观等当面存在着较大的差异性，技术及功能呈现均势时，个性化的以人为本的设计、提供功能套餐以使消费者拥有较多选择权等就变得至关重要。手机消费即将进入第四阶段的个人化模式。个人化消费时代的典型特征是软硬件分离，

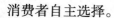

消费者自主选择。

随着消费者对于主权意识的提高，手机的主导权将从运营商与制造商转移到消费者手上，由消费者自己自主选择各种功能。甚至可以像计算机行业一样实现让消费者自己动手安装手机功能，最终实现手机消费"DIY"的模式。个人化是个性化发展的极致。个性化是"适合你"，个人化则是"自由选择、自主改变"，"终端完全为你而存在"。在后 3G、后信息网络时代，通信信息。服务的消费者是"个人"，而不是某个群体的一员，服务提供商提供的是"善解人意"的服务。这在未来个人化的终端上将得到充分的体现。所有商品都可以订购，人的指纹、眼神甚至语气都将成为终端熟悉的指令，终端以及服务都将变得私人化。

 **本章案例**

通过智能手机报告路面坑洞的应用程序

美国 Esri 公司首席信息官 David Hexem 在培训如何利用 Redlands 311 应用程序报告涂鸦、路面坑洞、违规停车、非法倾倒垃圾等问题。雷德兰兹市民现在可以通过智能手机报告路面坑洞、涂鸦和非法倾倒垃圾等问题。在 Esri 的合作伙伴和市政智能手机应用程序提供商 Citysourced 公司的帮助下，雷德兰兹市将使市民能够利用手机发送城市维护建议。Redlands 311 是一款免费的应用程序，可以下载到 Androids、Blackberries、iphones 以及 Windows 7 手机上使用。该应用程序可使用户直接向相关部门反映问题、说明详细情况以及告知地理位置。

雷德兰兹市首席信息官 David Hexem 表示："这是一款智能手机应用程序，市民可以用它来直接与政府互动，报告路面坑洞、涂鸦、需要修剪的树木、非法倾倒垃圾和其他影响生活质量的问题。"当用户通过应用程序报告问题时，手机摄像头会自动打开，用户可以利用摄像头对现场进行拍照，如路面不平等情况。用户还可以添加详细信息及注释。报告一旦提交，将直接送达该市的生活质量部门（Quality of Life Department），并会告知他们出现这一问题的准确地理位置。

雷德兰兹市市长 Pete Aguilar 在下载应用程序后称其简单、易用，并期望该程序不仅能增进市民与政府之间的交流，而且还能使城市管理者更好地应对生活质量方面的问题。Aguilar 说："我认为这一程序将对我们有很大帮助。该系统不仅能响应市民的需求，而且还能与工作指令单的相连，因此它能更好地为我们服务。"他期望该应用程序能利用 GIS 技术向市政部门准确报告出现问题的位置。这有助于工作人员更快地解决相关问题。

　　Aguilar 称："我们不希望看到的是，系统只是收集到诸如'某处有涂鸦'等大量不明确的信息。我们希望收集到真正有用的信息。由于该应用程序可以与我们的内部系统相连，因此它能真正协助我们生成一个更高效的工作指令单处理流程。"其他加州城市，包括旧金山市、格林戴尔（Glendale）市和洛杉矶第 13 区，也正在使用 Citysourced 研发的应用程序。Hexem 表示，由于雷德兰兹是较早部署该应用程序的城市，因此在费用方面享有一定的优惠条件，他同时称，这一程序带来的工作的效率将为该市节省大笔资金。该市政府工作人员在一份应用程序报告中称："与 Esri 建立了长期的合作伙伴关系，将雷德兰兹市打造成为一个 GIS 技术示范城市。该市作为早期实施者的财政支出为 3100 美元，这一项目为该市节约 7500 美元。自 3 年前签署第一份本地企业经营许可协议（Enterprise License Agreement）以来，通过与 Esri 之间的合作伙伴关系，该市共节约资金约 245000 美元。"最后 Hexem 表示，该应用程序会自动处理用户报告，无需工作人员键入数据，因此也可以节省财政资金。

　　该应用程序可以在智能手机下载资源中通过搜索"Redlands 311"来下载。

资料来源：baolt，Esri 资源中心，2011-06-16.

➡ **问题讨论：**

　　1. Esri 公司开发智能手机应用程序服务于社会公益的动机是什么？

　　2. 你认为智能手机的应用前景如何？

本章小结

★★★★

　　通过本章学习，应该掌握移动智能终端的概念，移动新业务的不断推出也将对移动终端技术乃至今后的移动终端、类型、功能等方面的发展产生很大的影响。了解移动智能手机的发展趋势，移动终端的内涵变得越来越宽泛，各类终端的定义边界越来越模糊，即"融合"的趋势日益明显。掌握移动智能手机的操作系统的异同，终端操作系统是终端的核心软件平台，影响终端运行速度、用户界面和业务集成等，并且在发展趋势上存在共同的特点，即通用性、开放性和易用性。理解移动智能终端的安全，移动终端是用户在移动业务中使用的工具，上面保存了用户的个人信息和各种商务数据，因此容易成为攻击者的目标。熟悉移动智能终端的客户需求，用户在挑选手机品牌时首先考虑手机的性能和质量，其次是外观；在挑选操作系统时考虑的顺序依次是易用性、兼容性和扩展性；在挑选运营商时首先是网络和资费或套餐方案，其次是考虑提

供的业务和服务。随着消费者对于主权意识的提高，手机的主导权将从运营商
与制造商转移到消费者手上，由消费者自己自主选择各种功能。

本章复习题

1. 简述移动智能终端的现状与发展趋势。
2. 分析移动智能手机还有哪些操作性问题需要改进？
3. 试比较主要移动智能手机操作系统的特点。
4. 试分析移动智能终端的安全实现手段。
5. 结合案例说明移动智能终端的客户体验。

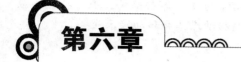

第六章

移动信息服务的个人应用

学习目的

★★★★

知识要求 通过本章的学习，掌握：

● 移动信息服务个人应用的基础
● 移动短消息
● 即时通信
● 微博
● 移动社区
● 移动媒体和移动娱乐

技能要求 通过本章的学习，能够：

● 熟悉三网融合、宽带技术和推送技术
● 理解移动短消息业务的作用
● 掌握移动即时通信的内容和分类
● 掌握微博业务的特点和应用
● 熟悉移动社区的发展趋势和应用
● 熟悉移动媒体和移动娱乐业务

学习指导

★★★★

1. 本章内容包括：移动信息服务个人应用的基础；移动短消息；即时通信；微博；移动社区；移动媒体和移动娱乐。

2. 学习方法：结合案例熟悉三网融合、宽带技术和推送技术、理解移动短消息业务的作用、掌握移动即时通信的内容和分类、掌握微博业务的特点和应用、熟悉移动社区的发展趋势和应用、熟悉移动媒体和移动娱乐业务。

3. 建议学时：4学时。

 引导案例

警方提醒谨防"微信抢劫"

广州警方2012年4月9日通报表示，近年开始流行的"微信"、"米聊"等新型手机通讯软件在给市民带来通讯便利的同时，也被不法分子盯上了。据介绍，2012年以来，广州市已接连发生多起利用"微信"诱出事主实施抢劫、抢夺等违法犯罪的警情。

警方分析，涉"微信"的案件从作案方式看，嫌疑人均通过"微信"搭讪、结识事主，通过手机聊天逐渐骗取事主的好感和信任后，将事主约至指定地点见面，伺机进行抢劫、抢夺等违法犯罪活动；从作案时间看，多选择在晚上，其中23时、1时较多发。从作案对象看，事主多为喜爱上网的年轻男女，喜欢追求新鲜事物。其中，发生在3月的3起利用"微信"诱出事主抢夺的警情，作案手法相似，嫌疑人均使用同一微信号、微信名，受害人均为年轻女子。

针对这类新型犯罪，广州警方提醒，为防止陌生人发"微信"骚扰，"微信"用户可在隐私设置里进行设置，来保护自己的隐私；单身独处的年轻女性，切勿迷恋"微信"，谨防"微信"搭讪的陌生人，避免上当受骗或遭受侵害。

资料来源：金羊网—新快报（广州），2012-04-10.

⇒ 问题：

1. 试分析微信可能具有的正负两方面的社会作用。

2. 微信给你的生活带来哪些影响？

第一节　移动信息服务个人应用的基础

一、三网融合

（一）三网融合启动

2010 年 7 月 1 日上午，国务院办公厅公布了第一批三网融合试点地区（城市）名单，业内认为，三网融合试点将会尽快启动，其中，广电网络运营商将会尽快启动进入电话、互联网等基础电信领域。三网融合实现后将改变普通用户的生活，用户不需要电视有条线、电话有条线，而只需一种线路所有服务都可以得到。除了可以节约资源，三网融合还实现了数据、声音、图像三种业务用一个网络、一种平台进行服务，为业务创新提供了空间，为产业发展带来新的经济增长点。

（二）三网融合的概念

三网融合是指电信网、广播电视网、互联网在向宽带通信网、数字电视网、下一代互联网演进过程中，三大网络通过技术改造，其技术功能趋于一致，业务范围趋于相同，网络互联互通、资源共享，能为用户提供语音、数据和广播电视等多种服务。三合并不意味着三大网络的物理合一，而主要是指高层业务应用的融合。三网融合应用广泛，遍及智能交通、环境保护、政府工作、公共安全、平安家居等多个领域。以后的手机可以看电视、上网，电视可以打电话、上网，电脑也可以打电话、看电视。三者之间相互交叉，形成你中有我、我中有你的格局。

互联网的快速普及，电子商务和交互式媒体的兴起，物联网的实现正在改变着人们的生产、生活方式。TD-LTE 的发展使移动无线网络进入了新 3G 高速数据通信领域，光纤接入网 PON（光纤到楼 FTTB）构建宽带 IP 接入网，双向 HFC（光缆同轴混合网）使广电网架构 IP 宽带接入，宽带 IP 网将成为新一代信息基础设施的基础网。2010 年，国家为加快推进电信网、广播电视网和互联网"三网融合"，制定新的发展计划与目标，充分表明政府对"三网融合"的重视，三网将能够在统一的 IP 平台上提供各种已有业务和融合产生的新业务，这些业务可分为两类：一类是 IP 网所固有的基于 Web 的，无连接的互联网开创和演化的新业务，从电子商务到宽带交互新媒体；另一类是传统业务的延伸和演化。"三网融合"全业务运营将成为中国电信业第二次起步阶段的重要发展方向。

（三）三网融合的好处

（1）信息服务将由单一业务转向文字、话音、数据、图像、视频等多媒体综合业务。

（2）有利于极大地减少基础建设投入，并简化网络管理，降低维护成本。

（3）将使网络从各自独立的专业网络向综合性网络转变，网络性能得以提升，资源利用水平进一步提高。

（4）三网融合是业务的整合，它不仅继承了原有的话音、数据和视频业务，而且通过网络的整合，衍生出了更加丰富的增值业务类型，如图文电视、VOIP、视频邮件和网络游戏等，极大地拓展了业务提供的范围。

（5）三网融合打破了电信运营商和广电运营商在视频传输领域长期的恶性竞争状态，各大运营商将在一口锅里抢饭吃，看电视、上网、打电话资费可能打包下调。

（四）宽带移动互联网

随着IP宽带网成为基础网以及"三网融合"的发展，互联网在向宽带发展的同时开始向无线移动方向发展。现在的3G系统并不能完全满足移动无线互联网的要求，从发展看，移动无线互联网和固定互联网拥有统一的IP核心网，采用不同空中接口的无线接入网可以无缝连接到统一的接入服务器、IP核心网和管理计费系统，为了适应无线移动互联网的需求，3G必须改造成为全IP网。未来10年，是移动互联网发展的黄金时代。趋势已十分明显，整个行业的重心正在转移，业务重心和收入重心，都在从语音业务向数据业务转移，在从电信业务向互联网业务转移。在移动互联网迅速发展同时，另一个影响市民生活的通信业务三网融合也在同步进行。通过对电信网、计算机网和有线电视网三大网络进行技术改造，三网融合能够给市民提供包括语音、数据、图像等综合多媒体的通信业务。

三网融合对于未来的移动终端和3G手机应用有一定的影响，基本上3G主要的应用是通过移动终端开展起来的。实际在运营商专网的时代，移动互联网成为主要促因，对于移动互联网我们应该看到是把互联网和移动通信网结合，两者带来的更多新的应用。互联网更容易做到无所不在，因为服务的特征也有很大的差异。

三网融合表现为技术上趋向一致，网络层上可以实现互联互通，业务层上互相渗透和交叉，应用层上趋向使用统一的IP协议，朝着提供多样化、多媒体化、个性化服务的同一目标逐渐交汇在一起，行业管制和政策方面也逐渐趋向统一。应加快产业发展，充分利用三网融合有利条件，创新产业形态，推动移动多媒体广播电视、手机电视、数字电视宽带上网等业务的应用，促进文化产业、信息产业和其他现代服务业发展。

二、宽带技术

2013 年 8 月 17 日，国务院发布《国务院关于印发"宽带中国"战略及实施方案的通知》，以加强战略引导和系统部署，推动我国宽带基础设施快速健康发展。提出"宽带中国"两个阶段性目标：

（1）2015 年，基本实现城市光纤到楼入户、农村宽带进乡入村，固定宽带家庭普及率达到 50%，第三代移动通信及其长期演进技术（3G/LTE）用户普及率达到 32.5%，行政村通宽带比例达到 95%，学校、图书馆、医院等公益机构基本实现宽带接入；城市和农村家庭宽带接入能力基本达到 20 兆比特每秒（Mb/s）和 4Mbps，部分发达城市达到 100Mb/s；宽带应用水平大幅提升，移动互联网广泛渗透；网络与信息安全保障能力明显增强。

（2）2020 年，宽带网络全面覆盖城乡，固定宽带家庭普及率达到 70%，3G/LTE 用户普及率达到 85%，行政村通宽带比例超过 98%；城市和农村家庭宽带接入能力分别达到 50Mb/s 和 12Mb/s，发达城市部分家庭用户可达 1 吉比特每秒（Gbps）；宽带应用深度融入生产生活，移动互联网全面普及；技术创新和产业竞争力达到国际先进水平，形成较为健全的网络与信息安全保障体系。

宽带技术的主体就是光纤通信技术。网络融合的目的之一是通过一个网络提供统一的业务。若要提供统一业务就必须要有能够支持音视频等各种多媒体（流媒体）业务传送的网络平台。这些业务的特点是业务需求量大、数据量大、服务质量要求较高，因此在传输时一般都需要非常大的带宽。作为当代通信领域的支柱技术，光通信技术正以每 10 年增长 100 倍的速度发展，具有巨大容量的光纤传输网是"三网"理想的传送平台和未来信息高速公路的主要物理载体。无论是电信网，还是计算机网、广播电视网，大容量光纤通信技术都已经在其中得到了广泛的应用。

（一）宽带技术的种类

全球通信发展的宽带化、无线化、个人化、分组化是大势所趋。同有线接入系统一样，无线接入系统经历了由窄带到宽带，由面向话音业务到面向数据、多媒体业务的转变。当前宽带无线接入有以下几大技术：本地多点分配系统（LMDS）、多点多信道分配系统（MMDS）、无线局域网、蓝牙及其他（如红外等）。

（二）宽带技术发展的原因

驱动宽带发展的主要原因有两方面：一方面，IP技术的发展和与电信技术的结合促使宽带成为各大运营商新的利润增长点，其地位越来越重要；另一方面，城域网的发展、以太网接入等技术的进步、ADSL应用的普及促使宽带网络基础的优化，也驱动宽带用户数量的快速增长。

（三）宽带技术发展前景

其发展前景被普遍看好，原因有四：一是信息化建设的大力推进为宽带业务发展带来无限商机；二是因特网的迅猛发展和普及为宽带业务发展提供了强大的市场动力；三是激烈的宽带业务市场竞争将有力地促进宽带业务快速发展；四是宽带业务适应市场需求。据一项网上调查显示，78.5%的网民认为宽业务市场前景广阔，61.4%的网民对宽带业务有需求欲望，说明宽带业务是适应市场需求的。

从技术上看，宽带无线的崛起是发展下一代网络（NGN）的必然结果。而先行规划频率、实现产业合作将会对发展宽带无线产业起到关键的推进作用。在迈向NGN途径中，全球无线/移动通信的发展呈现出六大趋势，即传送宽带化、应用个性化、接入多样化、网络数据化、系统互补化及有线/无线一体化。对此，宽带无线接入将成为NGN、NGBW（下一代宽带无线）及3G演进的重要的接入与传送支撑技术。

打造新的商业模式、开发新的业务应用是现在宽带业务发展的关键。宽带业务是通信业务发展的方向，它不仅是固定网的方向，也是移动网的方向，商业模式是世界宽带发展共同面对的问题。因此要加强创新，提高自信心和创新意识，在对传统业务进行挖潜的同时，要思考如何更多地进行新业务的开发，打造新的商业模式，扩展新的价值空间。

在未来几年内，宽带市场接入方式将发生变化，竞争从包月模式向综合竞争方式转移，应不断增强客户体验的黏合力，服务不同价值的用户；宽带的发展跟三网融合是密不可分的，要加快三网融合的步伐，利用各种网络上的信息和内容，针对不同业务和市场，提供不同模式的业务思路，解决宽带发展当中的瓶颈问题，通过商业模式的创新实现产业链的共赢。

三、信息点播与推送服务

信息推送就是服务器端主动向客户端发送信息，客户端进行接收信息。现在很多应用程序都是用的推送的机制：包括新浪微博，推送最新的朋友消息；墨迹天气推送最新的天气状况；网易新闻，推送重要的新闻；同花顺手机炒股推送最新的股票资讯；微信，推送最新的语音最新。Gmail、Gtalk推送最新的

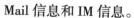

Mail 信息和 IM 信息。

（一）推送的概念

所谓推送（Push）技术是一种基于客户服务器机制，由服务器主动的将信息发往客户端的技术，其传送的信息通常是用户所事先预定的。同传统的拉技术（PULL）相比，两者最为主要的区别在于前者的是由服务器主动发送信息，而后者则是由客户机主动请求信息。其优势在于信息的主动性和及时性，可随时将信息推送到用户面前。在固定互联网中，用户对信息准确性、可靠性的要求远胜于对其及时性的要求，因此拉取方式得到了更广泛的应用。与传统 PC 方式访问互联网相比，移动终端的操作便利性和浏览器的用户体验较差，且对流量和耗电量更加敏感，因此对推送方式有更强烈的需求。因此，推送技术开始被越来越多地应用和平台所关注。

（二）客户端轮询方式实现 push 效果

最早出现的基于客户端轮询（Polling）实现类似 Push 效果，对 E-mail，新闻，天气等实时性要求不太高的应用，最简单、最自然的思路就是客户端周期性自动连接服务器执行查询、读取数据等任务。如 Android 平台上的一些咨询类 Widget、国内商用的尚邮软件都是采用这样的方式。

这种方案以较简单、灵活的方式，为用户提供类似推送的体验。但是，周期性联网并连接服务器，对手机的电量和流量消耗都是很大的考验，特别是 Polling 比较频繁或终端上同时行多个此类应用的时候。同时，当服务器无法更新数据时，Polling 也会消耗较多无意义的流量和电量。严格来讲，周期性 Polling 方案与推送无关，但从用户体验的角度来说，在一定程度上提供了类似推送的效果。

（三）客户端保持 IP 长连接方式

在实际应用中，还有一种常见的推送方式，即通过客户端软件与服务器维持一个持续的 TCP/IP 连接来实现推送。实现客户端 IP 推送的关键就是要求终端保持相对稳定的 IP 地址，且客户端软件始终运行并侦听特定的 Socket 端口，从而实现信息的准实时推送。

一般 GPRS 或 CDMA/WCDMA 网络均宣称支持终端设备"永远在线"。但实际应用中，一个长时间空闲的无线数据连接会被网络接入设备断开，以节省网络资源。此外，使用像中国移动 CMWAP 这种接入点，终端获取的是内网 IP，与公网地址的数据交互都需要依靠网关的 NAT 服务进行地址转换，这同样是有时限的，过期无效。

（四）推送业务的讨论

在移动通信系统中，"推送"泛指一种应用展现效果，包括几种不同的实

191

现方式，各自有不同的适用场合。

WAP Push 在实际应用中主要通过发送特殊格式的短信，激活终端上的浏览器浏览某个网址。其优势是节省电量和数据流量，且能实现真正实时的推送。但其实现需要与运营商合作，且推送内容种类有限。

对于 IP 推送，较简单的方法是客户端设定时间间隔，周期性地主动与服务器连接，以向用户提供类似推送的体验。对流量和耗电量都比较敏感的移动终端来说，他可以在对信息实时性要求不高的场合有一定的应用。

客户端保持固定的 IP 连接方式，可以看作周期性查询方式的极限情况。这种方式中，客户端较频繁地与服务器交互，以保持连接始终处于活跃状态。这种方式可实现真正实时的推送，但耗费的数据流量和电量都相当可观，且客户端始终需要运行。因此适用与运行单一任务、功耗不敏感的场合。

如果终端能维持一个 IP 连接，供终端上所有应用推送共同使用，则可有效解决客户端 IP 推送的弱点。事实上，目前各主流智能手机操作系统的推送机制，正好符合这种思路。从以上对智能平台的分析可以看出，BlackBerry、Android 和 Windows Phone 的推送实现整体结构非常类似。智能终端厂商设立专门的服务器负责完成推送任务，第三方应用服务器只需要将推送请求发送到推送服务器即可。在终端侧，终端通过与推送服务器的持续通信保持固定 IP 地址，并监听约定的端口。服务器消息推送到终端后，终端将其分派到相应的应用程序进行处理。各平台推送体系在安全机制、具体实现方式上有各自特色。

192

第二节 移动短消息

一、短消息概述

手机短信业务又称短消息业务，它是目前最为普及的一种点对点通信方式，是最早的消息类通信方式之一。

（一）短消息的内涵

随着手机的普及，人与人之间的沟通变得越来越方便和快捷。除了基本的语音服务以外，短消息已经成为现今最流行的沟通方式之一，用手机传情，用文字沟通，随时随地，不受时间和空间的限制，而且费用相对低廉。短消息已经不仅仅只是一种业务，它已经从某种程度上改变了人们的生活方式，成为人们生活中不可或缺的一部分。随着短消息业务种类的不断丰富和手机用户的持续增加，短消息发送量仍将高速增长。

"短消息服务"是移动手机用户无论处于关机、通话或呼叫前转状态均能接收其他用户发出的长度不超过 140 个字符（英文）或 70 个汉字的文字信息，包括文本、数字或二进制非文本数据（用于铃声或 Logo 等），即使客户超出覆盖范围或关机，短消息服务中心（SMSC）也能为客户储存这些信息。一旦用户开机或重回网络时，中心将发送这些信息给客户，保证信息传送的可靠性与保密性。持中文手机的客户在申办中文服务后还可接收短消息服务中心发来的金融行情、天气预报、新闻娱乐信息等。短消息服务是伴随手机用户的增长而迅速发展起来的业务，是移动通信系统提供给手机用户的一种特殊服务。通俗地说，短消息就是实现在手机上进行文字留言的功能，这项服务与传统的语音传输通信业务是根本不同的。

（二）短信业务的发展

人际传播是手机传播中最常见的传播形态之一。短信具有实用、易用的特点，可以用简短的文字来传递信息、传达情感，更符合东方人含蓄、婉转的表达习惯。在中国、东南亚、部分欧洲等国家与地区，短信、彩信则是主要的手机传播中的人际交流方式。手机短信是现在普及率最高的一种业务。目前，这种短消息的长度被限定在 140 字节之内，这些字节可以是文本的。手机短信以使用简单便捷、收费低廉而受到大众的欢迎。短信传播，从技术的角度看，是一种非实时的、非语音的数据通信业务。它可以由移动通信终端（手机）发起，也可由移动网络运营商的短信服务器发起，还可以由与移动运营商短信平台互联的网络业务提供商 SP（包括 ICP、ISP 等）发起。

193

（三）彩信

彩信意为多媒体信息服务。它最大的特色就是支持多媒体功能，能够传递更丰富的内容和信息，这些信息包括文字、图像、声音、数据等各种多媒体格式的信息。彩信在技术上实际并不是一种短信，而是在 GPRS 网络的支持下，以 WAP 无线应用协议为载体传送图片、声音和文字等信息。彩信业务可实现即时的手机端到端、手机终端到互联网或互联网到手机终端的多媒体信息传送。就好像收音机到电视机的发展一样，彩信与原有的普通短信比较，除了基本的文字信息以外，更配有丰富的彩色图片、声音、动画、视频等多媒体的内容。彩信还有一大特色就是与手机摄像头的结合，用户只要拥有带摄像头的彩信手机，就可以随时随地拍照并把照片保存到手机里，或者作为待机图片或动态屏保，或是通过 GPRS 发送出去，与人分享快乐。

二、手机短信的优势

手机媒体具有不少优势，例如高度的便携性、个性化、私隐性、贴身性、互动性，受众资源极其丰富，传播速度快。手机短信作为手机媒体的原始形式，也具备这些优势。

（一）传播成本十分低廉

短信拥有按量计费、价格低廉的优势。除去无线电频率、通信网络和终端外，无需再耗费任何其他资源，单位信息量的传播成本比传统媒体低很多。在中国，由于特殊的电信管理体制与收费标准，导致了发送、接收短信比用手机通话便宜。这也是短信在中国飞速发展的重要原因。但是由于中国人基数大、手机用户超过 10 亿人，所以"涓涓溪流汇成大河"，手机短信总收入十分惊人。

（二）传播及时，可以保存编辑

短信传播迅速及时，信息可以在瞬间传播到大量受众终端。短信传播比起语音业务，虽然实时性略差，但是具有可以保存、查阅、编辑的特点。

正是短信具有可以编辑的特点，在中国一些媒体借助它进行一些初级的手机报、手机短信新闻业务活动。

（三）具有较强的参与性与互动性，传播行为可以同步，也可以异步进行

信息接受者可以采用不同方式回复信息源，及时方便地参与信息的反馈和再创造，致使短信业务的娱乐功能日益突出。

手机短信还能有效地实现与其他媒体的互动。"超级女声"的短信投票，可以说是手机短信与其他媒体有效互动的典型案例。根据《许昌日报》2005 年 8 月 25 日的报道，2004 年"超级女声"的短信总收入约 1300 万元，而 2005 年则达到了 3000 万元左右的短信收入。这样的短信收入可以与广告收入并驾齐驱，这在以前的电视节目中是无法想象的。

（四）短消息业务的特点

（1）采用手机（即移动数据终端设备）进行发送和接收短消息，携带方便。

（2）操作简单，只需要几个步骤就可以发送短消息，查看短消息更为方便，在很短时间内就可以学会使用短消息业务。

（3）存储方便，可以存储在手机本身或者 SIM 卡内。

（4）价格低廉，大约只收取发方 0.1 元/条。

（5）有效性，不占用话路信道，而占用信令信道进行传输，用户不在服务区或关机的情况下，短消息中心的存储转发功能使得用户信息得以保存，一旦用户与网络连接，MSC 就会立即通知短消息中心将信息发送给用户。

（6）适应数据通信发展初级阶段的需求特性，我国刚刚步人信息社会，用户通过无线方式获取信息的需求在相当一段时间内集中在简单、重要、必需的信息需求上，短消息业务恰恰较好地满足了这一基本需求。

总之，手机短信传播具有普及率高、方便快捷、移动性好、灵活性高、互动性强、价格便宜等特点。

三、短消息的发展状况

（一）短消息业务的分类：

（1）点到点短消息，通过 MO（终端发起短消息业务）和 MT（终端终止短消息业务）将一条短消息以限定的字节数从一个实体发送到指定目的地址的业务；

（2）小区广播短消息业务，通过基站（BSC）向指定区域中所有短消息用户发送短消息的业务，包括一些公益信息、广告信息和运营公司相关信息；

（3）点播信息，基于短消息承载业务上开发的，按照用户需求提供的定制服务信息，包括股票行情信息、时事新闻、天气预报、体育报道、实用生活信息等。

（二）短消息信息服务的发展阶段：

（1）第一阶段，以短消息中心为主要业务提供及信息者提供时期，短消息中心是唯一的信息提供者及数据传输通道；

（2）第二阶段，以互联网上的信息作为短消息的主要信息来源，由互联网上的 SP 直接与各短消息中心相沟通，建立信息交换的接口，其特点是，由信息的极大富有者 SP 作为信息的提供者，弥补了原来短消息中心的不足，这一阶段是短消息业务的急剧扩展时期；

（3）第三阶段，1995 年 5 月，我国的移动运营商开始在部分省市提供西文短消息。在 1997 年 4 月我国的移动运营商开始为客户提供中文短消息服务。

目前，短消息方面的国际规范有 SMPP（Short Message Peer to Peer Protocol Specification），ETSIGSM 3.40 和 ETSIGSM 3.38。

（三）短消息的传播特点

本来手机是点对点的语音通信，而且是双向语音的通信工具。以短消息的运营为契机，现在移动手机已经远远超出语音通信功能，移动网络也已经具有媒体传播的性质，成为媒体工具。短消息有如下传播特点：

（1）传播信息的及时性。

（2）传播信息的方便性。

（3）传播信息的成本低廉。

（4）传播信息的温柔性，短消息是免打扰性的信息传递，不会对接收者造成硬性的中断。

（5）短消息传播的内容简洁、明了准确，70个字可以非常清晰、准确地传递信息，而不像语音通话可能造成信息的丢失。

短消息业务除了用于个人通信外，还用于各种公用信息的查询（如天气、股市、外汇、房产、交通等信息）和与其他媒体的互动。例如，短消息和广播电视服务结合，有如下应用形式：

广播电视台建立手机短消息平台，与移动增值服务商合作开通短消息通道，听众向特定的号码发送手机短消息，主持人可以马上在短消息平台上看到听众发送的短消息，选择适合的内容在节目中播出。整个频率有一个号码，各自栏目以短消息开头的字母或数字来区别，这样原来广播电视的单项的传播通过手机短消息以及热线电话等形成了有反馈的回路，可以和听众实时互动交流。比如中央人民广播电台中国之声的短消息号码是"9500168"，前4位号码9500是移动增值服务商北京鸿联95公司的移动特服号码，后3位168则是中国之声的服务代码。具体节目则是在短消息内容之前加上一定的区分字母。听众可以发表意见以及评论，投票或表达自己的收听需求。

（四）手机短消息和广播电视媒体互动的作用

1.内容方面

丰富了节目内容，听众成了内容的生产者，即成为节目内容的提供者。同时短消息形成的短消息文化，其内容多是短小精悍、诙谐幽默，词句很多是对仗押韵，读起来朗朗上口，听起来轻松、有趣，使得节目观赏性增强。

2.制作方式及主持

短消息的应用使直播节目的制作形式简化、效率提高，听众的参与可以为主持人增加节目话题，创造丰富的谈资和交流的空间。听众不再只是被动地、静止地收听节目，而是可以通过手机短消息积极参与到节目中，与主持人、嘉宾甚至新闻现场的记者和当事人形成互动。

3.观众的参与

节目中引入短消息后一定程度上吸引了一些热衷于发送短消息的年轻观众的参与。

4.经济方面

开拓了增收的另一个新的领域，而且这个市场的规模巨大，前景良好。需要注意的是对于短消息的收费要明确告知听众，以免产生短消息收费陷阱等情况。手机从一种通信终端变成一种信息终端，这种演变也给信息时代提供了一种新的发展方向——传媒业和通信业的结合。手机媒体是个人媒体，可以精确地将信息传递到个体，其技术上的优势是显然的。而且移动增值系统有着完善的收费机制。总之，传统的媒体和新型的短消息媒体的结合空间依然非常大，而且这种结合对多种媒体的协调发展都是有利的。

四、彩信MMS

彩信在技术上其实并不是一种短信，而是在 GPRS 网络的支持下，以 WAP 无线应用协议为载体传送图片、声音和文字等信息。彩信业务可实现即时的手机端到端、手机终端到互联网或互联网到手机终端的多媒体信息传送。

（一）彩信的概念

彩信的英文名是 MMS，它是 Multimedia Messaging Service 的缩写，意为多媒体信息服务，通常又称为彩信。它最大的特色就是支持多媒体功能，能够传递功能全面的内容和信息，这些信息包括文字、图像、声音、数据等各种多媒体格式的信息。

彩信是按照 3GPP 的标准，也是 WAP 论坛有关多媒体信息的标准，开发的业务，它最大的特色就是支持多媒体功能，可以在 GPRS、CDMA 1X、3G、EIX-E 的支持下，以 WAP 无线应用协议为载体传送视频短片、图片、声音和文字，传送方式除了在手机间传送外，还可以是手机与电脑之间的传送。具有 MMS 功能的移动电话的独特之处在于，其内置的媒体编辑器使用户可以很方便地编写多媒体信息。

（二）彩信的优势

1. 彩信覆盖面广，直接面对用户群体

目前最新的统计数据显示，我国移动电话用户已超过 10 亿人，彩信手机完全普及，与传统媒体的多选择性所造成的低接收率和不可预计性相比，具有无可比拟的覆盖频率高，覆盖面大的先天优势。

2. 彩信是一种全新的媒体传播形式

彩信到达率高，时效性强，具有100%的阅读率，彩信广告发送成功后，用户即使当时无暇查看，空闲后也会进行浏览，比一闪而过的电视广告、浩如烟海的报纸广告等具有无可比拟的时效性。同时，对于制作精美的彩信广告，用户更是会保存甚至转发给有需要的亲朋好友查阅，能起到长远的社会效益。彩信广告的发布时间可以自由控制，不受传统广告制作和发行周期的影响。

3. 内容丰富新颖

除基本的文字信息以外，彩信更配有丰富的彩色图片、声音、动画、振动等多媒体的内容，图文并茂，生动直观。彩信是一种全新的媒体传播形式，时尚新颖，客户对其的新鲜感强。容量为 50K、100K 的彩信，相当于 10 幅精美图片或 5 万个汉字（字符），这是原本只有 70 个汉字的普通短信无法比拟的。

（三）彩信的典型应用

彩信最典型的应用就是随时通过手机到手机、手机到互联网、互联网到手机等方式进行多媒体信息传送。

1. 即拍即发

彩信业务与带有摄像头的彩信手机相结合，可以提供即时拍照、即时传送的信息服务，让您能在第一时间与亲朋好友分享精彩、动人的时刻。

2. 提供各种多媒体形式的信息服务

彩信业务与互联网服务结合，可以提供来自互联网的诸如图片新闻、卡通漫画、声像贺卡、动画游戏等各种多媒体形式的信息服务。

第三节 即时通信的个人应用

一、即时通信概述

（一）即时通信的概念

根据消息发送者对消息发送时间的预期，消息可以分为即时消息和非即时消息两大类。即时消息是指发送者期望消息立即发送到接收者。

即时通信又称"即时消息"（Instant Messaging，IM），是依靠互联网和手机短信以沟通为目的，通过跨平台和多终端的通信技术来实现一种集声音、文字和图像的低成本、高效率、综合型的"通信平台"。

（二）移动即时通信的发展特性

（1）互操作性。移动即时消息作为一种基于 IP 技术的通信基础软件，最终成为开放式且互通的在线通信工具是大势所趋。IM 已经成为语音及文本的存线即时通信的主要技术，它必将成为未来移动商务、在线协作及互联网应用的核心；同时也将继承 IP 技术的开放风格，扮演比电子邮件更为重要的角色。

（2）信息安全性。在 IM 系统的发展过程中如何保障系统安全，并为用户提供可靠的服务同样重要。一个成熟的 IM 系统可能会保存数万个用户的个人信息，如何保证这些信息的安全是非常重要的课题。所以建立统一且完善的安全体系是未来发展的一个主要趋势，保证安全是 IM 系统和群体聊天工具的最基本的需求。

（3）应用多样性。在应用的多样性方面，2.5G 和 3G 网络为移动即时通信提供了极富吸引力的平台。随着 IM 技术的发展，其集成多种应用将会成为一个必然的趋势。IM 系统将与移动网络系统进行统一，将 2.5G 和 3G 的特色业务，如 PTT、流媒体、视频及彩信等应用融入到 IM 系统中。这样，IM 技术将为用户提供更方便和更优秀的服务。通过这种崭新的业务模式，在不会分流现有业务的客户群体的基础上扩大用户的规模，有效地提升客户忠诚度并推广服务品牌知名度。

（4）计费功能。IM 提供丰富多彩的业务，如何计费是一个重要课题。采取阶段性组合的计费方式既可提高终端用户的积极性，又能避免包月方式带来的消息类业务收入的下滑。

（三）即时通信业务的应用

如今，人们已通过网络和计算机接触、了解并使用即时通信服务。自 20 世纪 90 年代后期以来，从最初主要提供文本信息交互的 ICQ，到现在功能日趋丰富的各种即时通信服务。多功能和综合化已成为即时通信、IP 业务的发展趋势。近两年来，随着移动互联网的不断发展，移动终端正成为即时通信业务的新载体。

目前 IM 行业内主要的 IM 产品包括美国在线的 AIM、ICQ、微软的 MSN Messenger、雅虎的 Yahoo Messenger、Google 的 Google Talk、腾讯的 QQ、Tom 在线和欧洲 Skype 合作的 Tom.Skype、网易泡泡、新浪 UC、搜狐搜 Q，以及 263 公司的 E 话通等。此外，IM 按照产品形态的不同，还可以分为计算机 Client 版（基于计算机软终端的方式）、Web 版（基于 Web 浏览器方式）和移动版（基于手机和 PDA 等移动终端方式），其中腾讯 QQ、Google Talk 和掌中无限 PICA 分别是以上 3 种 IM 产品典型形式。

目前国内移动即时通信业务按照面向客户群的不同，可以分为 PIM（Public IM）和 EIM（enterprise IM）。

（1）PIM 为公共网络用户提供服务，面向个人市场，尤其是年轻群体，主要用于个人朋友之间的沟通工具；EIM 面向企业市场，作为重要的商业工具用于企业内部员工之间的交流。

第一，公众领域的 IM 应用：以 IM 为基础功能添加游戏娱乐、VolP 和搜索等业务卖点构建而成，如 QQ、Tom.skype 和 MSN 等。

第二，特殊应用领域的 IM 应用，以专业领域（如电子商务）内的特定应用作为核心功能，附加 IM 功能，如阿里巴巴的贸易通、慧聪网的买卖通和淘宝网的淘宝旺旺等。

（2）EIM 为企业提供服务，用于企业工作的沟通。目前 EIM 应用主要包括微软的 Live Communication Sever 系列、美国在线 AOL 的 AJM Pro Business Edi-

199

tion、IBM 的 Lotus Sometime 和腾讯的 RTX 等。区别于 PIM，面向 EIM 应用通常具备以下功能：

第一，部署架构的完整性，统一提供服务器和客户端软件，由企业 IT 部门自行部署和管理或者由专业运营商提供网络托管服务。

第二，可管理性，允许企业客户的管理部门通过对服务器的操作，针对部门、分组和个人进行权限控制并允许或禁止使用某项功能。

第三，安全可控性，一方面必须对信息进行存档和监控，信息存储采用数据库方式，保证企业的信息存储安全；另一方面要求针对消息传输和文件传输等采用商业级别的安全保障措施（如信息加密等）。

第四，可定制和可扩展性：提供丰富的二次开发接口，能够与企业已有的软件和服务进行无缝集成。

二、微信

（一）微信简介

微信是腾讯公司于 2011 年 1 月 21 日推出的一款通过网络快速发送语音短信、视频、图片和文字，支持多人群聊的手机聊天软件。用户可以通过微信与好友进行形式上更加丰富的类似于短信、彩信等方式的联系。微信软件本身完全免费，使用任何功能都不会收取费用，微信时产生的上网流量费由网络运营商收取。2012 年 9 月 17 日，微信注册用户过 2 亿人。

图 6-1 微信 Logo

微信网页版是首家专门为广大微信用户提供微信资讯、微信软件下载、微信用户互动交流的网站。上线时间为 2012 年 10 月 17 日。其域名就是微信的拼音：weixin，非常方便大家记忆。网站分微信资讯、微信论坛、微信 APP 开发、微信手机客服端、微信电脑客服端。微信网页版，也是通过手机的二维码识别功能，在电脑上登录微信的方法。微信网页版能够和好友聊天，但不支持查看附近的人以及摇一摇等功能。

（二）微信的特点

微信是一种更快速的即时通讯工具，微信具有零资费、跨平台沟通、显示实时输入状态等功能，与传统的短信沟通方式相比，更灵活、智能，且节省资费。截至 2012 年 9 月 17 日，用户量已经达到了 2 亿人。微信支持智能手机中 iOS、Android、Windows Phone 和塞班平台。具体特点如下：

（1）支持发送语音短信、视频、图片（包括表情）和文字。

（2）支持多人群聊（最高 20 人，100 人、200 人群聊正在内测）。

（3）支持查看所在位置附近使用微信的人（LBS 功能）。

（4）支持腾讯微博、QQ 邮箱、漂流瓶、语音记事本、QQ 同步助手等插件功能。

（5）支持视频聊天。

（三）微信的功能

1. 密码找回

（1）通过手机号找回。用手机注册或已绑定手机号的微信账号，可用手机找回密码，在微信软件登录页面点击"忘记密码"→通过手机号找回密码→输入您注册的手机号，系统会下发一条短信验证码至手机，打开手机短信中的地址链接（也可在电脑端打开），输入验证码重设密码即可。

（2）通过邮箱找回。通过邮箱注册或绑定邮箱、并已验证邮箱的微信账号，可用邮箱找回密码，在微信软件登录页面点击"忘记密码"→通过 E-mail 找回密码→填写您绑定的邮箱地址，系统会下发重设密码邮件至注册邮箱，点击邮件的网页链接地址，根据提示重设密码即可。

（3）通过注册 QQ 号找回。用 QQ 号注册的微信，微信密码同 QQ 密码是相同的，请在微信软件登录页面点击"忘记密码"→通过 QQ 号找回密码→根据提示找回密码即可，您也可以点击这里进入 QQ 安全中心找回 QQ 密码。

（4）通过开通会员找回：拨打客服电话开通会员绑定手机号，交纳会员费，会员费在 2 个小时兑换成手机费返回用户手机，会员的功能可以无限添加好友，视频聊天，可把不文明用户拉入小黑屋限制对方 2 小时不能说话聊天等。

2. 聊天

在微信中，可以发送文字、语音及视频信息。在使用过程中，用户可以删除单条消息，也可以删除会话。触屏手机上通过长按消息或会话的方式删除，有按键的手机则通过选项按钮找到删除入口。在 2.2 之前的版本退出时会提示是否退出后继续接收消息；2.2 及以后版本，退出后将无法接收到消息（但驻留在后台则可以）。在微信中，用户无法知道对方是否已读，因为微信团队认为"是否已读的状态信息属于个人隐私"，微信团队希望给用户一个轻松自由的沟通环境，因而不会将是否已读的状态进行传送。

3. 好友

微信支持查找微信号（具体步骤：点击微信界面下方的朋友们→添加朋友→搜号码，然后输入你想搜索的微信号码，然后点击查找即可）、QQ 好友添加好友、查看 QQ 好友添加好友、查看手机通讯录和分享微信号添加好友、摇一摇添加好友、二维码查找添加好友 6 种方式。

4. 微信二维码

微信二维码操作。微信二维码，有了微信二维码就可以扫描微信账户，添加好友，将二维码图案置于取景框内，微信会帮你找到好友企业的二维码，然后你将可以获得成员折扣和商家优惠。

微信二维码登录。微信推出 Web 版本后，在 Web 版本中，不再使用传统的用户名密码登录，而是使用手机扫描二维码登录的方式，这种登录方法开创了国内 Web 端扫描登录的先河。

2012 年 9 月 17 日，微信团队和腾讯 CEO 马化腾相继在腾讯微博中宣布和确认微信注册用户已破 2 亿人。2013 年 3 月底，微信用了不到 1 年半时间（433 天）突破 1 亿用户规模，而这次 1 亿用户增长更快，仅花费不到半年时间。在互联网大会上，马化腾曾非常有信心地预言本月微信一定破 2 亿用户，而这一节点来的似乎更快。

三、腾讯 QQ

腾讯 QQ（简称 QQ）是腾讯公司开发的一款基于 Internet 的即时通信（IM）软件。腾讯 QQ 支持在线聊天、视频电话、点对点断点续传文件、共享文件、网络硬盘、自定义面板、QQ 邮箱等多种功能，并可与移动通讯终端等多种通讯方式相连。1999 年 2 月，腾讯正式推出第一个即时通信软件——"腾讯 QQ"，QQ 在线用户由 1999 年的 2 人（马化腾和张志东）到现在已经发展到上亿用户，在线人数超过一亿人，是中国目前使用最广泛的聊天软件之一。

（一）QQ 的起步

成立当初主要业务是为寻呼台建立网上寻呼系统，这种针对企业或单位的软件开发工程几乎可以说是所有中小型网络服务公司的最佳选择。这是腾讯 QQ 的前身。

QQ 是 1999 年 2 月由腾讯自主开发了基于 Internet 的即时通信网络工具——腾讯即时通信（TencentInstant Messenger，简称 TM 或腾讯 QQ），其合理的设计、良好的易用性、强大的功能，稳定高效的系统运行，赢得了用户的青睐；到 2000 年的时候，腾讯的 OICQ 基本上已经占领了中国在线即时通讯接近 100% 的市场，基本上已经锁定了胜局。这时候麻烦来了，AOL 给腾讯公司发来律师函，ICQ 是 AOL 的注册商标，因此任何在名称中使用 ICQ 字样的同类软件都是侵犯其商标的使用权。为避免和 ICQ 发生法律冲突，后来为了方便称呼，又改名为 QQ。此外 QQ 还具有与手机聊天、BP 机网上寻呼、聊天室、QQ 视频聊天、点对点断点续传传输文件、共享文件、QQ 邮箱、网络收藏夹、发送贺卡等，储存文件等功能。

（二）QQ 的发展

QQ 不仅仅是简单的即时通信软件，它与全国多家寻呼台、移动通信公司合作，实现传统的无线寻呼网、GSM 移动电话的短消息互联，是国内最为流行、功能最强的即时通信（IM）软件。腾讯 QQ 支持在线聊天、即时传送视频、语音和文件等多种多样的功能。同时，QQ 还可以与移动通讯终端、IP 电话网、无线寻呼等多种通讯方式相连，使 QQ 不仅仅是单纯意义的网络虚拟呼机，而是一种方便、实用、超高效的即时通信工具。QQ 可能是现在在中国被使用次数最多的通讯工具。QQ 状态分为不在线，离线，忙碌，请勿打扰，离开，隐身，在线，Q 我吧。

2012 年 12 月 4 日，腾讯 QQ 正式开放了人数上限 1000 人的 QQ 群，QQ 群军团又要扩军了。正在 500 人 QQ 群不能满足一些人讨论交流的时候，腾讯 QQ 群在今天又给我们带来了好消息。2012 年 12 月 20 日，腾讯 QQ 群 1000 人群升级为 2000 人群，从这天起，腾讯 QQ 群正式开放 2000 人群了。这个聚集着大量潜在客户的平台，同时意味着可能兑换为现实资产的无形财富。

203

四、MSN

（一）MSN 简介

MSN 全称 Microsoft Service Network（微软网络服务），是微软公司推出的即时消息软件，可以与亲人、朋友、工作伙伴进行文字聊天、语音对话、视频会议等即时交流，还可以通过此软件来查看联系人是否联机。提供包括手机MSN（即时通讯 Messenger）、必应移动搜索、手机 SNS（全球最大 Windows Live 在线社区）、中文资讯、手机娱乐和手机折扣等创新移动服务，满足了用户在移动互联网时代的沟通、社交、出行、娱乐等需求，在国内拥有大量的用户群。2012 年 11 月，Windows Live Messenger 服务将在未来数月"退役"，对于中国市场 MSN 官方表示不会进行整合。

（二）移动 MSN

通过手机 MSN，可以享受到 Live 提供的免费服务，不仅提供即时聊天服务，还为您提供了 Hotmail、Spaces，门户资讯等一系列精彩的互联网服务。最新版手机 MSN 更将全面同步 PC 功能，支持本地搜索，随时随地同步你的生活！它具有以下特点：

1. 个性头像

手机也能耍酷玩个性，全面同步 PC messenger 个性化头像，更可通过手机拍照设置为自定义头像，随时随地 show 出 style。

2. 文件传输

支持手机内各种类型文件的传送，全面分享手机资源。优化的拍照传送、录音传送功能和好友的沟通更有趣味，共享精彩一刻。

3. 好友分组+搜索

全面同步 PC Messenger 功能，支持好友分组以及查找好友，互联网与手机无缝整合的新体验让沟通变得轻松有效。

4. 手机 MSN 门户

邮箱、空间、资讯、书城、游戏……在线生活一点通，尽情享受一站式服务带来的便利和精彩，做个时尚潮人。

5. 优化的手机群功能

通过手机 MSN 自建个人群，PC 和手机的完美互通，真正形成自己的圈子，打造个人社交网络。

五、Skype

（一）Skype 简介

Skype（中文名：讯佳普）是一款网络即时语音沟通工具，其具备 IM 所需的功能，比如视频聊天、多人语音会议、多人聊天、传送文件、文字聊天等功能。它可以免费高清晰与其他用户语音对话，也可以拨打国内国际电话，无论固定电话、手机、小灵通均可直接拨打，并且可以实现呼叫转移、短信发送等功能。Skype（讯佳普）目前已成为全球最受欢迎最普及好用的网络通讯工具。

Skype 是全球免费的语音沟通软件，拥有超过 6.63 亿的注册用户，最高同时在线超过 3000 万。根据 TeleGeography 研究数据显示，2010 年 Skype 通话时长已占全球国际通话总时长的 25%。Skype 用户免费通话时长和计费时长累计已经超过了 2500 亿分钟。37% 的 Skype 用户用其作为商业用途，超过 15% 的 iphone 和 ipod touch 用户安装了 Skype。TOM-Skype 是全球唯一一款定制化版本，专为中国用户量身定制。中国区是 Skype 全球用户最活跃的地区之一。

（二）Skype 的功能

《财富杂志》，2004 年 2 月 16 日刊文说："为打电话付费的概念已属于 20 世纪。Skype 软件为人们提供了一种全新的功能，使人们可以利用他们的技术和网络投资来与朋友和家人保持联系。"

Skype 力图让您畅所欲言——通过提供免费全球性电话，使您利用下一代同等网络软件进行无限制的高质量语音通话。Skype 的使命是提供简易、可靠且便利的有效通信工具。我们力图使广大用户与朋友、家人和同事之间的交流变得更灵活、更节约成本，且享受比想象中更为出色的通话质量。

宽带的迅速普及和卓越的 Skype 软件为世人提供了通信领域内的绝佳选择。不必再局限于一家公司，前卫用户们可以选用互联网连接来进行免费的无限制通话。如果利用互联网进行免费通话的 Skype 用户数量增加，Skype 网络的威力也随之增强。

Skype 鼓励进一步采用高质量的连接，并且与共享该软件的世界级电信公司合作来为人们提供更好的交流方法。Skype 正在努力工作，向新的平台拓展，包括移动设备和手机。Skype 安装简便，无需考虑您的 PC 环境，并且在设置时无服务器或工作站配置。Skype 在大多数防火墙和网关后面运行，因此不会产生新的安全风险。为了安全起见，Skype 通话进行了加密，并且支持严格的隐私权政策。

第四节　微博

一、微博客概

2006 年 3 月，博客技术先驱 Blogger 创始人埃文·威廉姆斯（Evan Williams）创建的新兴公司 Obvious 推出了大微博服务。在最初阶段，这项服务只是用于向好友的手机发送文本信息。Twitter 是 2006 年 3 月由 Blogger 的创始人威廉姆斯（Evan Williams）推出的，英文原意为小鸟的叽叽喳喳声，用户能用如发手机短信的数百种工具更新信息。Twitter 的出现把世人的眼光引入了一个叫微博的小小世界里。Twitter 是一个社交网络及微博客服务。用户可以经由 SMS、即时通信、电邮、Twitter 网站或 Twitter 客户端软件（如 Twitterrific）输入最多 140 字的文字更新，Twitter 被 Alexa 网页流量统计评定为最受欢迎的 50 个网络应用之一。

（一）微博的概念

微博客（Microlog，Micro-blogging）即微博，是一种允许用户及时更新简短文本（通常少于 200 个字）并可以公开发布的博客形式。微博可提供任何人阅读或仅供用户选择的群组阅读两种方式。随着技术的发展，这些文本信息可以通过多种方式传送，包括短信、即时消息软件、电子邮件和网页等。一些微博甚至可以发布多媒体信息，如图片或影音剪辑。

微博整合了博客、移动终端、电子邮件和即时通信等网络应用，是互联网和移动网络的融合发展。微博是一个基于用户关系的信息分享、传播及获取的平台，其用户可以向"跟随者"主动推送博客信息，具有信息发布简单方便、渠道多、推送功能强、传播速度快和受众范围广的特征。

（二）微博的崛起

2006 年，成立于美国的微博鼻祖 Twitter 的用户规模在 2008 年获得 752% 的增长，到 2010 年 6 月其独立用户已达 1.9 亿人。每月发布微博数近 20 亿条，网站综合排名世界第 9 位。

中国在 2007 年诞生了第 1 家微博网站，到 2010 年 6 月底，据 CNZZ 统计，国内已有中文微博网站 36 家。微博用户数达到 4759 万，目前仍处于快速发展阶段。DCCl 预测，国内微博市场在 2013 年前后步入市场成熟期，届时微博独立用户数有望突破 2.53 亿人。

可以从微博的媒介价值及业务创新能力两个维度来分析国内微博客的市场格局，把国内表现较为突出的微博网站划入 4 个象限，这 4 个象限分别是市场领先者、市场挑战者、市场理想者和市场参与者，如图 6-2 所示。

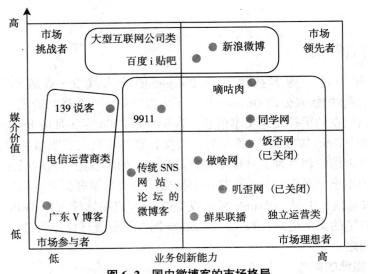

图 6-2 国内微博客的市场格局

以新浪微博等为代表的微博客是市场领先者，这些网站大都是在依托庞大内容资源的基础上发展起来的，媒介价值非常高。例如新浪微博主要面向中高

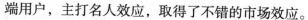

端用户，主打名人效应，取得了不错的市场效应。

（三）微博的功能

微博客的服务对象大体分为两种，一种是面向个人用户（包括普通用户、明星用户及政治人物等）；一种面向企业用户。二者所提供的服务也各不相同。

1. 微博为个人用户提供的服务

面向个人用户的微博主要提供通信工具、记录生活点滴、即时搜索和资讯订阅分享等服务。

（1）通信工具。用户可根据自己的兴趣跟随并回复相关博文话题，从而与博主和关注此话题的人进行即时交流。

（2）记录生活点滴。微博为每个人提供了一个记录生活点滴的平台，满足用户间的附和与关注的心理。

（3）即时搜索。微博具有移动互联网的特性，可积累大量由用户产生的即时信息，这为即时搜索提供内容查询带来了便利性。

（4）资讯订阅与分享。微博客可以当做订阅器来使用，在微博客网站上可以关注《新快报》和《第一财经周刊》等媒体博主发布的资讯。用户也可以把来自各个网站的信息同步到自己微博上，与其他人分享。

2. 微博为企业用户提供的服务

由微博平台构建的用户交流环境为许多企业提供了一个能直接与用户沟通和传递信息的机会。微博面向企业用户主要提供了如下服务：

（1）产品营销和品牌监测。企业通过微博可以营销各种产品或者品牌，及时发布各种相关信息，增加企业与消费者接触的机会；同时可以做品牌监测，解答用户提出的意见，搜集有价值信息，挖掘新的用户群体和需求。

（2）广告自有市场。推动用户自主经营广告，即允许个人用户可以通过在个人页面中插入广告获利。

（3）实时搜索。可从数据库了解用户搜索的关键词相关的广告，利用搜索数据开发"更实时和对时间敏感"的广告服务。

（4）数据挖掘与数据库营销。通过数据分析和挖掘业务搜集与整理用户对某些商品或市场趋势的态度与看法，为有兴趣的公司或机构提供咨询类的服务。

二、微博客的系统架构

微博客系统（以中国电信为例）主要包括 Open API、核心功能平台和基础电信能力封装三大部分，如图 6-3 所示。

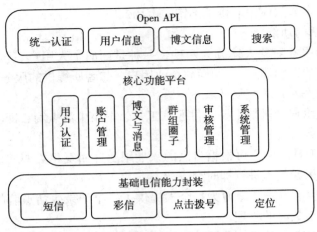

图 6-3 微博客系统功能框架

（一）Open API

Open API 是微博客平台对外提供的接口，这些接口将开放给第三方的开发商，使得开发商可以利用平台提供的统一认证、用户信息、博文信息和搜索等功能。

（1）统一认证接口。提供用户认证的单点登录，实现一次认证就可以在所有应用会话中通行，简化繁琐的用户认证操作。

（2）个人信息接口。为有权限的用户和第三方应用系统按级别提供个人信息查询和更新。

（3）博文信息接口。对有权限的用户和第三方应用系统按级别提供博文的查询和更新。

（4）搜索接口。为有权限的用户和第三方应用系统提供用户（博主）和博文的搜索功能。

（二）核心功能平台：实现了微博客的核心功能

（1）用户认证。与电信的统一认证体系相连，提供统一的登录认证功能。

（2）账户管理。为用户提供账户信息的管理功能，以及跟随（Follow）关系的管理功能。

（3）博文与消息。提供博文的发布、查询、回应、转帖和收藏等功能，也提供私信和公开信等服务。

（4）群组圈子。提供群组功能，对某一话题感兴趣的用户可以组建一个小组，群组内的发言所有群组成员均可看到。

（5）审核管理。提供博文系统自动和人上审核功能，过滤敏感信息，防范政策风险。

（6）系统管理。提供热门话题管理、排行榜、博主推荐和博文推荐等功能。

（三）基础电信能力封装

封装了短信、彩信、点击拨号和位置服务等基础电信能力，为核心功能平台提供能力调用，这些能力也可以通过 Open API 开放给第三方应用使用。微博客系统采用分层式架构实现：

（1）展示层。提供 Web 和 WAP 两种方式的展示界面，用户还可以通过短信和彩信来更新博文。

（2）业务逻辑层。集中了绝大部分的业务逻辑实现，Web、WAP 页面及 Open API 均通过调用业务逻辑层实现所需功能。

（3）数据缓存层。针对互联网应用实时性强和数据访问集中的特点，系统专门使用分布式数据缓存系统做好数据缓存。把访问最频繁的数据放在内存缓存中，以提高访问速度。

（4）DAO 构建层。实现了所有的数据库 DAO 访问。

（5）数据库控制层。提供了分布式数据访问控制，为了支持大规模用户量，数据采用分布式存储；为了方便地水平扩展系统，数据的分布采用一致性哈希算法，把数据分散到不同的数据节点。

三、微博客的商业模式

由于微博客的草根性很强，广泛分布在计算机和移动终端等多种平台上，特别是手机移动终端，所以也为电信运营商开拓了多种商业模式。总地可以归结为面向个人和企业用户的盈利点：

（1）短信、彩信。用户通过计算机和手机终端短彩信等方式发布及回复微博信息，从而产生短彩信费。

（2）手机上网流量和触发呼叫。手机终端将会成为发布微博的最佳平台，用户通过 WAP/Web 等方式发布微博会产生上网流量费；另外通过与网络电话等通信功能的结合还能提高话务量。

（3）推广电信增值业务。通过微博客平台促使用户使用多种电信业务，如网络电话、彩铃、邮箱、IM 和定位等业务，促进其他电信业务发展。

（4）第三方应用。通过开放接口与各种第三方应用对接，用户通过接口完成相关付费行为，如购买虚拟货币等。

（5）广告投放。随着微博的人气增强将会有更多的企业在此投放广告，带来广告收入。

（6）付费账户。企业用户和名人可以通过支付一定费用成为微博平台的付费用户，付费用户将更好地与潜在用户互动，了解用户信息等。如用户行为特征分析和精准定位目标客户，在为用户提供的消息中包含更多数据。还有专业平台服务，如企业信息管理、协同通信和构建企业微博客等。

（7）第三方应用分成。通过开放接口与各种第三方应用（SP/CP 和网站）对接，并实现收入分成。

电信运营商运营微博客可以采用建立产品基地的做法。如图 6-4 所示，电信运营商通过设立一个微博运营中心让该中心起到中心枢纽的作用，中心划分为内容运营和通信运营两大块。这样使得运营中心既能协调电信资源，又能兼顾互联网内容运营。

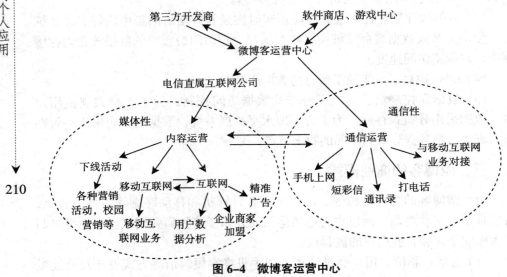

图 6-4　微博客运营中心

其中，电信运营商直属的互联网公司（或者运营中心负责媒体运营的相关团队）负责媒体内容方面的运营，充分发挥微博客的媒体性。

而微博客运营中心则可以直接管理自身擅长的通信业务，利用自有资源充分发挥微博的通信性。运营中心还可以与电信运营商的其他自有业务（如软件商店和音乐等）及第三方应用（如 SP/CP 等）结合，开发出更具特色的微博应用。

四、微博客的应用

随着社交网络时代的来临，微博客成为信息分享和发布的绝佳平台。作为一种分享与交流平台，其最鲜明的特点是平民化，即让每个人都能坐拥一个

"大喇叭",从而享受到自我展示和成为被关注中心的满足感。作为一种分享与交流平台的微博客更注重时效性和随意性,更能表达个人每时每刻思想的最细腻动态;同时,短信、WAP、Web 和客户端等多种多样的更新方式极大地方便了用户的使用,也有利于发挥运营商的优势。

(1) 可增加用户黏性,提高用户离网成本。微博客记录了用户的精彩瞬间和心路历程,运营商利用手机号码的唯一性将用户账号与手机号码捆绑;同时提供 WAP 和短信免登录等手段提升用户体验,养成用户使用运营商微博客的习惯,从而增加用户黏性。

(2) 可成为推广增值业务的平台,促进增值业务的发展。微博客可以利用短信、彩信和 WAP 等方式予以更新,从而促进相关增值业务和数据业务的发展。当微博客具有一定的用户基础后,可与号码百事通业务相结合,提供企业信息发布、精准的广告和消费者监测等增值业务。

第五节 移动社区

一、移动社区业务概述

（一）移动社区的概念

移动社区的概念起源于社交网络 (Social Network,SN),社交网络是指个人之间的关系网络,社交网络服务 (Social Network Services,SNS) 是指通过互联网应用来帮助人们建立社会性网络。近年来,社交网络服务已经成为互联网发展的一种趋势。互联网社区发展得很快,从 Facebook、MySpace 到 YouTube、开心网等,社会性网络服务以其极强的用户黏性和极深的网页浏览能力得到了迅速发展。

SNS (Sociala Networking Services/Sol,Ware,社会性网络服务/软件) 是指帮助人们建立和拓展社会人际关系网络的互联网应用及服务。社会结构理论认为,人的经济行为都是嵌入在一定的社会结构中的,人的社会结构可以用全局社会关系网络图来表示。由于每个人都只能了解到以自我为中心的局部的社会关系,因此现实生活中人们很难实时掌握其所处社群的全局关系。在 SNS 中由于网络中所有的交互行为都记录在系统中,系统可及时计算当前的全局视图,因此可以方便人们从社会结构中获得有价值的信息,这就是社会性网络服务运作的基本原理。SNS 包括 7 个元素,即身份、状态、关系、交流、小组、名誉和分享。它是人类社会关系和 Web 2.0 技术的有效结合，可以看做非正式的但无所不包的特性管理工具，规定了通过社会关系可以访问个人信息。

SNS 的主要依据是六度分隔（Six Degrees of Separation）和 150 法则（Rule of 150）。六度分隔理论认为，在人际网络中要结识任何一位陌生朋友，最多只要通过 6 个朋友就能达到目的；150 法则源于欧洲的"赫特兄弟会"，认为 150 是"我们可以与之保持社交关系的人数最大值"。SNS 元素的定义如表 6-1 所示。

表 6-1　SNS 元素的定义

元　素	简要定义
身份（Identity）	如何在系统中唯一识别一个人
状态（Presence）	知道某人在线、可用以及其他状态信息的方式
关系（Relationships）	描述两个用户在系统里建立和发生关系的方式（如在 Fliekr 中人们可以互相链接，成为一个大家庭中的兄弟）
交流（Conversations）	通过系统与其他人交流的方式
小组（Groups）	在网络上形成团体的方式
名誉（Reputation）	知道他人住系统中地位的方式（谁是好公民和谁值得信任）
分享（Sharing）	分享对于参与者来说有意义的东西（如照片或者视频）

（二）SNS 的特点

SNS 目前主要表现为各类互联网站点，包括 Facebook、Myspace 和国内的校内网等网站。此类网站是建立在朋友关系和共同话题基础上的交友平台，用户通过查看他人的信息来发现与自己共同的特点、兴趣和话题等，从而进一步展开交流。SNS 具有以下主要特点：

（1）结构稳定且特点鲜明的关系群落。用户通过朋友介绍建立起的人脉群落，相比松散的 BBS 用户具有更强的组织黏性和稳定结构，通过共同兴趣支撑的话题群落在组织定义下，具有鲜明的特征标识。群落（Group）的话题内容由成员产生，具有自发性和实时性。不断更新的话题既巩固了群落，又带来了新鲜活力。

（2）多样性的群落活动不断完善个体用户的多维度特征属性。个体用户通过创建或参与其他群落活动，其行为记录将被保留。通过随后对行为记录的数据分析和挖掘，个体客户的行为特征和身份特征得以显现。最终将得到一个趋近完善的个体用户多维度特征数据，该数据对于精确营销将起到重要作用。

（3）信息传播简单快捷。当用户产生新消息后，首先会在某一群落内传播并通过群落间的交叉用户传播到其他群落。之后连锁反应到更多群落，这种多对多的信息传播模式相比自上而下的 1 对多广播模式，具有消息产生途径多样和传播快的特点。

SNS 的原理示意如图 6-5 所示。

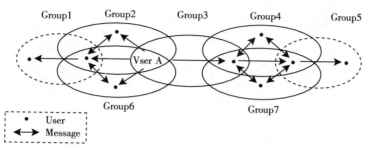

图 6-5 SNS 的原理示意图

SNS 强调以真实个体为用户（User）主体，以现实关系网络和兴趣爱好为组织节点，并以真实生活内容为话题，强调信息（Message）发布和反馈的群体互动，运用互联网技术再现真实的生活沟通。

二、移动社区业务的特点

（一）SNS 的业务要素

移动 SNS 业务是固定互联网 SNS 和移动通信结合的产物，因此有必要分析传统固定 SNS 的业务要素。目前，传统 SNS 业务一般都包含 4 个要素，即用户身份、社会关系网络、交流分享方式和黏性应用，其中社会关系网络是 SNS 业务的核心。

移动 SNS 业务是 SNS 业务向移动通信领域的扩展，主要以移动终端为承载，以移动网络为通道，以移动用户为发展对象。其业务系统主要由门户/客户端、移动网络和移动 SNS 业务平台 3 部分组成，如图 6-6 所示。

（二）移动 SNS 业务特点

移动 SNS 业务由于引入了移动通信网络的能力，必然和固定互联网中的 SNS 业务有很大的差别，主要具有以下特点：

（1）用户身份方面。移动 SNS 用户与手机用户一一对应，手机具有 IMSI 和 ISMSD 身份特征属性；固定 SNS 用户则只能与计算机用户对应，因此移动 SNS 用户身份的真实性和用户信息的准确度要远远高于固定 SNS。并且移动 SNS 账号可与手机号或其他移动服号绑定，用户相关信息（如兴趣爱好和行为信息）可被更有效地挖掘利用，从而产生新的业务模式，如定向广告等。

（2）社会关系网络方面。移动 SNS 业务可通过与移动通信的电话簿和用户

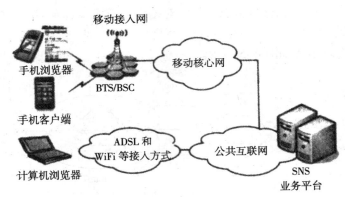

图 6-6   移动 SNS 业务系统的组成

话单等相融合，充分利用电信网络巨大的用户社会关系资源扩展用户，因此具有巨大的用户发展潜力。统一地址簿和统一用户信息管理等技术将成为电信网用户关系资源开放的关键，目前 OMA 组织的 CAB 和 SUPM 等项目正在制定相关标准。由于移动网络能够提供实时精确的位置信息，因此基于位置的新社会关系也将产生，如查询自己所处位置周围有哪些好友。

（3）交流分享方式方面。通过融合移动通信能力，移动 SNS 用户可以随时随地交流分享；同时交流方式更加多样化，可通过短信和彩信等移动通信特有的方式完成。而手机功能也日益强大，可实现实时拍照、摄像和录音等功能，使移动 SNS 交流分享的内容更加及时且丰富，但也对网络带宽和无线资源带来极大挑战。

（4）黏性应用方面。移动 SNS 业务可融合移动通信的网络能力/业务能力和用户信息，特别是精确实时位置信息产生具有移动特色的新应用，这是移动 SNS 应用最显著特点。开放 API 技术将成为应用融合的关键，如 OSA/Parlay 和 Web Service 等技术。

移动 SNS 是 SNS 的更深层次的应用，主要以移动终端为媒介，以更为真实的社会关系为基础，以发展更多纯移动终端用户加入 SNS 为目的，并将 SNS 与移动通信技术有机结合，为人与人、人与机，以及机与机之间的沟通和互通提供更为灵活且更为有力的支持。

（三）SNS 业务的分类

随着参与企业和投资机构增多，SNS 的服务模式和商业模式增在逐步形成。用户群的地位也呈现出明显的差异化。

CNZZ 测评结果显示，与其他类别的网站结构类似，SNS 站点同样呈现少数站点占据大量用户的情况。绝大多数用户都集中在了不超过 10 家的主要站点中，它们共占据了大约 82.5% 的总体行业访问用户。

从中国大型社交网络服务提供商所提供的服务类型来看，总结起来有传统社区服务、新型互动业务和娱乐插件业务 3 大类，如图 6-7 所示。中国社交网站从本质上看仍然是网络社区，与传统社区论坛不同的是用户通过社交网站不仅能获得传统社区提供的博客和相册业务外，还能使用许多内嵌的网页游戏类应用。

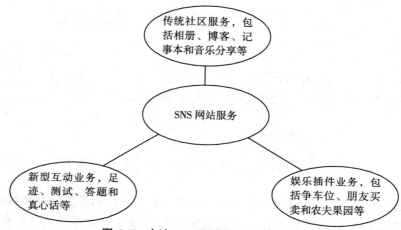

图 6-7 主流 SNS 网站提供的服务类型
资料来源：工信部电信研究院通信信息研究所。

215

（1）传统社区服务。包括博客和相册等功能，不过社交网络服务提供商对上述功能进行了互动性改造。即用户只要操作过其博客和相册，系统将自动将更新信息显示在其好友首页上，进一步增加了好友之间的互动。

（2）新型互动业务。是指基于 SNS 网站出现的如投票、足迹、记账本、音乐分享和读书分享等业务。此类业务很好地贴近了用户生活，深受用户喜爱。

（3）娱乐插件业务。主要指目前 SNS 站点上非常流行的争车位、买房子和农夫果园等具有极强娱乐性的游戏。

此外，在 SNS 网站所提供大量网页游戏功能的引导，用户登录 SNS 站点的行为也发生了较大的改变。

CNZZ 数据显示，用户登录 SNS 站点主要是为了参与社交网站所提供的娱乐性应用。从有效操作时间和次数统计结果来看，单个用户登录 SNS 站点的 85% 操作次数和 91% 的有效操作时间均花费在参与娱乐互动或游戏中。

三、移动社区业务的产业链

移动 SNS 业务的产业链主要涉及 SNS 业务提供商、移动运营商、操作系统开发商、移动终端生产商和 SNS 用户等，运营商在产业链中居于主导地位，SNS 业务提供商可由传统 SNS 网站、SP 和移动运营商等充当，如图 6-8 所示。

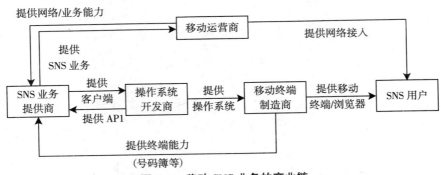

图 6-8　移动 SNS 业务的产业链

移动 SNS 是典型的移动 Web 2.0 的应用，兼具互联网服务的复杂性和信息系统的专业性。目前，国外运营商提供移动 SNS 服务的运营模式主要有两种，如图 6-8 所示。 一是只提供通道的分散运营模式，运营商主要靠收取流量费盈利；二是以运营商为主导的门户整合式经营模式，通过收入分成和广告等方式盈利。在这两种模式中，移动 SNS 仅仅作为运营商提供的一种增值业务。运营商也可以采用自营模式中，移动 SNS 可与移动网络业务和能力深度融合成为一种新的业务开展平台。

（一）通道模式

运营商通过和传统 SNS 网站或专业 SP 合作，为用户提供移动 SNS 服务，移动网络仅仅作为 SNS 业务的数据通道。运营商对业务的控制力取决于和传统 SNS 网站或 SP 的合作方式，由专业 SNS 门户负责移动 SNS 服务的运营。用户通过手机访问 SNS 网站，或者通过手机终端的内置 SNS 常用软件来使用移动 SNS 服务。

运营商和传统 SNS 网站合作模式以 Facebook 为例，Facebook 与 50 多个国家的运营商合作推出 Facebook 手机版或 Fackbook 定制手机。移动 Facebook 的应用除原有应用向手机的移植外，还提供与移动能力结合的应用，如通过短信更新用户状态信息、发送站内信/留言，以及收到电话时显示来电者的 Facebook 头像等，如图 6-9 所示。

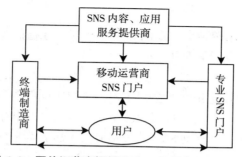

图 6-9　国外运营商提供移动 SNS 服务的运营模式

　　开辟通道的模式对运营商参与移动 SNS 市场来说是一种既简单又直接的方式，移动 SNS 用户所产生的业务流量也成为运营商收入的重要组成部分。但在该模式下，运营商在整个移动 SNS 价值系统中处于从属地位，对于移动 SNS 的发展无引导作用。

　　（二）渠道整合模式

　　随着移动 SNS 需求的增长，运营商逐步认识到需要一个整合的解决方案，因此产生了运营商主导的门户整合经营模式。运营商利用自身的平台通过整合各类内容、服务、软件和终端等社会资源为用户提供更丰富的移动 SNS 业务，欧美有很多 3G 运营商采用了这种模式。目前，相关业务主要集中在游戏组件和娱乐应用。运营商开辟了专门的移动 SNS 门户，门户可以抵达多个移动 SNS 站点。由此构建了一个聚合用户和服务提供商的平台，如 AT&T 已发布了一个名为"My Communities"的整合服务，整合了 LiveJournal、MySpace、Photo-bucket、Rabbie 及 Xanga 等多个 SNS 网站。通过登录该项服务，用户可以管理多个属于不同服务提供商的移动 SNS 账号。

　　（三）自营模式

　　运营商创建自己的移动 SNS 深度融合运营商现有业务，并可整合用户信息、通信网能力及 SP/CP 资源提供移动 SNS 业务运营商对业务能够绝对控制。

　　以中国移动"139.com"为例。"139.com"主要针对移动用户，用户注册和添加好友等都必须用手机号绑定，用户关系更加真实。"139.com"推出许多与移动通信融合的应用，包括以下方面：

　　（1）i 联系：将移动通信录和 SNS 好友有机结合，通过图形界面展示联系人动态和状态，可自定义亲密度，保护个人隐私。

　　（2）关系雷达：将用户与其好友的沟通行为频度以雷达扫描图的形式展现出来，帮助用户维护社会关系。

　　（3）短信珍藏：允许用户在 139.com 中自定义"密友"，珍藏用户和"密友"之间的短信。

"139.com"试图建设一个移动网和互联网互连互通的综合业务平台，以此为基础开展并推广各种增值业务。

（四）盈利模式

移动 SNS 根据市场定位和社会背景差异采取不同的盈利模式，欧美地区的移动 SNS 主要采取广告模式；日韩地区主要采取会员费和虚拟货币等方式，其盈利能力远远超过欧美。移动 SNS 的盈利模式可以分为前向盈利模式和后向盈利模式。

前向盈利模式是指向用户收费的模式，主要包括以下几种：

（1）流量收费。基于移动 SNS 产生的数据流量向用户收费，这是移动 SNS 最基本的盈利方式。目前有些运营商为推广 SNS 业务不对流量进行收费，如中国移动。

（2）会员及线下活动费。向注册用户收取会员费，对线下活动参与者收取费用。常见于婚恋和商务等垂直型 SNS，如移动 Linkeln 和 XING 等。

（3）虚拟货币。移动 SNS 网站向用户出售虚拟物品和虚拟道具等，用户通过充值虚拟货币购买。常见于虚拟世界等娱乐性 SNS，如 Gree 和 DeNA Mobage-Town 等。

（4）增值服务收费。移动 SNS 网站向用户提供增值应用或服务，并收取一定费用，如 Linkeln 向用户提供求职信息并收费。

后向盈利模式是指向产业链上游第三方收费的模式，主要包括广告收费和电子商务。

四、移动 SNS 发展趋势

2006 年 4 月，MySpace 首先进入移动领域，随后 Facebook、赛我网和 Mixi 等纷纷推出移动 SNS 业务。据 Informa 保守估计，2012 年全球移动 SNS 用户将达 4.28 亿人，其中 50% 以上来自亚太地区。随着 3G 技术的成熟商用及移动互联网的迅猛发展，移动 SNS 将成为未来我国运营商重点发展的 3G 业务之一。

随着国外 3G 运营商陆续推出包括移动多媒体应用和下载等服务在内的 3G 移动互联网业务，带动了具备移动 Web 2.0 特征的移动 SNS 业务的发展。 在互联网社区发展火爆的大背景下，移动社区的发展也在不断升温，全球很多运营商都开展了移动社区服务。随着市场需求、业务模式、商业模式的逐渐清晰，其发展出现了新的趋势。

（一）社区聚合

通过手机终端访问移动社区，用户可以随时随地使用移动社区服务，将用

户从电脑前解放出来。社区聚合将是移动社区发展的重要趋势。

（二）与位置信息结合

移动社区与互联网社区一个重要的区别就是移动网络能够通过手机定位服务捕捉到用户的位置信息，利用这个特性可以开发出很多区别于互联网社区功能的服务。

（三）差异化的服务

在激烈的市场竞争环境中，移动运营商必须在提供丰富社区服务内容的前提下，推出差异化的特色社区服务，吸引用户参与到社区当中，提升移动社区的人气。

（四）统一的客户端

用统一的手机客户端访问移动社区是一个重要发展趋势。WAP 浏览方式没有统一的界面风格，使用不同的社区需要切换 WAP 网站。而通过统一客户端，用户可以访问各聚合的社区服务，可为用户提供高品质的安全、友好、统一的业务体验，提高移动运营商的互联网业务品牌价值。

第六节　其他移动信息服务的个人应用

一、流媒体和移动流媒体

（一）流媒体

流媒体技术是从互联网上发展起来的一种传送多媒体数据流的技术，最主要特点是以流（Streaming）的形式传输多媒体数据。采用流媒体技术的客户端播放器在播放个多媒体内容之前，预先下载其中的一部分作为缓存，在播放这部分内容的过程中，该多媒体内容的剩余部分将在后台系统从服务器继续下载到客户端播放器上。这样，一方面客户端播放器在不断地为用户播放缓冲区中的多媒体内容；另一方面多媒体内容的其他部分从后台服务器不断地传输到缓冲区，从而实现不必等到整个内容都下载到客户端播放器上，用户即可播放该多媒体内容。

流媒体实现原理是将原媒体文件用高效的压缩算法压缩化后采用合适的流式传输，通过配置流媒体服务器按照各种实时协议传输流数据，如图 6-10所示。

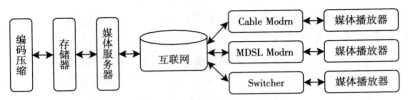

图 6-10　流媒体实现原理

　　一个流媒体服务器通常包含通信子系统、操作系统和存储系统 3 个功能子系统，流媒体服务器提供的服务方式主要有单播、点播、广播和组播 4 种。流媒体业务支持多种媒体格式如 Mov、MPEG-4、MP3、Way、Avi、Au 和 Flash 等，可以播放音频、视频及混合媒体格式。流媒体采用流式传输方式在网络服务器与客户端之间传输，其协议的设计就是为了实现流媒体服务器和客户端的通信，流媒体传输协议是流媒体技术的核心。

　　流媒体按传输方式的小同分为顺序流（Progressive Streaming）和实时流（Real-Time Streaming）传输，顺序流传输基于 HTTP 协议，用标准的 Web 服务器就可以实现顺序流式服务；实时流传输基于实时传输协议（RTP）或微软公司专有的多媒体协议，能保证媒体信号带宽与网络匹配，使媒体可以实时播放，如图 6-11 所示。

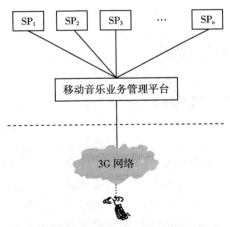

图 6-11　移动音乐业务的技术实现结构

（二）移动流媒体

　　移动流媒体业务系统结构一般主要包括流媒体终端、移动通信接入网、移动通信分组核心网、IP 网络、流媒体内容服务器、流媒体内容缓冲服务器、直播内容采集服务器、用户终端档案服务器、接入门户、综合业务管理平台和

DRM（数字版权管理）服务器等。

二、手机游戏业务

（一）手机游戏的概念

手机游戏也称为"移动游戏"，特指那些通过移动网络并利用移动终端（如手机或 PDA）操作的游戏。手机已经是一种集沟通和娱乐等多种功能于一体的终端，可以从技术、玩家数量及题材对手机游戏进行如下归类。

（1）从技术上分：嵌入式、SMS/MMS、J2ME、BREW 和 OS 游戏。

（2）从玩家数上分：单机和多机游戏。

（3）从体裁上分：动作、逻辑推理、运动竞技、角色扮演、电影、成人和模拟生活游戏。

可以把目前已经普遍存在的所有游戏业务分为如表 6-2 所示的类型。

表 6-2　移动游戏业务分类

分类角度	移动游戏					
用户数量	单玩家			多玩家		
游戏内容	动作	RPG	猜谜	体育	冒险	宠物……
与网络关系	下载/离线			在线		
技术平台	内置	短信	微浏览器	BREW	J2ME	GVM…

从移动游戏业务的分类可以总结出三大特色：一是移动化，用户可以摆脱离线固定游戏机的束缚，随时随地都能玩游戏；二是操作的便利性，虽有终端和游戏程序的操作问题，但是用户易于掌握；三是游戏具备交互性，这也是计算机和游戏机等所有游戏的基本共性。

（二）手机游戏的分类

（1）点心游戏（Snack Games）。点心游戏指小而简单的游戏，人们一般会在等待的间隙或者偶尔无聊时玩一下。大多数手机游戏都可以叫做"点心游戏"。

（2）跨平台游戏。对于一款游戏而言，手机只是平台之一，还可以通过电脑或者其他终端来玩。人们可以通过不同的接入方式玩同一款游戏，这是跨平台游戏的一种模式；另外，跨平台的游戏内容也可以有差异或者互相补充。

（3）基于地理位置的游戏。在 GPS 辅助下在真实世界中进行的游戏，定位技术的发展及具备相关功能的手机价格的下降，为此类游戏带来了曙光。

（4）随境游戏（Perasive Games）。融合虚拟与现实，基于地理位置的游戏实际上是随境游戏的一个分支。随境游戏中以现实环境为主，计算机技术和环境工具为辅的一种时刻无所不在的游戏形式，这些工具包含了移动技术、无线技术、传感侦测器和定位技术等。

（5）联网手机游戏。虽然联网手机游戏已经存在多年，不过目前多数手机游戏还是非在线的，当然少数的手机游戏通过蓝牙等无线技术可实现小规模的多角色游戏。根据诺基亚的一项调查，45%的手机游戏玩家每个月至少玩1次多机游戏。

（6）社区。社区是游戏中的一个重要组成部分。人是一种社会动物，社交永远是必不可少的一种需求。很多时候，玩游戏是一种手段，而社交才是目的。社区会成为手机游戏的核心组成，而手机则会是重要的社交工具，社区的重要性毋庸置疑。

（7）玩家参与制作型游戏。游戏玩家将同时充当内容制作者。不过由于手机功能的限制，用户可能会选择在其他平台上创作内容。如可以在网络上将游戏中的某个角色深化，依然通过手机玩游戏。一个极具潜力的内容制作工具是手机摄像头，同时语音也很被看好。

（8）严肃游戏。这类游戏除了提供娱乐，还会有一些自身价值的目的，如获取知识。手机是玩严肃游戏的一个非常好的平台，因为它具备随身性，用户可以随时随地通过玩游戏获得需要的知识。而且这种学习还可以根据自身的实际需要选择，如在进入一个新地方时，可以通过玩某个游戏附带了解这个地方。

（9）博彩。移动博彩也将会日趋流行（如果政策允许的话），手机的随身性使得即时博彩成为可能；同时，传统通过网络进行的博彩游戏也可以通过手机登录移动互联网进行。

手机游戏的市场前景之所以被广泛看好，是因为相比较传统的网络游戏，手机游戏开创一种全新的娱乐方式。借助手机的便捷性能够打破时间和空间的约束，满足用户打发碎片时间的需求；同时手机游戏也开创了一种全新的应用模式，带来了全新的市场机遇。

三、手机音乐业务

（一）手机音乐业务简介

手机音乐是增值业务的一种，是电信业和文化业融合的结果，也称为"移动音乐业务"，它指通过移动终端和移动通信网络提供的数字音乐服务，包括炫铃（彩铃）、振铃音下载和整曲音乐等业务。数字音乐是指在音乐的制作与传播及储存过程中使用数字化技术的音乐，经常表现的形式为MP3或WMA。

（1）炫铃（Color Ring Back Tone，CRBT）业务。炫铃业务指根据用户的喜好定制的手机个性化回铃音，如音乐、问候语和广告信息等。中国联通将此业务称为"炫铃"，中国移动则称为"彩铃"。目前，炫铃包括音频和视频炫铃等类型。

（2）振铃音下载业务。振铃音下载业务指用户通过短信和 WAP 等方式下载特殊音效（音乐、歌曲、故事情节和人物对话）等作为手机振铃的业务。目前，振铃音包括单音、和弦和原声振铃音等类型。

（3）整曲音乐业务。整曲音乐业务指用户通过移动通信网路下载整曲音乐，通过终端播放器播放整曲音乐文件的业务。它是对现有铃声、炫铃和 IVR 等无线音乐业务形式的扩展和补充，具备良好的与其他音乐类业务（炫铃、铃声和 IVR 等）交互操作的功能，能形成完整的音乐业务用户体验。目前，整曲音乐包括音频整曲音乐和视频整曲音乐 MV 等类型。

（二）移动音乐业务技术实现

由于炫铃和振铃音下载技术实现相对简单，对终端没有额外的功能要求，所以下面主要分析移动整曲音乐业务的技术实现问题。

移动音乐业务的技术实现结构如图 6-12 所示，该技术实现的网络结构主要包括两部分，即移动音乐终端和业务管理平台，移动音乐终端通过 3G 连接到移动音乐业务管理平台上；移动音乐业务管理平台连接各 SP 的服务器。这些 SP 一部分是具有版权音乐的唱片公司，一部分是购买了版权音乐的音乐业务提供商。

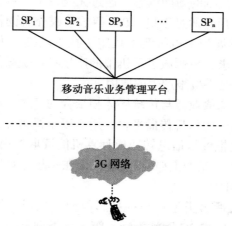

图 6-12　移动音乐业务的技术实现结构

目前，移动音乐终端的实现方式主要有如下两种：

（1）客户端方式。音乐播放器和音乐订购集下载等功能一体化形成客户端软件，安装在移动终端中。启动客户端后，用户能够通过客户端界面方便且灵活地使用移动音乐业务。

（2）无客户端方式。音乐播放器和音乐订购及下载等管理功能分离，用户使用移动终端自带的音乐播放器播放音乐，通过 WAP 和 HTTP 等方式登录移动音乐门户网站完成音乐订购及下载等功能。

移动音乐业务管理平台负责为用户提供音乐源和音乐业务交互等功能，主要包括音乐门户、音乐数据库、音乐文件管理及音乐交互等模块。

移动音乐业务所要解决的主要技术问题包括音乐浏览和订购、音乐下载、音乐播放、音乐文件管理、音乐交互和媒体编码格式六个方面。

（三）移动音乐业务的发展

随着手机终端能力的不断提升和移动网络速率的提高，移动音乐下载业务的市场潜力巨大，该业务的未来发展趋势之一是与在线音乐下载业务融合。移动音乐下载业务的另一个发展趋势是与音乐产业充分结合在一起形成联动营销的商业模式，如欧洲移动运营商正尝试将移动音乐下载业务转变为音乐销售的另一个渠道。移动音乐的巨大市场潜力正在推动唱片公司、互联网企业、电信运营商和手机制造商加入其中，以多样化的商业模式拓展产业链。

四、手机报

（一）手机报的定义

手机报是将纸质报纸的新闻内容，通过无线技术平台发送到用户的手机或其他移动媒介上，使用户通过手机、Pad 等数字媒介阅读新闻的一种信息传播业务。通信技术的发展为手机报诞生奠定了技术基础；人们对信息产品多元化、个性化的消费需求，也刺激了手机报的产生；传统媒体寻求多种经营和拓展生存空间的需要也是手机报产生的原因。

移动报纸是电信增值业务与传统媒体相结合的产物，由报纸、移动通信商和网络运营商联手搭建的信息传播平台，用户以手机为媒介浏览新闻的一种传播方式。数字化就是把模拟信息转换成计算机能读取的由 0 和 1 组成的信息。在数字格式中，音频、视频和文本信息能混合在一起并融为一体。

（二）手机报的分类

手机报可以分为两大类型：一种是彩信型手机报；另一种是网络型手机报，包括 WAP、Imode 或 3G 网站类型。第一种类型类似于传统纸媒，就是报纸内容通过电信运营商将新闻以彩信的方式发送到手机终端上，用户可以离线观看；第二种类型是手机报订阅用户通过访问手机报的网站，在线浏览信息，类似于上网浏览的方式。

手机报也可以按技术模式分为三种类型：文本类型、彩信类型以及 WAP 网页型，这几种技术模式在表现形式、内容容量、终端要求、订阅方式等方面有较大差别。文本类型是一种技术局限性非常高的手机报，最多只能传播 70

个汉字，没有生命力。

（三）手机报

短信、彩信是 3G 时代之前的技术，目前建立在短信技术之上的手机报其实是一种过渡性产品。目前，国内已开通服务的手机报大多采用的是第一种模式；第二种模式需要更多的技术支持，在日本十分盛行。有实用价值和发展潜力的手机报应该是网络报纸的延伸，正与日本 Imode 手机报一样。

3G 网站类型是未来的发展方向和主流。真正的手机报应该是建立在 3G 技术基础之上，使得用户可以高速上网获取多媒体新闻信息，真正做到看新闻、听新闻。目前，国内广泛采用的彩信模式只是一种过渡模式，彩信的容量十分有限，最多只能传送 100KB 的文件，所以彩信版手机报中有部分新闻是以新闻摘要或是缩编的形式出现的。

在 3G 技术普及之前，国内 WAP 型手机报应该是目前的发展重点。3G 型和 WAP 型手机报在经营模式、业务特色、内容编辑等方面存在很大的相似性；两者最大的差别在于 3G 的信息传播速度要大大高于 WAP，在 3G 技术平台上可以大规模传输多媒体信息。

五、手机电视

（一）手机电视的概念

手机电视是指以手机为终端设备，传输电视内容的一项技术或应用，是用具有视频支持功能的手机观看电视的业务。它属于移动视频的范畴，通过移动电信网络实现，并在点对点或点对多点情况下传送声音、图像和数据文件的实时性交互业务。手机电视业务就是利用具有操作系统和视频功能的智能手机观看电视的业务。随着 3G 商用化时代的到来，手机电视业务已经吸引了人们越来越多的注意，也逐渐出现了新的发展机遇。其用户基础十分庞大，有望成为继报纸、广播、电视和互联网之后的"第 5 媒体"。

目前关于手机电视的定义，一类是从传媒角度将其定义为一种新型的电视传播媒介，认为手机电视是计算机网络的延伸，是利用具有操作系统和视频功能的智能手机作为电视节目接收终端的新型电视传播媒介；另一类定义是将手机电视纳入通信业务范畴，认为手机电视是利用具有操作系统和视频功能的智能手机观看电视的业务，并且是以流媒体方式实现的移动全新业务。

严格来说，手机电视是一种跨越广电业与电信业的融合类业务，两大产业在内容、技术、网络、赢利，以及产业链等环节都有延伸和渗透；同时手机电视具有很强的媒介属性，手机媒体结合了报纸、广播、电视和网络的部分特点，形成了具有自身传播特色和媒体特性的"第 5 媒体"。目前，国内业界和理论界普遍将手机电视的媒介属性划分到新媒体的范畴。

(二) 手机电视的特点

手机电视是近年来全球关注的一个热点。随着移动数据业务的普及、手机性能的提高以及数字电视技术和网络的迅速发展，手机电视已成为无线应用的新热点，被视为 3G 时代最有希望的多媒体业务之一。无论是设备制造、终端等上游供应商，对手机电视业务进行整合与营销的中游运营商，还是最终客户，都对随时随地能欣赏丰富多彩的电视节目的手机业务充满期待。近年来，手机电视在我国的发展十分迅速，特别是 2008 年北京奥运会推动了手机电视的应用。手机电视作为新兴产业，有着广阔的发展前景，蕴藏着丰厚的利润。

由于手机媒体具有小巧、携带方便、互动性强的特性，美国、日本等国运营商早在 2003 年就瞄准了手机电视这块诱人的市场，纷纷推出手机电视业务。尽管 3G 时代还没到来，中国移动和中国联通也先后涉足手机电视业务，以引导消费者需求，培养消费者的消费习惯，同时树立品牌形象，为 3G 时代的运营积累经验。

手机电视最初出现于日本，随后是韩国。目前，英国、意大利等国也有大量的手机电视用户。从 2003 年开始，随着移动数据业务的普及、手机性能的提高以及数字电视技术和网络的迅速发展，一些发达国家的主要运营商纷纷推出手机电视业务，引起了人们的广泛关注。据预测，亚洲将是手机电视服务最为普及的地区，其次是美国、欧洲以及中东和非洲。

 本章案例

莫让微信成 "危信"

微信是这两年在手机用户中非常火的一款聊天交友工具。它不仅能和朋友聊天、发信息，还有很多其他新鲜功能。微信好玩、方便，吸引了很多人，但也有人在玩微信的时候，玩出了意想不到的危险。

1. 玩微信：年轻人的新风尚

微信是 2011 年面市的一款新型聊天工具，使用者可以通过手机网络和好友之间进行语音短信、视频、照片和文字交流。不到两年的时间，它的注册用户已经超过了 2 亿人。玩微信成为了很多年轻人的新风尚。

记者随机采访了超过 30 位市民，除了两位中年人不知道微信外，其他人都是微信用户。在微信里，查找 "附近的人" 就是通过手机定位，能搜索到距离 1000 米以内使用微信的人，而 "摇一摇" 能找到跟你同一时刻摇晃手机的人，如彼此愿意，就能加为好友互相聊天。年轻人交朋友大多讲究新鲜和缘

分，微信功能受到了很多人的欢迎。

2. 微信交友带来的杀身之祸

通过定位功能来找人，是手机微信这个新型交友平台和以往其他交友方式的根本区别，但现在大家都习惯于享受这一科技进步所带来的便捷和乐趣而忽略了使用者的复杂性。微信有一个位置发现功能，在 100~1000 米范围内，使用者能找到需要攀谈的对象，作为交友来说是件很好的事情，但它同时也拉近了被害人和犯罪分子的距离。

徐小红今年 36 岁，是昆明一家服装店的老板，离异后一直独自生活，2012 年 2 月，一个偶然的机会，她通过微信的定位功能发现并结交了一山东籍男子尹某，两人很快结成了男女朋友。

其实，徐小红的这位男友已经有一位交往多年的女朋友，玩微信只是为了排遣寂寞，他并没有打算跟徐小红长远在一起的。但微信上的你来我往，却让徐小红彻底放下了防备。在和尹某交往不久，她就向尹某透露，自己有一笔 50 多万元的拆迁补偿款，此时尹某因为生意失败急于用钱，这让尹某打起了这笔钱的主意。

5 月 24 日 21 点 33 分，徐小红离开服装店下班。此时，尹某和他的两名同伙已经带好头套，埋伏在徐小红店外停车场内等待着她。三人逼她说出银行卡密码，当他们去拉徐小红的时候，她惊叫起来，他们就把她脸部压在水沟里面，她便溺水身亡了。

徐小红怎么也没想到，微信结交的缘分带来的竟然是杀身之祸。

3. 微信有危险，使用需谨慎

2012 年以来，通过微信犯罪的案例时有发生。据统计，从 2011 年 12 月~2012 年 2 月，杭州警方共接到与微信有关的诈骗、盗窃案件近 20 起。重庆市公安局和广州市公安局都在其官方微博上特意提醒使用微信的年轻女性注意安全。那么，与以往的 QQ 和电信犯罪相比，刚上市不久的微信为何如此频繁地成为了犯罪分子的作案工具呢？

业内人士指出，微信绑定在手机上，用手机随时随地可以登录；微信倡导导入通讯录好友，真实名字、真实照片，给人感觉这是一个非常真实的社区，大家的提防心理会小一点。

其实微信中的个人信息同样是真假难辨，28 岁的云南蒙自青年彭某是个微信迷，对微信的产品特性了如指掌。与一般人不同的是，他有多个微信号，其中有一个微信号竟然是冒充女性注册的。

彭某已失业 1 年，房租、车贷已经花光了他所有的积蓄。彭某用"李婷"的假身份，只搜索有钱人，如果对方不符合他所认定的条件，就立即删除。不久后，彭某在众多微友中锁定了一个目标王某。

为从这条大鱼身上搞点钱花，彭某进行了周密的策划。他让女朋友杨某冒充"李婷"去跟王某见面，然后实施麻醉抢劫的计划。彭某把 10 片安眠药磨成粉末交给杨某，让她趁机在聊天过程中下药。

就这样，王某在不知情的情况下喝光了混有安眠药的啤酒，两人于 19 点 55 分离开酒吧回到了王某的车上，10 分钟后，王某就昏迷了。随后赶来的彭某抢走了王某随身携带的欧米茄镶钻金表、金首饰、手机、现金等，折合人民币 317600 元。所幸的是，彭某和杨某在案发第二天就被警方抓获，除 15000 元现金外，其他赃物都被追回。

警方提醒，在使用微信时一定要慎重发布个人信息并在确认对方身份和自身安全的前提下见面，使用过程中及时关闭手机定位功能。

被骗财、骗色甚至丢掉生命，有网友就这样说："微信有危险，使用需谨慎。""微信微信，只能微微信。"2 年，2 亿多用户，说明微信深受用户的欢迎，但一个个案例提醒人们，微信在给人们带来快乐和便利的同时，也可能给不法分子可乘之机。今后，像微信这样的聊天工具还会层出不穷，在使用它们的时候，如何保护我们的个人信息不被泄露，保障我们的人身安全不被侵害，这是使用者、运营商和相关管理部门都要面对的新课题。

资料来源：CCTV2 焦点访谈，2012-12-10。

228

问题讨论：

1. 你使用微信遇到过什么危险吗？应如何正确使用微信？
2. 微信的负面作用应如何避免？

本章小结

通过本章学习应熟悉三网融合、宽带技术和推送技术等移动信息服务个人应用的基础概念；理解移动短消息业务的作用，短信具有实用、易用的特点，短信已经不仅只是一种业务，它已经从某种程度上改变了人们的生活方式。掌握移动即时通信的内容和分类、掌握微博业务的特点和应用、熟悉即时通信的概念，了解微信、QQ、MSN 和 SKYpe 等即时通信业务。熟悉移动社区的发展趋势和应用，社交网络服务已经成为互联网发展的一种趋势。互联网社区发展得很快，从 Facebook、MySpace 到 YouTube、开心网等，社会性网络服务以其极强的用户黏性和极深的网页浏览能力得到了迅速发展。熟悉移动媒体和移动娱乐业务，包括流媒体、手机游戏、手机音乐、手机报和手机电视。

本章复习题

1. 简述三网融合、宽带技术和推送技术的概念。
2. 试分析移动短消息业务的作用。
3. 试述移动即时通信的内容和分类。
4. 简述微博业务的特点和应用。
5. 举例说明移动社区的发展趋势和应用。
6. 简述移动媒体和移动娱乐业务发展趋势。

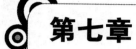

移动信息服务的政企应用

学习目的

知识要求 通过本章的学习，掌握：

● 移动信息服务的政企应用特点
● 移动政务
● 移动门户
● 移动广告
● 移动化管理

技能要求 通过本章的学习，能够：

● 掌握政企客户内部网 Intranet 的构建
● 理解移动政务的功能和意义
● 掌握移动门户的作用
● 掌握移动广告的商业模式
● 熟悉移动化管理的进展

231

学习指导

1. 本章内容包括：移动信息服务的政企应用特点；移动政务；移动门户；移动广告；移动化管理。

2. 学习方法：结合案例掌握政企客户内部网 Intranet 的构建、理解移动政务的功能和意义、掌握移动门户的作用、掌握移动广告的商业模式、熟悉移动化管理的进展。

3. 建议学时：4 学时。

 **引导案例**

家校互动

　　教育行业信息化经过 10 年从无到有的教育行业"家校互动"成功案例快速发展期，目前已进入相对平稳增长期，中国教育信息化需求再次攀升。

　　由于教育信息化建设的步伐各地不尽相同，教育平台的构筑、教育方式方法以及学校、教师、家长和学生四者间的沟通还存在诸多问题。移动公司为此推出了"家校互动"方案，此项解决方案主要由四大模块组成，分别是"短信互动平台"、"智能校园卡平台"、"城市及中小学生综合信息管理平台"、"教师再教育平台"，分别从短信、终端、教育管理需求方面全方位覆盖了教育行业用户群体：教育系统领导层、校长、老师、家长、学生，提供学校个性化短信、平安短信、亲情电话、家长留言板、金融小秘书、老师再教育等多项服务。四个平台可独立使用，同时也存在内在有机联系。具体应用功能如下：

　　(1) 短信互动平台。主要用于老师在互联网上发送短信给家长，家长通过手机即可收阅及回复短信给老师。

　　(2) 教师再教育平台。主要用于全市各学校老师进行网上学习、再教育。此系统既方便了老师学习，又能让教育局控制培训效果。因为，此系统的网上课件播放过程中有随机出题，回答错误将无法继续进行学习。

　　(3) 中小学生综合信息管理平台。此平台主要包括学籍管理、成绩管理、智能卡管理、卫生保健管理、教育督导管理、教育人事管理、教育办公管理等系统。

　　(4) 智能校园卡平台。此平台主要提供学生身份认证（智能学生证）、电子学籍信息存储和金融消费等功能。主要应用有平安短信、亲情电话、金融小管家等。

　　以往，电话、家校联系本、家长访谈、E-mail 等传统的联系方式受到多种条件制约，随着移动终端的普及，校方通过移动终端与无线通信网络以短信、彩信的方式即时与家长取得联系，将平安短信、学习成绩等内容及时传送到家长手中，做到省时又省力，为学校、家长和学生三方提供了一种良好、便携的沟通方式。

　　资料来源：中国移动信息化成功案例，2012-9-14。

问题：
1. 教育行业信息化对于密切教师与家长的互动有何意义？
2. 你认为学校的移动信息化平台能否提高学生的学习成绩？

第一节　移动信息服务的政企应用特点

一、政府和企业的移动信息化

移动信息化服务，是指在现代移动通信技术、移动互联网技术构成的综合通信平台基础上，通过掌上终端、服务器、个人计算机等多平台的信息交互沟通，实现管理、业务以及服务的移动化、信息化、电子化和网络化，向社会提供高效优质、规范透明、适时可得、电子互动的全方位管理与服务。

随着企业信息化建设的深入发展，信息化办公系统如 OA 系统、ERP 系统、电子邮件系统、CRM 系统，已成为企业办公不可缺少的工具。移动互联网的迅速发展，3G 或 WiFi 等无线网络的大面积覆盖以及有智能手机、平板电脑的广泛使用。用户对手机应用的要求除了个人应用，还能够进行手机办公，这推动了移动办公的普及。现今办公效率对企业生存发展起着至关重要的作用，移动信息化解决方案为解决企业现有信息化办公的固定地点等局限性应势而出。

移动信息服务增长的动力来自于移动政务和移动商务应用的高速发展。在政府、企业和个人丰富的移动应用基础上，实现政府、企业的信息化应用，最终达到随时随地可以进行随身的移动化信息工作的目的。在移动信息化实施之下，目前政府和企业在电脑上应用的各种信息化软件体系，如办公信息化软件、ERP 软件、CRM 软件、物流管理软件、进销存软件，以及各行业特定的行业软件（如警务联网系统、统计局统计系统等），都可以移植到手机终端使用。手机变身为一台移动化的电脑，既能在手机与手机端进行信息化工作联动，又能够与原有的电脑端信息化体系保持互联互通。随着手机成为信息化网络中的移动载体，移动信息化将让现在需要固定场所、固定布局的企业和政府信息化建设模式变得更加灵活方便，满足政府和企业在出差、外出、休假，或发生某些突发性事件时，与单位信息体系的全方位顺畅沟通。

二、政企客户需求分析

随着企业的发展，分支机构、办事处、连锁店等企业扩大经营，面对办公地点增多，企业员工分布广、移动性大，频繁往返于客户、销售卖场与公司之间，需要一种便捷、灵活和具有跨地域性的办公方案，使员工无论身在何处，都能实现员工与员工之间、企业与业务伙伴之间的相互交流和沟通。各级政府机构服务观念在不断提高，也希望通过移动办公的方式提高办公效率，降低管理成本，提升服务质量。具体有如下需求：

（1）市场人员遍布全国各地，没有固定的办公场所，每次访问内部系统的终端和网络不同，没有局域网环境，因而无法及时使用 CRM 来更新客户信息，也无法利用 OA 系统来实现办公自动化。

（2）公司领导经常出差办公，在火车站、飞机场等地方，随时需要查看、调用、审批内部的资料文档，并知道业务进展及生产线的进度，需要随时随地都能访问内部办公系统及生产管理系统的解决方案。

（3）政府工作人员驻点调查路况信息、各分局等的数据采集等，需要有一种方式可以即时将采集到的重要信息及时传达给内部系统。

（4）突发和意外情况，能在事件发生的最短时间内上报、传达给企业内部的相关人员，相关人员和领导层能够不受地点的限制，快速及时对突发和意外情况作出指示和决定。

（5）随时随地办公，通过公网访问企业内部核心信息资源，面临着非法访问、信息窃取等外部的安全威胁，就必须有相应信息安全策略，在严格防止企业信息资源被非法窃取的同时，对合法的访问要提供方便。

三、政企客户系统功能特点

将企业现有 OA 系统、ERP 系统、电子邮件系统 CRM 系统等企业现有的办公及生产管理系统等通过"移动云接入管理平台"统一发布应用到手机、平板电脑。企业人员非办公室内通过手机、平板电脑就可以像在普通 PC 前一样办公。

（一）此系统能实现如下功能

（1）移动公文处理。实现手机、平板电脑进行通知公告、转批、催办、公文查阅、审批、用车申请、电子签章、流转等，只要是企业原有 OA 系统在手机和平板电脑上都能实现移动 OA。

（2）移动生产流程管理。采购信息、生产进度、备料情况、库存、出货情况等企业原有 ERP 系统在手机和平板电脑上都能实现。

（3）移动 ERP 移动电子邮箱。登录、查收、回复邮件及时了解企业及业务进展。实时展现：在手机上实现公告通知、通讯录查询、日程安排等。

（4）移动信息采集。各分点，分支机构订单、客户等信息及时采集入库。

其他移动功能包括会议管理、出差管理、费用报销等，可以按照客户要求适配到手机终端进行展现和操作。

（二）系统的优势

1. 无缝接入任何应用

企业现有的应用软件无需提供任何接口，不用任何的开发成本，不用改变现有任何 IT 网络结构，接入企业的移动办公设备至现有网络架构中即可，无需任何二次开发，部署快。

2. 终端全覆盖

支持苹果 iOS，iPad/iPhone，Android 系统，LeOS，OPhone OS，Windows Mobile 各种手机操作系统。网络全覆盖完全支持 GPRS、GSM、EDGE、CDMA、WCDMA、TD-SCDMA、WiFi 等多种无线网络环境。

四、政企客户内部网 Intranet 的构建

Internet 在全球的发展和普及，企业网络技术的发展，以及企业生存和发展的需要促成了企业网的形成。Intranet 是传统企业网与 Internet 相结合的新型企业网络，是一个采用 Internet 技术建立的机构内联网络。它以 TCP/IP 协议作为基础，以 Web 为核心应用，构成统一和便利的信息交换平台。它通过简单的浏览界面，方便地提供诸如 E-mail、文件传输（FTP）、电子公告和新闻、数据查询等服务，并且可与 Internet 连接，实现企业内部网上用户对 Internet 的浏览、查询，同时对外提供信息服务，发布本企业信息。

（一）Intranet 的主要特征

企业建立 Intranet 的目的主要是为了满足其在管理、信息获取和发布、资源共享及提高效率等方面的要求，是基于企业内部的需求。企业网 Intranet 的主要特征表现在以下几个方面：

（1）Intranet 除了可实现 Internet 的信息查询、信息发布、资源共享等功能外，更主要的是其可作为企业全方位的管理信息系统，实现企业的生产管理、进销存管理和财务管理等功能。这种基于网络的管理信息系统相比传统的管理信息系统能更加方便有效地进行管理、维护，可方便快捷地发布、更新企业的各种信息。

（2）在 Internet 上信息主要以静态页面为主，用户对信息的访问以查询为主，其信息由制作公司制作后放在 Web 服务器上。而 Intranet 则不同，其信息主要为企业内部使用，并且大部分业务都与数据库有关，因此要求 Intranet 的页面是动态的，能够实时反映数据库的内容，用户除了查询数据库外，还可以增加、修改和删除数据库的内容。

（3）Intranet 的管理侧重于机构内部的管理，其安全防范措施要求非常严格，对网上用户有严格的权限控制，以确定用户是否可访问某部门的数据，并且通过防火墙等安全机制，控制外部用户对企业内部数据的获取。

（4）Intranet 与传统的企业网相比，虽然还是企业内部的局域网络（或多个局域网相连的广域网），但它在技术上则以 Internet 的 TCP/IP 协议和 Web 技术规范为基础，可实现任意的点对点的通信，而且通过 Web 服务器和 Internet 的其他服务器，完成以往无法实现的功能。

（二）Intranet 的构建要点

企业建立 Intranet 的目的是为满足企业自身发展的需要，因此应根据企业的实际情况和要求来确立，所建立的 Intranet 所应具有哪些具体功能以及如何去实现这样一个 Intranet。主要有以下几个方面：

1. 网络拓扑结构的规划

在规划 Intranet 的网络拓扑结构时，应根据企业规模的大小、分布、对多媒体的需求等实际情况加以确定。一般可按以下原则来确立：

（1）费用低。一般地在选择网络拓扑结构的同时便大致确立了所要选取的传输介质、专用设备、安装方式等。例如，选择总线网络拓扑结构时一般选用同轴电缆作为传输介质，选择星形拓扑结构时需要选用集线器产品，因此每一种网络拓扑结构对应的所需初期投资、以后的安装维护费用都是不等的，在满足其他要求的同时，应尽量选择投资费用较低的网络拓扑结构。

（2）良好的灵活性和可扩充性。在选择网络拓扑结构时应考虑企业将来的发展，并且网络中的设备不是一成不变的，对一些设备的更新换代或设备位置的变动，所选取的网络拓扑结构应该能够方便容易地进行配置以满足新的要求。

（3）稳定性高。在网络中会经常发生节点故障或传输介质故障，一个稳定性高的网络拓扑结构应具有良好的故障诊断和故障隔离能力，以使这些故障对整个网络的影响减至最小。

（4）因地制宜。选择网络拓扑结构应根据网络中各节点的分布状况，因地制宜地选择不同的网络拓扑结构。目前，常用的局域网技术有以太网、快速以太网、FDDI、ATM 等多种。其中交换式快速以太网以其技术成熟、组网灵活方便、设备支持厂家多、工程造价低、性能优良等特点，在局域网中被广泛采用。对于网络传输性能要求特别高的网络可考虑采用 ATM 技术，但其网络造价相当高，技术也较复杂。

2. Intranet 的硬件配置

在选择组成 Intranet 的硬件时，着重应考虑服务器的选择。由于服务器在网络中运行网络操作系统、进行网络管理或是提供网络上可用共享资源，因此对服务器的选择显然不同于一般的普通客户机，同时应该按照服务器的不同类型，如 WWW 服务器、数据库服务器、打印服务器等而应该有所侧重。其余的硬件设备有路由器、交换机、集线器、网卡和传输介质等，所选择的这些设备应具有良好的性能，能使网络稳定地运行。此外，在此前提下，还应遵循经济性的原则。

3. Intranet 的软件配置

Intranet 的软件可分为服务器端软件和客户端软件。客户端软件主要为浏览器，目前常用的浏览器软件有 Netscape Navigator、Microsoft Internet Explore 等。服务器端软件较为复杂，主要有网络操作系统、Web 服务器软件、数据库系统软件、安全防火墙软件和网络管理软件等。目前市场上主流的网络操作系统有 UNIX、Novell Netware 和 Windows NT 等。如果企业网 Intranet 中大多数是以 PC 机为主体，建议选用 Novell Netware 和 Windows NT。

近年来，伴随移动互联网的爆发式增长，企业级移动应用市场逐渐走入人们的视野。有关研究报告曾预测：未来几年，中国企业级移动应用市场将迎来高速增长，预计 2016 年中国市场规模将达到 666.3 亿元，未来四年符合增长率达 65.4%。企业级应用市场即将成为移动互联网的下一个主战场。企业用户、移动应用开发商、移动中间件提供商、移动操作系统厂商、应用商店、电信运营商、终端厂商，以及安全提供商等共同构成了以企业级移动应用产业生态圈。中国的企业级移动应用还处于萌芽阶段，各方面服务仍待完善，但同时宽松的市场空间让这一新兴产业充满商机。企业级移动应用作为移动互联网领域新的支撑点，将助力未来商业，并为其提供源源不断的动力。

第二节　移动政务

一、移动政务的概念及内容

（一）移动政务的定义

移动政务（Mobile Government，mGovernment）是指借助移动通信数据服务而进行的政务活动，亦称移动电子政务。它主要包括无线通信及移动计算技术在政府工作中的应用，通过无线接入技术如手机、PDA、WiFi 终端、蓝牙、无线网络等技术为公众提供服务。

在公共管理领域，移动政务的重要应用之一是为市民以及现场办公的公共服务人员提供随时随地的信息支持。除了政府服务人员移动办公的需要，移动互联网技术还可以用于远程数据自动采集，例如环保部门、安全保卫部门、燃气管线监控部门、压力容器监控或者其他类型的危险品监控。远程数据采集，不仅免除了工作人员来回奔波的麻烦，而且提高了信息采集的及时性。最重要的是通过移动及无线技术对现场信息交互的支持，减少了不必要的物流和人流，推动可持续发展，建设"资源节约型社会"。移动技术的发展，已经引起各国公共服务部门的重视。响应公共服务一线及公众本身的信息及服务需求，利用手机、PDA 及其他手持移动设备，通过无线接入基础设施为一线政府工作人员和社会公众提供信息和服务，越来越成为各国政府关注的焦点。

（二）移动政务的内容

电子政务采用 Internet 技术，改变了传统的政府服务模式，提高了政府的行政效率。然而，随着移动通信技术的发展，人们对于移动性服务的需求迅速增多，传统的基于固定网络的电子政务已经无法完全应对新的发展趋势，政府部门正逐渐采用移动和无线网络技术，并创造了电子政务的一个新的发展方向——移动电子政务。

移动政务是一种战略，它的实施包括利用各种移动技术、无线网络技术、服务、应用程序和移动设备，为参与政务的公民、企业和政府部门提供良好的公共服务。移动政务并不是电子政务的替代，在很多情况下，移动政务与电子政务是互补的。目前，移动政务也没有像电子政务那样有较完善的构建规范，一些国家（如希腊等）甚至将移动政务作为电子政务的一部分。

（三）移动政务的特点

移动政务是基于无线网络技术的新型电子政务模式，具有不受网线、网络接口的限制、配置简单、应用灵活等特点。

1. 政府实现无线办公

移动政务可使政府各部门告别穿线架管，甩掉线缆包围，实现"无线办公"。办公人员可以随意改变办公位置，可以随时随地通过短信接收政府快报、公文提要、重要文件到达提示等。因此，移动政务可以改进办公的流程，减少人力、物力的消耗。

2. 民众增加政务参与

移动政务让民众告别了在窗口前排队等待的焦虑，节省了时间；使民众能随时和政府沟通，可使用适当的权限进行申请、查询、上访等服务；也方便民众及时收到紧急预警，做好防范措施。

二、移动政务的功能

同传统电子政务类似，移动政务也可以用于政府部门对政府部门（G2G）、政府对政府雇员（G2E）、政府对于企业（G2B）以及政府对公民（G2C）。这一分类同传统意义电子政务没有差别。

从信息传输的方向看，移动政务大体可以分为三类：信息发布、信息采集以及信息交互。

（一）信息发布

在 G2C、G2B 方面，包括政府各种日常信息以及紧急信息的通知，例如护照办理信息、纳税信息以及灾害预警信息。2003 年 SARS 期间，面对一个影响非常恶劣的谣言，香港政府向当地居民发送短信予以解释，收到了非常好的效果。这一事件，使得香港成为全世界第一个采用短信大范围发送通告的地方政府。G2E 方面，政府可以利用 OA 系统集成短信息服务，向政府雇员发送会议通知、任务安排等信息，这是当前中国各地政府在移动政务探索方面应用最广的一种类型。

（二）信息采集

例如，政府利用短信进行的各种调查，也包括公民在遇到市政设施破损时给政府发短信提醒。信息采集也可用于监控，广州移动利用移动通信网络及增值服务，建立了一套应用于交通、环保、水文、气象、供电、供水、管道天然气、煤气供应等基础设施和服务领域，对各类现场采集后的数据进行实时传送，使有关部门及时掌握城市整体运作动态。

（三）信息交互

例如经常需要现场办公的执法部门、市政部门利用 GPRS 查询车辆信息、公民信息或者地下管网信息，也可用于查询公共汽车、航班的实时信息。

从无线数据通信技术在系统中的重要程度分析，移动政务可以分为两种：一种是作为传统电子政务的补充，一种是完全以移动通信技术为核心的全新应用。

前者，例如我国香港地区政府网站有针对 WAP 格式的版本以及杭州市市民信箱可用短信访问。这些系统，利用移动通信的功能模块是原有系统的一个扩充，是系统多渠道服务方式之一。对于原有系统影响较小，投资少，更容易实现，大部分早期建设的移动政务系统属于这一范畴。

后者，其代表包括市政基础设施 GPRS 监控系统、公共汽车距离查询系统，这些系统充分利用了移动通信系统的优势。例如，在海外度假的瑞典人可以给瑞典海关发短信，查看他所享受的免税额度。GSM 网络可以自动鉴别出手机用户所在国家，用户自己不需要通知系统自己身在何处。

（四）移动政务的主要应用

移动政务在基于统一的技术架构上构建起电子政务应用内外网平台，可以实现单点登录、安全访问、个性化办公流程、信息交互和信息共享、报表生成、表单填报审批、公文处理、邮件服务、会议组织、日程安排、个人办公、信息查询汇总、档案管理、管理监督计划统计等应用的功能，实现各级行政主管部门协同应用、互联互通、信息资源共享、网上办公等，提高移动政务办公的效率。移动政务的更多应用如图 7-1 所示。

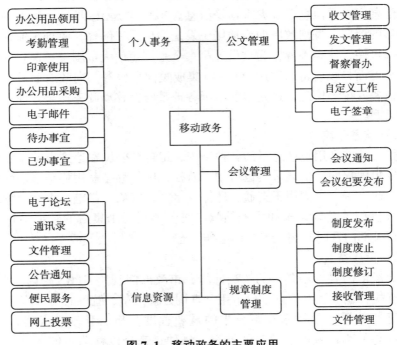

图 7-1 移动政务的主要应用

三、移动政务的技术基础

（一）移动政务技术的发展历程

办公人员由于要出差，会经常远离办公室，人们一直期望着能在任何地方都可以访问到自己需要的信息，然而这个过程由于技术的局限性，经历了一个逐步演变的过程。随着移动设备技术和网络通讯技术的发展，移动政务自动化系统建设主要经历了以下三个阶段：

1. 第一阶段：离线式移动政务

20 世纪 90 年代出现的笔记本为这种需求提供了首次技术上的支持，于是人们可以带着笔记本周到任何地方均可以工作，但是因通讯技术的局限性，访问内部网基本上无法实现。此时，信息交换是通过回到办公室后的同步来实现的，这也就是邮件同步、日程同步技术出现的时期。这一时期，移动终端也加入了新的家族成员 PDA。

2. 第二阶段：有线移动政务

随着 VPN 技术的出现，为移动政务带来重要的契机，于是人们借助 VPN 提供的安全通道可以安全地通过通讯接入提供商和运营商提供的网络，在旅馆或国际会议现场接入到公司内部网，实现有线的移动政务。

3. 第三阶段：无线移动政务

CDMA 和 GPRS 移动通信技术的出现为移动政务带来了质的飞跃，移动政务才正式进入了无线时代。随着通信技术的发展，移动通信已经由 2G 进入了 3G 时代，这为移动政务提供了更加先进的移动通信平台。

（二）移动政务技术的内容

移动技术主要分为以下四类：

（1）基于无线电的双向无线电通信（专业或公共移动无线电）或广播。

（2）基于蜂窝电话的移动语音服务、SMS（短信服务）、MMS（彩信服务）、WAP（无线应用协议）、GPRS（通用无线分组业务）、3G（第三代移动通信网络）。

（3）基于移动设备的，包括笔记本电脑、平板电脑、PDA（个人数字助理）、寻呼机、蓝牙技术、RFID（射频标签）和 GPS（全球定位系统）终端。

（4）基于无线网络的 WiFi、WiMax 等。

（三）移动政务的工作流程

移动政务的一般工作流程为：办公数据沿"内网入口→各门户入口→各门户数据库→具体信息管理系统→中心数据库"路径在系统中流转，各级政府部门可通过身份认证访问各级数据库，并对数据实现导入、增删、修改、更新等操作。以某市政府办公厅为例，支撑平台上运行的内网信息门户为统一入口，展示内网政务公开及办公等相关信息，同时提供领导办公门户、办公厅办公门户、委办局办公门户入口，为市领导、办公厅工作人员及各委、办、局工作人员，实现公文及信息的审批、发送等内部横向信息流转。同时涵盖委办局上传来的信息，通过信息的下发，间接实现委办局之间的信息横向流转。各功能之间还可以通过数据交换协同工作，资源共享，形成以市政府办公厅为中心，纵横交错的网上办公文档一体化系统。

四、移动政务的系统构架

移动政务根据不同的交互层次，可分为以下四类：

（1）移动政务和政府之间（mG2G），指的是政府机构间的关系和相互作用。

（2）移动政务和企业之间（mG2B），描述政府和企业之间的互动。

（3）移动政务和政府雇员之间（mG2E），关心政府和政府雇员之间的互动。

（4）移动政务和公民之间（mG2C），强调政府和市民之间的互动。

移动政务的系统构架如图 7-2 所示。

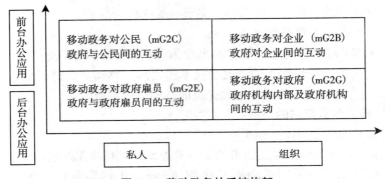

图 7-2 移动政务的系统构架

242

五、移动政务的安全

（一）移动政务安全的重要性

由于移动政务要经过开放的无线公网接入政府的内部网以及信息在空中无线传播，因此移动政务使用和推广的首要问题就是移动政务的安全问题。在网络安全威胁日益严重的今天，移动政务系统的安全更是一个不容忽视的重要问题。如何保证政府网络和信息的安全，也是用户最关心的一个问题。由于移动政务要经过运营商的无线网和移动运营商的运营网络，这就有可能发生信息泄密或引入黑客攻击的问题。因此只有为移动政务提供一个极为安全的解决方案，移动政务的应用才能成为可能。同传统政务系统比较，移动政务系统在信息安全方面需要特别注意的是无线数据通道的安全以及终端设备的安全问题。

CDMA 网络比 GSM 网络安全，但是无线信号在公共空间传播这一特性，导致其安全方面天然的较为脆弱性。国外在此方面采取的措施主要是采取 VPN方式加以控制。对于终端设备安全问题（丢失、密码被攻破、病毒问题），培训用户良好的安全使用习惯非常重要。计算机仅仅被当作数学运算工具的时候，没有多少人想到需要登录密码。而今，计算机里面往往存放了大量重要的信息，登录密码至关重要。当手机仅仅当作通话工具时，没有多少人使用密码保护。但是，移动政务的开展提高了手机的重要程度，用户需要培养安全使用的习惯，充分利用各种密码（如 SIM 卡密码、设备开机密码、设备屏幕保护密码、设备键盘锁密码）保护信息安全。

传统电子政务中所暴露出来的国产化问题，在移动终端方面同样存在。我国的手机设计机构，如中科院、中电赛龙，在手机操作系统、应用程序方面已经取得一定进展，为以手机为代表的移动终端国产化打下初步基础。移动政务，作为传统电子政务的扩展，未来还可以同无线城域网（如 WiMax）、客户端、移动互联网、普适计算、RFID、3G 等应用进行更深入的融合，为人们带来更好的体验。移动政务，关键不在于技术，而在于如何针对自身业务特点进行流程重组。对于政府以及公共部门而言，同移动运营商、SP 共同探讨，充分借鉴已有的成功案例，是非常重要的。已经取得一定进展的北京交警部门、北京东城区、广东信息产业厅等部门，都是值得尊敬的先行者。

身份鉴别问题在信息收集方面至关重要。例如，利用短信报告井盖丢失问题，存在少数人恶作剧的危险，工作人员赶到所谓的事发现场却发现没有问题。中国存在大量的预付费手机用户，这使得很多用户的身份无法有效识别。除此之外，远程办公方面，利用手机操作后台系统的时候，单凭手机号码不足以鉴别操作者的身份，这包括 SIM 卡复制问题，也有手机借用问题。在当前阶段，设计信息收集系统的时候，可以考虑到用户信用等级管理、创建黑名单等方法。远程办公系统，采用登录密码是一个简单有效的方式。较为敏感的系统，则可以考虑生物识别技术。

（二）多样化接入认证方式

所有的智能手机或平板终端都要经过认证，才可以接入云平台，终端的认证方式有本地认证（用户名，密码）、第三方认证（LDAP/RADIUS/AD）、动态令牌（一次性密码认证令牌）、手机 SIM 卡绑定、SD 证书认证（云设备 CA/第三方 CA）、短信认证等方式。

1. AD 域认证

移动云平台可与用户 AD 域（或 RADIUS）进行结合。用户无需在设备上建立另外一套账号密码，即可用原有的 AD 域账号进行登录，并访问其权限内的应用。

2. 动态令牌认证

可增配动态口令 RSA 令牌（类似网络银行的 U 盾，即在静态用户名和密码外增加一重安全性保障），实现更高级别的接入安全。

SGA 平台内置了动态令牌服务端，基于时间周期与客户端动态令牌进行同步，每隔 60 秒产生一个新的口令，口令根据特定算法生成不可预测的随机数字组合，且每个口令只能使用一次。

3. 手机令牌认证

手机令牌认证原理类似动态令牌认证。SGA 平台内置了手机动态令牌服务端，在手机上安装赛蓝手机令牌客户端软件，基于事件触发方式，与 SGA 服务器保持密码同步。由于其高安全性和易携带性，手机令牌认证将成为 3G 时代的主流认证方式。

4. 手机 SIM 卡绑定

支持 Android 系统 SIM 卡绑定，通过 ICAB 软件读取 SIM 卡特定信息，生成唯一特征码，在 SGA 后台设定用户 SIM 卡绑定后，用户第一次登录前台，会自动上传唯一特征码，完成 SIM 卡绑定。

5. 手机硬件特征码绑定

支持 Android、IOS 系统硬件特征码绑定，通过 ICAB 软件读取手机硬件信息，生成唯一特征码，在 SGA 后台设定用户手机硬件特征码绑定后，用户第一次登录前台，会自动上传唯一特征码，完成手机硬件信息绑定。

6. 证书认证

支持 SD 卡证书认证。SGA 设备可做证书签发，或结合第三方证书认证平台，数字证书中含有密钥对（公钥和私钥）所有者的识别信息，通过验证识别信息的真伪实现对证书持有者身份的认证。

手机用户第一次以静态用户名密码方式登录，进行证书下载，下载证书安装后，即可启用证书认证。如果是证书和静态用户名密码绑定用户，用户卸载终端或者更换设备后，须通知管理员清除其证书下载状态，才能再次下载证书进行认证。

7. 短信认证

支持和短信或短信平台结合认证。管理员在后台设置手机短信认证功能，为每个用户绑定手机号码，用户在进行移动办公登录时，首先会收到系统发送的短信验证码，才能在移动平台上进行相应的登录操作。

（三）移动政务的安全机制

移动政务信息系统由于其开放性和远程性，因此易受到计算机病毒和黑客攻击，造成系统被破坏，信息被窃取、篡改、删除等一系列后果，严重的还会造成系统瘫痪。另外，用户使用的终端设备的丢失和被盗，也成为可能泄露个性化信息的重要安全隐患。因此，建立移动政务的安全机制，对自身的终端设备进行加密或者对其他安全措施的处理，保护移动政务隐私信息的安全，是非常有必要的。

第三节 移动门户

一、移动门户的内涵

移动门户是移动互联网时代的电子商务平台，商家可实时发布信息、实现交易并方便地完成交付；消费者通过手机可以随时随地访问、购买并支付。

（一）移动门户的概念

移动门户是根据客户的移动特性而设计的一条最佳的客户沟通渠道，而移动门户网站是移动终端接入互联网的平台，是移动互联网络中的结点，移动用户只有通过它才能方便地访问内容提供商（CP）提供的各种信息资源。通过移动门户网站，手机用户不仅可以实现通话，发送信息，还可以很方便地访问互联网、收发电子邮件、查询数据、浏览金融信息等。移动门户网站向用户及消费者及时提供信息和服务以及使其用户和消费者能够更及时方便地与之进行信息交流，真正实现不受时间和地域限制的移动商务。

移动门户提供的各类特种服务聚集了众多的客户和签约客户，它为网上交易、通信、信息内容以及提供软件应用的远端或无线接口等服务提供了一个现实环境。移动门户完全可以与固定的互联网门户相提并论，它同样也为获取信息内容和进行基础交易提供了一个接口。移动门户网站的建立，为各种互联网应用搭建了一个核心平台，能够实现统一的用户管理，向用户提供自行开发的信息数据库应用服务，提供面向终端的综合管理以及完整安全的端到端的交易行为。

（二）手机门户网站

手机门户网站指企业在手机互联网上的网站入口。目前最常见的手机网站是 WAP（即"无线应用协议"）网站。随着 3G 时代的到来，手机门户网站也经常被称为 3G 门户，实质上还是指 3G 手机所浏览的、多以免费为主的网页。

手机门户网站在国内的发展可以追溯到 2004 年左右，发展源于对当时中国移动主导的移动梦网 SP 接入收费模式的革新，开创了独立于运营商体系之外的免费 WAP 模式——前向用户免费获取服务，主要通过广告收费获利的模式。在当时移动互联网信息和应用都极为匮乏的条件下，免费手机门户网站的出现极大地推动了移动互联网的发展，也加速了移动梦网的衰退。其中的代表是"3G门户网"，自2004年3月上线以来，在短短几个月内注册用户即超过百万，随后几年更是一举超过移动梦网，很长时间内成为国内最大的免费WAP门户网站。而其他业界知名的手机门户网站如手机腾讯网、空中网、新浪网、搜狐网等都是靠"以内容吸引用户，再通过广告获得收益"的模式维持生存。

然而，移动互联网无论是技术还是商业模式变化都太过迅速，随着iPhone和Android手机的崛起，WAP技术逐渐走向边缘化，手机门户网站形式因为用户体验不佳、盈利模式单一等问题而增长乏力。各大手机门户网站纷纷谋求转型，瞄准浏览器、手机关键应用等领域作为新的盈利点，手机门户网站已经不再是移动互联网入口争夺的主流形式。

（三）移动门户的特点

门户可以看成用户和网络信息之间的桥梁和纽带，方便和用户友好的门户是互联网得以迅速发展的重要原因。这种纽带的作用可以从两方面来看：对用户而言，门户是上网访问信息的第一站；对于信息运营商而言，门户就成为业务营销的桥头堡。与传统的互联网门户相比，移动门户有多个显著特点。

首先，依托的技术和表现方式不同。互联网门户依托于WWW技术，对门户的访问表现为WWW浏览，因此又称WWW门户；而手机上的通信方式则不仅是WWW浏览，还包括WAP方式，移动终端本身的菜单、语音通信，甚至短消息或多媒体消息也都可以实现业务访问"入口"的作用，有些方式甚至比WWW方式更适合在手机上使用。充分利用这些手段，可以很大程度上丰富移动门户的功能。

其次，链接的内容不同。互联网门户绝大部分链接的是WWW网站，也有少数其他类型的互联网应用例如FTP、视频流等；而移动门户链接的是短消息、WAP信息、多媒体消息、程序下载甚至语音等各种移动业务。互联网连接的主要是信息类内容，而移动门户除内容信息外还连接了相当比例的通信和事务处理类业务。通过把这些业务按照某种用户友好的方式聚合起来，达到让用户方便地访问业务的目的。

再次，表现力不同。与电脑上传统的WWW门户相比，手机上的门户由于手机的屏幕大小和键盘等用户界面元素的限制，其表现力是相对有限的。手机屏幕的尺寸限制了文字、图片等内容的数量和大小；手机键盘的尺寸限制了输入的方便性；手机CPU处理能力限制了动画等高级手段的使用；电池的容量限制了用户的使用时长。由于比较差的表现力，因此移动门户应该设计得相对简捷。

最后，使用场景不同。由于手机随身携带的特点，用户使用移动门户的场景与通过电脑的 WWW 浏览的场景也有明显不同：手机的使用场景非常广泛，包括室内、室外、路上、车中，其特点是随时随地。因此用户通过手机使用业务会要求业务过程快速简捷。对场景独特性的理解，对于设计易用性好的移动门户具有非常重要的意义，过于复杂的门户操作在随机性很强的移动环境下会很不利于用户使用。

移动门户应用实际上借鉴了传统互联网门户网站的应用模式，由于两种网络的技术特性不同、通信终端的能力存在差异、应用环境有区别，因此各种应用从实现的原理到用户使用的感受方面存在一些差别。但是，从应用的模式和基本原理上看，移动网络的许多应用和互联网是相似的。

二、移动门户网站的建设

移动门户网站是企业向移动用户提供信息服务的一种方式，是企业开展移动商务的基础设施和信息平台，离开移动门户网站（或者只是利用第三方网站）去谈移动信息服务是不可能的事情。

（一）移动门户网站构建

建设移动门户网站，首先确定其建设的目的是非常重要的，设计人员不仅要了解该网站要运行什么应用程序，需要如何连接公司现有系统等，还需要知道建立这个移动门户网站的商业目的是什么，即清楚网站的目标市场，这是建立移动门户网站的基础。

移动用户群体对于移动门户网站的建设非常重要，只有清楚地认识到移动用户群体的需求、兴趣等才可能在移动门户网站上提供用户所需要的内容和信息，从而留住目标用户群体，才可能使得移动门户网站的建设取得成功。例如，手机网上银行，如果目标用户是个人，那么需要多提供一些个人理财、咨询、消费类的信息；如果目标用户是企业，那么肯定需要提供更多金融咨询、投资顾问之类的信息。也可以说，需要创建一个兴趣圈，以便在目标读者中突出网站的价值。

确定移动门户网站的内容之后，网站的结构还要根据网站的内容反复的讨论确定，另外还要考虑到移动终端屏幕小的局限来设计网站，在网站内容和结构上不可能像传统的电子商务网站那样。网站的建设不是一个一成不变的静态项目，而是一个不断改进的过程，因此在设计的过程中还要考虑到未来的发展。

（二）移动门户提供的服务

世界各地移动门户提供服务各有自己的特点。亚太地区的移动门户所提供的服务具有以下特点：服务种类覆盖最广，由第三方提供服务的方式很流行，具有彩屏和其他先进功能的手机丰富了所提供的服务，此外一些运营商如 NTT

DoCoMo 还专门为 PDA 用户建立了移动门户网站。大多数亚太的移动门户喜欢提供的服务有：信息类服务，如新闻、天气、交通路况等等；通信和社区类服务，如电子邮件和消息；娱乐类服务，如电视、电影和餐馆信息，游戏；移动银行服务，如交易和购物。比较少提供的服务是定位导航、个人信息管理工具、股票交易和拍卖。

移动门户对企业来讲，可以帮助企业：①让客户随时随地获取信息，只需要用普通手机发一条短信，即可实时了解企业最新的产品、服务等动态信息，并可以留言、预订，为企业抓住更多客户；②客户的年龄、性别、消费偏好等信息一目了然，促进市场推销；③可以实现更加精准、高效的营销，而且营销成就易于统计、评估。

移动门户是根据客户的移动特性而设计的一条最佳客户沟通渠道。门户提供的各类特种服务吸引了众多的用户和签约用户，它所提供的服务能为网上交流、通信、信息获取以及与远端或无线设备的软件应用接口提供一个文本文件。移动门户完全可与固定的互联网门户相提并论，它同样也为获取信息内容和进行基础交易提供一个关口。

三、手机门户业务市场

（一）移动信息业务的市场规律

移动运营商从单纯的话音业务转向信息服务运营时，需要深刻认识这两个市场的不同规律，才能转变传统话音业务的运营思维和模式，实现适合于信息服务市场的运营模式。

1. 弹性市场

与移动话音相比，移动数据业务对用户而言并非必需。移动话音由于实现了个人通信随身携带的便利性，带给用户的价值是巨大的，而且是其他产品难以替代的。而移动数据业务目前更多提供的不是通信服务而是信息服务，其即时性远没有随身的通话显得重要，因而带给用户的价值就小得多。因此，移动信息业务存在相当多的替代物：传统的大众传媒、互联网上丰富的信息在即时性需求不强时都是比移动信息业务更好的替代物。移动话音为"刚性市场"，而移动信息主要是"弹性市场"。在这样的规律下，移动信息业务必须把"便利性"和"个人化"的文章做足，凸显自身的优势，才能够获得快速发展。

2. 细分的个性化市场

移动话音业务是高度同质化的，其业务功能是满足人们最基本的话音通信需求，因此对不同的用户，提供的业务功能没什么区别。在话音业务运营中，运营商也要对不同类型的用户群进行细分来更好地满足市场需求，但主要是通过不同的资费水平和方式、不同的客户服务来实现差异化服务。而移动信息业务提供的业务形式、业务功能、业务资费相对于语音而言要丰富得多。同时由于移动信息业务满足的是人们更高层次的沟通娱乐、信息获取和事务处理等需求，因此，不同用户对移动信息服务需求的差异远比对语音通话需求的差异要大得多。好的信息服务产品设计和推广必须是基于对细分市场明确和正确定位的基础上。

3. 大量业务的整合营销

开放的商业模式促成了近年来移动信息服务的火热，社会各个行业参与信息服务提供的热情被充分调动起来，开发出各种类型数以万计的移动信息服务业务。大量业务的涌现给营销环节提出了难题，也给用户对移动信息服务整体的认知带来了障碍。服务提供商所提供的营销渠道是数据业务营销的重要组成部分，而对运营商来说对业务进行整合营销成为促使信息服务业务成功，为市场所接受的关键。整合营销是指将来自不同服务提供商的相关业务打包推给用户，实现业务的整体优势。

综合以上分析，可以看到移动信息服务的弹性、个性化市场以及业务众多等规律是与话音通信市场的重要区别。因此，移动信息服务的运营需要遵循这些规律并抓住关键环节，才能促进业务的顺利发展。

（二）移动门户市场的竞争

目前，移动门户领域竞争激烈，主要有四类竞争者：移动运营商、ISP、新加入者和软硬件提供商，其中处于优势的移动门户大部分由移动运营商建立，比如中国移动建立的移动梦网。未来的移动门户最终会成为 3G 服务的多媒体交换平台，终端用户可以充分享受个性化接入的 3G 服务和应用的乐趣。UMTS（全球电信系统）论坛还预测在未来的 10 年中移动门户将产生价值 2000 亿美元的收入。

最近，易观国际发布调研报告称，手机资讯网站、即时通讯、手机搜索仍然位列手机网民使用主要手机应用的前三位。同时，易观国际调查显示手机门户网站呈现出市场份额集约化的特点，竞争十分激烈，抬高了进入门槛。此外，手机门户网站用户群正在从低端走向中高端，也让手机门户网站迎来广告黄金期。与此同时，手机门户网站份额出现集约化，竞争门槛也越来越高。

以上是 2011 年 10 月完成的调研数据，其中清晰显示出手机资讯网站（门户）在手机媒体中占据了主流地位，68.4% 的手机网民使用该渠道浏览新闻资讯，是所有手机网络应用中使用最多的，成为手机用户接触移动互联网的重要起点。手机报、手机视频等其他手机媒体的用户渗透率相对较低。

过去的两年中，各领域 APP 的爆炸式发展为手机用户带来了更丰富的选择，但手机看资讯的需求仍然位居第一，与互联网基本一致，这表明移动互联网时代资讯仍然是用户最稳定的核心需求。以下三个趋势将为手机门户带来利益：其一，大屏智能手机的普及让手机看资讯更便捷，也可支持更丰富的视觉体验；其二，3G 网络和 WiFi 大面积覆盖，让手机上网速度更快，同时资费也在降低；其三，多数手机门户网站也已经发布了自己的资讯 APP。

手机看资讯的用户群也在发生转变，使用 iPhone 和 Android 手机的高端用户占比迅速提高，使得广告主对手机门户网站更加看重。易观数据显示，2010年 WAP 类广告在无线营销整体占比达 42.7%，易观预计未来三年消息类广告的市场份额持续下降而 WAP 类广告占比将持续提升，2013 年将占整体市场规模的 61.6%，WAP 类广告将成为无线营销市场最大推动力量。对手机门户网站"钱景"看好。

同时，易观国际调查显示手机门户网站呈现出市场份额集约化的特点，竞争十分激烈，抬高了进入门槛，手机腾讯网份额以 48.1%遥遥领先，手机新浪网以 20.1%的份额位列第二，紧接着是 3G 门户、手机搜狐、手机网易、手机凤凰，前三位共占据 85%以上市场份额。其中，除 3G 门户外，其余上榜者均同时拥有互联网站点。

竞争门槛越来越高，使自身内容覆盖多平台、多终端，并对细分用户提供定制服务成为手机门户网站竞争的关键点。以手机腾讯网为例，其拥有 1.0 版、3G 版、触屏版、商务版等版本的页面，并且整合了聊天、空间、微博、家园以及应用中心等优势资源，增强了上网入口能力，成为一站式手机上网平台。手机新浪网、3G 门户等也依靠长期的技术与品牌积累，在多终端、平台化方面有着不错的表现。就未来竞争格局而言，新进入者已经没有多少机会，而现有门户网站最终要比拼谁的平台化能力更强，更能承担上网入口的重任。

四、移动门户的作用

移动门户是移动通信用户访问各种移动通信服务或信息服务的"入口"。它作为连接广大用户和众多业务的纽带，在移动数通信业务的发展中起到至关重要的作用。目前，移动数据业务发展中比较突出的问题是用户和产品之间的"鸿沟"。一方是大量的潜在用户需求；另一方是已经推出的众多移动信息服务。固然目前对于市场需求了解得还不够全面和深入，移动信息服务业务本身也还有很大的改进余地，但有效跨越"鸿沟"的营销渠道和手段已经成为推动移动信息服务发展最为关键的一环。而移动门户作为连接用户和业务的纽带，在跨越"鸿沟"中可以发挥重要的作用。

（1）提高业务使用的便利性。根据弹性市场规律，相当一部分用户对于移动信息业务的新服务持观望态度,潜在用户群远大于现实用户群。弹性市场中,用户在消费的时候不是理性消费,而是"随性消费",用户往往在无意或试试看的心态下使用业务。而移动信息服务与其他替代产品相比,其随时随地的方便性需要强化,才能吸引用户不断使用。而门户可以使用户方便地发现有吸引力的业务并可以方便地使用业务,从而培养并保持用户使用习惯。

(2)强化移动信息服务整体形象。用户选择一个产品时,该产品的直观印象和品牌形象的影响力是非常关键的。使移动信息服务这种无形的产品"有形化",让用户形成清晰的感性认识尤其重要。由于移动信息服务类型和内容众多,让用户形成清晰的认知是比较困难的,而移动门户则是树立移动信息业务整体形象的重要手段。好的门户都是通过强调品牌标志和风格、图形化界面等方式使用户形成深刻印象,从而形成清晰的用户认知。

(3)支持个性化用户市场的关键。面对数据业务个性化市场,需要对不同的细分用户群推出不同的业务。这种细分营销可以通过定向的广告宣传来实现,而个性化的门户则是支持个性化用户市场的更高级手段。通过对不同用户群设计不同的服务内容,使得用户在第一时间发现自己最感兴趣的业务,而排除其他业务的干扰,可以实现更为精准的营销效果。

(4)支持整合营销的手段。在移动信息服务的运营中,对众多的业务进行的整合营销是重要的营销手段。整合营销要依赖于在移动门户中设置专栏或专区,充分发挥门户的业务聚合能力,形成业务推广的"合力"。

251

总之,移动门户在移动信息服务发展中可以起到弥补用户和业务间"鸿沟"的重要作用,在营销环节上促进移动信息服务的发展。移动门户是移动用户获取移动信息服务的一个应用平台,但从另一个层面来说,移动数据业务是细分的"个性化市场"。不同用户对移动数据业务需求的差异也很大,所以移动数据业务必须对用户进行细分并提供个性化的业务服务。

第四节 移动广告

一、移动广告的内涵

(一)移动广告的概念

无线广告是以推广产品或服务为目的所做的一切无线传播,主要通过短信、彩信、彩铃、WAP Push、WAP站点广告和电子凭证等形式并借助手机的随身性、实时性和个人私密性等特点将广告信息变为具有针对性的服务信息传递给目标受众。

移动广告定义为"通过移动媒体传播的付费信息，旨在通过这些商业信息影响受传者的态度、意图和行为"，这种广告实际上是种支持互动的网络广告，它由移动通信网承载，具有网络媒体的一切特征；同时由于移动性使得用户能够随时随地接受信息，因此比互联网广告更具优势。

移动广告可以按照承载方式、内容形式、类型方式及推送方式不同区分。

广告主通过商业公司、非营利的组织、政府代理或个人等，为了寻求通知或劝说某个目标市场的成员或听众接收关于其产品、服务、组织或理念而在任何大众媒体中购买到时间和空间中投放通告和劝说消息即为发布移动广告的过程。

（二）移动广告的分类

移动广告按实现方式可分为 IVR、短信、彩信、彩铃、WAP、流媒体和游戏广告等，其中短信广告以其操作简单、价格低廉和受众阅读概率高等优点一直是最主要的移动广告技术手段。

按照内容形式移动广告可分为文本、图片、视频、音频及混合形式广告等。

按推送方式移动广告可分为推（Push）广告和拉（Pull）广告，推广告具有很高的覆盖率，但容易形成垃圾信息；拉广告足基于用户定制发送的广告信息。

（三）移动广告的特点

与电视、广播、报纸和杂志等媒体的广告相比，手机的移动广告有独特的优势如下：

（1）个性化。手机用户可自主选择感兴趣的广告信息或进行广告信息的点播和定制：运营商可以根据移动网网管的统计数据获得接收广告信息的用户数及信息抵达率，快速了解广告效果并及时调整业务策略和投资成本。

（2）互动性。通过移动媒介，广告收发双方可以相互实施影响。对于一则广告，消费者可以使用移动电话、短信、邮件和登录网站等形式回应广告商，甚至还会将广告转发给自己的朋友形成所谓的"病毒式"营销。互动的另一种形式可以是用户主动订阅广告内容，即用户根据收到的订阅信息中的内容或频道的标识等信息订阅所需广告，然后通知保存广告的实体。

（3）移动性。用户在需要的时候可以随时随地获取信息，获取信息的方式包括收听广告电话、信息点播和小区广播等方式。移动广告发送与位置相关的实时信息，为用户即时消费提供了可能。当移动用户来到某个小区需要就餐或购物或参与某种娱乐活动时，即可随时利用手机查询信息；同时手机还具有广告信息存储功能。

（4）情境性。传统广告是在几乎不考虑情景的情况下将相同的信息发送给众多的接收者，移动广告利用手机用户特征能在正确的地点和时间锁定目标用户。

（5）高效性。尽管移动广告的接收者数量可能比传统信件广告或电视广告要少，但实施效果却比传统广告要好。在预先定位的基础上，广告主可以选择用户感兴趣或者能够满足用户当前需要的信息，确保消费者接受想要的信息。通过对广告的成功定位，广告主就可以获得较高的广告阅读率。

（6）低廉性。移动广告业务的广告制作比较简单，构思和语音录制成本非常低。与电视和大型广告牌相比，电话广告方式把更多的资金投入到广告内容传递方面，而不是广告制作方面。随着手机多媒体广告的发展，内容将更加丰富，但移动广告业务的成本还是具有较大优势的。

二、移动广告的价值链

在无线广告产业链中，直接获益方是广告设计商、广告代理商和拥有广告发布平台的运营商。因为无论产品销量是否增加，只要有广告主投放广告，广告设计商就会获得设计制作费用，广告代理商就会获得佣金，运营商就会获得流量。如果手机用户受无线广告影响而购买产品或服务，则广告主及其渠道商就会获得销售收入和渠道分成，而手机用户也有可能通过接收无线广告享受到某些免费或打折的产品或服务。产业链中各参与主体间信息及收入流向如图7-3所示。

移动广告的价值链通常包括8个环节，但是广告的模式不同，价值链中的各个环节和作用也各不相同。这些参与者及其所担任的角色会在不同应用场景中变化，一些参与者可能承担一个以上的角色。

（1）广告主。广告主指通过支付广告位或时间向公众发布公告或宣传信息的企业、组织、团体或个人。广告主以各种方式与市场代理商合作，在移动市场中，在恰当的时机发送合适的信息给合适的客户来实现价值最大化。信息传递到无线终端，捕获用户的注意并建立品牌的知名度。

（2）广告代理商。在产品和市场中起中间连接作用。广告代理商要很好地理解广告商的要求和移动业务的特点，首先要知道广告商需要传递给目标；其次要与广告商确认针对目标客户广告的运行和策略。广告代理商要负责移动广告活动的创作设计以吸引大众。

（3）内容提供商。在这个链中也是一个很重要的角色。广告往往将包含实际内容传递给客户，内容缺乏将不能吸引人们的关注。这样的广告无法给人深

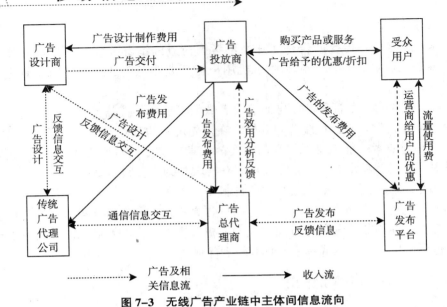

图 7-3 无线广告产业链中主体间信息流向

刻的印象，内容丰富和新颖的广告将有助于激发提升价值链的发展。内容提供商可以通过出售自己的内容或在内容中投放广告获得收益。

（4）服务提供商。服务提供商指提供业务的实体，如流媒体服务、彩信服务和广告内容都是以这些业务为基础的。业务的部署、发布和商业运行在技术上依赖于业务平台，关键问题是如何避免客户体验兴趣降低，并将广告内容传递到用户。

（5）技术提供商。其在广告链中是一个关键角色，主要是通信设备供应商和应用集成处理供应商。这些角色中的一个或多个来提供整个技术解决方案，以支持这个价值链的运行。

（6）设备制造商。一般是技术提供商的一部分或合作伙伴。用户从设备制造商或运营商那里购买手机并享用这些优质服务，丰富的内容加入到价值链中，设备制造商通过销售这些设备获得收益。

（7）运营商。控制移动服务的分配并拥有大量的用户资料，关键问题之一是运营商如何利用这些资源。为此，运营商要与价值链中的角色建立合作关系。这样才能确保移动服务广告启用和使用其用户数据，让广告更有效和更有针对性。

（8）用户/客户。移动用户足接受移动服务方，而客户与服务提供商有订购关系。用户经历的移动广告来自不同的商业广告服务，如电视和户外广告。例如，移动用户可以接受个性化的广告并通过移动重点选择一些产品。

以上模式一个共同的特点是电信运营商在无线广告中参与程度低且受益比例小，与其在产业链中的重要性极不匹配。

三、移动广告技术

（一）系统网络架构

移动广告是系统的网络架构如图 7-4 所示，系统通过接入 TD-SCDMA/WCDMA/GPRS 网络的核心网分组域来实现。通过在 SGSN 和 GGSN 之间的 Gn 接口采用分光器或 TAP 的方式截获用户上网信令和数据，在 SGSN 与 CG 之间的 Ga 接口采用分光器或 TAP 的方式分析用户的上网位置，根据用户的上网喜好和不同区域商家的需要按照一定的策略在 Gn 口注入广告数据包来推送广告业务。

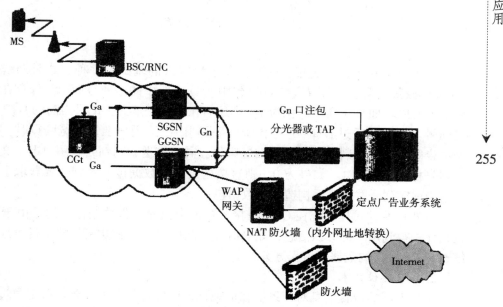

图 7-4　移动广告系统的网络架构

系统组成如图 7-5 所示。

移动广告系统包括：①负载均衡设备；②Gn 采集器服务器群；③Ga 采集器服务器；④系统客户端；⑤广告推送服务器；⑥行为分析服务器；⑦广告内容服务器；⑧数据库服务器。

（二）定向广告技术

定向广告业务系统使用了广告数据包植入、用户定位和用户行为分析技术。

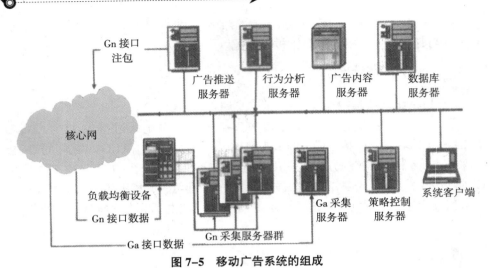

Gn 接口
注包

广告推送
服务器

行为分析
服务器

广告内容
服务器

数据库
服务器

核心网

负载均衡设备

Gn 接口数据

Ga 接口数据

Gn 采集服务器群

Ga 采集
服务器

策略控制
服务器

系统客户端

256

图 7-5　移动广告系统的组成

1. 广告数据包植入技术

当用户上网时，推送相应的广告是系统实现的基础。一种方式是系统在 Gn 接口截获数据包，获取用户 GTP 包中 Flag 字段中的序列号标识并保存在用户上下文中。如果序列号标识为 1，则还需在用户上下文中记录当前的 GTP 包序列号。当系统通过 GTP-U 包中 Get 请求判断出该用户准备浏览网页时，根据广告触发策略来判断是否需要推送广告。需要推送，则判断该用户上下文的序列号标识是否为 1。如果为 0，则直接构造广告数据包，否则需要获取上下文中当前序列号并加 1 后构造广告数据包。

另外一种方式是系统在 Gi 接口接入数据中植入广告数据包，但是由于 Gi 接口无法得到用户的标识信息，如 IMS1 或 MSISDN，无法进行精确推送，故系统选择 Gn 接口的数据包植入方案。

2. 用户定位技术

用户上网的位置信息对于系统在何地推送广告业务至关重要，系统通过在 Ga 接口获取计费信息，解析 GTP 协议包并进行 ASN1 的解码分析得到用户的位置信息。对于 GPRS 网络，位置信息一般为小区 Id，即 CELL Id；对于 TD-SCDMA 和 WCDMA 网络，位置信息一般为服务区 Id，即 SAI（可以将每个 CELL 配置为一个 SA，在并不占用空中信令资源的前提下，达到 CELL Id 的精度）。将 CELL Id 或 SAI 映射到实际的位置区域，这样商家就可以根据需要向运营商申请在指定区域投放自己的广告业务。

3. 用户行为分析技术

用户行为分析技术是定向广告业务系统的关键，系统通过分析用户上网数据将用户喜好分类，便于不同的商家对不同类型的客户定制广告。该技术主要实现以下功能：

（1）通过对业务数据的统计分析自动搜索出各种业务的大客户，并统计其业务行为特征，为广告业务系统提供科学数据支持。

（2）建立动态的行为判别分析体系，使用户行为的变化能在其个人用户画像数据库中得到动态体现。

有了用户画像数据就可以推送用户关注的产品广告，也可以引导客户自行订阅所关注产品的更新信息使广告效果达到最好。

四、移动广告的商业模式

（一）手机广告商业模式

1. 独立的 WAP 页面下的广告

以空中网的广告为例，目前，已经有手机、汽车、电子、消费品、IT 和银行等数十个行业的广告主在空中网无线互联网门户网站 "Kong.net" 上投放广告。在这种模式下，主要的参与者是广告主、广告代理商、移动运营商和手机用户，手机广告的直接获益方是广告代理商和运营商。

2. 基于 WAP 网站的广告联盟

分众传媒已经和 20 余家 WAP 网站合作，包括空中网、乐讯和 3G 门户等，把广告以文字链接和图片的形式发布在合作的 WAP 网站上。根据广告受众属性不同，做到精准匹配地投放广告。这种手机广告联盟的形式与独立的 WAP 网站的形式并没有本质的区别，直接获益的仍然是广告代理商和移动运营商。

3. 以短信、彩信或 WAP push 的形式直达用户手机终端

手机广告最初的形式大都是以上说的短信、彩信和 WAP Push 形式，属于一定的强制性 Push 广告，用户接收到之后不得不查看。这种广告在具有完美到达率的同时，也不可避免地让用户容易产生反感和抵触情绪。随着手机广告市场的日益规范化，手机广告已经由最初的短信群发发展到了在用户许可的情况下，将用户感兴趣的商业信息及时以短信形式发送到其手机上的 "手机准告"。这种广告形式不是记录某个人，而是记录手机号码为号码编个号，更能保护用户隐私。

4. 手机广告内置于终端设备中

在手机广告发展的初期，广告代理商根据广告主和终端厂商的产品品牌需求选择手机或广告产品品牌，将广告以图片、屏保、铃声和游戏等形式植入新出产的彩屏手机中。

5. 电信运营商从渠道提供商向广告代理商转变

目前，中国移动将其提供给用户的手机互联网家园命名为"mSpaces"。用户首先需要从 mSpaces 下载个性化的手机应用，然后上传用户自身的相关个人信息。一旦移动通信网络具有空闲资源，就可以向进行个性化定制后的用户提供所需要的互联网信息。这种方式不仅有效利用了移动网络在闲时的带宽，更可以精准细分用户从而提供更有价值的信息。

（二）手机广告的媒介模式

广告通过媒介向公众介绍商品，要推动手机广告业的发展，需要以发达的手机媒介为基础。

（1）手机媒体模式。手机作为一种媒体接收器，与互联网一样将传统媒体如报纸、电视及广播移植到其中，也将受众接触广告的习惯移植到手机。

（2）手机搜索模式。手机作为一种公共信息搜索器，在用户搜索公共信息的过程中通过搜索结果的排行和搜索界面插播广告来实现盈利。

（3）手机网络游戏模式。手机可以作为一种网络游戏的终端，游戏运营商在游戏运行中插播广告，如消息类、Banner 式和弹出式广告等。

（4）手机短信群发模式。手机在作为个人通信工具的同时，广告运营商也将一些商品信息直接发送到用户的手机上。主要有两种形式，一是前面所说的短信群发广告；二是电话外呼直销广告。

258

第五节 移动化管理

一、移动化管理的内涵

移动化管理，即管理人员可在任何时间（Anytime）、任何地点（Anywhere）处理与业务相关的任何事情（Anything）。这种全新的管理模式，可以让办公人员摆脱时间和空间的束缚。单位信息可以随时随地通畅地进行交互流动，工作将更加轻松有效，整体运作更加协调。利用手机的移动信息化软件，建立手机与电脑互联互通的企业软件应用系统，摆脱时间和场所局限，随时进行随身化的公司管理和沟通，有助于有效提高管理效率，推动政府和企业效益增长。

移动化管理是当今高速发展的通信业与 IT 业交融的产物，它将通信业在沟通上的便捷、在用户上的规模，与 IT 业在软件应用上的成熟、在业务内容上的丰富，完美结合到了一起，使之成为了继电脑无纸化办公、互联网远程化办公之后的新一代管理模式。这种最新潮的管理模式，通过在手机上安装企业信息化软件，使得手机也具备了和电脑一样的功能，而且它还摆脱了必须在固定场所、固定设备上进行管理的限制，对企业管理者和商务人士提供了极大便利，为企业和政府的信息化建设提供了全新的思路和方向。它不仅使得管理变得随心、轻松，而且借助手机通信的便利性，使得使用者无论身处何种紧急情况下，都能高效、迅捷地开展工作，对于突发性事件的处理、应急性事件的部署有极为重要的意义。

企业业务整合管理系统是一套建立以手机等便携终端为载体实现的移动信息化系统，该系统将智能手机、无线网络、OA 系统三者有机结合，开发出移动化管理系统，实现任何地点和时间的无缝接入，提高了管理效率。它可以连接客户原有的各种 IT 系统，包括 OA、邮件、ERP 以及其他各类个性业务系统，使手机也可以用以操作、浏览、管理公司的全部工作事务，也提供了一些无线环境下的新特性功能。其设计目标是帮助用户摆脱时间和空间的限制，随时随地随意地处理工作，提高效率、增强协作。

移动领域是当前科技发展最快的领域，移动办公和业务处理已经成为不可逆转的趋势。中国拥有占全球约 20%的手机用户以及超过 30%的移动互联网用户，正在成为全球最大的智能终端市场，为移动在企业应用的普及奠定了坚实的基础。企业级移动市场即将成为移动互联网的下一个主要市场。

二、移动化管理的进展

2012 年是企业移动信息化的起步阶段，大部分的企业对于移动信息化只是停留在移动办公上。企业 CIO 仅仅知道移动信息化就是做一个 APP，让公司员工使用。国内一些厂商对移动信息化的概念估计也不会很超前。2012 年，随着 BYOD 的大风从国外吹到国内，所有的移动化峰会和展览这个词的出现频率最高，所有的客户交流和洽谈这个词的出现次数最多。无论创新型企业、大型软件开发商、安全软件厂商还是移动应用开发商都在一股脑地开始抢占这个滩头阵地。2013 年，一场移动化管理软件的厮杀在企业移动化市场中悄然开始。

企业移动化管理（EMM）软件市场将会有怎样的变化，谁又能更多的占据战争主动权？每一个厂商在争夺制 EMM 市场的初衷和目的都不相同，有的侧重于企业信息的安全，有的侧重于企业的应用开发，有的侧重企业现有业务的升级！

2013 年 3 月 20 日，IDC 在北京发布了《2013 企业业务移动化整合管理白皮书》，白皮书指出，企业移动化时代已经到来，移动已经演变为提升企业业务价值的生产力工具；整合式管理服务正在成为企业移动化的新需求，服务提供商必须具备端到端的服务能力，以及提供整合式管理服务解决方案的能力。

移动技术经过多年的快速发展和广泛应用，已经从消费类向企业级全面渗透，企业业务的各个层面都在释放移动的需求；与此同时，中国企业的移动平台建设日趋成熟，移动在企业中的角色也演变为提升业务价值的生产力工具。

数字化时代企业部署移动应用是提升生产力的必然选择。IDC 2012 年最新调研数据显示，提升生产力与加速决策制定是企业将应用转移到移动平台最重要的两大驱动力。

白皮书指出，企业向移动平台的转型为 IT 基础架构的前端和后端都会带来新变化，因此不可能一蹴而就，而是要从整体上通盘考虑，重新构建移动基因，并且需要服务商开发具有企业和行业特征的专属、专有、专用的移动生产力工具，提供端到端的整合式管理服务解决方案。

中国企业要顺利实现向移动平台的转型，不仅需要制订符合企业自身和行业特征的移动战略规划，而且需要将整合管理服务能力作为选择移动战略合作伙伴的核心考量。

三、企业业务移动化整合解决方案

联想公司为可口可乐公司设计了业务移动化整合解决方案，它是一个集设计、建设、运营等多种元素为一体的"一站式"服务解决方案，旨在帮助企业用户打造并运营企业专属的移动业务平台，实现生产力的提升。整个解决方案由以下三个重要部分所组成：

（一）移动应用层

为企业度身定制其特定的行业移动应用，实现业务流程的再造。适用于移动终端的客户业务应用程序能够提供跨平台的一致性用户体验，适应用户所采用的智能手机、平板电脑，以及传统的 PC，使企业员工无论使用何种设备都可以在移动的场景中轻松实现业务处理。

（二）移动终端层

可以为企业用户快速定制面向其特定业务需求的智能手机和平板电脑，无论是小到外观设计，还是大到集成二代证读卡器，还可为特种行业用户定制电池续航解决方案，保障用户的业务连续性。要以业界最快的速度提供设计和生产，并且在品质上保证原厂品质。

（三）运营维护层

在企业应用移动化的全生命周期过程中，专业服务可以为企业用户提供服务体系设计、快速部署、专业运维等全过程专业服务，确保企业应用的移动化过程稳定，高可用性。选择使用联想业务移动化整合解决方案，能够为企业客户提供以下几方面的收益：

1. 让企业从 IT 中获得更多的价值，提升业务效率

在为大量企业用户提供服务的过程中，积累了丰富的行业认知，并以移动互联开发团队为依托，为企业度身定制其特定的行业移动应用，实现业务流程的再造。

2. 加速业务移动化部署并降低整体成本

作为综合性的 IT 解决方案与服务供应商，要能够提供从硬件设备、IT 基础架构规划、应用软件到后期运维支持服务的全面端到端解决方案。通常情况下，对于多数企业来说，在企业内大规模部署移动设备将会给企业带来巨额的采购支出，因此也成为多数企业无法尽快部署移动业务平台的障碍。考虑到客户的需求，针对这一情况专门提供一种全新的解决方案交付模式，基于将设备、软件、平台建设及后期运维以服务的形式整体交付，使客户可以利用类似"租赁"的方式直接使用移动平台中的终端硬件，从而大幅降低前期的资金投入。此外，这种创新的设备与服务交付模式也能够帮助客户降低后期的设备维修、折旧以及报废回收所产生的额外费用，降低解决方案的总体拥有成本。

3. 可靠、持续的服务保障体系

作为 IT 设备与解决方案供应商，应拥有覆盖全国的服务网络，能够为客户所应用的移动业务设备提供从技术咨询、硬件维修到设备替换的全面服务保障。专业的服务工程师能够根据服务协议在数小时内到达现场，帮助客户解决包括硬件维修或替换、软件更新及修复等技术问题。不仅如此，要为客户提供良好的信誉保障，以及在移动互联领域的长期投资，能够帮助提供持续的解决方案及服务，帮助企业用户利用业界最新的技术改善业务环境，提升业务效率，实现业务发展目标。

目前，联想业务移动化整合解决方案已经取得零售、银行等行业客户的良好反响，在行业内树立了标杆。同时，通过这些合作，联想找到了通过移动生产力工具促进企业业务的最佳切入点，总结出了移动服务最佳实践和合作模式，为快消、连锁、金融、医疗及更多行业的企业实现业务移动化提供了参考。

近年来，移动互联市场风起云涌，移动应用呈现出了井喷式的爆发。大家很熟悉游戏、社交、电子商务等移动应用，但企业对移动应用有哪些需求，企业移动化的发展趋势如何？如何确保移动平台的效能最大化，应用的安全性，以及移动设备和系统运行的稳定性，急需解决。无论是智能设备制造厂商，还是专业的服务提供商。在企业移动领域，都要紧跟行业发展趋势，深入了解客

户对移动办公和移动业务的需求，并做出了积极的探索与努力。

四、管理软件的移动化

（一）移动 SCM

移动供应链管理（Mobile Supply Chain Management，MSCM）是移动商务的一种，它基于供应链管理平台，利用移动通信技术、各种移动设备、计算机技术和互联网技术，对围绕提供某种共同产品或服务的相关企业的特定关键信息资源进行随时随地的管理，从而帮助实现整个渠道商业流程优化的一种新的供应链管理方式。通过移动供应链管理者能够建立和客户的交互活动，提供服务信息的实时查询、浏览、在线货物的跟踪、联机实现配送路线的规划、物流资源调度、货物检查等。它借助信息技术，为客户提供物流信息服务，不仅可以提高企业与客户之间的沟通效率，而且可以提高双方交易的反应速度，使客户真正体验到增值服务所带来的超值感受。

移动 SCM 使用移动应用设备来辅助供应链活动的实施，以最终帮助公司实现成本降低、提高供应链响应能力与竞争优势。移动 SCM 已经成为 SCM 的一种新的模式，它必将给 SCM 带来革命性的变化，使整个供应链变得更加快捷而有效。移动 SCM 系统具有传统 SCM 系统无法比拟的优越性。移动 SCM 系统使业务处理摆脱了时间和场所局限，随时随地地与公司业务平台进行沟通，有效提高 SCM 效率，推动企业效益增长。

（二）移动 ERP

实际上，不只是国内 ERP 软件巨头在大力推广移动 ERP 商务平台，国际上的许多软件厂商如微软、IBM、甲骨文、SAP 等早已开始了对移动商务领域的拓展，比如 SAP 在 2000 年时就已推出了自己的移动商务解决方案，它包括移动的固定资产管理、移动的销售管理等。

移动 ERP 的产生是商务与互联网、移动融合的产物，它以灵活的商业模式为中小企业信息化提供了一个可行的思路，也为传统 ERP 厂商从独立软件供应商向服务提供商的转变提供了一个良好的契机。

中小企业的业务模式不断改变，同时市场区域也在不断拓展改变，而移动 ERP 为适应这种改变提供了更强的灵活性，这主要来自两个方面：一是软件厂商可以更为方便地维护功能模块以适应企业新的业务模式；二是手机终端的便携性也降低了区域市场的迁移成本以及降低新系统的调试时间。

移动 ERP 作为移动商务和 ERP 的融合产物，无论是对处于转型中的软件企业，还是急于实施信息化的中小企业，都具有极强的现实意义。但是无论是国内外的软件企业，还是移动平台提供者的电信运营商，对于移动 ERP 的商业应用都还处于一种不断的探索过程。基于手机的移动 ERP 已经广泛应用于各种行业，移动 ERP 可以随时随地发生，它简洁、方便、成本低，而且摆脱了互联网时代必须依赖于网线和 PC 的束缚。事实上，移动 ERP 的应用已经遍地开花。在零售、物流、金融、政府等各个行业，都可见到移动 ERP 的身影。移动 ERP 与传统 ERP 的互补，形成企业完整的信息管理平台，真正帮助企业实现"实时企业、全球商务"的梦想。从功能的角度来看，可以将移动 ERP 划分为移动 OA、移动 CRM、移动供应链、移动报账和审批、移动市场调查等。

（三）移动 CRM

移动 CRM 是指企业员工通过他们的基于浏览器的移动设备进入公司的 CRM 系统，企业资源规划系统（ERP），销售力量自动化或其他后台办公软件。

移动应用所带来的灵活、实时等特点优势给管理软件的应用带来了新的活力。尽管如此，由于移动应用的成熟度仍待增加，许多新的应用模式仍停留在探索阶段，短期内的大规模普及应用并不现实，但对于管理软件厂商来说，提前占据这一市场则意味着把握住了企业的未来。

在中国市场，3G 的应用正在逐渐普及，一些与 3G 相关的增值服务被逐步推出。这一突破首先体现在了在线客户关系管理这一细分领域。为了加强客户管理，一些专注于提供在线 CRM 的企业开始出现，随后他们又借助移动平台，将这种在线应用的模式复制到了移动互联网上。

移动 CRM 是以"一对一营销"为理论基础，将移动应用整合到企业的 CRM 战略中，并将 CRM 的管理功能移植到移动设备上，让企业的销售、营销、服务人员随时为客户创造价值，旨在提高客户满意度和企业竞争力的新型管理机制。

移动 CRM 的功能确实远远超过仅仅使用移动设备接收电子邮件和文本信息的功能。它的作用在于可以获得真实数据并对这些数据实时操纵，并可以进行远程交易。另外，在 SaaS 领域，传统的一些提供在线 CRM 的企业开始推出移动应用功能。

263

 **本章案例**

广州市移动政务——新一代的电子政务

随着中国城市信息化建设的风起云涌，从网络基础设施建设到信息产业发展，从政务电子化到市民生活数字化，广州的城市信息化进程，日益深刻地改变着这座城市的运行方式、管理方式和市民的生活方式。近年来，电子政务的发展大大提高了政府机关的工作效率和服务形象。

但是，由于电子政务系统普遍采用的是有线网络通讯方式及现场操作模式，政府公务人员一旦离开办公场所，便无法获得政府和相关单位的实时信息，造成信息和决策的延误；此外，电脑终端和有线网络的普及程度也在客观上限制了广大市民更好地享受电子政务所带来的便利。

有线网络的局限性催生了更为方便快捷的移动政务。移动政务是基于移动通信无线互联平台开发出来的现代化电子办公系统，通过它，政府公务人员之间、政府与公众之间可以随时随地实现相互间的信息传递，彻底摆脱有线网络的束缚。可以预见，随着移动政务的发展，公务员办公将摆脱空间的限制，而民众也可以在各种场合利用移动通信终端随时办理各种事务。

围绕广州市政府构筑国际化区域性"信息港"，建设"数字城市"，推动现代化国际大都市建设的宏伟目标，广州移动将竭诚助力广州市政府推动电子政务的建设，在"易办事"、"移动办公"、"数字广州"、"无忧沟通"四个方面提出"移动政务"全面解决方案，确保作为全国信息化试点城市的广州继续保持在电子政务方面的领先地位。

1. "易办事"：构筑政府与公众良好沟通的纽带

每天收到天气预报的短信息；应用广州国税12366短信、工商信息查询、出入境签证办理查询；享受公安交警"车主服务"的便捷，领略12580移动服务台的专业和娴熟；通过IVR语音、短信、GPRS等多种接入手段，自助进行电费、交通罚款等查询、缴纳费用和预存款……

这些都是"易办事"所带来的便利。

"易办事"是以广州移动语音信息服务平台为核心，结合短信和GPRS网络服务，在政府与公众之间搭建高效畅通的事务处理平台。其中包括公共信息服务、预约办事、自助业务办理、手机支付费用等功能。市民使用各种移动终端（如手提电话、PDA、手提电脑等），通过移动通信服务如短信息、GPRS、WAP、MPS（手机定位）、CBS（小区广播）等，获取电子政务系统中与自身利益有关的信息服务。同时，政府工作人员通过短信业务通知、短信/WAP、信息查询、12580人工预约业务办理等应用系统来延展、完善"易办事"，促使政府运作进一步的透明化、公开化，提高公众对政府工作的满意度。

2. 移动办公：高效、无线办公之道

陈局长正在赶往机场路上，飞机将在2个小时后起飞，明天一年一度的政务交流会议将在京召开，耽误不得。这时手机响了，是局里通过移动办公系统发来的短信息，有一份紧急的文件需要陈局长批示。陈局长打开手提电脑，通过内部移动网络下载文件，阅览后迅速作出批示，再通过移动网络发回局里。有了手提电脑、手机等移动办公设备，无论身在何处，陈局长仍能镇定自若地处理公务。

这就是移动办公的魅力。

移动办公解决方案是广州移动通过先进的移动网络平台与政府机关内部办公信息系统相结合，提供移动办公解决方案，实现了移动办公、公文通知、会议活动通知等移动政务的需求。目前已在广东省海关总署、广州市工商局、广州市公安局、广州市科技局、番禺区政府等多家单位成功实现了移动办公系统的实施应用。例如，广州移动针对广东省海关总署进出口船舶和货柜车的庞大出入关处理量以及低成本快速处理报关通关的迫切需求，设计了专门的移动办公解决方案，对外实现了移动报关系统以及海关的船舶定位等功能，对内实现了内部集群通话、移动信息互联等功能。

3. 数字广州：打造信息化的城市

自从 2003 年广州部分出租车安装了综合智能设备以后，针对出租车的精确定位和信息查询已经由梦想转化为现实。而让梦想成真的条件之一，就是广州移动强大的无线通信网络支持。

数字广州的蓝图包括了建立电子化、数字化、网络化的实时监控、监测、指挥、信息发布及路径诱导体系。广州移动利用移动通信网络及增值服务，建立一套应用于交通，环保，水文，气象，供电，供水，管道天然气、煤气供应等基础设施和服务领域，对各类现场采集后的数据进行实时传送的解决方案，使有关部门及时掌握城市整体运作动态，促进城市运作的科学管理，实现数字广州的梦想。如利用无线通信网络，出租车控制中心可对每一辆安装了综合智能设备的出租车进行精确定位和实现无线报警功能的"110"联动处理。

4. 无忧沟通：沟通更畅通

政府部门中的每一个环节都可以通过更便捷的固话、手机、多方电话会谈等种种形式进行准确有效的沟通，使相关事务办理变得更加畅通、高效。同时，公务员在随时随地实现相互间的信息传递之外，还能有效地控制公务通信成本——这是"无忧沟通"能够呈现的美好前景，它所构筑的政府部门协调运作的基础信息渠道，直接针对每一环信息传递和抵达的链接，让政府部门从整体到局部的信息传达都通透了，最终达致和谐的运作。

首先，广州移动借助自身优秀的全球通集群网（VPMN），向政府提供移动电话通信虚拟专用网。集群网内用户可实现不受地域局限享受量身定制的优惠资费。其次，协助合理优化集群网范围，按照业务和工作需求，扩大集群网覆盖人群，并针对部分办公地点集中且具有总机电话的单位，将办公电话与集群网手机通话捆绑，提升集群网对内部通信的贡献。再次，提供 IP 专线接入，将移动电话和长途固话的优惠结合起来，有效降低政府公务通信费用，并开展多方通话业务方便政府异地会议的举行。最后，融入无线技术的第三代电子政务基础设施和应用模式将帮助政府逐步实现实时在线运作模式，而广州移动提供最新的业务和通信技术，为政府部门提供量身定做的"无忧沟通"方案，将成为这一进程中不可忽视的重要组成部分。

资料来源：广州日报. 移动政务——新一代的电子政务 [DB/OL]. http: //tech.163.com，2004-09-20.

本章小结

通过本章的学习应掌握政企客户内部网 Intranet 的构建，实现企业内部网上用户对 Internet 的浏览、查询，同时对外提供信息服务，发布本企业信息。理解移动政务的功能和意义，响应公共服务一线及公众本身的信息及服务需求，利用手机、PDA 及其他手持移动设备，通过无线接入基础设施为一线政府工作人员和社会公众提供信息和服务。掌握移动门户的作用，移动门户提供的各类特种服务聚集了众多的客户和签约客户，它为网上交易、通信、信息内容以及提供软件应用的远端或无线接口等服务提供了一个实现环境。掌握移动广告的商业模式，移动广告可以按照承载方式、内容形式、类型方式及推送方式不同区分。熟悉移动化管理的进展，企业移动化时代已经到来，移动已经演变为提升企业业务价值的生产力工具；整合式管理服务正在成为企业移动化的新需求，服务提供商必须具备端到端的服务能力，以及提供整合式管理服务解决方案的能力。

本章复习题

1. 试述政企客户内部网 Intranet 的构建过程。
2. 试分析移动政务的功能和意义。
3. 试举例阐述移动门户的作用。
4. 试分析移动广告的商业模式。
5. 结合案例说明移动化管理的进展。

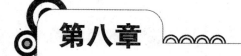

第八章

移动情景服务

学习目的

知识要求 通过本章的学习，掌握：

- 情景感知服务的内涵
- 情景感知服务的商业模式和产业链
- 位置服务的应用
- 情景感知服务的实施和应用

技能要求 通过本章的学习，能够：

- 熟悉情景感知服务的商业价值
- 理解情景感知服务商业模式的应用
- 掌握情景感知与位置服务的关系和应用
- 掌握情景感知系统的实施和应用

学习指导

1. 本章内容包括：情景感知服务的内涵；情景感知服务的商业模式和产业链；位置服务的应用；情景感知服务的实施和应用。

2. 学习方法：结合案例熟悉情景感知服务的商业价值、理解情景感知服务商业模式的应用、掌握情景感知与位置服务的关系和应用、掌握情景感知系统的实施和应用。

3. 建议学时：4 学时。

今夜酒店特价

　　"今夜酒店特价"是一个典型的移动互联网的应用App，但又不是普通的移动应用，准确的定义应该是O2O的应用App。软件的两端分别联系着酒店和普通的旅客，酒店把当天晚上6点钟还卖不掉的剩房便宜卖给"今夜酒店特价"，平台再以正常预订价格4~7折的实惠价格卖给消费者。酒店盘活了本来会浪费掉的库存，消费者得到了高性价比的房间，"今夜酒店特价"则从中赚取差价或佣金，最终实现三方共赢。

　　"今夜酒店特价"主要功能是轻松找酒店，用户附近的酒店，评价最好的酒店，高星级酒店，选择方便，一览无余。半价订酒店，以同样价格的住到更好酒店，同样的酒店更低的价格！低至半价，优惠更欢乐！半价的基础上，关注微博，还有更多现金抵扣券发放！

　　与传统酒店预订服务中越提前可能会获得越高的折扣，"今夜酒店特价"推出的服务颇有颠覆性，每天晚上6点后，合作的星级酒店就会将空房信息发布到"今夜酒店特价"的平台上，而且都是经济房价格。用户只要注册登录，就能查看周边的房源信息，选择自己中意的酒店入住。

　　酒店列表中会出现酒店名、星级、价格、地址等信息。点击进入可以查看酒店更详细的信息和地图导航。如前所述，晚上6点前不提供该酒店的预订服务。以超低的价格订到了更高级的酒店，感觉当然很爽。但是独乐乐不如众乐乐，用户可以及时将这个信息分享给朋友。在账号设置中，用户还可以切换不同的账号。

　　案例分析：

　　场景驱动型客户，是偏好实时的、与所处位置高度相关体验的客户，这些客户的移动互联网行为与所处场景密切相关。比如以"今夜酒店特价"这样一款iPhone上的App为例，如果一个消费者希望在就近找到一个既方便又便宜的住宿地，可以使用这个App，在晚上6点以后打开这个App，就可以通过LBS定位搜索自己周边的酒店，找到合适的房间，如果用手机支付房费后就可以直接入住。这时候里面有很多四星级或五星级的酒店可供选择，但是价格却与如家、汉庭等经济型酒店差不多。这样的模式一方面整合酒店当天没有出售的尾房，另一方面利用移动互联网技术聚合特定场景中的消费者，使消费者与尾房库存之间能够相互发现。

　　由于酒店的客户库存一般是大量存在的，特别是在淡季。同时，酒店的固定成本很高，边际成本非常低，因此酒店对尾房的销售始终存在迫切的需求。与此同时，特别是在相对高端的四、五星级酒店，它宁愿把房间空着，也不愿意低价放在市场上售卖，它们认为，如果低价销售会影响自己酒店的品牌形象。而"今夜酒店特价"的模式恰好满足了酒店这样的需求，它不是通过公开广告的方式进行这种特价宣传，此外它是在一定的时间段以内，向主动来寻找周边位置的消费者来提供尾房的信息。这样使酒店既保护自己的品牌又能方便销售自己客房的库存。与"今夜酒店特价"合作的酒店，在下午4点前检查自己的空房数量，会挑选一部分空房放到平台上，这个平台会以很低的价钱从酒店拿到这些剩房，在晚上6点之后提供给用户，用户找开App看到之后，根据距离、星级、价格、风格等个人喜好进行查找和预订，这个预订价格和"今夜酒店特价"拿到的价格之间的差价，就成了它的利润。

资料来源：沈拓.不一样的平台：移动互联网时代的商业模式创新［M］.北京：人民邮电出版社，2012.

➡ 问题：

1. "今夜酒店特价"是如何运用情景感知应用的？
2. "今夜酒店特价"的CEO邓天卓为何能成功运用这种商业模式？

第一节　情景感知服务的内涵

一、情景感知的内涵

（一）情景感知的概念

情景（Context）泛指移动通信时用户所处的环境、时间、位置、周围的光线强度、声音大小、设备的可获得性等均属于场景的内容。移动用户所处的场景是千变万化的，场景通常又和用户当时的任务内容是相关的，比如高速公路上的司机可能想知道附近加油站的位置，夜晚散步经过酒吧的人可能会进去喝一杯，声音嘈杂的环境下的用户可能希望用短信而不是语音进行交流，等等。因此，情景是移动商务的一种输入，如果对情景信息进行合理的利用，就有可能为用户提供更好的服务。

下面看一个情景感知（Context Awareness）服务的例子。某商务人员抵达机场后想通过WAP预定一个宾馆，如果移动商务应用不知道用户是谁、当前在哪里、他周围的情况如何，用户就只能用手工输入上述信息。而如果有一个场景感知服务系统的话，情况就大不相同了。系统可以通过手机号码获悉用户的身份（包括姓名、年龄和性别），还可以定位出他目前正在机场附近，因此就可以推荐机场附近的宾馆给他，告诉他这些宾馆的类型、星级、价格、是否有空房等，用户不必在手工输入这些信息。理想情况下，用户只需要浏览这些信息并且按一下确认键就可以了。

这种用户和移动服务系统间的交互功能提高了服务的质量，用户可能会愿意为这种服务支付费用。当用户想执行特定的任务，而不是进行信息浏览的情况下，以上的服务就显得更加有用了。

（二）情景的内容

情景包括非常丰富的内容，下面几个方面的信息则尤其重要：

（1）用户的身份。用户的身份对于一项服务来说通常是最有价值的信息，因为由此可以知道用户的背景、爱好及其他重要属性。

（2）用户的位置。用户的位置信息也就是用户的空间场景。一般来说，仅依赖位置特性的场景感知服务也被称为基于位置的服务。美国 E911 和欧洲立法局均要求移动运营商将用户的位置信息提供给移动服务运营商，这也为基于位置的服务的发展奠定了基础。

（3）访问时间。访问是也是重要的场景。它如果与用户的日程表结合起来，就可以推测出用户在使用移动服务时所处的环境和所扮演的社会角色。

如果将上述三方面的信息综合在一起考虑的话，就可以更准确地推测出用户所处的环境。于是，移动服务就可以把与当前用户无关的内容隐藏，而只提供最相关的、最感兴趣的内容给客户。

（三）情景感知的过程

有了身份、位置、时间等场景信息之后，就有可以根据用户的需求和环境信息为用户配置个性化的服务内容。那么具有情景感知功能的过程是怎样的呢？这通常是一个四步曲的过程，如图 8-1 所示。

图 8-1　场景感知服务的过程

（1）请求服务。场景感知服务通常始于用户通过客户端访问某项移动商务应用。应用有多种不同的应用环境，比如 WAP、SMS 等。根据应用环境不同，服务请求将使用不同的协议，并通过不同的网关，但最终会到达某个应用服务器。服务请求通常包含一个"引用"，服务器使用这个引用可以获得用户更多方面的信息。

（2）确定用户场景。在这个步骤中，用户的身份、访问位置和访问时间等信息都被计算得到。在上述三类场景中，用户身份和空间位置信息依赖与用户所处的环境，访问时间则是容易获得的、与用户环境相对独立的信息。

（3）场景计算。在这个环节中，用户身份、位置和时间等场景信息被作为场景计算的重要输入，并与其他辅助信息结合在一起，用于推测移动用户所处的环境。比如，推测的结果可能是"在一个周六的早晨，某商务人员在机场附近要求获得宾馆的信息"。

（4）服务展示。当获悉用户的场景后，场景感知服务系统才真正开始工作：将适当的服务以适当的方式反馈给请求提出者。实际结果可能是在用户的移动终端上出现一条短信息或者一个网页。

具有场景感知功能的移动商务的概念不难理解，但是商业应用的领域非常广泛，移动服务的内容千差万别，而用户所处的场景则是纷繁复杂的，因此在一个领域的成功经验可能难以推广至其他的领域和应用环境，这就是情景感知服务系统的应用上的难题。理论研究方面，已经有许多研究论文发表，这其中关于情景概念的理论分析和探讨占相当的比例，实验型的应用系统比较多，真正使用的系统则鲜有报道。目前，成功的系统所根据的情景以位置和时间类场景为主。实际上，情景所包括的内容是非常丰富的，时间和位置类情景在可以利用的情景元素中仅占一小部分份额。另外，手机终端缺乏标准也造成了情景感知服务应用上的困难。

虽然面临上述的问题，但是情景感知服务系统无疑是一个很有潜力的研究和应用方向，相信也将有更多的商业应用取得成功。

二、情景感知的研究背景

情景感知从普适计算发展而来，已成为移动商务领域重要的研究方向之一，情景感知方面已有许多的研究。

（一）情景感知的理论

普适计算是由 Mark Weiser 在 1991 年提出的一种的理想概念，它的思想在于将设备和使用者进行解散，它又称为普存计算或者普及计算，是一个强调和环境融为一体的计算概念，追求计算设备本身从人们的视线里消失、融入到周边环境中去，从而在普适计算的模式下，人们能够在任何时间、任何地点以任何方式进行信息的获取与处理。普适计算是一个涉及研究范围很广的概念，包括分布式计算、移动计算、人机交互、人工智能、嵌入式系统、感知网络以及信息融合等多方面技术，情景感知正是从普适计算的理念和基于位置的服务中发展而来，在移动商务领域的应用备受关注，称为移动情景感知服务。

为了给用户提供高品质的服务，应用系统应该能够感知到周边环境中的情景信息，并且自动对情景信息的改变作出相应的调整，这就是情景感知的概念了。在情景感知研究领域，情景是第一重要的概念，是其他研究围绕的核心，是一系列系统动作触发的源头。Schilit 和 Theimer 被认为是最早引入情景感知这个术语的学者，他们把情景看作是位置、周边的人、周边的物体以及这些东西的变化。早期其他的一些定义都是在此基础上的某种延伸，例如将情景看作是环境或者情况，或者以问题形式描述的诸如在哪里、和谁在一起、边上有什么东西等，然而这些定义太过于抽象化，很难用实例描述出来，目前被普遍认为是最准确和具有代表性的情景的定义是由 Dey 和 Abowd 提出的，他们认为：情景指的是任何可以用来描述那些被认为与人机交互有关的实体情况的信息，包括用户和应用系统本身。

（二）情景感知的诠释

情景获取的目的是为了分析得到用户目前或者下一步准备干什么，由于对计算机应用系统来说，用户目标的推测是非常困难的一件事情，因此情景感知能够在一定程度上辅助系统推断隐含的信息，从而更好地支持人机交互。情景信息的类型或者特征归纳起来可以分为四个层面：身份、位置、状态和时间。身份指的是要能够为每一个实体分配一个唯一标识符，这种在整个应用系统中具有唯一性质的标识符，能够帮助系统最快的定位到具体的实体对象，并根据它来作出与其他实体的区分。位置指的不仅仅是二维平面上面的一个坐标，还要进一步的扩展到包括方向、高度以及所有能够用来推算实体间空间位置关系的信息，例如当前位置、临近点、容积等。状态指的是实体间固有的一些能被感知到的属性，以某个房间为例，可以是现在的温度、亮度、噪音分贝等；以某个人为例，可以是脉搏、血压、体温等基本生命特征，也可以是阅读、漫步、快跑等当前参与的活动；不同的实体根据其面向的应用不同，总是能够找出各种各样的属性，从而在某个时间点肯定会有一个能够量化表示的状态值，此处量化的方法非常的重要。而情景的时间特征使得情景状态的发生具备了连贯性和可追溯性，允许用户在任务完成之后能够回顾历史信息，通常，时间会与其他的情景信息联合起来使用，其可以是一个时间戳或者是一个时间段。

人们在相互之间传达某种想法以及对这种想法作出适当的回应方面表现得非常出色，这方面的成功归于许多因素。例如，拥有共同可以理解的语言、相近的世界观、在特定环境中的某种隐喻等，熟悉的人之间有时候甚至无需言语，身体的某个动作就可以表达某种意义。在人与人交流的过程中，总是能够利用一些当前环境的信息来增强对话的表达能力，这种当前所处环境中对相互之间的交流具有作用力的信息就是情景（Context）。显然，人机交互中也存在着某些情景信息，只是遗憾的是这时候的情景把握相当困难。而关于情景感知系统的研究正是在于使计算机系统具备实时收集情景数据的能力并根据这些情景数据作出自适应行为。尤其是与移动设备的结合，使得情景感知技术具有更高的商业价值和更为广阔的应用空间。

三、情景感知的应用探索

伴随普适计算日益流行，情景感知作为其分支也变得非常的突出，情景感知系统能够采集周边环境中的情景数据，根据这些数据作出适应用户行为的调整，从而为应用开发者和终端用户带来了全新的挑战和机遇，自然而然成为移动商业研究领域的热点之一。情景感知理论与实践研究并驾齐驱，涌现出情景感知系统架构、感知数据分类、情景信息描述、情景建模、系统设计框架等众多方面成果。

目前，大多数移动商务中的情景感知研究重点在于技术框架方面，虽然涌现了许多革新创意，但是很少能够把这种创新的理念和原型系统转变为实际商业化运作的产品或服务。移动情景感知服务的设计应该与传统电子商务应用的设计区分出来，利用其移动性、普适性、位置相关性、时间相关性等自身优势，在设计之初即充分考虑背后的商业模式，不同时期选择不同的运营策略，才能够最终得到市场的认同，创造各方面的价值。

情景感知服务

情景感知计算的研究发源于早期学术界出现的普适计算方面的研究，它能够提供一种"随时、随地、任何人"形式的计算，将用户与设备之间的耦合程度进一步的降低。为了能够提供这种形式的服务，计算机应用系统一方面需要能够实时的感知到当前环境下的情景数据进而解析得到情景信息；另一方面需要能够根据情景信息的变化做出相应的自适应调整。在这个过程中，情景的作用非常重要，正是情景提供了当前环境下人、事物、地方、设备等的当前状态信息。一个系统之所以被称为情景感知系统，要看它是否具备抽取、解释、运用情景的能力，进而自动调整系统的功能以适应当前所处环境的变化，而情景感知能够从普适计算的研究中独立出来，开辟新的学术领域，重要的标志之一就是那些在情景感知计算领域开展研究的学者和专家共同认为情景才是其研究的核心，其他方面围绕情景展开。

将情景感知结合到移动商务应用中后能为用户和服务提供方创造价值，同时在整理和汇总现有的情景感知应用系统框架基础上，结合设计科学理论与方法，提出一套面向移动情景感知服务应用的技术框架。

要能够做到为客户提供移动情景感知服务，最终的实现载体必须是某种软件系统，而具备情景感知能力的软件系统，需要在一般信息系统的基础之上，才能够使得软件在运行过程中实时采集并利用采集到的情景信息来作出相应的反应行为。与传统的基于浏览器的电子商务软件系统开发相比，情景感知系统开发具有更高的挑战，其对变化的反应要求相对较高，加上目前无线通讯技术行业的接入标准不统一、接入门槛较高等特殊性，使得情景感知的成功应用仍然比较少见，只是在与 GPS 结合的位置相关服务方面取得了一定的成功。一系列情景感知原型系统也在实验环境或者实际环境中得到了一定程度的应用，但是这些系统也是因为缺少共同认可的接口、协议和情景数据交换模型等原因无法再有更深入的应用和带来商业上的价值回报。

移动情景感知服务设计的研究主要是从技术角度出发来考虑和设计面向移动商务的情景感知服务系统，然而衡量一个信息系统是否成功的标志并不是看它的技术有多么的先进，而是要看它是否能从长远的角度为所有参与者创造并维持所创造的价值。因此，将商业模式和技术框架结合并引入设计科学相关理论为指导，形成一套适合移动情景感知服务系统设计和开发的流程，如此才能把最终的软件产品和服务与市场环境、企业自身优势、行业技术发展水平、企业财务状况等因素紧密的结合起来，为客户和企业自身创造"双赢"的价值，并从长远上保持和不断的提升价值。

情景感知概念和技术能够为时间相关的感知、位置相关的感知、设备相关的感知和用户相关的感知等带来了机遇和挑战，而这一些情景信息的综合，能够实现更高层次的个性化定制服务，从而加深用户的满意度。

四、情景感知的商业价值

情景感知是移动商务的一种应用模式，在移动商务进行的过程中把用户的外部环境和自身需求的变化考虑进来，以此向用户提供个性化的服务。情景感知服务的应用价值主要有以下几方面：

(一) 节省时间成本，提供更多便利

情景感知服务是在运营商得到用户的同意或者授权的情况下，根据用户设定的需求、用户所处环境的变化来提供给用户合适的服务。这样就不需要用户自己在需要某种需求时再去查找相关的信息。例如，一个人去 A 城市旅游，如果没有情景感知服务，他就需要提前查找 A 市好玩的地方、住宿、就餐等信息。这些信息比较分散，查找需要大量的时间，而且还不一定能查到他需要的准确信息。如果有情景感知服务，这些前期的查找工作就会省去，只要用户把自己的手机设置到旅游模式状态，运营商就会根据用户的个人喜好提供详尽的服务。当用户到达 A 市时，根据他的位置、个人习惯、消费意愿等提供相关信息。这样将大大节省用户的时间成本，而且还能得到自己最想得到的相关信

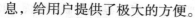

息，给用户提供了极大的方便。

（二）提供用户个性化服务

个性化服务就是根据用户个人的需求来提供服务。所以用户个人需求的判断和预测就显得非常重要。如何来解决这个问题呢？这就需要收集用户详尽的个人信息。但是仅有这些信息还是不够的，因为需求有可能会随着环境的变化而变化，还得进一步考虑用户所处的情景。情景感知服务正是考虑了用户所处情景的变化，而且通过用户的个人信息和以前的消费习惯预测出用户在处于不同情景的不同需求，同时提供给用户个性化服务，更好地满足用户的需求。

（三）可以实现精确化营销

对于企业来说，营销就是向目标客户宣传自己的产品或者服务，使有需求的人购买或者使用。但是企业只能泛泛地确定自己产品或者服务的目标用户群，不能精确地找到自己的目标用户，所以在营销上得花大量的钱去做宣传。这样还是浪费了很多不必要的宣传费。对于用户来说，现在的产品名目繁多，想找到自己中意的产品或者服务也比较困难。而且他们也不反感他们中意的广告宣传。情景感知可以根据用户的个人需求提供个性化服务，所以对用户的需求了如指掌。如果对企业的产品和服务信息进行整合后，根据用户的个人需求提供精确化营销，可以使企业、用户和运营商都实现共赢。

（四）改变人们的生活习惯

现代社会正处在一个信息大爆炸的时代，信息量非常大，这肯定比以前没有互联网时信息匮乏好，但同时又产生了一个新的问题：得到自己想要的信息的难度也随之增加。假设你想晚上出去吃饭，但大街上饭店非常多，那么你可能也不知道去哪家好。为了吃得舒心，在这之前，你可以通过上网去查找相关的信息，根据自己的喜好再决定去哪家吃。这就是现在人们的生活习惯：先查再判断然后再去。情景感知服务需要对大量的信息进行整合，然后根据用户的个人信息和情景提供最贴心的服务，这样人们就可以省去查找的阶段，甚至连判断都省去了，直接去就可以了，人们的生活习惯也因此发生了改变。

第二节　情景感知服务的商业模式与产业链

一、情景感知的商务模式

情景感知商务模式从应用纬度上可分为三种类型：个人应用、企业级应用、混合应用。在说明情景感知商务概念的基础上，本节将具体分析情景感知商务模式的主要类型。

（一）情景感知商务

移动用户在使用移动信息业务时，会因为环境与位置的改变而期待获得不同的信息业务。为了提供这类移动信息业务，目前许多研究都朝着情景感知的概念发展，这是因为移动使用者本身、所处环境及时空因素，都可能影响使用者的业务需求。而要提供切合移动用户需求的业务信息，其关键就在于如何掌握用户所处的情景信息。有些研究机构通过分析移动用户的信息库来动态调整信息业务的内容。此外，较多的研究机构都是通过分析移动服务器中的移动用户档案信息，根据移动用户的喜好或习惯行为来动态选择信息内容。例如，利用移动用户的档案信息和动态组群业务来动态调整服务内容，其概念是将具有相同属性的移动用户归类在同一组群里面，分出许多群集，不同项目的群集之间的各种组合再形成视野，经过这种分类之后，每个移动用户只属于一个视野，系统就针对各种视野中的移动用户给予设定好的服务内容，以达成动态调整移动商务内容的目的。

（二）情景感知提示信息

目前，大多数研究机构主要是侧重于提供固定的信息业务，很少考虑时空因素，只是针对不同的移动用户、不同的需求去调整业务内容而已。这种服务方式只能说是虚拟的个人化服务而已，尚无法提供"时效性"与"地域性"的动态业务信息，这是因为寻找移动用户当前所需的业务和信息，对计算机来说是一个很大的挑战。有关研究宣称是人类的感知行为造成这类研究的瓶颈，尤其是要配合移动用户的时空环境改变来动态地提供最适当的、相关的、即时的业务信息最为困难。其问题一是出在时间环境的认知，二是如何发现最适当的业务。

针对这些问题最普遍的解决方法是情景感知提示或情景触发业务信息，这些方法主要是通过情景感知提示来触发、发现与提供对应的业务信息。类似的解决方法则是采取通知发送方式，配合一阶逻辑规则与背景情景的感知来发送最适当的业务信息，或者是再结合移动用户的信息档案与情景感知来提供最适当的业务信息。而这类研究的最新进展是通过分析移动用户所处的当前位置、时间和业务需求，以分析和预测移动用户下一个业务需求发生的时间和位置，理论上再配合推理机制分析出移动用户的意图，以提供适时、适量的即时业务信息。

（三）情景感知商务模式的意义

对情景感知商务模式进行研究，可以清晰地看见情景感知整个业务的信息流程，这样有利于创新业务，开发更适合用户的服务，提高消费者的接受意愿。对情景感知的商业模式进行研究，了解用户更偏好接受什么样的商业模式，可以减少不必要的投入，防止风险。情景感知业务的实现需要多个厂商之间的紧密合作，通过商务模式研究，分析它们在提供的最终服务中扮演的角色和责任，有利于集中有限的资源发展自己的核心业务，同时提供给其他企业优质的服务，确保用户最终得到高质量的服务。

关于情景感知商业模式的消费者接受意愿研究，现在还处于探索阶段，但是在移动商业模式方面的研究还是比较丰富的。要对情景感知商业模式的消费者接受意愿进行研究，就非常有必要理清商业模式、移动商业模式的发展过程以及研究现状。

二、情景感知商务模式的应用

参考国内外学者研究和企业界实践，情景感知商业模式从应用纬度方面可以划分为如下几大类型：

（一）个人应用

（1）内容提供商模式。采用这种商业模式的企业通过向移动用户提供交通信息、股票交易信息等内容达到营利目的，企业可能通过移动门户或直接向移动用户提供内容服务。较小的公司或个人在开发适合移动终端设备使用的内容时，可能采用这种模式。

（2）移动门户模式。移动门户模式就是企业向移动用户提供个性化的基于位置的服务。该模式的显著特征是企业提供个性化和本地化的信息服务。本地化意味着移动门户向移动用户提供的信息服务应该与用户的当前位置直接相关，如宾馆预订、最近的加油站位置查询等。个性化则要求移动门户考虑包括移动用户当前位置在内的所有与用户相关的信息，如用户简介、兴趣爱好、过去的消费行为等。

（3）WAP 网关提供商模式。该模式可以看做 Internet 电子商务中应用程序服务提供商（ASP）模式的一个特例。在该模式中，企业向不想在 WAP 网关方面投资的企业提供 WAP 网关服务，其收益取决于双方所签订的服务协议。

（4）服务提供商模式。企业直接或通过其他渠道向移动用户提供服务，其他渠道可能是移动门户、WAP 网关提供商或移动网络运营商。而企业所能提供的服务取决于从内容提供商处可以获得的内容。

（二）企业级应用

（1）产品拓展合作模式。由移动运营商根据集团客户的普遍性需求，自行或委托开发商开发，形成通用性产品（或平台），并委托授权的销售商进行市场推广和销售。

（2）集团合作模式。集团用户可以直接向移动运营商提出业务申请，移动运营商提供业务所需的端口和相关的技术支持。集成商负责提出业务方案，并组织方案的实施和业务的维护。销售代理商通过对集团客户的了解和分析，向其推荐移动运营商的通信网络和业务解决方案。移动运营商获得相应的通信费用，集成商获得系统集成费和客户设备维护费，销售代理商则获得相应的酬金、一定比例的通信费或集成费的分成。

（3）合作运营模式。合作商拥有成熟的业务模式和系统时，可以与移动运营商以合作运营的方式进行合作。合作运营商提供业务平台并负责平台的运行和维护，移动运营商提供相应的网络资源。双方明确分工和合作方式，包括业务目标、拓展方式和分工，以及业务销售酬金分成等。

（三）混合应用

前面所述是从应用服务对象角度进行分类的商业模式，实际上在个人应用和企业级应用之间有时候没有绝对明确的划分。如果按内容服务类型，则可以分为以下几种：

（1）通信模式。移动通信是移动终端用户的基本需求，也是移动商务中最早出现、最普遍的服务。无线网络运营商为用户提供移动通信服务，用户交纳使用费，就形成了无线网络运营商通过语音或短信服务获取利润的商务模式。

（2）信息模式。移动商务中常见的服务是信息服务，包括各种实时信息服务（如新闻、天气、股票信息等）、各种基于位置的信息服务（如移动用户附近酒店信息、娱乐场所信息、加油站位置信息等），以及各种紧急信息服务。

（3）广告模式。由于移动设备的屏幕小，与有线网相比更需要目的性更强的广告。随着第三代网络技术的发展和成熟，移动广告应用中不仅广告费用有降低的可能，而且可以提供多种类型的广告内容。

（4）销售模式。无线网络已经开始成为产品和服务的另一种销售渠道，而且无线网络技术和终端设备的特性决定了这种销售模式具有不同于有线销售方式的特征。

（5）支持模式。无线网络的出现不仅能帮助公司削减分支机构、呼叫中心、售票亭和柜台的人员数量，还有很多其他方面的作用，如减少传统商务模式的中间层、缩短供销链、增进企业与客户之间的亲密感等。

在以上商务模式中，主要的参与者包括移动运营商、内容提供商、服务提供商、基础设施提供商、软件开发商等，提供的主要服务包括新闻信息、移动购物、娱乐等，可能的利润来源包括通信费、佣金、广告费、交易费等。这些参与者、服务内容和利润来源通过各种形式组合在一起就形成了移动商务的混合商务模式。

三、情景感知服务产业链的特点

在实际应用中，情景感知服务的实现需要一条完善的产业链中各个环节厂商的协调配合才能完成。虽然现在情景感知服务还没有正式进入商用阶段，但由于它是在现有的位置定位服务基础上发展而来的，所以通过考察目前手机位置定位服务的产业链体系，对于情景感知产业链的研究工作可以起到基础性、启发性的作用。在说明我国当前移动商务产业链特点的基础上，本节将具体分析基于情景感知的产业链。

根据迈克尔·波特所提出的五力竞争模型，以中国移动为考察核心，其大致框架如图 8-2 所示。

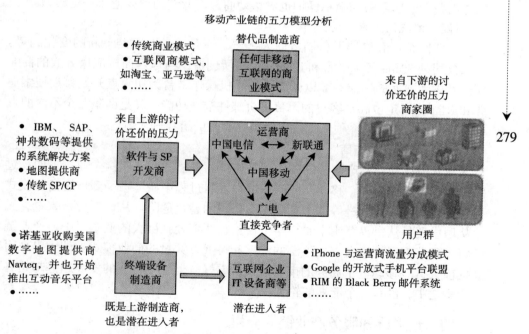

图 8-2　移动商务产业链的五力模型分析

（一）直接竞争者

国内的电信重组使得电信与新联通都拥有了移动牌照，可以进行全业务运营，尤其是电信早就精心打造的"我的 e 家"、"商务领航"、"号码百事通"三个品牌成功引导电信从单纯的网络提供商向综合服务提供商进行转型。而广电凭借其内容优势和丰富的固网资源也成为三家运营商争相结盟的对象。

（二）来自上游的讨价还价的压力

在移动商务产业链中，运营商必须与系统集成商、SP 开发商及终端设备制造商紧密合作，才能够为客户提供个性化的服务。运营商在其中充当平台的角色，将系统集成商等开发的系统解决方案、增值服务等推送给下游的商家和消费者。

因此，具有较强核心竞争力的系统集成商、SP 开发商及终端设备制造商有可能抛开运营商直接为客户提供服务。

（三）来自下游的讨价还价的压力

商家与消费者面可能对传统的消费习惯和正在走向成熟的互联网电子商务模式存在路径依赖，而不选择移动商务所提供的服务。更重要的是，移动商务又有终端的定位功能，反而可能侵犯到消费者的隐私权而招致反感。因此，商家与消费者消费习惯和隐私保护也对移动商务产业链的形成造成一定压力。

（四）潜在进入者

互联网企业和终端设备制造商大举侵入，是移动互联网最新的变化趋势。苹果公司的 iTune 音乐平台和 iPhone 手机所创造的与运营商按流量分成的商业模式是史无前例的。而谷歌以开放式的手机操作平台为切入点开发移动搜索业务和 RIM 公司定位高端客户的黑莓手机邮件推送功能，又是两条完全不同的发展路径。但无论如何，他们都将成为最强有力的潜在进入者。

（五）替代品制造商

与其说移动商务产业链的替代品是传统商务模式和互联网企业，不如反过来理解。但不管怎样，移动商务产业链在发展过程中始终会受到传统商务模式以及类似淘宝、亚马逊等基于互联网的公司的替代危险。从以上分析来看，无论从国内还是从世界范围来看，整个通信行业都处在巨大的变革之中，产业链的每个环节都受到来自上、下游的渗透和挑战，大量的商业模式被催生出来而又提前夭折。移动电子商务的市场前景被看好，但整个行业的发展趋势却始终在探索之中，没有一个清晰的轮廓。

四、情景感知服务产业链的应用

本节首先通过一个典型的应用实例来认识情景感知服务。

用户 A 正在某电影院看电影，在此之前他用手机订阅了运营商提供的情景感知服务，并且该服务正处于开启状态（该状态表示他同意接受网络为他主动推送的服务信息）。因此，此时运营商的服务器可以通过以下一系列的操作为用户提供针对性的情景感知服务：

（1）通过位置定位功能获取到用户所在的位置信息（如地理位置、周边商家等）。

（2）通过对数据库中用户消费行为记录信息的数据挖掘，分析出用户看完电影后可能产生的行动（假设分析结果是用户有较大可能去用餐）。

（3）通过调取用户之前主动填写的个人信息（如年龄、籍贯、个人偏好等），判断出用户最终可能选择的行动结果（如用户如果是四川或湖南人，则去川菜或湘菜餐厅的概率要大一些）。

（4）将结果通过短信或 WAP 网页的形式推送到用户的终端设备上。

可以由图 8-3 观察到整个情景感知服务的基本流程：从用户启动情景感知服务开始，到情景感知服务器将用户潜在需求进行分解，经过定位、用户信息数据挖掘、搜索商家信息等过程，最后将最符合用户需求的信息主动推送到用户终端上。

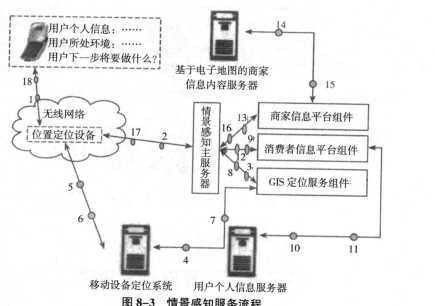

图 8-3　情景感知服务流程

如图 8-4 所示，情景感知服务的产业链应当与目前手机位置定位服务的产业链结构比较类似，其产业链包括电子地图提供商、软件与 SP 开发商、芯片技术提供商、终端设备制造商、运营商，以及分别处于运营商前、后向的商家与最终消费者两个庞大的用户群体。

在情景感知业务的产业链中有三个主要服务角色：内容提供角色、网络提供角色和支付结算角色。其中，除了网络提供角色在产业链中完全由运营商独占以外，其他两个角色都可以由其上、下游的其他成员完成。例如，情景感知业务中所需要的地理信息、用户信息以及商家信息，既可以由运营商自己建立数据库去管理，也可以外包给上游的各种大小 SP 去完成。而支付结算功能主要出现在由情景感知产生的移动支付业务当中，同样，运营商既可以通过扣除话费来完成支付过程，也可以联合银行系统或第三方支付平台来完成支付过程。

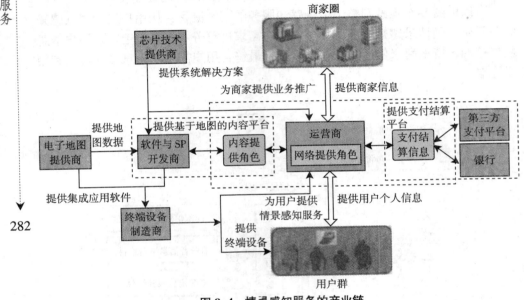

图 8-4 情景感知服务的产业链

282

第三节 位置服务及应用

基于位置的服务被认为是移动商务领域最具有影响力的服务，例如结合 GPS、GIS、A-GPS 的移动导航应用已经取得了良好的成绩，情景感知正是由基于位置的服务发展而来的。基于位置的移动服务在突发事件处理、导航、旅游等方面能够发挥重要的作用，特别是现在的智能手机基本上都集成了 GPS 定位功能，结合网络接入速度的提升，使得基于位置的服务前景非常的看好。要提供基于位置的服务，三方面的因素是必须的：地理位置相关的定位技术、位置坐标相关的内容信息以及客户相关的个性化定制。目前，主要的定位技术还是依赖卫星的 GPS 定位和依赖无线网络辐射信号的，两者各有优缺点，GPS 定位方便准确但是无法适用于室内的环境，而无线网络辐射则精度较低。同时，与定位坐标相对应的位置解释技术也必须跟上，即把坐标解释为人们可以理解的信息，例如国家、城市、街道等，目前这方面的发展也非常的迅猛，Google、百度、E 都市等都纷纷推出自己的地图系统。

一、移动定位的概念

移动定位是利用成熟的网络，结合短信息服务系统，GPRS 和电子地图向客户提供的移动定位服务。实现对指定对象的位置进行定位查询和管理功能。移动定位服务又叫做移动位置服务（Location Based Service，LBS），它是通过电信移动运营商的网络（如 GSM 网、CDMA 网）获取移动终端用户的位置信息（经纬度坐标），在电子地图平台的支持下，为用户提供相应服务的一种增值业务。

狭义地说，位置服务是通过无线通信网络获取无线用户的位置信息，在地理信息系统平台的支持下提供相应服务的一种无线增值业务。广义地说，只要是基于位置的信息服务均属于位置服务，有些业务可能与用户本身的位置无关，例如固定地点的天气、固定起始终止点之间的公交路线等，但在移动通信网中，位置服务应用最多的应是与终端持有者本身的位置紧密相关的那些业务。目前，移动定位业务的具体应用可大致分为：公共安全业务、跟踪业务、基于位置的个性化信息服务、导航服务以及基于位置的计费业务等。

移动位置服务最早是从美国开始的。早在 1996 年，美国联邦通信委员会（FCC）要求移动运营商为手机用户提供紧急求助服务，即提供呼叫者的位置以便及时救援，他们将这种移动位置服务命名为 E911。此后，日本、德国、法国、瑞典、芬兰等国家纷纷推出各具特色的商业化的位置服务。目前，世界许多国家都以法律的形式颁布了对移动位置服务的要求，如美国 "US FCC E 911" 以法律的形式规定了运营商为 911 用户提供的定位服务精度标准，而欧盟也颁布法律，遵循 "US FCC" 标准，并于 2003 年 1 月 1 日实施。顺便提及的是，定位服务已引起人们对隐私权的关注。无线通信公司和监管者必须研究政策允许用户在输入地址信息时，其个人隐私权受到保护。

近三年来，伴随着移动通信网络从 2.5G 向 3G 演进，从日本和韩国到欧美地区，移动定位业务的发展步伐正在不断加快。在我国，移动定位业务在行业用户市场加快渗透的同时，正逐步向大众用户市场拓展。2005 年，国内移动定位市场规模达到 2.21 亿元，比 2004 年增长 80%，主要得益于中国移动亲子通业务和中国联通手机导航等相关定位业务的推广。受"奥运经济"的刺激，在 2006~2008 年，该市场的增长率保持在 150% 以上。2008 年，中国移动定位市场达到 52.5 亿元，成为最具竞争力的 3G 核心业务之一。

位置服务描绘了未来空间信息服务和移动定位服务的蓝图，目前正在成为人们日常生活中一种重要的信息服务，并将成为未来信息服务业的重要组成部分，它所具有的巨大商业价值，将日益在各行各业中显现出来。位置相关信息服务系统的巨大价值在于通过移动和固定网络发送基于位置的信息与服务，使这种服务应用到任何人、任何位置、任何时间和任何设备。

位置服务结合完备的地理信息数据和信息搜索引擎，可以提供给用户位置信息服务。定位信息服务能够提供诸如：地理信息查询、定位信息路径搜索、车辆导航与跟踪、紧急求助、兴趣点查询、物流配送、交通路况天气预报以及其他一些与位置相关的基本信息服务。随着空间定位技术以及通信技术的迅速发展，使快捷传递地理位置信息成为可能。在市场和技术推动之下，移动位置服务随之发展起来。

鉴于对位置业务未来发展前景的良好预期，作为移动通信网提供的业务，LBS 服务已经受到了世人的瞩目。根据有关资料显示，全球各大移动都正在积极部署这项极具潜力的增值业务，2010 年，全球过半的移动用户同时成为移动位置服务用户。

二、移动定位技术

定位操作平台主要负责通过各种定位技术来获得终端的经纬度信息。而经纬度信息的准确性直接影响了位置服务的质量和用户的认可程度，因此关系到 LBS 服务的发展和前景。所以，对于移动定位技术的研究和探索在国内外从来就没有停止过。

目前，可供移动网络使用的定位技术多种多样。

(一) 基于终端的定位技术

基于终端的定位技术主要指移动终端计算出自己所处的位置，即自我/个人手机定位技术。这种技术主要有 GPS、辅助 GPS（Assisted GPS）和增强型观察时间差 E-OTD（Enhanced Observed Time Difference）等几种方法。

1. GPS 全球卫星定位系统

GPS 主要是利用几颗卫星的测量数据计算一个移动用户的位置，包括了经度、纬度和高度信息。原始数据可以由终端处理，也可以送到网络一侧处理。

GPS 接收机主要功能：用伪距决定卫星与接收机之间距离；从卫星发出的

信息中提取方位角；求出卫星的星历数据（信号到达时），计算卫星的位置；确定接收机位置和接收机时钟偏差。

2. 辅助 GPS

E-911 业务最初制定的时候允许选择传统的 GPS，但是缺点在于采用 GPS 直接对 MS 定位，首次锁定时间 TTFF（Time to First Fix）有可能需要 10 分钟左右，并且依赖于 MS 能看到什么样的卫星星座，同时在城市的狭窄楼宇之间使用 GPS 时会出现问题。为了解决这个问题将卫星导航与无线蜂窝融合形成的新技术，即辅助 GPS（A-GPS），是将 GPS 与无线手机组合在一起，在此技术中蜂窝网络里一个和 MS 可以看到同一卫星的实体（基站 BS）被激活来协助 GPS 接收器工作，通过预测一个 MS 可以看到什么信号并且向 MS 发送此信息，辅助 GPS 也可以使网络实体能够比 MS 检测到信号强度更微弱的信号并且向 MS 发送一个灵敏度辅助消息。此外，它通过告知 MS 当前所能看到的卫星和将要用于同步的编码相位来减少 MS 的卫星搜索空间。

3. E-OTD 定位方法

手机根据服务小区基站和周围几个基站的测量数据，算出它们之间的时间差，时间差被用于计算用户相对于基站的位置。为了在终端上实现软件计算定位算法，必须有足够的处理能力和存储容量。

与 E-OTD 相关的基本量有三个：观察时间差 OTD、真实时间差 RTD 和地理位置时间差 GTD。OTD 是 MS 观察到的两个不同位置 BS 信号的接收时间差；RTD 是两个 BS 之间的系统时间差；GTD 是两个 BS 到 MS 由于距离差而引起的传输时间差。

设 d_1 为 BS_1 与 MS 之间的距离，d_2 为 BS_2 与 MS 之间的距离，则：

$GTD = |d_2 - d_1|/v$（v 为无线电波速度）

那么上述三个量之间关系为：

$OTD = RTD + GTD$

当基站都同步时，则 RTD = 0。要取得正确结果，基站数目至少为 3 个，位于不同的地理位置，并且重要的一条是基站之间要同步。同步基站最常用方法是基站安装固定 GPS 接收机。

（二）基于网络的定位技术

基于网络的定位技术是指网络根据测量数据计算出移动终端所处的位置。这种技术主要有 CGI-TA、基于方向的定位技术（信号到达角 AOA）、基于距离的定位技术和基于指纹的定位技术等几种。

1. CGI-TA

CGI 是小区全球识别码，每个蜂窝小区有一个唯一的小区识别码。CGI 由位置区标志 LAI 和小区标志 CI 构成。GSM 系统中可以用作定位的参数还有一个是时间提前量 TA。TA 是由基站测量得到的结果，然后通知移动用户提前一段时间（TA）发送数据，使得到达数据正好落入基站的接收窗口中，TA 的目的是为了扣除基站与移动用户之间的传输时延，因此利用 TA 可以估计 MS 和 BS 之间的距离。TA 是以比特为单位的，1 比特相当于 550 米的距离。由于无线传输存在多径效应，因此，利用 TA 定位的精度很低。

2. 基于方向的定位技术

AOA（Angle of Arrival）定位技术一般利用两个或更多基站通过测量接收信号的到达方向来估计 MS 的位置，如图 8-5 所示，AOA 定位方法唯一确定了一个二维定位点。MS 发，BS$_1$ 收，测量可得一条 BS$_1$ 到 MS 连线；同理可测量得到另一直线，两直线相交产生定位角。采用此方法在障碍物较少的地区可以得到较高的准确度。但是在障碍物较多的环境中，由于无线传输存在多径效应，则产生的定位角误差会增大。

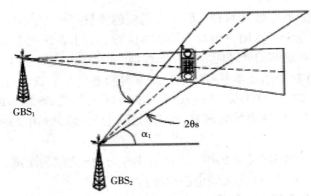

图 8-5　地理定位的 AOA 技术

另外，AOA 技术要建立在智能天线的基础上才能实现。接收器利用定向天线或者天线阵来测量接收器收到的目标发送器的信号的方向。如果方向测量的精度为±s，则接收器处的 AOA 测量可以把发送器位置限定在大约角度为 2s 的视线信号路径，两个这样的 AOA 测量将能锁定目标终端的位置。这种方法下，位置估计的精度依赖于发送器相对于接收器的位置。如果发送器恰好处在两个接收器之间的直线上，则 AOA 测量将无法锁定目标位置，因此通常采用多于两个的接收器来提供定位精度。

3. 基于距离的定位技术 TDOA（Time Difference of Arrival）

移动台 MS 和接收器之间的距离的估计可以通过接收信号强度、UL-TOA

以及 TDOA 技术获得。TOA 定位方法与 E–OTD 较为类似，差别在于 UL–TOA 由基站测量终端数据的到达时间。该方法要求至少有三个基站参与测量，如图 8–6 所示。如果基站接收器与移动台之间的距离估计值为 d_1，移动台可以被定位在以接收器为中心，半径为 d_1 的圆上。每个基站增加一个位置测量单元 LMU，LMU 测量终端发送的接入突发脉冲或常规突发脉冲的到达时刻，LMU 可以和 BS 结合在一起，也可分开放置。由于每个 BS 的地理位置是已知的，因此可以利用球面三角算出定位终端的位置。

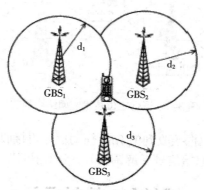

图 8–6　基于距离的地理定位技术

（三）混合定位技术

一般来说，GPS 定位技术虽然能够提供很高的定位精度，但在很多情况下，由于多种原因，移动台很难捕获足够多的 GPS 卫星。这时候，只是单纯的使用 GPS 方法来实现定位就比较困难。为了补足 GPS 定位的这个缺点，移动台可以利用基站的信号来补充卫星的不足，由此而产生出了一种新的定位技术——混合定位技术。混合定位技术综合使用了前面提到的基于终端和网络的定位技术，将两者取长补短，从而在牺牲部分定位精度的前提下，大大地提高了定位的可用性，实现了室内定位、城市定位等功能。

如图 8–7 所示为 TDOA 技术与 A–GPS 混合定位的应用实现，这种方法下的定位处理流程可以分为：

终端手机（具有 GPS 定位功能）首先向相邻的 3 个基站发送测距信号，基站收到请求后，返回相关信号（Cell–Id，信号到达时间等）至手机。

手机收到从基站返回的测距返回信号后，计算对应的时间差，并启动基于 TDOA 的计算过程，同时通过移动通信网络向 MPC（移动定位中心）上的卫星接收机请求卫星序号。

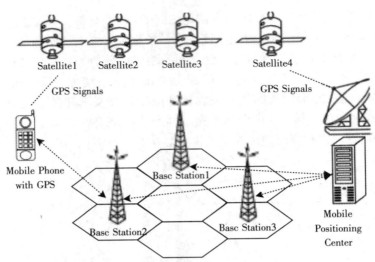

移动信息服务

图 8-7　混合定位技术在网络中的实现

手机的相应模块根据接收到的 GPS 辅助信号再接收 GPS 原始信号。

手机接收到 GPS 原始信号后解调信号，计算位距，最后得到该用户目前所在的位置。

手机综合计算基于 TDOA 和 A–GPS 所得位置值，并将更为精确的位置数据发送给 MPC。

三、移动定位的应用

无线定位技术为移动通信开辟了更大的发展空间，提供了更多的商机。无线网络运营商提供的位置服务可以包括从安全服务到付账、信息追踪、导航、数据/视频集成产品等方面面。目前，第三代移动通信系统已进入最后的开发阶段，蜂窝定位依靠第三代移动通信系统的体系结构和传输的信息实体实现移动台的位置估计，有着十分广阔的应用前景，具体可概括为以下几个方面：

（一）安全方面——紧急救援和求助

移动的不确定性给人们的安全带来了一定的威胁。随着活动范围的扩大，这种威胁也越来越大。因此，危险情况下的紧急求援就显得尤为重要。只要用户的手机支持移动定位业务，用户就可以拨打救援中心的电话，如中国的 110、美国的 911、日本的 411 电话。移动通信网络在将该紧急呼叫发送到救援中心的同时，会自动支持移动定位业务的网元，将该位置信息和用户的语音信息一并传送给救援中心。救援中心接到呼叫后，根据得到的位置信息，就能快速、高效地开展救援活动，大大提高成功率。按照美国联邦通信委员会（FCC）的要求，美国所有基于网络的定位业务在 2002 年 10 月 1 日前全部实现 150 米的精度。

（二）追踪方面——汽车导航、车辆追踪、舰队追踪

在人口密集的大城市里，交通阻塞的问题急待解决，对车辆导航、智能交通的要求越来越迫切。为此发展出了智能交通系统 ITS。而自动车辆定位系统 AVLS 是智能交通系统的核心，将实现动态交通流分配、定位导航、事故应急、安全防范、车辆追踪、车辆调度等功能。利用蜂窝定位系统实现的自动车辆定位系统将定位、通信、计算机信息处理与控制等构成一个有机整体，有利于多种信息的融合，并且在城市覆盖和灵活方便的漫游管理等方面具有优势。

（三）计费方面——基于位置和事件的计费系统

基于用户位置的灵活计费系统将是未来移动电话运营商拓展业务、吸引客户的重要手段。现在常用的收费标准有两种：一是按移动电话使用的频率收费；二是按移动电话使用的通信时段收费。随着移动电话定位业务的实现，又可以增加一种新型的收费方式，即按移动电话的使用位置收费。用户在家里或办公室使用移动电话，因为移动性低，收取的费用就低；在所属城市或某一固定区域内移动通话，收费将接近于现行标准；而进行大范围漫游时，将要支付较高的费用。

（四）网络性能方面——移动性管理及系统优化设计

对于通信网本身来说，移动台位置信息也是非常重要的。通信网的移动性管理一直是网络的难点问题，主要原因是移动台位置的不确定性。如果网络知道移动台的精确位置，进行移动性管理就变得相对简单了，同时也有助于对移动台进行有效的信道分配，实现网络资源动态、智能分配，使无线资源的利用率更高。

289

（五）通知方面——商业信息发布和旅游、娱乐等

基于位置的通知服务是指当订购这一服务的用户进入某一特定区域时，信息中心将给他们发送文本短信或者多媒体短信，告诉用户这个区域中的最新信息。下面举例说明基于位置的通知服务在各个领域的应用。

（1）商业促销。商家向进入购物中心的顾客发送商品的打折信息。

（2）旅游导游。景点的信息中心即时向游客发送景点的简介，推荐最佳食宿地点、游览路线和其他一些信息。

（3）娱乐。及时提醒某个游戏玩家目前正进入某个受攻击的位置。此外在一些基于位置的游戏中，可以提醒玩家的实际位置。

基于位置的通知服务是 LBS 应用的主要组成部分，涵盖范围广泛，方便用户接收更多的实时资讯，不足之处是不能保证用户只收到自己所需的短信。例

如，商家所发送的促销信息对一位进入商场找人的顾客来说毫无用处，相当于"垃圾短信"。这些"垃圾短信"一方面造成资源的浪费，另一方面对用户造成了一定的干扰。

（六）其他方面——移动黄页查询、防止手机盗打

移动互联网技术与移动定位业务相结合，可以轻而易举地实现移动黄页查询。移动网络首先定位出用户所处的位置，然后再根据互联网提供的信息选出用户所在地的相关信息，供用户查询。移动电话定位业务的开展，对制止移动电话的盗打非常有利。电信运营部门在发现盗打号码后，可以不必禁止移动电话的使用，而利用无线网络自动记录盗打的准确时间和地点，从而为司法部门执法提供最有力的证据。

四、移动定位支撑情景感知服务

在目前各种基于用户或移动对象时空位置的应用中，应用系统会通过多种传感器不断获取用户或移动对象的时空位置情景信息，并将这些信息集合通过移动网络以时空轨迹（Spatio-Temporal Trajectory）的形式存储于移动对象数据库（Moving Object Database，MOD）中。在上述这些应用中，时空轨迹是移动对象在三维时空中移动行为的数字化抽象，其中隐含着大量的用户或移动对象的移动模式、行为偏好等有价值的特征信息，对其进行有效的分析和挖掘是前述应用的基础。

基于位置感知的移动信息服务就是依据移动对象的时空位置提供相应的信息。典型应用如信息推送。其应用的基础同样是移动对象的时空位置，故其关键问题就是对移动对象过去、现在、将来位置的获取、管理、挖掘，而移动对象的时空位置是连续变化的（相对静止是移动的特例），基于位置感知的移动信息服务的关键问题也就转换为对移动对象轨迹的获取、管理、挖掘。

情景感知计算（Context-Aware Computing）是指利用情景信息自动为用户提供适合当前情景（包括任务、位置、时间、用户的身份等）的服务。实际上，情景感知计算作为一种计算形态，其中每个成分的行为由其所处的环境所决定。环境对特定应用成分有超常的影响，因为以后需要其改变条件，或者其依赖的资源在不断变化。情景感知计算使得系统能利用情景信息向用户提供与任务有关的信息或服务，这将极大地提高信息交互的效率。

基于位置的信息服务是面向移动的，所以它是一种移动信息服务，是一种能通过移动网络，使用移动设备，并借助于移动设备的定位功能得到访问信息的服务。实际上，这种应用是互联网、GIS/空间数据库和新一代信息与通信技术（NICT）的汇集，它把对象的时空位置作为相关信息的索引，在一定程度上

屏蔽了物理世界与虚拟世界之间的鸿沟，其计算的透明性、移动的无缝性、信息访问的普遍性、基于情景感知的智能性，使用户在日常环境下能够使用任意设备、通过任意网络、在任意时间获取与位置有关的信息，真正实现了以人为中心的信息服务，而不是桌面计算模式以机器为中心的操作处理。

第四节　情景感知服务的实施与应用

一、情景感知系统的设计

（一）情景分类

可从外部和内部的维度来看待情景，如从物理的和逻辑的层面来看待情景，外部的或者物理的情景指的是能够直接从感知器上得到的情景信息，例如坐标、光线、声音、动作、温度、气压等，而内部的或者逻辑层面的情景指的是那些由用户指定的或者根据用户的交互行为推断得到的情景信息，例如用户的目标、任务、工作流程，甚至用户情感方面的因素等。

物理情景信息相对容易获得，是目前情景感知应用中主要的情景信息来源，而逻辑层面的情景感知信息的获得则较为复杂，往往需要借助推理、挖掘等算法和机制的辅助。情景信息的分类是情景感知应用系统概念设计框架的基础，而概念设计框架则能够帮助人们更好地理解如何呈现、存储以及交换情景信息的逻辑。

（二）情景信息的获取

情景感知应用系统的实现可以有很多种方式，所采用的设计方法取决于具体应用中的一些特殊的需求和条件，例如，感知器的物理位置是本地的还是远程的、可能的用户群体规模大概多少、用户使用的移动设备的性能如何，这些具体问题都将会影响情景感知应用系统的设计与决定采用何种的设计框架。事实上，情景信息的采集方式就在一定程度上预先框定了后续的许多技术问题及设计风格。在情景信息的获取方面有三种设计框架：

（1）直接从感知器上获取情景信息的架构。这种设计框架主要是运用在移动设备和感知器捆绑在一起的情况下，例如，手机自带了 GPS 接收器，这时候运行在设备上的软件直接能够从手机上获得想要的情景数据，也就是说，在应用软件和感知器之间无需增加额外的层次结构来辅助感知数据获取。

（2）中间件架构。现代软件设计方法中强调通过一系列的封装将软件的业务处理逻辑与图形化用户接口进行分离，典型的有 MVC 设计模式，MVC 架构指的是"模型—视图—控制器"。情景感知应用系在情景感知系统采用中间件架构，就是在应用软件和感知器当中再引入一个中间件层，从而将底层的感知器隐藏起来。与直接从感知器获取情景数据相比较，引入中间件后，应用系统具有更好的扩展性，而且应用软件、中间件、感知器三者形成了一种类 MVC 模式，任何一方的改变都可以调整中间件来进行协调。

（3）情景服务器架构。比中间件架构更深入一步，情景服务器架构真正的做到了对感知器的隐藏，同时也支持多个客户端同时获取情景，应用软件在此情况中无需关心感知器的任何信息，只需要知道情景服务器的地址即可，获取情景并保存情景这一部分的工作，全权委托于情景服务器处理。

（三）情景管理模式

（1）小部件管理。从软件设计的 UI 部分得到的启发，小部件的设计模式为底层的每个感知器分派了一个小部件程序，专门封装了针对特定感知器的所有操作，设备应用程序中情景信息获取的这部分即由多个小部件程序块组成，并有一套针对这些小部件的管理机制。

（2）网络化的服务。这种更具有柔性的设计模式非常类似 Chen 和 Nath 提出的情景服务架构，它将各种小部件以及小部件的管理机制从设备应用软件中剥离出来，独立运行在网络中的某个服务器之上。

（3）黑板模式。相比较前两种设计模式，黑板模式更像是一种以数据为中心的设计架构，它引入了一种机制来共享各种感知到的情景数据，这种机制就称为黑板，所有的情景数据都呈现在这个黑板之上，设备应用软件根据自己的需要到黑板上去获取相关的数据，或者向黑板发出订阅，当有相关情景数据到达黑板后，由黑板主动分发给相应的设备应用软件。

（四）情景感知设计框架

情景感知概念设计框架可分为五个层次：

（1）感知器层。这是最底层，由一组感知器的集合构成。这里要说明的是，感知器并不单指物理硬件方面的，还包括一些可以提供情景的来源。感知器可分为物理感知器、虚拟感知器和逻辑感知器三个层次。其中后两个感知器层次就需要借助计算机的推理、挖掘等算法和机制，是目前情景感知研究的重要发展方向之一。

（2）原始数据获取层。这一层的任务是从感知器上得到第一手的原始情景数据，充分利用硬件感知器提供的驱动以及虚拟、逻辑感知器提供的 API 得到原始情景数据，并采用软件设计中可重用的组件设计方式，尽可能地将原始情景获取的方式抽象、封装成为一种通用化的标准接口，以提供给高层调用。

（3）预处理层。这一层并不是所有的情景感知系统设计都需要用到的，它的主要目的是对从第二层得到的原始数据进行预处理，也就是说只有当原始数据对上一层应用来说过于粗糙时才需要这一层的参与，也可以说，这一层是对原始数据获取层的补充或者提升。

（4）存储和管理层。这一层主要的任务是将从下层得到的情景数据存储起来统一管理，并以接口调用的方式向更高层的客户端应用程序开放，类似于前面提到的情景服务器和网络化服务。客户端对这些接口的调用可以是同步的也可以是异步的方式进行。

（5）应用层。即运行在移动设备上的应用软件，有了下面几层的配合，这一层的主要任务就是负责为用户提供更为满意的人机交互体验而无需关心底层的情景获取方式及来源。

在情景感知应用系统设计中，其基本原则就是要将各个设计环节考虑的问题尽可能的分离出来，目前大多数的情景感知系统设计都遵循这一原则，采用上述设计框架中的若干个层次。

二、情景感知系统的实施

（一）情景感知系统的应用

目前已经存在了一些情景感知应用系统，虽然大部分仍然处于原型或者试验阶段，不过对该领域的研究作出了非常重要的实践贡献。归纳起来，现有的情景感知系统在基于位置的服务、应急服务和旅游三个方面的应用比较突出，主要是因为这三个方面的应用对周边环境的变化考虑的比较多，采用情景感知的需求比较强烈。

1. 位置服务

位置信息是最基本也是应用最广泛的情景信息，主要围绕位置信息设计的应用系统就是基于位置的服务，或者也成为定位服务。随着移动设备的 GPS 接收模块的普及率不断提高，定位服务的需求也明显增加，早期的一些情景感知系统大都属于这一类，这些系统都通过一些不同的位置感知设施来采集位置坐标信息，并根据一定的算法进行定位。支持定位的手段有：GPS 卫星、移动基站、附近的标记检测装置、照相、磁卡阅读器、条形码阅读器、RFID 标签等，这些感知装置提供了定位的坐标或者近似值，它们的价格和精度也各不相同，采用何种设备取决于实际应用情况。

2. 应急服务

应急服务也是对情景感知应用具有高需求的一个领域，顾名思义应急即需要立即采取某些超出正常工作程序的行动，以避免事故发生或减轻事故后果的状态，而且在处理应急情况的过程中，周边环境的变化非常大，实时了解这些环境信息，给应急工作的处理带来事半功倍的效果。以情景感知在医院中的应用为例，在一所现代化的医院中，当发生紧急情况并有若干急救病人送入医院之时，会发现所有的医护人员都处于繁忙的"移动"状态中，他们需要同时处理好几个病人的手术，并且可能从属于若干个医疗小组而不停的与其他人员进行合作与沟通，同时在合作的过程中，会产生一系列的文档，因此，如何统筹安排人员、如何及时的交互中间报告文档等成为关注的焦点问题。

3. 旅游服务

旅游行业也被认为是非常适合采用情景感知以及个性化推荐服务的应用领域。严格来说，面向旅游服务的情景感知应用是在基于位置的服务基础上发展起来，位置信息同样也是这类服务最主要的情景信息之一。一套合适的情景感知旅游辅助系统不仅能够帮助游客做好旅游之前的准备工作，更重要的是在旅行过程中能够为游客提供一系列随时、随地、任意设备接入的位置相关的个性化定制服务，这样的系统也被称为移动导游。

（二）情景感知系统介绍

（1）RCSM 是一套情景感知中间件系统，它主要用于解决周边环境的动态集成问题，这里所说的动态集成问题主要指的是如何让移动设备能够自动的检测到所处网络环境中的各种情景信息的来源以及适合的应用服务，并与它们建立数据通讯。RCSM 以面向对象的方式为每个感知源和应用服务建模，它的创新点之一就是这套具有情景感知特性的动态集成机制，能够根据当前的位置、时间、网络状态等情景信息，动态地将移动设备与应用服务进行捆绑。

（2）JCAF 是用 Java 设计的一套用于发开情景感知应用系统的框架，情景信息的发布和获取通过相互独立的各种服务来处理，JCAF 通过 Java 的远程方法调用机制（RMI）来建立点对点的通讯，也是以面向对象的建模方式来描述情景以及相关信息。

（3）PACE 也是一套情景感知中间件系统，它具备对情景信息和用户偏好的管理机制，并提供了一组程序开发工具和接口，便于维护情景信息的存储和访问，同时能够根据用户的偏好作出一定程度的决策支持。

（4）Akogrimo 是一个面向移动情景感知服务的项目，它支持用户使用移动设备访问网络中的应用服务。在情景感知方面，Akogrimo 专注于移动用户的位置以及周围的兴趣点，也是属于基于位置的服务范畴，它的核心组件是一套情景管理器，负责实施从感知器采集情景并将这些采集到的情景信息发送给应用服务。

（5）ESCAPE 是一套基于 Web Services 技术的情景感知系统，它主要面向紧急事件发生后的团队合作问题，ESCAPE 分为"前端"和"后端"两个部分，前端为运行在移动设备之上的应用程序，后端则是提供 Web Services 服务的程序，运行于服务器级别电脑上。当发生紧急事件后，首先在后端启动一套应急方案，方案中包括各个参与者的任务及其移动设备的信息，当参与者抵达现场后，即可以根据手持设备快速的与其他团队成员开展合作，共同完成既定的任务。

（6）COMPASS 是一套为游客提供旅游相关的情景感知与个性化推荐的应用系统，并且集成了微软的 Mappoint 地图服务，能够使得用户在旅途中直观的通过地图看到自己当前所处的位置。它建立在 WASP 平台之上，支持以 Web Services 的方式提供情景感知服务，运行在手持设备上的应用程序则通过 3G 网络访问 COMPASS 提供的 Web Services，以获得情景相关的服务。COMPASS 为每个游客建立并维护一套用户档案，后台具有一组推荐引擎程序，能够根据用户档案中提供的信息作出一些个性化推荐以供游客自主选择，并支持情景信息的存储以及旅程结束后的回调。

（7）LoL@ 是一个基于位置的情景感知旅游服务原型系统，它通过 GPRS 或者 UMTS，为游客在奥地利首都维也纳城市中游玩提供多媒体的导游服务。LoL@ 允许游客事先制订一套游程方案，指定将会访问哪些景点、时间安排、个人偏好等，然后在旅游过程中，LoL@ 会根据用户事先安排的游程方案，根据实时的情景信息提供符合方案安排的导游服务，它有一张维也纳城市地图作为背景，游客的位置以及周边的兴趣点实时的显示在地图之上，并且游客能够在游玩过程中随时的记录下当时的一些感受，游玩结束后即可以形成旅游日记。

（8）MobiDENK 也是一个基于位置的应用系统，应用的环境是一些历史名胜古迹内的导游和最新的信息服务，游客在进入某个景点时，可以领取一个特定的手持设备，该设备装配了 GPS 定位模块以及通过景点内的 WiFi 连接地图服务器，以获得当前所处位置的地图与周边的兴趣点信息。

（9）m-ToGuide 是欧洲 1ST 项目中的一个原型系统，通过 2.5G 或 3G 的蜂窝网络来为游客提供基于位置的服务，与其他应用类似，m-ToGuide 也是使用 GPS 定位并结合 GIS 地图展示游客的位置与周边的兴趣点。稍有不同的是，m-ToGuide 也支持一些简单的事务性质服务。例如，通过与外部应用系统的集成，可以进行订票、订座等操作，为此后情景感知应用的拓展做出了积极的贡献。

情景感知发展的重点在于如何从走出实验室而进入现实社会，他们将情景感知存在的问题和未来的发展归纳为以下八个问题：①如何在情景感知应用中抽象和使用感知到的情景信息；②情景感知的设计模式有哪些；③哪种推理算法用于抽象出用户情景和为用户提供服务最合适；④如何更好地处理同步产生的海量异构数据、信息及知识；⑤当用户的情景信息发生冲突的时候如何采取最佳解决方案；⑥如何在情景感知系统中反映出用户的偏好以便提升其满意度；⑦在情景感知系统中以何种形式来存储用户信息；⑧如何评价情景感知系统的性能。

情景感知系统未来的发展必须与市场紧密的结合，要想从新技术上取得回报，必须更多地考虑技术以外的事情，即技术背后的商业模式才是决定成功与否的关键所在，唯有如此，才能给客户与服务提供者创造"双赢"的价值。

三、情景感知的应用和前景

（一）情景感知业务的典型应用

1. 休闲娱乐类应用

（1）签到（Check-In）模式。签到模式是以 Foursquare 为主，还有一些国外同类服务还有 Gowalla、Whrrl 等，而国内则有 "嘀咕"、"玩转四方"、"街旁"、"开开"、"多乐趣"、"在哪" 等几十家。该模式的基本特点如下：

1）用户需要主动签到（Check-In）以记录自己所在的位置。

2）通过积分、勋章以及领主等荣誉激励用户签到，满足用户的虚荣感。

3）通过与商家合作，对获得的特定积分或勋章的用户提供优惠或折扣的奖励，同时也是对商家品牌的营销。

4）通过绑定用户的其他社会化工具，以同步分享用户的地理位置信息。

5）通过鼓励用户对地点（商店、餐厅等）进行评价以产生优质内容。

该模式的最大挑战在于要培养用户每到一个地点就会签到（Check—In）的习惯。而它的商业模式也比较明显，可以很好地为商户或品牌进行各种形式的营销与推广。而国内比较活跃的街旁网现阶段则更多地与各种音乐会、展览等文艺活动合作，慢慢向年轻人群推广与渗透，积累用户。

（2）大富翁游戏模式。这种模式在国外的代表是 Mytown，国内则是16Fun。其主旨是游戏人生，可以让用户利用手机购买现实地理位置里的虚拟房产与道具，并进行消费与互动等将现实和虚拟真正进行融合的一种模式。这种模式的特点是更具趣味性，可玩性与互动性更强，比签到模式更具黏性，但是由于需要对现实中的房产等地点进行虚拟化设计，开发成本较高，并且由于地域性过强导致覆盖速度不可能很快。在商业模式方面，除了借鉴签到模式的联合商家营销外，还可提供增值服务，以及类似第二人生（Second Life）的植入广告等。

296

2. 生活服务应用

周边生活服务的搜索，以点评网或者生活信息类网站与地理位置服务结合的模式，代表有大众点评网、台湾的"折扣王"等。其主要体验在于工具性的实用特质，问题在于信息量的积累和覆盖面需要比较广泛。

（1）与旅游的结合。旅游具有明显的移动特性和地理属性，LBS 和旅游的结合是十分切合的。分享攻略和心得体现了一定的社交性质，其代表是游玩网。

（2）会员卡与票务模式。实现一卡制，捆绑多种会员卡的信息，同时电子化的会员卡能记录消费习惯和信息，充分使用户感受到简捷的形式和大量的优惠信息聚合。其代表是国内的"Mokard（M 卡）"，还有票务类型的 Eventbee。

这些移动互联网化的应用正在慢慢渗透到生活服务的方方面面，使人们的生活更加便利与时尚。

3. 社交型应用

（1）地点交友，即时通信。不同的用户因为在同一时间处于同一地理位置而能够方便地交友或通信，其代表是"兜兜友"。

（2）以地理位置为基础的小型社区。地理位置为基础的小型社区，代表是"区区小事"。

4. 商业型应用

（1）LBS+团购。两者都有地域性特征，但是团购又有其差异性，如何结合呢？美国的 GroupTabs 给我们带来了新的创意：GroupTabs 的用户到一些本地的签约商家，如一间酒吧，然后使用 GroupTabs 的手机应用进行签到。当签到的数量到达一定数量后，所有进行过签到的用户就可以得到一定的折扣或优惠。

（2）优惠信息推送服务。Getyowza 为用户提供了基于地理位置的优惠信息推送服务。Getyowza 的盈利模式是通过和线下商家的合作来实现利益的分成。

（3）店内模式。ShopKick 将用户吸引到指定的商场里，完成指定的行为后便赠送其可兑换成商品或礼券的虚拟点数。

（二）情景感知业务的应用前景

情景感知作为下一代移动商务的重点业务，应用前景非常广阔。

1. 个人用户应用前景

对于个人来说，情景感知服务可以应用到与人们生活息息相关的吃、穿、住、行、娱乐等方面。

（1）吃的应用。主要是传递给用户相关餐厅、饭馆、小吃等信息。并不是无限范围地提供这些信息，主要是根据用户所处的情景提供。例如，在中午下班时主要提供工作地周围的饭馆；在将要回家时，提供从工作地点到回家路上的符合用户口味的餐馆信息；提供相关的打折信息；提供新的菜单和服务；如果做饭，可以提供买菜的相关信息以及做菜的方法和技巧；提供买水果的信息和哪个季节吃哪种水果对用户个人身体好等。

（2）穿的应用。主要向用户传递到哪里可以买到满意的衣服、饰品及穿着潮流等信息；在工作日时主要提供上班地周围和回家路上的相关信息；在周末时范围可以广一点，可以根据用户的收入水平和交通方式来判断；根据用户个人喜好提供打折信息、新品推荐、购物向导等服务。

（3）住的方面。这主要针对出差者、旅游者或者来到不熟悉的地方的人，对他提供本地区住宿方面的信息。可以根据到达本地的目的不同提供不同的服务，如果是自费旅游，就提供目的地周边的性价比高的旅馆，同时还要考虑所提供的住宿地出行方便。

（4）行的方面。主要向用户提供出行导航，按出行方式分为汽车导航、公共交通导航、自行车导航、步行导航。公共交通导航可以向用户提供自己需要乘坐的下一辆车到站时间、用户需要乘坐的车在某个站点的进站时间；如果不能直接到达目的地，就提供最方便的换乘方式，让用户时时掌握自己所要出行的公共交通情况，合理安排自己的时间，免除在站点苦等公共交通的现状。自行车导航和步行导航则只需提供到达目的地的最优路线。

（5）娱乐方面。现在的娱乐方式很多，在此仅以游戏为例说明情景感知在这方面的应用。现在的游戏几乎都是以虚拟的方式在网络上进行，由于情景感知可以提供个人所处的位置，这样就有可能在现实社会中组织游戏，能激发人们更大的兴趣。

2. 企业用户应用前景

情景感知服务的特点就是移动性和考虑情景的变化。这样就非常适合那些业务经常处于移动或者跨区域作业的企业，而且能解决他们需求。由于移动或跨区，业务员就不能够像在公司里一样使用所有的资源，那么情景感知业务就可以提供一个通道，让业务员与其公司的资源尽可能连接，以便业务员向客户提供更好的服务，使客户满意，同时企业的业务量和盈利肯定也会上升，如咨询行业、物流行业、保险行业、房屋中介等行业。

3. 公共事业应用前景

公共事业应用主要体现在求助、劝诫、提醒方面，相当于现在110、119等，但功能比110、119等应急处理系统强大得多。如果处在危险中的人通过电话发出求救信号，这是一种被动的等待帮助，不能起到提醒和先期防止危险发生的作用，而且还需要求救者说出自己所处的准确地点，但现实中人们有可能不能非常准确地说出地点，这样对救援会产生极大的负面影响。如果把情景感知应用到这些系统中，不论对求救者还是对求援组织都会起到非常有利的帮助。当一个人处于危险中需要帮助时，他只需拨通110，说明他出了什么事就可以了，警方可以立即强制开通情景感知服务，得到求救者的精确位置及周围的环境状况。如果求救者在不停地移动，还可以随时地跟踪，这些详尽的信息对实施成功的紧急求援将起到确定性的作用，警方还可以在一些经常出事的地方时时监控。

 **本章案例**

植入性广告：3G业务和集客业务宣传的最佳传播之道

一部左胸印有POLO字样的T恤在青春剧《奋斗》播出后热卖，佟大为将翻领T恤的领子竖起来也成为型男靓女的追捧的穿衣习惯；名为茉莉的餐厅在电影《非诚勿扰》热映后人潮鼎沸，成为京城红极一时的时尚就餐之处。这些植入性广告的成功贡献是改变了目标人群的穿衣习惯、就餐习惯，引导了一时时尚之风，推动了POLOT恤（不论正版的、A版的、山寨的、伪劣的）销售量节节升高，推动了茉莉餐厅饭桌率再创新高。

我们都知道客户的消费习惯是不容易改变的，是不容易影响的。而且在中国移动推出的营销方案中，"培养和引导客户的使用习惯"也成为上镜率非常高的短语。

3G业务和集客业务因为移动性增强，衍生出许多基于手机的独特服务和业务，也势必将在社会的方方面面体现。但是如何尽快打开局面，有更多的人能够适应更多功能的无线网络带来的便捷，并能够为这种便捷产生付费行为，是目前推广的重点和瓶颈。

在产品不断优化的基础上，加大宣传力度，影响客户购买行为的同时，采用灵活的传播方式引导客户感知新业务新功能新娱乐，把握客户追求新鲜，追求时尚的消费心理，传播中国移动的移动性。

试想一下，在青春励志片《奋斗》中出现，米莱无聊时要求城市另一边的路涛用视频通话陪她做游戏的画面会在青少年中带来怎样的影响和轰动效应？专注于事业的路涛随时随地用手机处理公文、回复邮件时会否掀起一波手机邮箱热呢？通过手机召开视频会议电话会有怎样轰动呢？杨晓云通过视频电话监视向南在公司、在夜店的一举一动时，会有多少少男少女钟情于此？

再试想一下，在《非诚勿扰》中，秦奋的征婚启事使用多媒体彩铃展现出来是什么感受？用视频通话功能进行相亲的一个片段又会给观众怎样的感受？

试想如果一个普通的年轻白领通过以上的电视电影画面看到了3G和集团业务应用，除了会清楚的明白3G能带来什么，移动信息化能解决什么之外，会有怎样的特别感受？赞叹中国移动业务的科技性的同时，也会在心理默默地产生崇尚这样生活方式的冲动吧。也就达到了刺激客户产生消费的原始冲动。当这样冲动和追求时髦，追求时尚的心理结合时，就完成引诱客户使用，引导客户消费的过程了。在冲动、追求时髦的心理作用下，如果身边有一个人体验，肯定会带来更大影响，刺激其完成最终消费行为的。所以一个小小的植入性广告，如果做好了，就可以发生蝴蝶效应。

我们再来详细了解一下植入性广告和对比一下这些"软广"与"硬销"的对比。

"植入式广告"或"嵌入式广告"，又称隐形广告，之所以被冠以"隐性"，主要指它隐藏于载体并和载体融为一体，共同构成了受众所真实感受到或通过幻想所感知到的信息内容的一部分，在受众无意识的状态下，将商品或品牌信息不知不觉展现给受众或消费者，进而达到广告主所期望的传播目标。

看现在周杰伦上树的G3上网本视频广告，真是让设计者挖空了心思。其实如果在一个能够流行的电视剧里，用更长的时间表现一下在海边上网的情形就完全能表达出随时随地上网产品卖点。

当然，电视电影的植入性广告应用也有一些必须考虑的事情。

首先，所选电视电影必须要强大的票房号召力，有好的收视基础，只要让更多的人看过了，才能起到广告的作用。

其次，由于需要电影电视中自然出现，广告做得不能太硬，体现业务功能的时间肯定会短。所以只要频繁的自然出现才能让客户熟悉、感知。

再次，整部戏都要配合品牌宣传，甲方的宣传活动贯穿整个影视作品的发行，首映庆典等方方面面。强化感知。

最后，广告效益由最后的收视率，上座率，发行数挂钩，在一个基数的基础上，采用动态测评的方式完成最终结算。

一个3G的视频广告在央视黄金时段播出价格不菲，极其昂贵。硬销不论是制作费和媒体投放的广告费都很高，如果在一个票房预期旺盛的电影和电视剧中加入频繁使用3G的时髦场景的话，会有着意想不到的效果！

资料来源：3G集团业务宣传 2009-06-17。

问题讨论：

1. 植入性广告应用能使客户产生何种情景感知？
2. 植入性广告应用与情景感知有何关系？

本章小结

　　通过本章内容学习，应了解情景感知服务的内涵，情景感知是移动商务的一种应用模式，在移动商务进行的过程中把用户的外部环境和自身需求的变化考虑进来，以此向用户提供个性化的服务，熟悉情景感知服务的商业价值。掌握情景感知服务的商业模式及其应用，对情景感知商务模式进行研究，可以清晰地看见情景感知整个业务的信息流程，这样有利于创新业务，开发更适合用户的服务，提高消费者的接受意愿。熟悉情景感知服务产业链各主体的地位，在实际应用中，情景感知服务的实现需要一条完善的产业链中各个环节厂商的协调配合才能完成。掌握情景感知与位置服务的关系和应用，基于位置感知的移动信息服务就是依据移动对象的时空位置提供相应的信息。熟悉情景感知服务的实施和应用，情景感知系统在基于位置的服务、应急服务和旅游三个方面的应用比较突出，主要是因为这三个方面的应用对周边环境的变化考虑的比较多，采用情景感知的需求比较强烈。

本章复习题

1. 简述情景感知的概念与特点。
2. 试分析情景感知服务的商业模式。
3. 简述情景感知服务的产业链主体的关系。
4. 试述位置服务与情景感知的关系和应用。
5. 举例分析情景感知系统的实施。
6. 你认为情景感知服务的应用前景如何？

第九章

移动计算服务

学习目的

知识要求 通过本章的学习，掌握：

● 泛在网
● 云计算的内涵
● 云计算的平台
● 移动云计算服务

技能要求 通过本章的学习，能够：

● 熟悉泛在网的概念与应用
● 掌握云计算的服务与技术
● 掌握云计算平台的特点
● 熟悉移动云计算服务的内涵

303

学习指导

1. 本章内容包括：泛在网；云计算的内涵；云计算的平台；移动云计算服务。

2. 学习方法：结合案例熟悉泛在网的概念与应用、掌握云计算的服务与技术、掌握云计算平台的特点、熟悉移动云计算服务的内涵。

3. 建议学时：4学时。

引导案例

曙光医疗云解决方案

随着我国卫生信息化的不断发展、深入，卫生医疗机构尤其是基层医疗服务机构对信息化建设提出了更高的要求，医疗机构业务种类繁多，系统架构复杂，建设和维护的强度大，这些都制约着我国医疗机构特别是基层医疗机构信息化正常、快速的发展。

基于此，曙光公司潜心研究，利用曙光公司在云计算领域的突出技术及丰富经验，打造医疗云解决方案，服务更多民众。

曙光公司携手万达信息推出"医疗云"为成都市卫生局和基层医疗机构提供一个动态、弹性的数据中心。该中心能够按照业务的特性提供一系列解决方案，对于访问的需求通过负载均衡能够有效承载十万级，甚至百万级的网络访问；通过并行数据库确保系统安全的同时，能够在线提升数据库处理性能。

区域医疗卫生信息化可以用金字塔来解释：最底层是面向最广大居民的公共服务职能，第2~4层是广义上的社区管理职能，其中是分为条线业务——疾控、妇幼、卫监等，以及其他业务——卫生资源管理、业务管理、财务管理、绩效考核，最高层的应急指挥和卫生决策。卫生资源管理、业务管理、财务管理、绩效考核，建立在公共服务和社会管理类业务的基础之上。最高层的应急指挥和卫生决策建立在基础的业务和管理之上。

"保证医疗、减少浪费、促进发展"是医疗卫生改革的目标。造成医疗资源浪费的一个重要原因是医院之间临床信息不能共享，重复化验、检查。在借鉴英国、新加坡、中国香港等国家和地区经验的基础上，结合国内实际，实施区域医疗服务。

区域医疗服务系统的建设目标：着重从解决"看病难、看病贵"入手，建立一个切实能够从技术支撑方便病人就医、提供临床诊疗数据交换共享的技术平台。同时，通过该平台机制，建立临床辅助医疗决策系统和医院管理辅助决策系统。

区域医疗服务系统的核心应用是医疗业务信息共享，包括临床诊断信息、临床检验信息、临床检查信息、医疗业务信息、依托医疗业务信息共享，建立医疗服务网站和辅助决策系统，随着应用的深入逐步建立和完善决策支持。

在历史的演进中，技术与商业的变革相互呼应。技术革新了，商业适应之；商业变革了，技术适应之。医疗信息化变革的时代"遭遇"了云计算风起云涌，曙光公司提供的"医疗云"解决方案恰为中国基层医疗机构提供了一个借助信息化提升医疗行业管理能力的蓝本。未来，我们期待云计算在中国医疗事业上的绽放。

资料来源：Pconline，2011-09-09。

➡ **问题：**

1. 曙光公司的"医疗云"对成都区域医疗卫生信息化有何作用？
2. 如果改为移动云计算，该解决方案是否会更完美？

第一节　泛在网

泛在网络作为服务社会公众的信息化基础设施，强调面向行业的基础应用，更和谐地服务社会信息化的应用需求。2009年，我国政府提出了"感知中国"和"泛在信息社会"的国家战略。同时，与泛在网络密切相关的两种特殊应用需求驱动下产生的传感网与物联网以及其广阔的产业应用前景也获得了政府的高度重视和强力推动。

一、泛在网的概念

随着芯片制造、无线宽带、射频识别、信息传感及网络业务等信息通信技术（ICT）的发展，信息网络将会更加全面深入地融合人与人、人与物乃至物与物之间的现实物理空间与抽象信息空间，并向无所不在的泛在网络（Ubiquitous Network）方向演进。信息社会的理想正在逐步走向现实，强调网络与应用的"无所不在"或"泛在"通信理念的特征正日益凸显，"泛在"将成为信息社会的重要特征。泛在网络（可简称泛网或泛在网）作为未来信息社会的重要载体和基础设施，已得到国际普遍范围的重视，各国相继将泛在网络建设提升到国家信息化战略高度。

泛在网即广泛存在的网络，它以无所不在、无所不包、无所不能为基本特征，以实现在任何时间、任何地点、任何人、任何物都能顺畅地通信为目标。

泛在网络在网络层的关键技术包括新型光通信、分组交换、互联网管控、网络测量和仿真、多技术混合组网等。应用层涉及的关键技术有体系架构及组网技术、无线泛在网络环境下的用户上下文（环境）感知性、异构无线接入网络共存与协同、异构网络的移动性管理、先进的数据管理技术（包括NID管理、Profile管理、内容管理等）、跨域跨层优化技术等。同时，它也提出了具体的标准化建议。泛在网络标准体系研究主要包括：泛在网络的技术特点、应用对象；泛在网络系统构架；系统中各功能模块和组件；各模块之间的接口；数据标志（采集、处理、传输、存储、查询等过程）；应用服务标准；信息安全，包括个人隐私保护等。图 9-1 给出了泛在网的标准化组织架构。

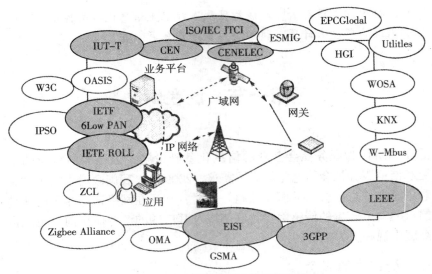

图 9-1　泛在网的标准化组织架构

　　泛在网的构建依赖 3 个实体层的存在和互动。一是无所不在的基础网络；二是无所不在的终端单元；三是无所不在的网络应用图。

　　无所不在的基础网络就是连接终端单元和网络应用的神经系统。通过这个神经系统，终端单元和网络应用才能够有效地互动，实现泛在网的巨大效能。无所不在的终端单元是泛在网的手、脚、眼、耳、口、鼻、舌。泛在网的末端就是由众多形态多样、接入手段多样、功能多样的终端单元组成的。这些终端单元实现信息的感知、传送，以及响应网络应用控制中枢（或控制网络）所发出的控制指令。无所不在的网络应用是泛在网的大脑。泛在网的巨大效能和对人类生活的深刻影响正是依赖于网络应用所体现的信息数量增益、信息处理增益、效率增益、协作增益、整合增益而实现的。

　　泛在网络是融合既有的和新建的网络基础设施而成的，融合是现有网络基础设施未来的发展趋势，即具备融合固定、移动业务能力以及融合电信、互联网、广电网业务的能力。未来的网络需要超强的智能性，即要具备感知环境、内容、语言、文化的能力。泛在网络要满足各种层次的信息化应用，要求基础网络具有不同安全等级和不同服务质量的网络能力。泛在网络最重要的一个特征是无缝的移动性,移动宽带网络是最重要的网络基础设施。

二、泛在网的核心技术

泛在网络是基于原有网络和新网络的基础上,根据向信息社会发展的社会需求变化,增加相应的服务和应用。从未来发展看,泛在网络不仅要提供人与人之间的通信能力,还要实现人与物、物与物之间的通信,实现社会化的泛在通信能力。因此,需要在现有网络接入力的基础上延伸覆盖和接入能力。此外,泛在网络注重与物体进行通信。需要实现物体信息化,同时,这些物体应该具备环境感知能力和智能性。也就是说,通信的物体具备了信息能力、感知能力、智能能力,不再是一个"哑巴"式的物体,同时网络还赋予了它一个唯一的标识,就像具备了"生命"一样具备了与人和其他物体的通信能力。

总结起来,泛在网络所涉及的技术体系有三大类,包括智能终端系统、基础网络技术及应用层技术,每大类又涉及诸多关键技术。

(一) 智能终端系统

未来泛在网络的智能终端是融合的,不只是传统意义上的融合通信终端,而且是对人进行多方面能力延伸的终端。比如,需要具备延伸人对环境的感知能力,多功能传感技术、音视频识别、理解、监测等技术将得到广泛应用;具备人对物理世界的操作能力的延伸;具备电子控制和远程执行的能力等。

在泛在网络的大环境下,随着微电子技术、嵌入式软件技术、近距离通信技术等 ICT 技术日新月异的发展,现实世界中越来越多的物理实体需要自组织来实现环境感知、自动控制,并具备通信和信息处理的能力。

网络的触角不断延伸,越来越多的"物品"需要进入信息网络内部进行通信。接入信息通信网络的物理实体的数量和范围可无限扩展,由传统的人与人的信息通信网络向人与物、物与物的信息通信网络拓展。"物联网"的概念也由此提出。物联网的概念包括个域网 (PAN)、汽车网 (VAN)、家庭网络 (HAN)、办公网络 (OAN)、存储网络 (SAN) 等。其中,家庭网络是近几年业界关注的重点。提供家庭网络服务的基本条件是实现家庭网络各信息终端设备和智能家电设备的自组织联网并提供自动发现和配置。因此,传感器技术和传感器网络就成为泛在网络的核心技术之一。

传感器网络的概念从 20 世纪 70 年代诞生,目前已经进入第三代,即无线传感器网络阶段。众多发达国家对研究和利用传感器网络都十分重视。目前,全世界约有 40 个国家从事传感器的研制、生产和应用开发,研发机构达 6000余家。其中,美、日等国实力较强,它们建立了包括物理量、化学量、生物量三大门类的传感器产业,研发生产单位达 4000 余家、产品达 20000 多种,对应用范围广的产品已实现规模化生产，大企业的年生产能力达到几千万个到几亿个。从世界范围而言，传感器市场上增长最快的是汽车市场的需求，占第二位的是生产控制市场。

（二）基础网络技术

泛在网络是基于现有的网络基础设施和增加新的网络基础设施构成的。融合是现有网络基础设施的未来发展趋势，即具备融合固定和移动业务（FMC）能力和融合电信、互联网、广电网业务的能力。未来的网络需要超强的智能性，即要具备感知环境、内容、语言、文化的能力。泛在网络要满足各种层次的信息化应用，要求基础网络具有不同安全等级和不同服务质量的网络能力。泛在网络最重要的一个特征是无缝的移动性。移动宽带网络是最重要的网络基础设施。新型光通信、分组交换、互联网管控、网络测量和仿真、多技术混合组网都将是泛在网络的关键技术。

（三）应用层技术

泛在网络的应用层主要是指为各种具体应用提供公共服务支撑环境。应用平台层的主要技术特征是开放性和规范性。应用平台层涉及的主要技术领域包括软件中间件、资源描述与组织（如 HTML、XML 技术等）、各类标识的管理（如 IDM 技术）、信息安全保证（如加密技术、用户认证/鉴权/审计技术等）、网格计算、数据分析与挖掘等。

三、泛在网的典型应用

目前，泛在网络的应用已经在许多产业领域提升了服务水平，如政府管理、金融服务、后勤、环境保护、家庭网络、医疗保健、办公大楼等的自动化和智能化服务等。基于泛在网络提供的应用和服务可无限扩展，无处不在。近期的热点应用领域是食品和药品安全、市政监控、生产监控、家庭电信融合服务、汽车通信和娱乐服务等。

（一）泛在网络在汽车制造中的应用

在汽车制造业的主要应用是实现汽车制造生产过程的信息化。例如，在日本的裕隆汽车企业，在涂装环节中以耐高温、抗油污的 RFID 标签取代传统条码，便于生产流水线有效地控制涂料的处理时间。此外，在汽车装配环节中应用 RFID 技术，可提升车辆组装效率并降低库存数量。

（二）泛在网络在食品安全控制方面的应用

食品安全的关键是食品原料的可溯源，美国、英国、加拿大、澳大利亚、日本、韩国等国家都相继对食品的可追溯性做出法律规定。溯源的具体手段是要对食品原料的生长、加工、储藏及零售等供应链环节的管理对象进行标识，并相互链接。一旦食品出现安全问题，可以通过这些标识及信息进行追溯，直至食品的源头，准确地缩小食品安全问题的范围，查出出现问题的环节。例如，如果牛肉产品出现了问题，可以追溯到牛的出生地、饲养地，直至个体牛；如果蔬菜出现了问题，可以追溯到蔬菜生长的田地，这样就可以阻断这些地方的货源流入市场，然后进行有效的治理。同样，对于消费者而言，在购买食品的同时，也需要实时地获取所购食品的原产地、生产、加工、流通等各个方面的信息。在食品安全控制方面，国际上通用的方法是 HACCP（危害分析与关键控制点）、GMP（良好加工操作规范）及 ISO 9000。这些技术主要是对食品的生产、加工环境进行控制，但是，这些技术不能对那些在流通过程中出现的问题进行监控，无法准确、快速地找出根源所在。因此，在 RFID 芯片价格不断下降和各种无线通信网络普及的情况下，在政府政策的要求和推动下，食品安全控制溯源应用得到了极大的发展，成为当前和未来几年泛在网络的主要应用之一。目前，中国物品编码中心已在全国建立了肉类、水果、蔬菜和水产品等十几个产品追溯应用示范系统，建立了基于商品条码标识系统进行溯源的"商品条码食品安全追溯平台"（http: //www.safefood.gslcn.org）。

四、物联网与泛在网的关系

物联网与传感网关系密切，甚至从广义上讲，两者可以说是等价的。而对于泛在网这个概念，大家有点陌生。在 2011 年国家科技重大专项中，泛在网和物联网并列排在第 5 位，有着特殊的含义。物联网的重大作用主要体现在传感网的发展和完备里，那么，泛在网的重要性体现在哪里呢？我们先对泛在网的定义做个简单的分析。

从网络技术上来看，泛在网是通信网、互联网、物联网高度融合的目标，它将实现多网络、多行业、多应用、异构多技术的融合与协同。如果说通信网、互联网发展到今天解决的是人与人之间的通信，物联网则要实现的是物与物之间的通信。泛在网将是实现人与人、人与物、物与物的通信，涵盖传感器网络、物联网和已经发展中的电信网、互联网、移动互联网等。

泛在网是从人与人通信为主的电信网向人与物、物与物的通信广泛延伸的信息通信网络的发展趋势，它是一个大通信的概念，是面向经济、社会、企业和家庭全面信息化的概括。当前，三网融合、两化融合、调整产业结构、转变经济增长方式、加快电信转型、建设资源节约型和环境友好型两型社会等都为泛在网的发展提供了极为良好的发展机遇。

按照我们对物联网的理解，物联网是指在物理世界的实体中部署具有一定感知能力、计算能力和执行能力的嵌入式芯片和软件，使之成为"智能物体"，通过网络设施实现信息传输、协同和处理，从而实现物与物、物与人之间的互联。物联网依托现有互联网，通过感知技术，实现对物理世界的信息采集，从而实现物物互联。归纳言之，物联网的几个关键环节为"感知、传输、处理"。

泛在网是指基于个人和社会的需求，利用现有的和新的网络技术，实现人与人、人与物、物与物之间按需进行的信息获取、传递、存储、认知、决策、使用等服务，泛在网网络具备超强的环境感知、内容感知及智能性，为个人和社会提供泛在的、无所不含的信息服务和应用。泛在网络的概念反映了信息社会发展的远景和蓝图，具有比物联网更广泛的内涵。业界还存在其他概念，如传感网。传感网是指由传感器节点通过自组织或其他方式组成的网络。传感网是传感器网络的简称，从字面上看，狭义的传感网强调通过传感器作为信息获取手段，不包含通过 RFID、二维码、摄像头等方式的信息感知能力。

物联网、泛在网概念的出发点和侧重点不完全一致，但其目标都是突破人与人通信的模式，建立物与物、物与人之间的通信。而物理世界的各种感知技术，即传感器技术、RFID 技术、二维码、摄像等，是构成物联网、泛在网的必要条件。

第二节 云计算的内涵

云计算（Cloud Computing）是一种新兴的商业计算模型。它将计算任务分布在大量计算机构成的资源池上，使各种应用系统能够根据需要获取计算力、存储空间和各种软件服务。这种资源池称为"云"。"云"是一些可以自我维护和管理的虚拟计算资源，通常为一些大型服务器集群，包括计算服务器、存储服务器、宽带资源等。云计算将所有的计算资源集中起来，并由软件实现自动管理，无需人为参与。这使得应用提供者能够更加专注于自己的业务，有利于创新和降低成本。所以称为"云"，是因为它在某些方面具有现实中云的特征：云一般都较大；云的规模可以动态伸缩，它的边界是模糊的；云在空中飘忽不定，你无法也无需确定它的具体位置，但它确实存在于某处。

一、云计算的概念

云计算（Cloud Computing）是网格计算、分布式计算、并行计算、效用计算、网络存储、虚拟化、负载均衡等传统计算机技术和网络技术发展融合的产物。它旨在通过网络把多个成本相对较低的计算实体整合成一个具有强大计算能力的完美系统，并借助软件即服务（Software as a Service，SaaS）、平台即服务（PlatforlTl as a Service，PaaS）、基础设施即服务（Infrastructure as a Service，IaaS）、成功的项目群管理（Managing Successful Program，MSP）等先进的商业模式，把这强大的计算能力分布到终端用户手中。

狭义云计算是指 IT 基础设施的交付和使用模式，指通过网络以按需、易扩展的方式获得所需的资源（硬件、平台、软件）。提供资源的网络被称为"云"。"云"中的资源在使用者看来是可以无限扩展的，并且可以随时获取，按需使用，随时扩展，按使用付费。这种特性经常被称为像水电一样使用 IT 基础设施。

广义云计算是指服务的交付和使用模式，指通过网络以按需、易扩展的方式获得所需的服务。这种服务可以是 IT 和软件、互联网相关的，也可以使任意其他的服务。

云计算经常与并行计算（Parallel Computing）、分布式计算（Distributed Computing）和网格计算（Grid Computing）相混淆。云计算（Cloud Computing）是网格计算（Grid Computing）、分布式计算（Distributed Computing）、并行计算（Parallel Computing）、效用计算（Utility Computing）网络存储（Network Storage Technologies）、虚拟化（Virtualization）、负载均衡（Load Balance）等传统计算机技术和网络技术发展融合的产物。它旨在通过网络把多个成本相对较低的计算实体整合成一个具有强大计算能力的完美系统，并借助 SaaS、PaaS、IaaS、MSP 等先进的商业模式把这强大的计算能力分布到终端用户手中。Cloud Computing 的一个核心理念就是通过不断提高"云"的处理能力，进而减少用户终端的处理负担，最终使用户终端简化成一个单纯的输入输出设备，并能按需享受"云"的强大计算处理能力。

云计算的基本原理是，使计算分布在大量的分布式计算机上，而非本地计算机或远程服务器中，企业数据中心的运行将与互联网更加类似，如图 9-2 所示。这使得企业能够将资源投入到用户需要的应用上，并根据需求访问计算机和存储系统。

云计算概念是由 Google 公司提出的，它可分为狭义云计算和广义云计算。狭义云计算是指 IT 基础设施的交付和使用模式，指通过网络以按需、易扩展的方式获得所需的资源；广义云计算是指服务的交付和使用模式，这种服务可以是 IT 和软件、互联网相关的服务，也可以是任意其他的服务，它具有超大规模、虚拟化、可靠安全等独特功效。

云计算在广泛应用的同时还有云存储作为其辅助。所谓"云存储"，就是以广域网为基础，跨域、跨路由来实现数据的无所不在，无须下载、无须安装

311

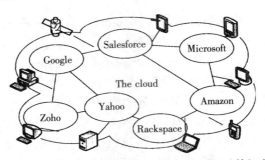

图 9-2　云计算将计算分布到大量的分布式计算机上

即可直接运行，实现一种云计算架构。最简单的云计算技术在网络服务中已经随处可见，例如搜索引擎、网络信箱等，使用者只要输入简单指令即能得到大量的信息。

　　以云计算为代表的分布式网络信息处理技术正是为了解决互联网发展所带来的巨量数据存储与处理需求，而在物联网规模发展后产生的数据量将会远远超过互联网的数据量，海量数据的存储与计算处理需要云计算技术的应用。规模化是云计算服务物联网的前提条件，实用技术是云计算服务物联网的实现条件。

二、云计算的特点

　　（1）超大规模。"云"具有相当的规模，Google 云计算已经拥有 100 多万台服务器，Amazon、IBM、微软、Yahoo 等的"云"均拥有几十万台服务器。企业私有云一般拥有数百上千台服务器。"云"能赋予用户前所未有的计算能力。

　　（2）虚拟化。云计算支持用户在任意位置、使用各种终端获取应用服务。所请求的资源来自"云"，而不是固定的有形的实体。应用在"云"中某处运行，但实际上用户无需了解，也不用担心应用运行的具体位置。只需要一台笔记本或者一部手机，就可以通过网络服务来实现我们需要的一切，甚至包括超级计算这样的任务。

　　（3）高可靠性。"云"使用了数据多副本容错、计算节点同构可互换等措施来保障服务的高可靠性，使用云计算比使用本地计算机可靠。

　　（4）通用性。云计算不针对特定的应用，在"云"的支撑下可以构造出千变万化的应用，同一个"云"可以同时支持不同的应用运行。

　　（5）高可扩展性。"云"的规模可以动态伸缩，满足应用和用户规模增长的需要。

　　（6）按需服务。"云"是一个庞大的资源池，你按需购买；云可以像自来水、电、煤气那样计费。

　　（7）极其廉价。由于"云"的特殊容错措施可以采用极其廉价的节点来构成云，"云"的自动化集中式管理使大量企业无需负担日益高昂的数据中心管理成本，"云"的通用性使资源的利用率较之传统系统大幅提升，因此用户可以充分享受"云"的低成本优势，经常只要花费几百美元、几天时间就能完成以前需要数万美元、数月时间才能完成的任务。

　　总之，云计算服务应该具备以下几条特征：①用户不知道数据来源；②基于虚拟化技术快速部署资源或获得服务；③实现动态的、可伸缩的扩展；④按需求提供资源、按使用量付费；⑤通过互联网提供、面向海量信息处理；⑥用户可以方便地参与；⑦形态灵活，聚散自如；⑧减少用户终端的处理负担。图9-3 为云计算的系统。

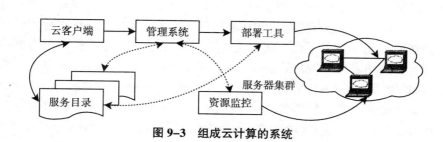

图 9-3　组成云计算的系统

三、云计算的服务形式

　　云计算还处于发展阶段，有各类厂商在开发不同的云计算服务。云计算的表现形式多种多样，简单的云计算在人们日常网络应用中随处可见，比如腾讯QQ 空间提供的在线制作 Flash 图片，Google 的搜索服务，Google Doc、Google Apps 等。目前，云计算的主要服务形式有：SaaS（Software as a Service）、PaaS（Platform as a Service）、IaaS（Infrastructure as a Service）。

（一）软件即服务

　　SaaS 服务提供商将应用软件统一部署在自己的服务器上，用户根据需求通过互联网向厂商订购应用软件服务，服务提供商根据客户所定软件的数量、时间的长短等因素收费，并且通过浏览器向客户提供软件的模式。这种服务模式的优势是，由服务提供商维护和管理软件、提供软件运行的硬件设施，用户只需拥有能够接入互联网的终端，即可随时随地使用软件。这种模式下，客户不再像传统模式那样花费大量资金在硬件、软件、维护人员上，只需要支出一定的租赁服务费用，通过互联网就可以享受到相应的硬件、软件和维护服务，这是网络应用最具效益的营运模式。对于小型企业来说，SaaS 是采用先进技术的最好途径。以企业管理软件来说，SaaS 模式的云计算 ERP 可以让客户根据并发用户数量、所用功能多少、数据存储容量、使用时间长短等因素的不同组合按需支付服务费用，不用支付软件许可费用；不需要支付采购服务器等硬件设备费用；不需要支付购买操作系统、数据库等平台软件费用；不用承担软件项目定制、开发、实施费用；不需要承担 IT 维护部门开支费用。实际上云计算 ERP 正是继承了开源 ERP 免许可费用只收服务费用的最重要特征，是突出了服务的 ERP 产品。目前，Salesforce.com 是提供这类服务最有名的公司，Google Doc、Google Apps 和 Zoho Office 也属于这类服务。

（二）平台即服务

把开发环境作为一种服务来提供。这是一种分布式平台服务，厂商提供开发环境、服务器平台、硬件资源等服务给客户，用户在其平台基础上定制开发自己的应用程序并通过其服务器和互联网传递给其他客户。PaaS 能够给企业或个人提供研发的中软件平台，提供应用程序开发、数据库、应用服务器、试验、托管及应用服务。Google App Engine 是 Salesforce 的 force.com 平台，八百客的 800APP 是 PaaS 的代表产品。以 Google AppEngine 为例，它是一个由 Python 应用服务器群、BigTable 数据库及 GFS 组成的平台，为开发者提供一体化主机服务器及可自动升级的在线应用服务。用计算机语言编写应用程序并在 Google 的基础架构上运行就可以为互联网用户提供服务，Google 提供应运行及维护所需要的平台资源。

（三）基础设施服务

IaaS 即把厂商的由多台服务器组成的"云端"基础设施，作为计量服务提供给客户。它将内存、I/O 设备、存储和计算能力整合成一个虚拟的资源池为整个业界提供所需要的存储资源和虚拟化服务器等服务。这是一种托管型硬件方式，用户付费使用厂商的硬件设施。例如 Amazon Web 服务（AWS），IBM 的 BlueCloud 等均是将基础设施作为服务出租。IaaS 的优点是用户只需低成本硬件，按需租用相应计算能力和存储能力，大大降低了用户在硬件上的开销。图 9-4 为云计算系统服务层次结构。

四、云计算的核心技术

云计算系统运用了许多技术，其中以编程模型、数据管理技术、数据存储技术、虚拟化技术、云计算平台管理技术最为关键。

（一）编程模型

MapReduce 是 Google 开发的 Java、Python、C++编程模型，它是一种简化

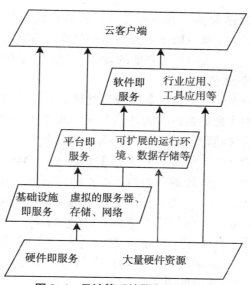

图 9-4 云计算系统服务层次结构

的分布式编程模型和高效的任务调度模型，用于大规模数据集（大于 1TB）的并行运算。严格的编程模型使云计算环境下的编程十分简单。MapReduce 模式的思想是将要执行的问题分解成 Map（映射）和 Reduce（化简）的方式，先通过 Map 程序将数据切割成不相关的区块，分配（调度）给大量计算机处理，达到分布式运算的效果，再通过 Reduce 程序将结果汇整输出。

315

（二）海量数据分布存储技术

云计算系统由大量服务器组成，同时为大量用户服务，因此云计算系统采用分布式存储的方式存储数据，用冗余存储的方式保证数据的可靠性。云计算系统中广泛使用的数据存储系统是 Google 的 GFS 和 Hadoop 团队开发的 GFS 的开源实现 HDFS。GFS 即 Google 文件系统（Google File System），是一个可扩展的分布式文件系统，用于大型的、分布式的、对大量数据进行访问的应用。GFS 的设计思想不同于传统的文件系统，是针对大规模数据处理和 Google 应用特性而设计的。它运行于廉价的普通硬件上，但可以提供容错功能。它可以给大量的用户提供总体性能较高的服务。一个 GFS 集群由一个主服务器（Master）和大量的块服务器（Chunk Server）构成，并被许多客户（Client）访问。主服务器存储文件系统所用的元数据，包括名字空间、访问控制信息、从文件到块的映射及块的当前位置。它也控制系统范围的活动，如块租约（Lease）管理、孤儿块的垃圾收集、块服务器间的块迁移。主服务器定期通过 HeartBeat 消息与每一个块服务器通信，给块服务器传递指令并收集它的状态。GFS 中的文件被切分为 64 MB 的块并以冗余存储，每份数据在系统中保存 3 个以上备份。客户与主服务器的交换只限于对元数据的操作，所有数据方面的通信都直接和块服务器联系，这大大提高了系统的效率，防止主服务器负载过重。

（三）海量数据管理技术

云计算需要对分布的、海量的数据进行处理、分析，因此，数据管理技术必须能够高效地管理大量的数据。云计算系统中的数据管理技术主要是 Google 的 BT（BigTable）数据管理技术和 Hadoop 团队开发的开源数据管理模块 HBase。BT 是建立在 GFS、Scheduler、Lock Service 和 MapReduce 之上的一个大型的分布式数据库，与传统的关系数据库不同，它把所有数据都作为对象来处理，形成一个巨大的表格，用来分布存储大规模结构化数据。Google 的很多项目使用 BT 来存储数据，包括网页查询、Google Earth 和 Google 金融。这些应用程序对 BT 的要求各不相同：数据大小（从 URL 到网页到卫星图像）不同，反应速度不同（从后端的大批处理到实时数据服务）。对于不同的要求，BT 都成功地提供了灵活高效的服务。

（四）虚拟化技术

通过虚拟化技术可实现软件应用与底层硬件相隔离，它包括将单个资源划分成多个虚拟资源的裂分模式，也包括将多个资源整合成一个虚拟资源的聚合模式。虚拟化技术根据对象可分成存储虚拟化、计算虚拟化、网络虚拟化等，计算虚拟化又分为系统级虚拟化、应用级虚拟化和桌面虚拟化。

（五）云计算平台管理技术

云计算资源规模庞大，服务器数量众多并分布在不同的地点，同时运行着数百种应用，如何有效地管理这些服务器，保证整个系统提供不间断的服务是巨大的挑战。云计算系统的平台管理技术能够使大量的服务器协同工作，方便地进行业务部署和开通，快速发现和恢复系统故障，通过自动化、智能化的手段实现大规模系统的可靠运营。图 9-5 为实现云计算的关键技术。

五、移动云计算的内涵

"移动云计算"一词通常是指被扩展以处理移动设备的企业云计算基础设施。被提供给用户使用的数据存储和计算处理资源都在云计算平台端而不是在移动设备本身。

2009 年，云计算最大的转变将是云端从 PC 蔓延到手机。在 2009 年，伴随着 3G 的来临，这根网线可能消失，更重要的转变是云端在 PC 之外加入了手机。实际上，在手机等处理性能不佳的设备上，更适合使用云计算技术，因为用户迫切需要将大量的、终端无法处理的操作放到云端去协同处理。云计算

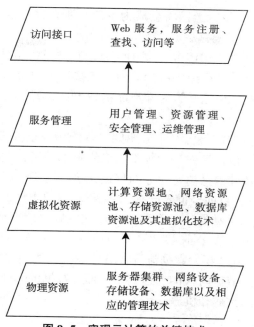

访问接口	Web 服务，服务注册、查找、访问等
服务管理	用户管理、资源管理、安全管理、运维管理
虚拟化资源	计算资源地、网络资源池、存储资源池、数据库资源池及其虚拟化技术
物理资源	服务器集群、网络设备、存储设备、数据库以及相应的管理技术

图 9-5 实现云计算的关键技术

对于原有的集中计算与个人终端计算的优势在于，你只需知道如何使用应用程序，而不必知道有关它的一切，也不会受到电脑的约束，无论你是用笔记本、手机，或者其他任何可以上网的设备，都可以随时使用你需要的应用程序。在3G 的移动网络环境下，已经足够支撑基本的移动云计算了。我们处于运算能力集中于终端的时代，其主要矛盾之一在于终端的便携性与运算能力无法兼顾。因为在云计算时代，由于运算能力通过网络更多的集中于"云"中，移动终端本身的处理能力不再重要。

云计算不是一个计算模式，而是一种服务模式。让所有的用户随时随地能够用到任何软件、任何服务，任何一台 PC 都能够实现。基于移动终端的云计算服务将会成为主流。Google、Baidu、QQ 和 UCWEB 这几家主流应用和服务提供商当前在移动互联网上采用的都是云计算的技术框架。中国移动针对个人用户推出的飞信，针对大客户而推出的 MAS 业务也是一定程度基于移动云计算技术。但是想取得更佳的移动使用体验和更多的综合服务，运营商和服务提供商都需要做更多的努力才行。未来的互联网和移动通信是密不可分的一个整体，而不是现在各自为政偶有合作的嫁接。而以技术为驱动的互联网对移动通信的技术演变和借鉴自然也是不可小觑的。移动通信的发展其实也是有根源的——沟通的无障碍。从某种程度而言，这正与移动云计算的根源相似。由于

3G 发牌、资费下调，手机上网将会成为主流，所有这些都为移动云计算带来了很多契机。

根据工信部的预测，2015 年，我国信息消费规模将超过 3.2 万亿元，年均增长 20%以上，信息消费已成为我国政府重点扶持的项目。目前流量消费随着网络普及和提速正在大幅增长，终端产品消费也日趋智能化，我国信息消费表现出强劲的势头。

显然，信息消费的趋势已经十分明朗，其原因主要在于移动互联网时代，云计算和大数据都得以高速发展，加上智能终端的普及，在带来海量信息数据的同时，也促进了各种信息消费业务的日益火热。据移动运营商行业组织 GS-MA 的统计数据显示：目前全世界已有 32 亿移动通信用户，也就是说，全球有将近一半的人口依赖移动通信。而移动宽带的发展更使得信息消费流量激增，2012 年，每月有 0.9EB 数据在移动网络中传输（1EB 大约是 1000PB，也就是10 亿 GB）。预计到 2017 年，数据流量将增长 66%，达到每月 11.2EB。

信息消费催生大数据时代的加速到来，而大数据的爆炸式生长又带给移动通信产业前所未有的挑战和机遇。

第三节　云计算的平台

目前，国外已经有多个云计算的科学研究项目，比较有名的是 Scientific Cloud 和 Open Nebula 项目。产业界也在投入巨资部署各自的云计算系统，参与者主要有 Google、IBM、Microsoft、Amazon 等。众多的 IT 厂商先后推出了形形色色的云计算产品和服务。国内关于云计算的研究也已起步，并在计算机系统虚拟化基础理论与方法研究方面取得了阶段性成果。在此选取一些与云计算相关的服务提供商及其应用系统，如 Amazon、Google、IBM 等典型的云计算实现，进行介绍。

一、Amazon 云计算基础架构平台

Amazon（亚马逊）公司是美国一家电子商务网站，也是美国最大的在线零售商，被业界认为是云计算的先行者之一。典型的云计算系统是称为 Amazon 弹性计算云的 AmazonEC2。这是一项能提供弹性计算能力的 Amazon 网络服务（Mnlazon Web Services，AWS；http: //aws.amazon.com）。Amazon 网络服务主要包括 4 个核心服务：Simple Storage Services、Elastic Compute Cloud、Simple

Queue Service 以及 SimpleDB。

（一）Amazon S3

2006 年 3 月，Amazon 公司首先推出的云计算服务是简单存储服务（Simple Storage Services，S3），它实现了基础设施即服务（IaaS）云层的存储云功能，并且作为公共存储云提供给个人或企业用户使用。通过简单存储服务（Amazon S3）可以把文件安全地存储在 Amazon 的基础设施中。Amazon S3 可以通过互联网访问，因此可以在任何有互联网连接的地方访问自己的数据。

Amazon S3 是一种可扩展、高速、低成本、基于 Web 的服务，主要用于数据和应用程序的在线备份和存档，允许上传、存储和下载 18Mb~5G 大小的文件或对象等非结构化数据。Amazon.com 并不限制用户可存储的项目的数量。Amazon S3 可以实现的主要功能有：

（1）创建另一个 YouTube，并在 Amazon S3 上保存视频文件。

（2）通过在 Amazon S3 上存储照片来创建另一个 Flickr。

（3）与团队成员共享文件。

（4）把邮件链接到存储在 Amazon S3 上的文件，可以减小邮件的大小。

（5）在 Amazon S3 上做数据备份。

Amazon S3 实际上是一个互联网上的大网盘，它没有目录和文件名，只是一个大的存储空间，用户可以在上面存储和读取自己的非结构化数据。Amazon S3 使用 Web 作为链接接口，所有存储的对象可以通过 HTTP 访问。用户只需为自己实际使用的计算能力、存储空间和网络带宽付费即可。

（二）Amazon EC2

2006 年 8 月，Amazon 推出了远程云计算平台服务，即 AWS 现有业务中最大的弹性计算云（Elastic Compute Cloud，EC2）。Anlazon 公司现有约 4 万台服务器，分布在美洲和欧洲用以支持 EC2 服务。

Amazon EC2 建立在自己公司内部的大规模集群计算的平台之上，向用户提供一个运行在 Xen 虚拟化平台上的基于 Linux 的虚拟机，用户可以在此之上运行基于 Linux 的应用程序。对于提供给某一个用户的虚拟机，该用户具有完整的访问权限，包括针对此虚拟机的管理员用户权限。在使用 Amazon EC2 之前，用户需要创建一个包含用户应用程序、运行库、数据以及相关配置信息的虚拟运行环境映像，称为 AMI（Amazon Machine Image）或者使用 Amazon 通用的 AM1 映像。由于用户在部署网络程序时，一般会使用超过一个运行实例，需要很多个实例共同工作，Amazon EC2 的内部也架设了实例之间的内部网络，使得用户的应用程序在不同实例之间可以通信。在 Amazon EC2 中的每一个计算实例都具有一个内部的 IP 地址，用户程序可以使用内部 IP 地址进行数据通

第九章　移动计算服务

319

信，以获得通信的最佳性能。每一个实例也具有外部的 IP 地址，用户可以将分配给自己的弹性 IP 地址分配给自己的运行实例，使得建立在 AmazonEC2 上的服务系统能够对外提供服务。

（三）Simple Queue Service

2007 年 7 月，Amazon 公司推出了简单队列服务（Simple Queue Service，SQS），这项服务使托管主机可以存储计算机之间发送的消息。通过这项服务，应用程序编写人员可以在分布式程序之间进行数据传递，而无须考虑消息丢失问题。这种服务方式，即使消息的接收方没有启动运行也没有关系，服务内部会缓存相应的消息，一旦有消息接收组件启动运行，队列服务就将消息提交给相应的运行模块进行处理。当然，用户必须为这种消息传递服务付费，计费规则与存储计费规则类似，依据消息的数量以及消息传递的大小收费。

（四）SimpleDB

Amazon 简单数据库（SimpleDB）是一项针对结构化数据进行实时查询的网络服务，属于 Amazon Web Services 工具套装的一部分。这项服务能与 Amazon EC2、S3 实现无缝连接，协同提供云中数据的存储、处理和查询功能。SimpleDB 给那些使用基于云技术应用软件的公司提供了一个存储简单数据的场所；对用户来说，这个产品特别适用于快速查找资料。

二、Google 云计算应用平台

320

Google 使用的云计算基础架构模式主要包括四个相互独立又紧密结合在一起的系统，即建立在集群之上的文件系统（Google File System，GFS）、针对 Google 应用程序特点提出的 Map Reduce 编程模式、结构化的分布式数据存储系统 BigTable、Hadoop 框架，以及 Google 其他的云计算支撑要素，如分布式的锁机制 Chubby 等。

（一）Google App Engine

Google App Engine（GAE）是 Google 公司于 2008 年 4 月推出的云计算服务（http: //appengine.google.com）。这是一个可伸缩的 Web 应用程序云平台，它运用云计算技术，跨越多个服务器和数据中心来虚拟化应用程序。当前，GAE 支持的编程语言是 Python 和 Java 语言，使用户编写的 Web 应用程序能够在 Google 的基础设施上运行、监控和管理。另外，GAE 还提供了一组应用程序接口（API），包括 Data Store AP1、Images AP1、mail AP1、Memcache AP1、URL fetch AP1 和 User AP1。用户可以在应用程序中使用这些接口访问 Google 提供的存储空间、数据库、E-mail 和 Memcache 等服务，可以通过 GAE 提供的管理控制台管理用户 Web 应用程序。

（二）Hadoop 框架

在 Google 发表 Map Reduce 之后，2004 年开源社群用 Java 搭建出一套 Hadoop 框架，用于实现 Map Reduce 算法。最早 Hadoop 是作为 Apache 基金会的一个开源搜索引擎项目 Nutch 的基础平台而开发的，之后 Hadoop 从 Nutch 项目中独立出来单独开发，成为开源云计算平台的代表。Yahoo 是 Hadoop 项目的发起者和主要贡献者，Facebook、Cloudera 等公司也是 Hadoop 社区的主要参与者。

Hadoop 框架作为一个开源的软件平台使得编写和运行处理海量数据的应用程序更加容易，它主要由分布式文件系统（GFS）、Map Reduce 计算框架、分布式数据存储系统（BigTable）、锁服务（Zookeeper）等组成，是 Google 文件系统与 Map Reduce 分布式计算框架及其相关 IT 基础服务的开源实现。

（三）Google 的云应用

Google 除提供了云计算基础设施之外，还在其上建立了一系列新型网络应用程序（Google Apps）。由于借鉴了异步网络数据传输的 Web2.0 技术，这些应用程序给用户以全新的界面以及更加强大的多用户交互能力。基于 Google 的云计算基础设施，Google 提供了基于 Web 的传统办公软件服务，包括 Gmail、Google 日历、Google Talk、Google Docs 以及 Google 地球和地图应用等。其中，比较典型的是 Google 推出的与 Microsoft Office 软件进行竞争的 Docs 网络服务程序（Google Docs）。

321

三、Microsoft 云计算服务

Microsoft 的云计算服务为用户提供包括电子邮件、日程表、协作工具和通信软件在内的诸多工具。Microsoft 已经发布了完整的融入"云计算"的产品和策略，如 Azure 系列"云计算"服务，网络传递、轻巧版的 Office 应用软件及最新的 Live Mesh 中介软件等。同时，由公共云与私有云共同组合成的 Microsoft 云计算平台赋予用户更多根据自身需求选择应用部署的自由。而且，Microsoft 延续其操作系统的传统优势，通过与众多业内合作伙伴的共同努力，使其云计算平台在互操作性等方面取得了卓越的成果。

（一）Windows Azure

Microsoft 公司于 2008 年 10 月推出了全新的云计算平台 Windows Azure Platform（http://www.azRre.com）。这是一个基于 Microsoft 数据中心的平台即服务（PaaS），提供了一个在线的基于 Windows 系列产品的开发、存储和服务代替等服务环境。Azure 服务平台是一个云服务应用平台，它实际是由一个公共平台上的多种不同服务组成的。Azure 平台提供的服务主要有：Live 服务、

Azure 数据服务、NET 服务、SharePoint 服务和 Dynamics CRM 服务。开发人员可以用这些服务作为基本组件来构建自己的云应用程序，能够通过 Microsoft 的数据中心很容易地创建、托管、管理、扩展自己的 Web 和非 Web 应用。同时 Azure 平台支持多个互联网协议，如 HTTP、REST、SOAP 和 XML，为用户提供了一个开放、标准以及能够互操作的环境。

（二）Windows Live

Windows 7 提供了 Windows Live （http：//www.windowslive.cn/explore），可帮助用户同步所有的通信和共享方式，在一个方便的在线空间，进行即时对话以及共享照片、文件和电子邮件，并能详细了解、掌握朋友和最重要事情的最新动态；可以利用它使用所有在线服务，包括 25 G 免费存储空间、轻松的照片编辑和共享功能以及在线群等。

Windows Live 包含 Web 中的 Windows Live 和计算机中的 Windows Live。Web 中的 Windows Live 提供了一个在线平台，用户可以在其中查收电子邮件，与朋友聊天，保存并共享照片和文件；此外还可以连接 Facebook、MySpace 和 Flickr 等其他网站，使共享变得轻松容易。计算机中的 Windows Live Essentials 是一套免费程序，可帮助用户管理在线执行的几乎所有操作，它与 Windows Live Web 服务结合使用，几乎可以从任何位置共享所有操作，或者访问文件资料。例如，体现云计算功能的 Windows Live SkyDrive，就是一款有密码保护的 25G 超大网络硬盘，用户可以随时随地利用它存取文件。

四、IBM 云计算服务

IBM 构建了用于公共云和私有云服务的多种云计算解决方案。IBM 云计算构建服务包括服务器、存储和网络虚拟化、服务管理解决方案，支持自动化负载管理、用量跟踪与计费，以及各种能够使最终用户信赖的安全和弹性产品。

（一）IBM 蓝云计算平台

IBM 在 2007 年 11 月 15 日推出了蓝云 （Blue Cloud） 计算平台，为用户提供了即买即用的云计算平台 （http：//www.ibm.com/cloud/developer）。它包括一系列的云计算品，使计算不仅仅局限在本地机器或远程服务器集群，而是通过架构一个分布式、可全球访问的资源结构，使数据中心在类似于互联网的环境下进行计算。

蓝云基于 IBM Almaden 研究中心 （Almaden Research Center） 的云基础架构，包括 Xen 和 PowerVM 虚拟化、Linux 操作系统映像以及 Hadoop 与并行构建。蓝云由 IBM Tivoli 软件支持，通过管理服务器来确保基于需求的最佳性能。这包括通过能够跨越多服务器实时分配资源的软件，为用户带来一种无缝体验，加速性能并确保在最苛刻环境下的稳定性。IBM 新近发布的蓝云计划，能够帮助用户进行云计算环境的搭建。它通过将 Tivoli、DB2、Web Sphere 与硬件产品（目前是 X86 刀片服务器）集成，能够为企业架设一个分布式、可全球访问的资源结构。

（二）1BM LotusLive

IBM LotusLive（http：//www.10tuslive.com）是一个 IBM 托管的在线服务产品组合，可以提供可扩展的安全电子邮件、Web 会议和协作解决方案。它集成了社交网络和协作服务等功能，专为企业用户量身打造。

LotusLive 是实现预部署（On-premise）经济有效的选择，它以合适的成本向用户提供正确的功能；它仅提供用户所需的功能，因此能节省时间和金钱。这种交付模型与简化的在线协作相结合，可更加轻松地随时随地与任何人做生意。LotusLive 提供以下产品和服务：Web 会议、协作和电子邮件。

另外，LotusLive 不但允许管理员通过许可证、品牌和安全密钥创建和维护组织信息，还为客户提供了详细的管理功能。

综上所述，云计算是基于互联网的商业计算模型，它利用高速互联网的传输能力，将数据的处理过程从个人计算机或服务器移到互联网上的服务器集群之中。这些服务器由一个大型的数据处理中心管理，数据中心按用户的需要分配计算资源，达到与超级计算机同样的效果。云计算是分布式处理（Distribut-ed Computing）、并行处理（Parallel Computing）和网格计算（Grid Computing）的发展，或者说是这些计算机科学概念的商业实现。

323

第四节　移动计算

一、移动计算的概念

移动计算（Mobile Computing）使用各种无线电射频（RF）技术或蜂窝通信技术，使用户携带他们的移动计算机、个人数字助手（PDA）、BP 机和其他电讯设备自由漫游。大多数计算机用户可以连接到网络并且可以访问那些网络上的数据和设备。他们连接到互联网，通过电子邮件与其他用户通信。他们在协作组中工作，共享日程表和其他信息。移动计算机用户依赖于电子信报传送服务，使他们无论走到哪里都能和办公室保持联系。然而，当用户在旅途中时，就会与通常一起工作的人员和资源失去联系。一些厂商，如 Microsoft，正在制造支持移动用户的特殊接口。例如，当移动用户从一个地方到另一个地方时，将恢复桌面排列和在最后会谈中打开的文件，就像计算机从来都不关闭一样。

移动计算是随着移动通信、互联网、数据库、分布式计算等技术的发展而兴起的新技术。移动计算技术将使计算机或其他信息智能终端设备在无线环境下实现数据传输及资源共享。它的作用是将有用、准确、及时的信息提供给任何时间、任何地点的任何客户。这将极大地改变人们的生活方式和工作方式。

移动计算是一个多学科交叉、涵盖范围广泛的新兴技术，是计算技术研究中的热点领域，并被认为是对未来具有深远影响的四大技术方向之一。

二、移动计算的处理器技术

（一）单核处理器

核心（Die）又称为内核，是 CPU 最重要的组成部分。CPU 中心那块隆起的芯片就是核心，是由单晶硅以一定的生产工艺制造出来的，CPU 所有的计算、接受/存储命令、处理数据都由核心执行。各种 CPU 核心都具有固定的逻辑结构，一级缓存、二级缓存、执行单元、指令级单元和总线接口等逻辑单元都会有科学的布局。处理器只有一个逻辑核心。

（二）双核处理器

双核处理器是指在一个处理器上集成两个运算核心，从而提高计算能力。"双核"的概念最早是由 IBM、HP、Sun 等支持 RISC 架构的高端服务器厂商提出的，不过由于 RISC 架构的服务器价格高、应用面窄，没有引起广泛的注意。

最近逐渐热起来的"双核"概念，主要是指基于 X86 开放架构的双核技术。在这方面，起领导地位的厂商主要有 AMD 和 Intel 两家。其中，两家的思路又有不同。AMD 从一开始设计时就考虑到了对多核心的支持。所有组件都直接连接到 CPU，消除系统架构方面的挑战和瓶颈。两个处理器核心直接连接到同一个内核上，核心之间以芯片速度通信，进一步降低了处理器之间的延迟。而 Intel 采用多个核心共享前端总线的方式。专家认为，AMD 的架构更容易实现双核以至于多核，Intel 的架构会遇到多个内核争用总线资源的瓶颈问题。

从双核技术本身来看，到底什么是双内核？毫无疑问双内核应该具备两个物理上的运算内核，而这两个内核的设计应用方式却大有文章可做。据现有的资料显示，AMD Opteron 处理器从一开始设计时就考虑到了添加第二个内核，两个 CPU 内核使用相同的系统请求接口 SRI、Hyper Transport 技术和内存控制器，兼容 90 纳米单内核处理器所使用的 940 引脚接口。而英特尔的双核心却仅仅是使用两个完整的 CPU 封装在一起，连接到同一个前端总线上。可以说，AMD 的解决方案是真正的"双核"，而英特尔的解决方案则是"双芯"。可以设想，这样的两个核心必然会产生总线争抢，影响性能。不仅如此，还对于未来更多核心的集成埋下了隐患，因为会加剧处理器争用前端总线带宽，成为提升系统性能的瓶颈，而这是由架构决定的。因此可以说，AMD 的技术架构为实现双核和多核奠定了坚实的基础。AMD 直连架构（也就是通过超传输技术让 CPU 内核直接跟外部 I/O 相连，不通过前端总线）和集成内存控制器技术，使得每个内核都自己的高速缓存可资遣用，都有自己的专用车道直通 I/O，没有资源争抢的问题，实现双核和多核更容易。而 Intel 是多个核心共享二级缓存、共同使用前端总线的，当内核增多，核心的处理能力增强时，就像北京郊区开发的大型社区一样，多个社区利用同一条城市快速路，肯定要遇到堵车的问题。

　　HT 技术是超线程技术，是造就了 Pentium 4 的一个辉煌时代的武器，尽管它被评为失败的技术，但是却对 P4 起一定推广作用，双核心处理器是全新推出的处理器类别；HT 技术是在处理器实现 2 个逻辑处理器，是充分利用处理器资源，双核心处理器是集成 2 个物理核心，是实际意义上的双核心处理器。其实引用《现代计算机》杂志所比喻的 HT 技术好比是一个能用双手同时炒菜的厨师，并且一次一次把一碟菜放到桌面；而双核心处理器好比 2 个厨师炒两个菜，并同时把两个菜送到桌面。很显然双核心处理器性能要更优越。按照技术角度 Pentium D 8XX 系列不是实际意义上的双核心处理器，只是两个处理器集成，但是 Pentium D 9XX 就是实际意义上双核心处理器，而 K8 从一开始就是实际意义上双核心处理器。

　　（三）双核双芯

　　AMD 和 Intel 的双核技术在物理结构上也有很大不同之处。AMD 将两个内核做在一个 Die（晶元）上，通过直连架构连接起来，集成度更高。Intel 则是将放在不同 Die（晶元）上的两个内核封装在一起，因此有人将 Intel 的方案称为"双芯"，认为 AMD 的方案才是真正的"双核"。从用户端的角度来看，AMD 的方案能够使双核 CPU 的管脚、功耗等指标跟单核 CPU 保持一致，从单核升级到双核，不需要更换电源、芯片组、散热系统和主板，只需要刷新 BIOS 软件即可，这对于主板厂商、计算机厂商和最终用户的投资保护是非常有利的。客户可以利用其现有的 90 纳米基础设施，通过 BIOS 更改移植到基于双核心的系统。

　　计算机厂商可以轻松地提供同一硬件的单核心与双核心版本，使那些既想提高性能又想保持 IT 环境稳定性的客户能够在不中断业务的情况下升级到双核心。在一个机架密度较高的环境中，通过在保持电源与基础设施投资不变的情况下移植到双核心，客户的系统性能将得到巨大的提升。在同样的系统占地空间上，通过使用双核心处理器，客户将获得更高水平的计算能力和性能。

三、移动计算的特点

（一）移动计算的主要特点

（1）移动性。移动计算机在移动过程中可以通过所在无线单元的 MSS 与固定网络的节点或其他移动计算机连接。

（2）网络条件多样性。移动计算机在移动过程中所使用的网络一般是变化的，这些网络既可以是高带宽的固定网络，也可以是低带宽的无线广域网（CDPD），甚至处于断接状态。

（3）频繁断接性。由于受电源、无线通信费用、网络条件等因素的限制，移动计算机一般不会采用持续连网的工作方式，而是主动或被动地间连、断接。

（4）网络通信的非对称性。一般固定服务器节点具有强大的发送设备，移动节点的发送能力较弱。因此，下行链路和上行链路的通信带宽和代价相差较大。

（5）移动计算机的电源能力有限。移动计算机主要依靠蓄电池供电，容量有限。经验表明，电池容量的提高远低于同期 CPU 速度和存储容量的发展速度。

（6）可靠性低。这与无线网络本身的可靠性及移动计算环境的易受干扰和不安全等因素有关。由于移动计算具有上述特点，构造一个移动应用系统，必须在终端、网络、数据库平台以及应用开发上做一些特定考虑。适合移动计算的终端、网络和数据库平台已经有较多的通信和计算机公司（如 Lucent、Motolora、Ericsson、IBM、Oracle、Sybase 等）的产品可供选择。应用上则须考虑与位置移动相关的查询和计算的优化。

（二）无线移动应用优势

（1）符合 802.3 以太网协议，对操作系统、网络协议、应用程序透明。

（2）以太网接口，即插即用，安装简单，调试方便。

（3）支持时速 90 公里以内的漫游。

（4）每个接入点速率为 11Mb/s，可支持多达 256 台工作站接入。

（5）多个接入点可构成 15Mb/s 的基站吞吐量。

（6）采用 2.4G 扩频技术，无须申请专用频点。

（三）应用范围

（1）移动车辆数据通信系统——机场，港口，军事部门，流动银行，流动售票车等。

（2）大型电子化工业设备的通信系统——工业机器人，自动化立体停车系统，各类装卸设备等。

（3）手持式电脑，笔记本电脑的网络接入系统——学校、医院、办公室、家庭等。

（4）手持式数据读写设备的实时通信系统——仓库，超级市场，机场，港口等。

（四）SaaS

SaaS 是一种新的软件应用模式，它以软件租用、在线使用的方式提供软件服务，并且这种服务应该是随着软件版本的更新随时更新的（永远的 Beta，随时的补丁），永远给用户最新、最好的体验，并且无需用户进行任何维护和升级，客户可以根据自己的实际需求，定购所需的应用软件服务，按定购的服务多少和时间长短向厂商支付费用。SaaS 的特点如下：

1. 移动计算环境的网络结构

移动计算随着无线通信、互联网、数据库、分布式计算等多领域的发展而产生，是在无线通信的基础上，扩展计算设备的通信功能如掌上电脑、PDA，或扩展通信设备的计算功能如手机。主要解决不同网络的接入和无缝计算问题，提供随时随地能够交换和处理信息的能力。移动计算环境由终端、服务端、网络组成。

2. 移动计算环境下的网元

终端侧的实体主要是便携笔记本、掌上电脑、PDA、智能手机、手机等各种移动终端设备。终端侧的设备资源、处理能力不同对享受随心所欲的网络服务提出了挑战。终端侧应用环境基本构成元素包括移动数据端的操作系统、应用管理环数字版权管理、接口规程。

服务端接受客户端即终端侧的请求，根据要求完成相应的服务处理功能，并将结果返回到终端侧。服务器侧一般存在于有线网络，重点完成资源组织、业务处理以及相应的服务支撑功能，主要包括计费、安全、业务管理、服务质量等基本支撑功能。

移动计算环境中的移动通信不仅仅指目前的 GSM、CDMA、3G 网络，而作为移动计算的网络承载环境包含传统意义的互联网、移动承载网络上的数据网以及各种微网，例如家庭终端网络、Ad Hoc、P2P 等多种终端模式的网络环境。

3. 移动计算环境的网络支持能力

目前，移动计算环境的网络有支持移动数据服务的 GPRS、EDGE、CD-MA2000 1X/EVDO、3G 等移动数据网，有以无线接入技术为主，支持游牧计算的 WLAN、WiMax 等无线接入网络，有支持掌上电脑、PDA 接入 Internet 的

Bluetooth。

从运营商的角度来看移动计算环境下的 SaaS：

（1）移动计算环境下网络带宽的快速提高，给 SaaS 模式的成功提供了更好的技术基础。

（2）多用户数据库访问安全机制的完善，消除了企业客户的主要顾虑。

（3）负载均衡与动态数据库分割技术，保证了系统的可扩展性。

（4）SaaS 软件成熟度模型的研究成果，有助于提高用户体验、增强用户黏性。

（5）移动终端资源、处理能力、安全性的提高，必将极大程度地解放网络侧的服务器。

总之，技术的发展促进了 SaaS 产业的形成与健康发展；未来必然是不断完善和加强的移动终端的计算能力，不断提高的移动终端的存储能力，强大的的移动网络覆盖能力和宽带化的移动网络，所有这些也必将使移动计算环境下的 SaaS 得到更快的发展，从而也更加方便地为用户提供服务。因而，随着移动通信逐步渗透人们的生活，提供随时、随地的移动接入网络计算环境，将大力促进 SaaS 的发展；同时，SaaS 的发展对移动通信、移动接入技术、移动计算、移动互联网等技术提出了新需求。

四、移动计算的应用

移动计算不仅将您从办公室中解放出来，而且还将使您工作起来更轻松、更有效。通过随时访问数据，您可以做出更明智的决策，与同事保持经常性的联系，并掌握重要信息。例如，在不离开会议现场的情况下，一位领导决策人员可在与客户洽谈定单之前立即了解库存情况，可以开具发票却不必打乱会议进程，并可给员工打电话。因而，会议变得更加高效也更加灵活。最理想的是，销售定单甚至可以在会议结束之前就能够以电子的形式发送到办公室。这项技术不仅可以扩展到您的办公室，而且还可以延伸到您客户的董事会会议室。当您在路上行走时，您只需把随身携带的支持无线接入的笔记本电脑带进一个公共无线热点（提供公共接入高速无线网络的咖啡屋、酒店或饭店），就可以连接到您的办公网络或互联网。

移动计算的灵活性可直接影响工作满意度。例如，借助于带有迅驰移动计算技术的网络，您可以在办公室外度过更长的时间，同时还可以确保您能够随时按需访问电子邮件。凭借最新获得的自由，您可以灵活地开展工作而不必非得在办公室的电脑前完成工作。

某些技术平台适合不同类型的员工，您属于哪种类型呢？

（一）出行在外人员

如果您属于出行在外人员，需要将大部分时间都花费在办公室外进行销售电话处理或在客户的办公地工作，您可能需要用电子邮件与公司保持联系，并通过基于 WiFi 的热点和网络与办公室网络联系。根据您所处理的数据的类型，您可以随心所欲地携带不到 2 千克的基于英特尔迅驰移动计算技术的"超便携型"笔记本电脑，它支持延长的电池使用时间，采用小巧的外型，可带来卓越的性能以及内置的 WiFi 无线连接性。或者，如果您需要更小的设备，您可采用 PDA，该设备采用强大的英特尔 Xscale 处理器和内置 WiFi 和/或蓝牙无线连接。

（二）移动商务人员

如果您属于移动商务人员，一般在办公室内工作，但需要不时地穿梭于各个会议之间或与同事进行协作。您将与使用基于迅驰移动计算技术的笔记本电脑，指示笔驱动的平板电脑或"可转换式"平板电脑，从而确保您可以立即访问您的数据、互联网和电子邮件。

（三）知识型专业人员

知识型专业人员包括律师、顾问、会计师、创意总监或研究人员等从信息中创造出价值的人员，需使用功能完善的无线笔记本电脑通过高速 WiFi 或 802、11 技术经常与公司的局域网（LAN）和互联网相连。然而，不像那些小型轻便的便携式笔记本电脑，这些机器采用 15 英寸甚至 16 英寸 TFT 显示屏、强大的英特尔迅驰移动计算技术或移动式英特尔奔腾 4 处理器–M、内置 CD 和 DVD 刻录能力、大容量磁盘存储、多媒体扬声器和许多其他特性。

第五节　企业移动计算解决方案

一、移动计算解决方案

（一）企业移动计算解决方案

企业移动计算解决方案移动计算是随着移动通信、互联网、数据库、分布式计算等技术的发展而兴起的新技术。移动计算技术将使计算机或其他信息智能终端设备在无线环境下实现数据传输及资源共享。

移动计算是随着移动通信、互联网、数据库、分布式计算等技术的发展而兴起的新技术。移动计算技术将使计算机或其他信息智能终端设备在无线环境下实现数据传输及资源共享。它的作用是将有用、准确、及时的信息提供给任何时间、任何地点的任何客户。这将极大地改变人们的生活方式和工作方式。移动计算是一个多学科交叉、涵盖范围广泛的新兴技术，是当前计算技术研究中的热点领域，是对未来具有深远影响的四大技术方向之一。

（二）威盛移动计算平台

移动计算（Mobile Computing）使用各种无线电射频（RF）技术或蜂窝通信技术，使用户携带他们的移动计算机、个人数字助手（PDA）、BP 机和其他电讯设备自由漫游。使用调制解调器的移动计算机用户也应该属于这一范畴，但他们侧重于无线远程用户。移动计算机用户依赖于电子信报传送服务，使他们无论走到哪里都能和办公室保持联系。

二、移动计算技术

（一）移动计算技术指标

移动计算是消息传递技术和无线通信的融合。像 RAM Mobile Data 这样的公司也已加入进来，不仅具有通信的一面，而且还具有用户接口的支持。典型的用户包括需要技术信息的领域服务专家、进行估算的保险代表和需要信息以决定投资的销售人员。获得信息的一种方式是与公司数据库简单相连，并进行实时查询，信报传送减少，电话费用降低。移动用户只需通过一个数据库查询发送一个电子函件消息到数据库服务器，然后，服务器产生一个响应，并将响应放置在用户以后进行查取的信箱里。

（二）移动计算发展——Intel 迅驰移动计算技术

2003 年，英特尔公司开发的"迅驰"（Centrino）移动计算技术是一种包括了全新的 Pentium-M 处理器、Intel 855 芯片组和 Intel PRO 无线网络连接模块的移动计算技术平台，它将开辟人类计算发展史上新的里程碑，为人们的生活与工作带来前所未有的自由空间和计算体验。这项技术的应用也将使移动终端的便携性得到真正的提高，并进而催生出很多新的功能设计和应用模式。同时，新的移动计算技术将给我国通信和计算产业带来新的商机，将推动新的价值链的产生和发展。

迅驰移动是英特尔于 2003 年 3 月 12 日，面向笔记本电脑推出的无线移动计算技术的品牌名称。迅驰（Centrino）是 Centre（中心）与 Neutrino（中微子）两个单词的缩写。它由三部分组成：移动式处理器（CPU）、相关芯片组以及 802.11 无线网络功能模块。迅驰品牌，是英特尔首次将一系列技术用一个名字来命名的。

英特尔"迅驰"移动计算技术是新一代笔记本电脑使用的创新技术。用这个技术装备的笔记本电脑,将使用户脱离缆线的约束,真正做到在移动中进行工作、学习、休闲、上网。而且在增加电池寿命的同时,笔记本也将变得又轻又薄。这种创新的技术不仅为笔记本系统带来崭新的性能和低功耗,并把无线通信和安全功能集成在本机芯片中。

(三) 移动计算基本方法

典型移动计算有两种用于移动数据通信的基本方法:

分组交换帧中继网络 (Packet-switched RF Network) 对顾客根据分组来收费。

蜂窝电路交换产品 (Cellular Circuit-switched Products) 它围绕着现有蜂窝网络建造,根据连通时间收费。

分组交换无线网络只有在传输时间较短时才具有优势,这是因为它对每出现一个分组都要收费。电路交换网络对传输长文件或其他较长的传输时才具有优势,这是因为它根据使用网络的时间长短来对顾客收费。

分组无线电通信公司包括 Ardisi (Lincolnshire, illinois) RAM Mobile Data (Woodbridge, NewJersey) 和 Nextel (Lafayette, California)。Ardis 是 IBM 和 Motorola 的一个联合企业。Ardis 的信号穿透能力是专门为有很多建筑物的大城市设计的。RAM Mobile Data 是 BellSouth 和 RAM 广播公司之间的一个合作体。硬件产品包括 Ericsson GE Mobile 通信公司的一些产品,如 RF 激活调制解调器。

蜂窝数字分组数据 (CDPD) 是无线市场的一个竞争者,它使用蜂窝系统的空闲时间来传输数字数据,速度可达 19.2kb/s,它比其他无线服务要快 4 倍。DCPD 是由蜂窝电信公司和计算机公司组成的国际联盟定义的,包括 9 个地方 Bell 运营公司 (RBOCs) 中的 8 个公司、McCawCellularData 公司、ContelCellular 公司和 GTEMobilnet 公司。

(四) 技术发展

凭借多年对用户需求的分析研究,威盛电子针对消费者日益增长的移动需求,提出了融合的平衡发展思路,要求兼顾移动性能的同时,也要注重移动应用。这类超移动产品不需要特别强劲的计算性能,但特别需要在移动中电池续航能力相对较长,发热量小;这种平衡的理念随即被威盛融入到了芯片级的产品设计中。威盛推出的一系列产品都拥有了极高的性能功耗比,在能够满足用户计算需求的情况下,低功耗的特性使得产品续航时间延长,发热量小。产品的高度集成性更使得超移动设备做得更轻薄、携带起来更方便。在威盛的推动下,英特尔也推出了低功耗处理器 Atom,两者的合力则为上网本的产业化推广乃至之后上网本和笔记本的融合提供了坚实的基础。此外,在威盛的推动下，越来越多的二线甚至三线品牌都加入到这一市场，这使得超移动领域呈现出更多的平民化气质。2008 年 10 月，威盛主导成立、旨在推动白牌超移动产业的 GMB 不可不提。更为充分的竞争、更深度的产业资源整合、上游厂商更大力度的支持，不仅使得超移动计算设备的价格大幅度下降，同时也使得传统的笔记本价格大幅下滑。产品技术的整体性融合，产品价格的平民化，"大移动计算"时代的到来显得如此顺理成章。它的到来意味着用户对于移动计算的深层次需求开始被全面激活，产业局变的大门已经开启。

三、超移动计算

超移动计算时代的来临引来了巨大商机，也成了处理器厂商的必争之地。

2007 年的 CES 展会上，比尔·盖茨亲自披挂上阵展示了超移动设备，他称未来的 PC 为"超移动设备"，预言超移动设备未来将改变世界。

英特尔也预计，移动处理器市场份额可能高达 100 亿美元。第三方数据监测机构 ABI Research 的预计结果证实了英特尔的观点——超便携设备前景光明。数据显示，终端设备总量将从 2008 年的少量设备增长到 2012 年的 9000 万台，中国超移动设备市场将在 2011 年达到 500 万台规模。如此巨大的商机，成为了处理器制造商的必争之地。

进入 2008 年后，英特尔、AMD，甚至还有传统 GPU 制造商 NVIDIA，都推出了新型号的处理器进军超便携市场，想要占据一席之地。在超移动市场深耕多年的威盛电子最近也推出了 Nano 凌珑处理器，将应用于便携 PC 市场和新兴移动设备。

对移动设备而言，笔记本电脑相对有较大重量和体积，长期作为移动商务的应用终端有所不便。同样，智能手机和 PDA 在进行复杂办公的时候，操作性、计算性能、信息存储能力就会成为"短板"。

超移动设备 （UMD，Ultra Mobile Devices） 注重的是其移动性，将通信、网络、GPS、PC 等多种消费电子功能被高度集成到一起。在移动商务和移动娱乐方面，这种设备几乎能提供所有的主流应用。因此，国外有专家甚至发出惊呼："狼来了，超移动平台与笔记本电脑分庭对抗的时代已经来临。"

四、移动计算支持产品

（一）Connect 平台

Apple、IBM、Intel、Hewlett-Packard、Novell 和其他公司与许多无线通信公司共同合作，以向移动用户提供全面支持，如数据加密、用户鉴别，以及能够发现移动用户位置的定位系统。

NetWare 的 Connect 是一个远程通信平台，它提供支持 32 个移动用户进入 NetWare 网络的一个连接点。用户可以使用不同的远程控制包拨通并访问他们的台式机或 NetWare 服务器。如果需要，这种服务提供使用电子函件、传真，以及当用户登录后软件能够自动升级的电子软件分发系统。Connect 与老的 NetWare 异步通信服务 （NACS） 分组类似。

网络的 "即插即用" 能力被许多厂家实现，这些厂家包括 Microsoft、Intel 等。这种特性使得用户能切断 （但并不毁坏） 和网络的连接，并在以后或其他地方再和网络重新连接。当用户重新连入后，设备自动根据新的地点进行重配制，并恢复用户的台式系统环境，包括打开的应用和工作。它消除了关闭文件和下载系统的需求。另一个特色是，当系统重连时，系统将自动检查用户的电子函件。

（二）迅驰技术产品

奔腾 M 首次改版叫 Dothan：迅驰技术经历了一次改版和一次换代。初期迅驰中奔腾 M 处理器的核心代号为 Bannis，采用 130 纳米工艺，1MB 高速二级缓存，400MHz 前端总线。迅驰首次改版是在 2004 年 5 月，采用 90 纳米工艺 Dothan 核心的奔腾 M 处理器出现，其二级缓存容量提供到 2MB，前端总线仍为 400MHz，它也就是常说的 Dothan 迅驰。首次改版后，Dothan 核心的奔腾 M 处理器迅速占领市场，Bannis 核心产品逐渐退出主流。虽然市场中流行着将 Dothan 核心称之为迅驰二代，但英特尔官方并没有给出明确的定义，仍然叫做迅驰。也就是在 Dothan 奔腾 M 推出的同时，英特尔更改了以主频定义处理器编号的惯例，取而代之的是一系列数字，例如奔腾 M 715/725 等，它们分别对应 1.5GHz 和 1.6GHz 主频。首次改版中，原 802.11b 无线网卡也改为了支持 802.11b/g 规范，网络传输从 11Mbps 提供至 14Mbps。

新一代迅驰 Sonoma：迅驰的换代是 2005 年 1 月 19 日，英特尔正式发布基于 Sonoma 平台的新一代迅驰移动计算技术，其构成组件中，奔腾 M 处理器升级为 Dothan 核心、90 纳米工艺、533MHz 前端总线和 2MB 高速二级缓存，处理器编号由奔腾 M 730-770，主频由 1.60GHz 起，最高 2.13GHz。915GM/PM 芯片组让迅驰进入了 PCI-E 时代，其中 915GM 整合了英特尔 GMA900 图形引擎，让非独立显卡笔记本在多媒体性能上有了较大提高。915PM/GM 还支持单通道 DDR333 或双通道 DDR2 400/533MHz 内存，性能提供同时也降低了部分功耗。Sonoma 平台的新一代迅驰渐渐成为市场主流。

迅驰二代：全新英特尔迅驰移动计算技术平台 （代号为 Sonoma），该平台由 90nm 制程的 Dothan 核心 （2MB L2 缓存，533MHz FSB） 的 PentiumM 处理器、全新 Aviso 芯片组、新的无线模组 Calexico2 （英特尔 PRO/无线 2915ABG

或 2200BG 无线局域网组件）三个主要部件组成。

增加的新技术：全新英特尔图形媒体加速器 900 显卡内核、节能型 533MHz 前端总线以及双通道 DDR2 内存支持，有助于采用配备集成显卡的移动式英特尔 915GM 高速芯片组的系统，获得双倍的显卡性能提升。此外，全新英特尔迅驰移动计算技术还支持最新 PCI Express 图形接口，可为采用独立显卡的高端系统提供最高达 4 倍的图形带宽。在系统制造商的支持下，还可获得诸如电视调谐器、支持 Dolby Digital 和 7.1 环绕声的英特尔高清晰度音频、个人录像机和遥控等选件，同时继续享有英特尔迅驰移动技术计算具备的耐久电池使用时间优势。可帮助制造商实现耐久电池使用时间的特性，包括显示节能技术 2.0、低功耗 DDR2 内存支持，以及增强型英特尔 SpeedStep 技术等。

 本章案例

"信息银行"——e 云

所谓"信息银行"，指的是用户能像在银行中存入提取金钱一样，把自己的数字化的信息存入在云中。2009 年 9 月 22 日，上海电信正式推出了名为"e 云"的云计算业务，这片"云"能按照用户的设定，自动地利用电脑空闲时间，将信息备份到上海电信的 e 云数据中心，当用户遇到电脑破坏、数据破坏、误删除、在家办公、远程办公等情况时，只要通过网络连接至电信服务器，就可以在任何地方、恢复任一个时间点的数据。信息银行正式落沪上海。

"数字化时代已经到来，未来每个人都将拥有属于自己的一个数字人生 (Digital Shadow)。"上海电信互联网部副总经理、总工程师吴志明透露，该业务初期主要面向商务人士、年轻时尚人群、家庭用户和中小企业，其初期在互联网客户端上进行，成熟之后，作为捆绑竞争的手段，将全面推到手机移动服务中。

吴志明说，如今，QQ 和 MSN 的对话聊天已经成为网民们生命记忆的一部分；阿里旺旺的对话记录已能作为合法的交易证据；加上随时随地拍摄的数字照片……"在未来，这些内容都可以即时上传并存储在中国电信的云里"。

2009 年 9 月 28 日，随着中国联通的 3G 业务正式开始商用，三家运营商的全面竞争正式打响。此际，中国电信成为了 3G 启动以来，三家运营商中在云计算上首吃螃蟹者。

吴志明认为，云服务未来面向的将是中国所有 3.3 亿互联网用户和 6.5 亿的移动互联网用户，"长远来看，此举无疑能大大加固中国电信在互联网业务的实力，甚至对中国电信的业务运营方式产生革命性的意义"。

　　按照中国电信的打算，云计算将为其进军"信息银行"打下根基。所谓"信息银行"，指的是用户能像在银行中存入提取金钱一样，把自己的数字化的信息存入在云中。

　　全球存储巨头EMC是此次中国电信云计算的合作伙伴。据EMC负责个人云存储的DECHO公司产品管理副总裁Charles Fitzgerald介绍，由于每天来自手机和PC终端爆炸式的数据增长，2008~2012年，全球数字信息量将增长5倍，其中近70%来自个人信息，而由于这部分私人信息有着不可替代性，大多需要长时间的存储，并且要求能把分散在各终端上的数据整合起来，"因此对信息银行的需求很大"。

　　EMC全球副总裁范承工两年前曾在美国搬过一次家，除了200个箱子外，一大堆存储了各种数据的硬盘也颇让其费脑筋，尤其当丢失和损坏时，后来他选择了当地运营商的一项云服务，"除了图片和音乐外，更重要的是，我的聊天记录也能及时保存"。

　　据统计，目前国内每星期都有高达5万块的硬盘出现损坏，如果加上手机终端的丢失和损坏，数量更大。

　　"这也是为何要这类云存储要由运营商来经营的原因。"吴志明认为，当用户使用信息银行时，首先一定要保证信息的安全和使用顺畅，一般的网络服务公司难以达到如此高的信任度，而中国电信用自己运营商级别的信誉背书，用户才能有安全感。

　　据悉，在此次云服务的合作中，上海电信负责提供机房、电力、销售、带宽、第一线技术支持以及日常运营、产品品牌、策划、营销以及客服等，EMC则提供设备、软件、二级技术支持和技术开发。同时，双方还将利用各自的资源拓展用户。

　　此前，EMC在美国与AT&T已经开展了类似的合作；在欧洲其也与Vodafone正在开展类似合作。"中国是全球互联网和手机用户数最多的市场，我们跟上海电信的合作很及时。"范承工说。

　　据记者了解，此次双方合作中，EMC并非按传统方式简单地销售设备和服务，而是采取了设备入股的方式，即在中国电信未来云服务的收入中进行分成。这种"绑定"的方式使得电信避免了单笔巨额投入，也减少了其业务运营风险。

　　"目前，云计算业务正在投入期和培育期，我们对其没有短期的盈利的目标和规划，但相信长期会有好的回报。"吴志明说。

　　专门为社会存储信息和提供信息的机构，信息银行具有存入信息和取出信息的双方，报社、通讯社、出版社将各种新闻、杂志存入信息银行，用户则在家里通过家用微处理机的终端，在电视屏幕上收看各种信息。在信息银行系统中，当用户需要收看信息时，电视机屏幕上首先就会显示出一系列总分类标题，如新闻、评论、行情、气象等。这时用户可以在按键上选择某一种信息，于是屏幕上又会出现一系列分类标题。然后，用户可以进一步确定自己所要看的具体内容，信息银行就将这些内容显示在电视机屏幕上。目前，美国的信息银行正在使用着几十个国家的报纸内容，以及合众国际社和美联社的新闻。信息银行系统中的每个用户都可以随时收看过去的和当前的各个方面的新闻。另外，信息银行还有其他各种方面的用途。如人们在电视屏幕上可以接受商业公司推销员的推销，订购衣、食、住、行等生活必需品。作家把他们写的小说或评论，以电子稿件的形式发送至信息银行的编辑部，经编辑加工后，则以电子小说的形式让用户在电视机屏幕上阅读。据国外预计，信息银行将会和汽车、电冰箱、洗衣机、电视机一样，成为各个家庭的生活必需品。

此外，未来跟移动服务结合的远程医疗等也需要大量云计算能力。远程医疗将是 EMC 云计算在华的发展重心之一。移动技术成了改善新兴市场医疗、教育以及其他社会服务推行情况的理想工具，这也为移动运营商和厂商开创了机会。到目前为止，国内真正的移动互联网需求仍处在探索之中，这是一个各家运营商都要不断摸索和发现新业务的过程。而由于有着最为庞大的用户，新应用也必将出现在中国。

资料来源：信息银行 [EB/OL]. 百度百科, 2013-07-19.

➡ **问题讨论：**

1. 上海电信的"e 云"业务现状如何？
2. 你认为"e 云"业务还可以应用到哪些领域？

本章小结

通过本章内容的学习，应熟悉泛在网的概念与应用，泛在网作为未来信息社会的重要载体和基础设施，已得到国际普遍范围的重视，各国相继将泛在网络建设提升到国家信息化战略高度。掌握云计算的服务与技术，云计算是一种新兴的商业计算模型。它将计算任务分布在大量计算机构成的资源池上，使各种应用系统能够根据需要获取计算力、存储空间和各种软件服务。云计算系统运用了许多技术，其中以编程模型、数据管理技术、数据存储技术、虚拟化技术、云计算平台管理技术最为关键。掌握云计算平台的特点，国外已经有多个云计算项目，主要有 Amazon、Google、IBM、Microsoft 等。熟悉移动云计算服务的内涵。利用移动云计算的各种无线互联网的服务也将深入到人们的生活当中，人们对无线互联网各类服务的大量使用，又将反过来推动技术的发展。移动云计算不仅会流行起来，而且将在各种挑战下而不断的发展，而这正是我们的机遇所在。

本章复习题

1. 简述泛在网的概念与应用。
2. 分析云计算的服务前景。
3. 试阐述云计算的主要技术。
4. 试比较四大公司云计算平台的特点。
5. 举例分析移动云计算服务的特点与开发。
6. 你认为移动云计算服务的前景如何？

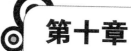

第十章

智慧型移动信息服务

学习目的
★★★★

知识要求 通过本章的学习，掌握：

- 智慧地球与智慧中国
- 智慧城市与智慧工程
- 智慧企业与智慧机构
- 智慧产品与智慧服务

技能要求 通过本章的学习，能够：

- 掌握智慧中国行动方案
- 理解智慧城市和智慧工程项目建设
- 掌握智慧企业与智慧机构的特点
- 掌握智慧产品的特点
- 熟悉智慧服务的流程

339

学习指导
★★★★

1. 本章内容包括：智慧地球与智慧中国；智慧城市与智慧工程；智慧企业与智慧机构；智慧产品与智慧服务。

2. 学习方法：结合案例掌握智慧中国行动方案、理解智慧城市和智慧工程项目建设、掌握智慧企业与智慧机构的特点、掌握智慧产品的特点、熟悉智慧服务的流程。

3. 建议学时：4 学时。

 引导案例

探秘"智慧城市"

　　来自浙江衢州市龙游县的王雷、王露与杭州的多多一起应邀坐上 4G 体验车畅游杭州。工作人员现场为他们下载了动画片，还让他们体验了远程视频通话。

　　4G 是什么？这么说吧，如果您登上杭州 b1 路公交车，使用随车的中国移动 4G 免费无线网络，下载一部 40G 容量的蓝光 3D 影片，只需要不到 2 小时的时间，而现有的 4M 有线宽带大概需要一天；一部 2.8G 的百科全书用 8 分钟；一部 700M 的片子仅需 2 分钟；一首 7M 大小的高品质歌曲不到 1 秒……

　　4G 网络比现在用的 3G 网络有着更大带宽、更高速率，测试速率甚至比人们常用的固定宽带还要高几十倍，真正解决了线缆的烦恼，实现了随时随地随身上网。据业内人士透露，4G 时代的到来使目前互联网上的各种功能都可以便捷地移植到手机上，用户通过智能手机、平板电脑等各类便携式移动终端，就能享受到网速更快、资费更便宜的高清视频、互动资讯等。

　　在 6 个试验网城市中，杭州脱颖而出，利用 4G 的"激情速度"，让"智慧城市"驶入了发展的快车道。浙江移动创造性地发明了平滑过渡的技术，在现有的 3G 基站设备里加少量板卡并进行软件升级，就能让一个基站同时支持 3G 和 4G 网络，建设周期从 2 个月左右缩减到 3 天。这一技术推广到全国，可以节省 90% 的建网成本，相当于数千亿元投资！

　　目前，杭州正式开放"4G 全城体验"，市民只要办理相关业务，领取一台 4G 高速无线网关（CPE），就可以成为移动 4G 网络的全国首批免费体验用户。CPE 是一种将高速 4G 信号转换成平板电脑、智能手机、笔记本等移动终端通用的 WiFi 信号的设备，可同时支持多部终端上网，大小相当于一本书，在有 4G 信号覆盖的地方，插上电源就能使用，不必拉网线。

　　作为继"水、电、气、路"之后的第五大城市公共基础设施，浙江移动在杭州大力推进智慧城市无线网络建设，积极与各区、各部门深入合作，加强政府信息化建设统筹力度，陆续开通政务、交通、城管、医疗、教育、购物、天气、影视等数百项应用。通过提供立体化的无线网络、基础化的信息系统、聚合化的运营平台和多样化的业务应用，让信息服务惠及全社会。杭州利用 4G 创新助推城市发展的尝试，在我国城市化、信息化和现代化进程中具有战略意义，有望成为 4G 改变城市的最新范例。

　　世界包装中心正式落户浙江杭州。来自世界各地的包装企业通过高速无线

网络互通信息，达成多项合作。外宾在中心内考察上峰集团新研制的纸质包装材料。

杭州大众出租车五星级驾驶员傅柄钊（右）是最早提供免费 WiFi 服务的司机。自从有了移动 4G，回头客几乎占每天生意的一半以上，日收入平均增加了 20%。

浙医二院在各病区实施 4G 网络全覆盖。护士手持移动终端，对患者用药、护理情况进行实时录入，确保医护工作不出差错。

杭州城管部门在执法车、施工工地、社区街道安装了 4G 网关设备和摄像头，对执法过程进行动态监控。

资料来源：李舸. 探秘"智慧城市"［N］. 人民日报，2012−07−25.

问题：

1. 你对 4G 业务了解哪些？

2. 移动信息化会改变我们哪些生活内容？

第一节　智慧地球与智慧中国

一、智慧地球

341

智慧地球也称为智能地球，就是把感应器嵌入和装备到电网、铁路、桥梁、隧道、公路、建筑、供水系统、大坝、油气管道等各种物体中，并且被普遍连接，形成所谓"物联网"，然后将"物联网"与现有的互联网整合起来，实现人类社会与物理系统的整合。

智慧地球的核心是以一种更智慧的方法通过利用新一代信息技术来改变政府、公司和人们相互交互的方式，以便提高交互的明确性、效率、灵活性和响应速度。如今信息基础架构与高度整合的基础设施的完美结合使得政府、企业和市民可以作出更明智的决策。智慧方法具体来说是以下三个方面为特征：更透彻的感知、更全面的互联互通、更深入的智能化。

（一）智慧地球的特点

1. 更透彻的感知

所谓"更透彻的感知"是超越传统传感器、数码相机和 RFID（无线射频识别）的更为广泛的一个概念。具体来说，它是指利用任何可以随时随地感知、测量、捕获和传递信息的设备、系统或流程，通过使用这些新设备，从人的血压到企业财务数据或城市交通状况等任何信息都可以被快速获取并进行分析，便于立即采取应对措施和进行长期规划。

2. 更全面的互联互通

互联互通是指通过各种形式的高速、高带宽的通信网络工具，将个人电子设备、组织和政府信息系统中收集和储存的分散的信息及数据连接起来，进行交互和多方共享，从而更好地对环境和业务状况进行实时监控，从全局的角度分析形势并实时解决问题，使工作和任务可以通过多方协作得以远程完成，从而彻底地改变整个世界的运作方式。

3. 更深入的智能化

智能化是指深入分析收集到的数据，以获取更加新颖、系统且全面的洞察来解决特定问题。这要求使用先进技术（如数据挖掘和分析工具、科学模型和功能强大的运算系统）来处理复杂的数据分析、汇总和计算，以整合和分析海量的跨地域、跨行业和职能部门的数据和信息，并将特定的知识应用于特定的行业、特定的场景、特定的解决方案，从而更好地支持决策和行动。

我们的愿景是将世界运行到一个更高的智慧水平，使个人、企业、组织、政府、自然系统和人造系统交互的方式更具智慧。每次交互就意味着我们可以有机会以更完美、更高效和更多产的方式完成事件。更重要的是，地球将变得越来越智慧，为我们开创更为广阔的前景。

（二）智慧地球的共识

2008 年 11 月，IBM 提出"智慧地球"概念，2009 年 1 月，美国奥巴马总统公开肯定了 IBM"智慧地球"思路，2009 年 8 月，IBM 又发布了《智慧地球赢在中国》计划书，正式揭开 IBM"智慧地球"中国战略的序幕。近两年世界各国的科技发展布局，IBM"智慧地球"战略已经得到了各国的普遍认可。数字化、网络化和智能化，被公认为是未来社会发展的大趋势，而与"智慧地球"密切相关的物联网、云计算等，更成为科技发达国家制定本国发展战略的重点。自 2009 年以来，美国、欧盟、日本和韩国等纷纷推出本国的物联网、云计算相关发展战略。

IBM 为中国量身打造了六大智慧解决方案："智慧电力"、"智慧医疗"、"智慧城市"、"智慧交通"、"智慧供应链"和"智慧银行"。随着我国发展物联网、云计算热潮的不断升温，IBM 在"智慧的计算"、"智慧的数据中心"等方面也投入了更多的研发力量，并积极与国内相关机构寻求合作。2009 年以来，IBM 的这些智慧解决方案，已经陆续在我国各个层面得以推进。据不完全统计，仅智慧城市一项，我国就有数百个城市正在或即将与 IBM 开展合作。

二、智慧中国

对中国而言，智慧地球这一概念可以推动向 21 世纪领先经济的转型。现在正是政府、企业和市民为实现共同目标而合作的绝好时机，它们可以相互协作，共同创建一个可以更透彻地感知、拥有更全面的互联互通和实现更深入的智能化的生态系统。

我们对以下六大领域改革前景的预测能很好地说明智慧地球这一概念如何造福于中国政府、企业和人民，如何帮助解决中国长期发展目标中的五大主题任务。

（一）经济可持续发展

将劳动力和投资由劳动密集型产业转向"智慧"举措及相关产业，为中国经济的长期可持续发展做好准备。

（二）和谐社会

建设智慧的基础设施和公共服务设施，使人们过上更便利、更安全和高质量的生活，提供高质量、可负担的人人都可享受的公共服务/医疗和教育。

（三）环境保护

在生产、生活和交通运输中采用更加环保的方法，并利用更智慧的工具管理环境，以减少废物和碳排放，减轻污染。

（四）能源有效利用

构建智慧的能源机础设施，以提高能源利用率和提高更多的能源使用选择，从而提供更有效、更可靠的能源。

（五）更具竞争力的企业

构建一个智慧的动态业务机制，以帮助企业降低成本和风险、简化并整合企业信息和系统，使企业运营更加高效，更加快速响应市场，对客户的洞察更为深入，从而可以为客户提供更具竞争力的产品和服务。

智慧地球这一概念是实现中国五大主题任务的关键推动因素之一。

三、智慧行动方案

（一）智慧的电力

智慧的电力具备以下特点：

（1）反应迅速知道电力故障的确切位置，并立即派遣维修人员去解决问题。

（2）可靠，通过感应可能发生的设备故障，防患于未然。

（3）节约能源，过电网迅速检测到发电量的需求变化，在用电需求较低时减少发电量。

（4）高效利用资产通过感知并管理老化设备的使用负荷，延长资产的使用寿命。

（5）可持续通过更好地了解电力需求，使可再生能源的供应最大化。

过去，电网是经济和社会进步的象征，为家庭、街道、企业、城镇和城市提供廉价、充裕的电力。然而，现在的电网只能反映出这是一个能源价格低廉的时代，人们漠视耗电对自然环境的影响，消费者仅仅充当被动购买者的角色。旧的供电模式仅仅是单向传输电力，而不是管理一个动态的能源供求网络。

当前的能源使用趋势不仅是不可持续的，而且对经济发展和社会不利。预计到 2020 年，中国的能源消耗总量将是现在的 2 倍，届时，中国将成为世界上最大的能源消费国。自 2001 年以来，中国每年的能源消耗量一直以 12%的平均速度增长，也就是说能源消耗量增长速度高于 GDP 增长速度。例如，2007 年 GDP 增长了 11.3%，而能源需求增长了 14.4%。

现在，我们可以利用高科技对事物进行更透彻的感知和度量，不管是安装在室内的计量器还是发电厂里的涡轮。所有这些感知和度量将供需信息通过智慧的传输方式进行传输，支持能源提供者响应加速发展的需求，同时智能的感应器支持最终用户自主掌握用电的方式和时间段。真正的智能市场设计将为我们提供可见的、价格合理的、能通过数据分析产生深刻洞察的设计，以帮助我们在价值链中作出更好的决策。

对于电力提供商而言，智慧的电力意味着更高的电力可靠性和电力质量以及更短的停电恢复时间，进而实现更高的生产率和对电力潜在故障的防护，从而更精确地预测需替换的资产设备支出。此外，在严格遵守温室气体排放目标、降低温室气体排放的同时，智慧的电力还可以保证充足、低成本的电源供应。

（二）智慧的医疗

智慧的医疗具备以下特点：

（1）互联。经授权的医生能够随时翻查患者的病历、病史、治疗措施和保险明细，患者也可以自主选择更换医生或医院。

（2）协作。把信息仓库变成可共享的记录，整合并共享医疗信息和记录，构建一个综合的专业医疗网络。

（3）预防。实时感知、处理和分析重大的医疗事件，从而快速、有效地做出响应。

（4）普及。支持乡镇医院和社区医院无缝地连接到中心医院，以便实时获取专家建议、安排转诊和接受培训。

（5）创新。提升知识和过程处理能力，进一步推动临床创新和研究。

（6）可靠。使从业医生能够搜索、分析和引用大量科学证据来支持他们的诊断。

尽管 20 世纪时世界卫生组织曾称赞过中国的三级医院系统和以农民为中心的农村医疗体系，然而中国的医疗保健体系还远远不能满足经济和社会发展的需要。由于缺乏资金和管理不当，中国医疗保健体系覆盖率很低，39%的农村居民和 36%的城市居民无法享受专业的医疗服务。而且，由于一直以来有限的政府投资主要针对规模更大、等级更高的城市医院，因此农村地区医院的床位严重短缺。资金较少的医院只能将其核心竞争力从临床治疗转向创收活动，这反过来极大地影响了对患者护理的质量。

然而，中国政府一直都在竭尽全力建立一个现代化的医疗体系。2009 年 1 月，国务院通过了民众盼望已久的新医改方案，承诺用 3 年的时间将基本医疗保障制度全面覆盖 13 亿城乡居民。其中的关键点包括：到 2011 年城镇居民基本医疗保险及新型农村合作医疗参保率提高到 90%；优化医药品供应链，降低药品价格；加大对小城镇诊所的投资；通过引入差价引导患者去社区医院就诊并建立统一的居民医疗档案，减轻大医院工作负荷。

这是未来智慧的医疗中的一个场景：孙先生是一名退休工程师，某天他背部有点疼，于是打电话给社区医院，门诊狄医生接电话的同时就可以看到孙先生的医疗档案。在详细询问孙先生的情况后，狄医生认为有必要联系地区医院的高级医师，随后他与市第一医院的高级医师进行了视频会议。实时诊断后，高级医师建议孙先生去做 X 光检查。于是狄医生向市第一医院预约第二天上午 10 点进行 X 光检查。第二天上午 10 点，孙先生来到市第一医院，无须排队便直接进行 X 光检查和诊断，诊断结果和处方将自动记录在他的医疗档案中。孙先生下午回到家，便可以收到医药物流按处方配送的药物，费用通过医保支付，无须孙先生个人申请。

发展和完善 21 世纪的医疗体系，必须采取智慧的方法进行信息共享管理。实时信息共享可以降低药品库存和成本，并提高效率。有了综合准确的信息，医生就能参考患者以前的病历和治疗记录，增加对患者情况的了解，从而提高诊断质量和服务质量。智慧的医疗能够促成一种可以共享资源、服务及经验的新服务模型，推动各医院之间的服务共享和灵活转账，形成一种新的管理系统，使开支和流程更加透明化。

（三）智慧的交通

智慧的交通具备以下特点：

（1）环保大幅降低碳排放量、能源消耗和各种污染物排放，提高生活质量。

（2）便捷通过移动通信提供最佳路线信息和一次性支付各种交通费用，增强了旅客体验。

（3）安全检测危险并及时通知相关部门。

（4）高效实时进行跨网络交通数据分析和预测，可避免不必要的浪费，使交通流量最大化。

（5）可视将所有公共交通车辆和私家车整合到一个数据库，提供单个网络状态视图。

（6）可预测持续进行数据分析和建模，改善交通流量和基础设施规划。

出行从来都不是一件容易的事。事实上，这是一个大难题。汽车、卡车和公交车司机都需要忍受交通拥堵。除此之外，运输的发展也带来了世界上最大的问题——污染。

很明显，我们急需新方法来解决交通拥堵问题。世界各地的城市都急需完善基础设施来满足民众需求，但往往都是心有余而力不足。例如，交通拥堵造成的损失占 GDP 的 1.5%~4%。这些损失来自多个方面：员工生产效率降低、不可预知/增加的交通时间、环境危害和财产损失等。

解决交通拥堵的传统方法是增加容量（例如新增高速公路和车道等）。但在当今的环境中，我们需要其他解决办法。将智能技术应用到道路和汽车中无疑是可以实现的，例如增设路边传感器、射频标记和全球定位系统。我们应重新思考如何通过使用新技术和新政策使我们从 A 点到达 B 点更加方便快捷，这可以改变人们固有的思维和习惯，还可以丰富驾驶者的经验，而不再仅仅关心出行时间及路线选择。同时，它还可以改进汽车、道路以及公共交通，使之更具便利性。

设想一个这样的交通系统：乘坐公共交通工具的人可以通过手机查看下一班市郊火车或地铁上有多少空座位。集成服务和信息对未来的公共交通至关重要。例如，为均衡供求，未来的交通系统将可以定位乘客位置，并为他们提供所需的交通工具。许多交通规划者已开始努力促成多个系统的集成，并在各种交通类型、多个城市甚至国家或地区之间整合费用和服务。

智慧的交通系统可以缩短人们的空间距离（提高生产效率、缩短旅行时间、加速突发事件交通工具的响应速度），也可以保护环境（如改善空气质量、降低噪声污染、延长资产生命周期、保护古迹/景点/住宅）。

（四）智慧的供应链

智慧的供应链具备以下特点：

（1）灵活能充分利用资源，确保环境可持续发展，同时平衡成本、质量、服务和时间之间的关系。

（2）可视实现整个供应链的可视性以及跨价值链的连通，支持协作（在供应链网络中共享决策制定），并且是智能的（优化的分析）。

（3）内部同步标尺和仪表板提供关于过去、当前和未来趋势的分析，并在供应链中实时传达。

（4）降低风险可以高效、迅速地发现、降低并调整供应链的风险。

（5）以客户为中心能够满足日益严苛的客户需求，更精确地提供同步供求信息以及可追溯性。

中国的物流成本占 GDP 百分比一直都高于发达国家，这反映出供应链运营效率低下的体制性问题。仅以 2006 年为例，中国物流成本占整个 GDP 的 18%，而日本为 11%，美国为 8%，欧盟仅为 7%。在这 18% 中，运输成本超过 55%，而存储成本高达 30%。

法规、基础设施和运营三大瓶颈是中国供应链低效的深层原因，这不仅削弱了中国企业的竞争力，也会妨碍内部货物流以及国内需求的扩大。

1. 法规瓶颈

法规约束严重地阻碍了国外投资和运营控制。各地区准入门槛是促成产业分散的一个重要原因。

2. 基础设施瓶颈

除大城市外，其他地区基础设施水平偏低，交通网络覆盖率不足，这些都使企业无法满足不断变化的客户需求。国家铁路和航空发展滞后，使用率偏低，限制了货运。

3. 运营瓶颈

物流（尤其是汽车运输）仍高度分散，市场竞争高度激烈，价格竞争激烈，因此降低吞吐时间是关键。未经规划的物流网络快速扩张导致物流设备重复建设且使用效率低下，而供应链合作伙伴之间缺乏协作使得效率降低、成本增加，也无法满足终端客户的需求。要解决这些问题，必须利用新技术和新方法。供应链已将供应商、业务合作伙伴和客户交织在一个复杂、动态的关系网中。它们不仅是经济活动的参与者，也不仅仅充当产品和服务的生产者、分销商和消费者的角色，更重要的是，它们共同构建了一个复杂的信息网络。智慧的供应链将促使物理网络和数字网络融合，将先进的传感器、软件及相关知识整合到系统中。

"新智能"通过先进的计算技术和专家经验以及对海量实时数据的分析展示出更深入的洞察力。智慧的供应链的价值在于我们可以从各种数据中抽取有价值的信息（包括基于地理空间或位置的信息、关于产品属性的信息、产品流程/条件、供应链关键业绩指标等）以及数据流的速度。智慧的供应链可以满足

21 世纪的需求，它可以提高效率（如动态供求均衡、预测事件检测和解决、旨在降低库存的库存水平和产品位置高度可视性）、降低风险（例如降低污染和召回事件的发生频率及其影响、减少产品责任保金、减少伪劣产品），也能降低供应链的环境保护压力（如降低能源和资源消耗、减少污染物排放）。

（五）智慧的银行

智慧的银行具备以下特点：

（1）优化且高效不涉及客户交互的后台流程被集中进行远程处理，确保流程合规性，以便分行员工集中精力关注增值服务。

（2）创新持续开发新产品和新流程，提高竞争力并打入新市场。

（3）客户洞察通过社会网络来发现并分析个人、团体和组织的非官方信息以及相互关系，从而更深入地了解客户。

（4）更好的风险管理从数据体系结构、信贷管理、运营到货币交易，全面实施 BASEL#I1 项目，实现防范风险运营。

（5）互联将交易和客户交互流程数字化，实时连接客户并实现客户自助服务，以便客户自主选择并掌握所需要的服务。

（6）整合将跨区域、跨职能部门、跨服务业务及跨渠道整合到一个平台，从而形成一个共享客户视图，并为客户提供"一站式"服务。

（7）全球金融危机使中国的银行业压力倍增，尽管中国的银行业受金融危机的影响相对较小，然而经济基础的削弱导致了信贷需求萎缩、贷款违约增加、利息利润下降，这些都严重地影响了银行的盈利能力，也造成了银行的收入萎缩。从长期来看，严格的金融监管、市场竞争的加剧、以 BASEL I1 为代表的风险管理的实施，以及日益复杂且宽泛的业务产品组合都要求中国的银行以客户为中心，聚焦客户深层次需求。

（8）智慧的银行可以更有效、更充分地利用信息，普遍深入地连接客户并与之交互沟通。例如客户可通过互联网进入虚拟世界的演示，熟悉不同的银行解决方案和服务。在虚拟参观后，客户可以进入银行的网站，个性化自己的账户，申请新的服务，例如增加信用卡附属卡持卡人或者开通新账户。可以在线提交，从而避免在银行排长队的麻烦。所有的账户活动随时都会通过短信或者电子邮件确认。

（9）智慧的银行和它的自助服务终端机利用统一的后台中心来降低分行职员的工作负荷，提高客户的整体体验。银行可以更多地专注于增值服务，例如股票、基金、投资组合管理。智慧的银行同样缓解了管理层的压力，因为银行拥有了智能的风险管理。例如，信用卡经理每天会收到"非正常申请报告"，显示系统自动选出的信用卡申请的嫌疑人名单，这些人的姓名或者地址与某些欠款黑名单上的人相似。信用卡经理可以据此高效、快速地筛选申请人，避免可能的风险。

第二节　智慧城市与智慧工程

一、智慧城市与智慧工程的概念

（一）智慧城市

　　智慧城市是新一代信息技术支撑、知识社会下一代创新（创新 2.0）环境下的城市形态。智慧城市基于物联网、云计算等新一代信息技术以及社交网络、Fab Lab、Living Lab、综合集成法等工具和方法的应用，营造有利于创新涌现的生态，实现全面透彻的感知、宽带泛在的互联、智能融合的应用以及以用户创新、开放创新、大众创新、协同创新为特征的可持续创新。智慧城市是新一代信息技术创新应用的结果，智慧城市是信息系统的大综合、大集成、大协同，智慧城市是推动产业转型升级的重要杠杆，智慧城市的重点在智慧服务和管理。具体解释说，以第三代、第四代移动通信技术为代表的移动通信技术的突破进展，为移动宽带的应用提供了技术支撑，优质、高速和泛在的新一代移动通信为智慧城市提供了广阔的空间，解决了信息高速传输的问题；物联网解决了信息自动采集、获取和传输的障碍，是智慧城市建设重要的基础；云服务解决了信息高效处理的问题，提供了信息技术应用快速推广的一种新型商业模式；系统集成技术能有效集成计算机软件、硬件、操作系统、数据库、网络通信及业务应用系统，为智慧城市的各领域协同提供了可能。智慧城市建设可以带动传统产业的改造升级，智慧的产业包括以云计算、物联网、大数据等为代表的新一代信息技术产业，例如云服务业、数字内容、运营服务业等，而产业的智慧化则是指信息化与工业化深度融合，实现传统产业升级改造，例如智慧农业、智能制造、现代物流等。

　　网格化管理将实现城市管理精细化，精准、可视、可靠的网格化城市运行管理网络延伸到社区、家庭和个人，逐渐覆盖城市所有要素，有效支撑城市安全、可靠运行。例如，北京市东城区通过建设网格化城市管理信息平台，集中解决了一大批群众生活中的难点、热点问题，形成了精确、敏捷、高效、全方位覆盖、全时段监控的城市管理新格局；实现了万米单元网格管理法、城市部件管理法、城管通和双轴化管理体制等多个创新。而网络服务将提升居民生活质量，例如，东京的电子病历系统在各类医院基本普及，医院采用笔记本电脑和 PDA 实现医生移动查房和护士床旁操作，实现无线网络化和移动化；首尔利用无线传感器网络，管理人员可以随时随地掌握道路、停车场、地下管网等设施的运行状态。图 10-1 为城市的发展历史。

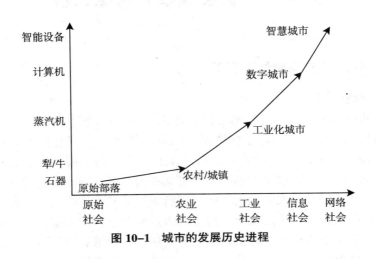

图 10-1　城市的发展历史进程

（二）智慧工程

"智慧工程"是"智慧地球"理念在工程领域的行业体现，是一种崭新的工程全生命周期管理理念。它通过三维设计平台对工程进行精确设计和模拟，并将此数据在虚拟现实环境下与物联网采集到的工程信息进行数据挖掘分析，提供过程趋势预测及专家预案，实现工程可视化智能管理，以提高工程管理信息化水平，改善工程质量。

实现"智慧工程"，首先要设计出准确的三维数字化工程模型，反映工程设计思想和项目开发管理方案，用于指导开展实际工程建设。并且随着工程进展，该模型必须能够适应现实工程情况变化而不断快速更新。

进而就要建立三维物联网以采集工程的实时数据，虚拟仿真、控制现实工程。三维物联网就是利用三维数字化工程模型构建现实工程的虚拟体验环境，同时引入现实工程的采集数据，通过专家决策与数据挖掘算法对比虚拟与现实数据，将分析结果驱动三维数字化工程模型的更新和控制现实工程的执行实施。

智慧工程解决方案的核心是三维可视化智能管理，能够全面汇聚工程全生命周期多类型数据，向设计、业主、施工、供应商等工程各参与方提供智能数据挖掘和虚拟体验式的可视化工程管理。希盟科技自主研发的智慧工程管理系统在跨平台多数据源访问、智能数据挖掘、虚拟数据体验方面具有行业独创的技术领先优势，平台以 3D 模型为基础，聚积数字工程内的设计资料、工程属性、资源等信息构建三维工程数据模型，并通过三维物联网采集现实工程信息，结合工程规范及专家经验对涵盖工程各阶段虚拟和现实属性的数据模型深入分析、对比、统计，提供符合不同工程角色数据需求的虚拟体验交互式工程管理信息，构建远程、智能、可视化的"智慧工程"。

二、国内外智慧城市与智慧工程建设

（一）国外

2008 年 11 月，在纽约召开的外国关系理事会上，IBM 首次提出的"智慧地球"概念，引爆了世界智慧城市建设的热潮。

美国。2009 年，迪比克市与 IBM 合作，建立美国第一个"智慧城市"。利用物联网技术，在一个有 6 万居民的社区里将各种城市公用资源（水、电、油、气、交通、公共服务等）连接起来，监测、分析和整合各种数据以做出智能化的响应，更好地服务市民。美国麻省理工学院比特和原子研究中心发起的 Fab Lab（微观装配实验室）基于从个人通讯到个人计算再到个人制造的社会技术发展脉络，试图构建以用户为中心、面向应用的用户创新制造环境，使人们即使在自己的家中也可随心所欲地设计和制造他们想象中的产品，巴塞罗那等城市从 Fab Lab 到 Fab City 的实践则从另外一个视角解读了"智慧城市"以人为本可持续创新的内涵。

日本。2009 年，日本推出"I-Japan 智慧日本战略 2015"，旨在将数字信息技术融入生产生活的每个角落，目前将目标聚焦在电子政务治理、医疗健康服务、教育与人才培养三大公共事业领域。

韩国。韩国以网络为基础，打造绿色、数字化、无缝移动连接的生态、智慧型城市。通过整合公共通讯平台，以及无处不在的网络接入，消费者可以方便开展远程教育、医疗、纳税等事务，还能实现家庭建筑能耗的智能化监控等。

新加坡。新加坡启动"智慧国 2015"计划，在电子政务、服务民生及泛在互联方面，成绩引人注目。其中，智能交通系统通过各种传感数据、运营信息及丰富的用户交互体验，为市民出行提供实时、适当的交通信息。

欧盟于 2006 年发起了欧洲 Living Lab 组织，它采用新的工具和方法、先进的信息和通讯技术来调动方方面面的"集体的智慧和创造力"，为解决社会问题提供机会。该组织还发起了欧洲"智慧城市"网络。Living Lab 完全是以用户为中心，借助开放创新空间的打造帮助居民利用信息技术和移动应用服务提升生活质量，使人的需求在其间得到最大的尊重和满足。欧洲的"智慧城市"更多关注信息通信技术在城市生态环境、交通、医疗、智能建筑等民生领域的作用，希望借助知识共享和低碳战略来实现减排目标，推动城市低碳、绿色、可持续发展，投资建设"智慧城市"，发展低碳住宅、智能交通、智能电网，提升能源效率，应对气候变化，建设绿色"智慧城市"。

丹麦：丹麦建造"智慧城市"哥本哈根（Copenhagen），有志在 2025 年前成为第一个实现碳中和的城市。要实现该目标，主要依靠市政的气候行动计划——启动 50 项举措，以实现其 2015 年减碳 20%的中期目标。在力争取得城市的可持续性发展时，许多城市的挑战在于维持环保与经济之间的平衡。采用可持续发展城市解决方案，哥本哈根正逐渐接近目标。哥本哈根的研究显示，其首都地区绿色产业 5 年内的营收增长了 55%。

瑞典首都斯德哥尔摩，2010 年被欧盟委员会评定为"欧洲绿色首都"；在普华永道 2012 年智慧城市报告中，斯德哥尔摩名列第五，分项排名中智能资本与创新、安全健康与安保均为第一，人口宜居程度、可持续能力也是名列前茅。

（二）中国

目前，中国"智慧城市"建设刚刚兴起，国家鼓励"智慧城市"建设。深圳、宁波等多个城市与 IBM 签署战略合作协议，迈出了打造智慧城市的第一步。北京拟在完成"数字北京"目标后发布"智能北京行动纲要"，上海将"智慧城市"建设纳入"十二五"发展规划。此外，佛山、武汉、成都等都已纷纷启动"智慧城市"战略。近期，国家将选择 5 个地区进行全国首批智慧城市建设试点，沈阳浑南新区提出力争进入首批试点。

2013 年 1 月 29 日，由住建部组织召开的国家智慧城市试点创建工作会议在北京召开，会议公布了首批国家智慧城市试点名单；住建部与第一批试点城市（区、县、镇）代表及其上级人民政府签订了共同推进智慧城市创建协议。为规范和推动智慧城市的健康发展，构筑创新 2.0 时代的城市新形态，引领中国特色的新型城市化之路，住房城乡建设部启动了国家智慧城市试点工作。经过地方城市申报、省级住房城乡建设主管部门初审、专家综合评审等程序，首批国家智慧城市试点共 90 个，其中地级市 37 个，区（县）50 个，镇 3 个，试点城市将经过 3~5 年的创建期，住建部将组织评估，对评估通过的试点城市（区、镇）进行评定，评定等级由低到高分为一星、二星和三星。第二批试点申报已于 2013 年 5 月启动。国家开发银行表示，在"十二五"后三年，与住建部合作投资智慧城市的资金规模将达 800 亿元。

三、智慧城市与智慧工程应用项目

（一）智慧公共服务

建设智慧公共服务和城市管理系统。通过加强就业、医疗、文化、安居等专业性应用系统建设，通过提升城市建设和管理的规范化、精准化和智能化水平，有效促进城市公共资源在全市范围共享，积极推动城市人流、物流、信息流、资金流的协调高效运行，在提升城市运行效率和公共服务水平的同时，推动城市发展转型升级。

（二）智慧城市综合体

采用视觉采集和识别、各类传感器、无线定位系统、RFID、条码识别、视觉标签等顶尖技术，构建智能视觉物联网，对城市综合体的要素进行智能感知、自动数据采集，涵盖城市综合体当中的商业、办公、居住、旅店、展览、餐饮、会议、文娱和交通、灯光照明、信息通信和显示等方方面面，将采集的数据可视化和规范化，让管理者能进行可视化城市综合体管理。具体来说，就是以打造智慧城市综合体为目标，实施智能交通、智能管理、智能公共安全、智能旅游、建筑节能等系统的综合集成，通过构建城市综合体的智能交通指挥系统、停车诱导系统、智能车库系统，完善智能交通信息平台，实现城市综合体交通信息的智能感知和自动采集，实时交互路况信息以及车辆管理信息，建设基于物联网的泛在交通智能感知和调度系统。同时，围绕以提高生活品质、方便百姓生活为目标，推动物联网技术融入日常生活领域，在城市综合体的智能家居、智能社区、智能医疗保健等领域开展综合系统集成，推进智能抄表系统、智能周界安防、特殊人群实时监护，构建智慧城市综合体舒适的人居环境。

（三）智慧政务城市综合管理运营平台

此类项目已有实际落地案例，天津市和平区的"智慧和平城市综合管理运营平台"包括指挥中心、计算机网络机房、智能监控系统、和平区街道图书馆和数字化公共服务网络系统四个部分内容，其中指挥中心系统囊括政府智慧大脑六大中枢系统，分别为公安应急系统、公共服务系统、社会管理系统、城市管理系统、经济分析系统、舆情分析系统，该项目为满足政府应急指挥和决策办公的需要，对区内现有监控系统进行升级换代，增加智能视觉分析设备，提升反应速度，做到事前预警，事中处理及时迅速，并统一数据、统一网络，建设数据中心、共享平台，从根本上有效地将政府各个部门的数据信息互联互通，并对整个和平区的车流、人流、物流实现全面的感知，该平台在和平区经济建设中将为领导的科学指挥决策提供技术支撑作用。

(四) 智慧安居服务

开展智慧社区安居的调研试点工作,在部分居民小区为先行试点区域,充分考虑公共区、商务区、居住区的不同需求,融合应用物联网、互联网、移动通信等各种信息技术,发展社区政务、智慧家居系统、智慧楼宇管理、智慧社区服务、社区远程监控、安全管理、智慧商务办公等智慧应用系统,使居民生活"智能化发展"。加快智慧社区安居标准方面的探索推进工作,为今后全市新建楼宇和社区实行智能化管理打好基础。

(五) 智慧教育文化服务

积极推进智慧教育文化体系建设。建设完善我市教育城域网和校园网工程,推动智慧教育事业发展,重点建设教育综合信息网、网络学校、数字化课件、教学资源库、虚拟图书馆、教学综合管理系统、远程教育系统等资源共享数据库及共享应用平台系统;继续推进再教育工程,提供多渠道的教育培训就业服务,建设学习型社会;继续深化"文化共享"工程建设,积极推进先进网络文化的发展,加快新闻出版、广播影视、电子娱乐等行业信息化步伐,加强信息资源整合,完善公共文化信息服务体系;构建旅游公共信息服务平台,提供更加便捷的旅游服务,提升旅游文化品牌。

(六) 智慧服务应用

组织实施部分智慧服务业试点项目,通过示范带动,推进传统服务企业经营、管理和服务模式创新,加快向现代智慧服务产业转型。

(1) 智慧物流。配合综合物流园区信息化建设,推广射频识别(RFID)、多维条码、卫星定位、货物跟踪、电子商务等信息技术在物流行业中的应用,加快基于物联网的物流信息平台及第四方物流信息平台建设,整合物流资源,实现物流政务服务和物流商务服务的一体化,推动信息化、标准化、智能化的物流企业和物流产业发展。

(2) 智慧贸易。支持企业通过自建网站或第三方电子商务平台,开展网上询价、网上采购、网上营销,网上支付等电子商务活动。积极推动商贸服务业、旅游会展业、中介服务业等现代服务业领域运用电子商务手段,创新服务方式,提高服务层次。结合实体市场的建立,积极推进网上电子商务平台建设,鼓励发展以电子商务平台为聚合点的行业性公共信息服务平台,培育发展电子商务企业,重点发展集产品展示、信息发布、交易、支付于一体的综合电子商务企业或行业电子商务网站。

(3) 建设智慧服务业示范推广基地。积极通过信息化深入应用,改造传统服务业经营、管理和服务模式,加快向智能化现代服务业转型。结合我市服务业发展现状,加快推进现代金融、服务外包、高端商务、现代商贸等现代服务业发展。

（七）智慧健康保障体系建设

重点推进"数字卫生"系统建设。建立卫生服务网络和城市社区卫生服务体系，构建全市区域化卫生信息管理为核心的信息平台，促进各医疗卫生单位信息系统之间的沟通和交互。以医院管理和电子病历为重点，建立全市居民电子健康档案；以实现医院服务网络化为重点，推进远程挂号、电子收费、数字远程医疗服务、图文体检诊断系统等智慧医疗系统建设，提升医疗和健康服务水平。

（八）智慧交通

建设"数字交通"工程，通过监控、监测、交通流量分布优化等技术，完善公安、城管、公路等监控体系和信息网络系统，建立以交通诱导、应急指挥、智能出行、出租车和公交车管理等系统为重点的、统一的智能化城市交通综合管理和服务系统建设，实现交通信息的充分共享、公路交通状况的实时监控及动态管理，全面提升监控力度和智能化管理水平，确保交通运输安全、畅通。图 10-2 是智慧交通方案图。

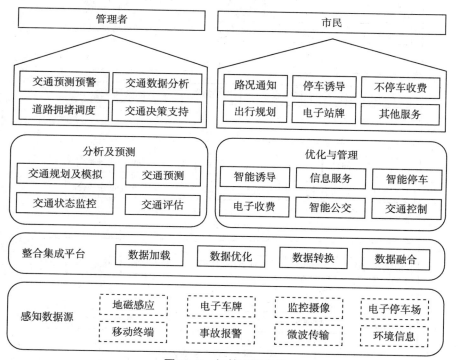

图 10-2 智慧交通方案

四、智慧城市与智慧工程的发展前景

城市化进程的加快，使城市被赋予了前所未有的经济、政治和技术的权利，城市被无可避免地推到了世界舞台的中心，发挥着主导作用。与此同时，城市也面临着环境污染、交通堵塞、能源紧缺、住房不足、失业、疾病等方面的挑战。在新环境下，如何解决城市发展所带来的诸多问题，实现可持续发展成为城市规划建设的重要命题。在此背景下，"智慧城市"成为解决城市问题的一条可行道路，也是未来城市发展的趋势。智慧城市建设的大提速将带动地方经济的快速发展，也将带动卫星导航、物联网、智能交通、智能电网、云计算、软件服务等多行业的快速发展，为相关行业带来新的发展契机。我国智慧城市发展进入规模推广阶段，截至目前，我国已有 154 个城市提出建设智慧城市，预计总投资规模达 1.1 万亿元，撬动的更以万亿元计，新一轮产业机会即将到来。图 10-3 为"智慧城市"的四层架构图。

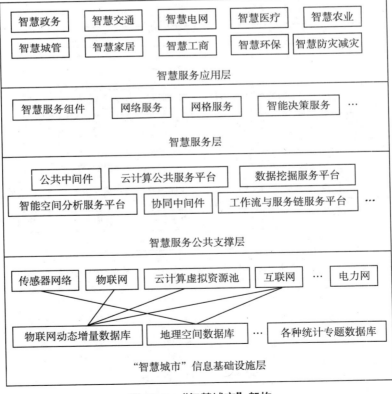

图 10-3 "智慧城市"架构

　　根据《2013~2017 年全球智慧城市建设行业市场前瞻与投资机会分析报告》调查数据显示，我国已有 311 个地级市开展数字城市建设，其中 158 个数字城市已经建成并在 60 多个领域得到广泛应用，同时最新启动了 100 多个数字县域建设和 3 个智慧城市建设试点。2013 年，国家测绘地理信息局将在全国范围内组织开展智慧城市时空信息云平台建设试点工作，每年将选择 10 个左右城市进行试点，每个试点项目建设周期为 2~3 年，经费总投入不少于 3600 万元。在不久的将来，人们将尽享智能家居、路网监控、智能医院、食品药品管理、数字生活等所带来的便捷服务，"智慧城市"时代即将到来。图 10-4 为"智慧城市"框架图。

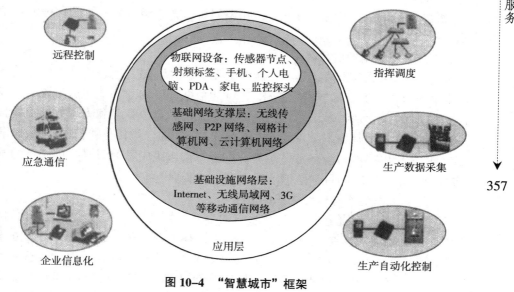

图 10-4 "智慧城市"框架

第三节　智慧企业与智慧机构

一、智慧型组织的内涵

（一）智慧型组织的概念

我们把智慧企业与智慧机构统称为智慧组织，广义上说智慧型组织，它是融西方现代管理学、中国人文国学于一身，集自然科学、社会科学于一体的新型组织。具体来讲，这种新型组织是一个以人为核心，形神兼备、遵循宇宙和自然组织普遍法则，并能不断修正、自我调节、随机应变的组织，它将中国人文国学与西方现代管理学相互融合，是进行企业人性化管理的一种新型企业组织管理运营模式。

智慧型组织作为自然组织的一部分，面对激烈的市场竞争，在"适者生存，物竞天择"之自然法则的作用下，也遵循机械、学习、灵活、应变的演化规律，智慧型组织是企业组织不断进化的结果。现在越来越多的企业对智慧型组织展开了实践性的探索。例如，慧路软件秉承"塑造学习型组织，成就智慧企业"理念，认为智慧型组织是以信息化为纽带，以团队学习为基础，以人为运营核心，所形成的集成高效学习、知识创新、智慧经营为一体的一种创新型组织。

（二）智慧型组织的目标

智慧型组织是基于持续学习，能够透彻了解并预测其生态环境中各种关系（如竞争、合作、竞合抑或共同进化），且能根据环境的动态变化适时调整自身与环境之间关系，及时做出对策，从而制定正确的竞争策略和管理方式，并且持续更新、进化。其组织结构形态多样化，能够根据不同的部门特点采用不同的组织形式，以提高自身环境适应力。在智慧型组织中学习只是一项必备的基本要素和需求，组织的目标是追求组织理念的实现。

（三）智慧型组织与传统组织的区别

智慧型组织与原始组织、初级组织的本质区别在于：对后两种组织而言，"组织只是创始人或控制人的放大，本身并没有获得生命，还不是一个独立于创始人存在而存在的实体"；而智慧型组织则"开始有了自我意识，能够实现自我分析、自我调整、自我更新"。欧洲工商管理学院（INSEAD）组织行为学博士、现任教于中欧国际工商学院的肖知兴在畅谈性质的著作《中国人为什么组织不起来》中，描绘的智慧型组织由三层组成：第一层是基础，是基于共同的价值观的分享机制，包括精神资源的分享、能力的共享和财富的共享；第二层是中间结构，包括正式的制度和非正式的全面合作文化；第三层是组织不断学习、实现能力的自我更新的机制。

二、智慧型组织的特征

（一）以人为运营核心

智慧型组织中以"人"为运营核心，强调拓展人创造未来的能量、重视人的心灵潜移默化的作用、培养人开阔的前瞻思维，通过激发员工工作创造力来达到实现组织共同愿景的最终目的。组织发展遵循自然规则，进行可持续发展，并不断修正完善。它既体现了东方人文思想哲学（为人处世之道），又体现了西方现代管理精髓（做事高效之法），两者相辅相成，相得益彰。这种以"人"为核心的智慧型组织、强调的是高效、和谐与智慧。

（二）顺畅的沟通机制

在智慧型组织中，企业高层和员工之间，无论是命令传达还是信息反馈都保持畅通无阻、信息传达迅速。例如"任何一个员工在任何时间可以找到任何一位领导谈任何问题"。"任何"体现了组织为员工创造一种高效沟通的工作环境。从内部关系上看，这种高效沟通要求组织的整体发展和员工的个人发展要一致，互相默契配合。从市场经济角度看，这种和谐、自然、生态的状态也是最能体现能动、灵活与应变的。企业自身与企业内部各元素都找到了最符合自身的生态发展状态与趋势。

（三）学习型组织的升华

所有的组织都或多或少地进行学习，从一般意义上说通常的组织都可以称为学习型的组织，只是学的多少、快慢的问题。而在智慧型组织中，学习只是一项必备的基本要素，智慧型组织独特的运行模式表现在其自动自发学习机制，即能够持续不断地自发地快速学习和自我更新。换句话说，智慧型组织是学习型组织的升华。

（四）协调组织氛围

智慧型组织内部营造了一个共同愿景，并将愿景推广到组织的各个层面，这是有效的智慧型组织所必备的技能。组织中各个成员具有明确的工作思路，都努力了解技术、环境发展的方向。齐心协力，共同商量、共同行动确保整个组织始终向着同一个方向前进。

（五）三位一体

知识共享是智慧型组织的必备要素，企业可通过建立知识库、知识协作中心、信息技术平台、知识网络和必要的制度来实现知识共享。只有做到知识和能力的共享才能为组织发展进步带来真正的力量。在智慧型组织中，建立智慧型企业及组织学习需要多方面力量及因素的支持，而信息化是其中最为重要的因素。高度的信息化是智慧型企业的一个重要标志，也是智慧型企业的"智慧"所在。信息化作为组织内部的系统工程，它的开展必然会带动企业内部的全面改革，从而促进组织管理体系的改革与优化。成功信息化的实施能促使组织成员打破个人思维定势，从各种角度分析问题。而交互作用对每个成员的思维产生一种积极的影响：丰富知识和经验，激发创新能力。组织可以通过知识管理提升整体运作效率，获得持续的创新能力，成为不断创新、具有能动性、

359

灵活性与应变力的智慧型组织。智慧型组织就是通过知识共享、信息化、创新三位一体化彼此促进，相互协调不断发展。

三、智慧型组织的优势

(一) 智慧型组织的基本能力

速度与知识力量是 21 世纪企业的竞争利器，由于互联网发展益趋成熟，企业更有机会结合两者，迅速转化为更健全的策略与行动，快速响应市场的变动，成为更聪明、更敏捷的组织。这样的智能型组织有五种基本能力：

(1) 生产的能力。除了知道如何生产产品和服务外，更需要知道如何运用知识与科技，更有效地管理生产与作业流程，以最经济、最有效率的方法将产品提供给顾客。

(2) 预期的能力。除了能迅速响应市场趋势，还要能预见大环境，预期未来的变化，才不会因低估了整体发展，让竞争对手崛起，侵蚀到手的市场。

(3) 创造的能力。企业价值的提升有赖于创造知识的能力。知识的创造可以有很多种形式，可能是新的研究发展，可能是现有知识的创新应用，也可能代表对顾客有更深的了解。

(4) 学习的能力。学习型组织对企业而言，已不再是全新的观念，企业必须营造组织学习的气氛，鼓励员工勇于创新，从经验、训练中学习，从竞争者、同事、客户中学习。

(5) 永续的能力。智能型的知识工作者将具有更多的工作选择权，他们不再固守同一岗位。但是企业必须明白，一旦知识工作者离开了，随他而去的也包括他所拥有的知识。因此，对智能型组织来说，最大的挑战在于如何创造一个充满活力、知识分享及持续成长的环境来吸引并留住人才。

(二) 智慧型组织的三个学习层面

1. 个人、团队、组织学习的联系

每个组织的学习都发生在三个不同层面上：个人、团队、组织。从组织构成的生物学角度来看，如果说组织是一个有机体，那么，团队就是组成有机体的各个器官，个人就是组成器官的细胞。组织为个人和团队学习提供支持作用的组织架构及学习环境，团队在组织当中作为连接个人与组织的节点，变成了学习的基本单位。个人通过学习增强的能力首先转为团队的能力，然后团队的能力又转化为整个组织的能力，并由此使整个团队受益。在此过程中，组织的共同愿景、目标、战略和价值观是三个层面学习的"黏合剂"及动力源泉。因此，个体学习是组织学习的重要前提和基础。但同时，组织不是个体的简单相加，组织学习也不是个体学习的简单累加。个体学习与组织学习之间存在相

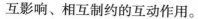
互影响、相互制约的互动作用。

2. 组织学习判别标准

有的组织个体智商很高，但整个组织却表现不佳，关键是个体智商没有很好的整合转化为组织智商，是个人在学习而不是整个组织在学习。如何判断一个组织是若干个体学习还是整个组织在学习；要确认一个组织在学习有三个标准：组织能够不断地获取知识，在组织内传递知识并不断创造出新的知识；组织自身能力不断增强；组织的行为或绩效得到改善。

四、智慧型组织学习能力建设

组织的学习能力有三个方面的含义：①组织有学习的愿望，这需要目标的激励牵引；②组织有学习的毅力，这需要完善的激励保障机制；③组织有学习的能力，这需要组织必须不断向历史学习。

要向经验学习，并离析出造成历史优劣的原因，并将学习后的分析结果化为实践的力量，为企业创新知识，让知识变成可以营销的产品，协助企业利用知识营销（Knowledge Marketing），迅速掌握趋势，取得竞争优势。

（一）组织化学习过程

组织学习定义为组织进行更新（组织抽枝、剪枝）和运作模式变革的能力。组织更新能力意味着组织不仅能够看到新的竞争力领域，而且能够重构新的竞争空间，并有能力随时接受新的能力，且关键在于能将这些能力付诸实施。更新的速度将成为未来组织的特征之一。组织化学习也可以是一种学习的流程。组织首先建立自己的愿景、战略和目标，组织凭借愿景、战略和目标的牵引运作前进，在运作过程当中，组织有系统的收集外部信息，进而对信息进行诠释，通过反馈系统将诠释信息反馈，进一步修订愿景、战略、目标，而愿景、战略、目标决定企业的行为方式并引导企业进一步发展。

（二）组织学习能力建设核心

组织学习作为建立在个人知识基础上的高级学习过程，需要通过个人之间的互动形成集体优势。

1. 领导重视组织学习

企业领导对组织学习能力的重视，是企业内部推广学习观念与信仰的前提，也只有企业领导高度重视，才有可能将学习贯彻于生产、经营、管理等各个环节，才能贯彻于领导、员工、客户等各个群体，才能进行持续的学习。领导者应把组织学习作为一项战略性目标，应充分认识学习对于企业前途命运的决定性作用，积极提升经营理念，切实加强人才资源的开放管理，加大继续教育的智力和财力投资。

2. 组织学习开放创新

组织学习要建立开放创新的组织文化，并通过各项制度层层强化这种文化，以提升团队学习创新能力（例如微软提出的学习理念），即"通过自我批评学习，通过信息反馈学习，通过交流共享学习"。这种敞开自我、聆听他人的开放的组织文化可以帮助组织每个成员认清自我，真正做到一起学习和思考。

3. 有意识组织学习

首先要进行最基础的"五项修炼"，即自我超越、心智模式、共同愿景、团队学习、系统思考。只有将"五项修炼"持之以恒地进行下去，组织学习才能由有意识形态逐步过渡到自由学习状态。

4. "三位一体"建设

组织学习要知识共享、对话、信息化"三位一体"建设。知识共享是组织学习的必备要素，也是个体隐性知识转为组织显性知识的目的。企业应通过建立知识库、知识协作中心、信息技术平台、建立知识网络等技术支持，并通过制度保障知识共享。只有做到知识和能力的共享才能为组织带来真正的力量。此外，在智慧型组织中，应存在大量积极的对话，这是进行组织学习必不可少的一环。组织每个成员都要认真倾听别人的想法，并质疑自己提出的想法，容忍甚至鼓励怀疑和不同的声音。

建立智慧型企业及组织学习需要多方面力量及因素的支持，而信息化是其中最为重要的因素。高度的信息化是智慧型企业的一个重要标志，也是智慧型企业的"智慧"所在。信息化作为组织内部的系统工程，它的开展必然会带动企业内部的全面改革，从而促进组织管理体系的改革与优化。信息系统的建设也为组织的知识共享、隐性知识显性化提供了平台。知识共享、对话、信息化三位一体化建设才能彼此促进，协调发展。

5. 组织战略学习

由于难以流动的异质性资源是企业持续竞争优势的源泉，战略学习正逐步渗透到组织各个层次。战略学习意味着管理层应该时刻检查组织所确立的战略是否适当，以及面对变革时，组织是否能够做出快速的反应。战略学习帮助组织快速校正前进方向。为此，组织要比较彻底的对员工灌输组织的核心理念，创造出强有力的围绕理念的文化，使每位员工熟知组织理念，在诸如目标、战略等的制定方面能够一贯的配合核心理念，灵活的做出决策，提高整个组织的应变能力。

6. 反馈系统建设

任何一个运转良好的组织都必须有反馈系统进行不断的修正。反馈系统建设必须在组织的各个层面展开。应针对不同层面运用不同的反馈方法，并力图做到及时、公平、客观。但是，组织中个人因受到心理、从众压力等方面影响，使得反馈不是在每个组织内都能顺利进行的。因此，组织必须对其成员进行反馈思想的培训，建立直接沟通的文化，让他们抛弃个人顾虑，使反馈流程真正做到客观、公正。例如，惠普公司的"任何一个员工在任何时间可以找到任何一位领导谈任何问题"。四个"任何"体现了公司为员工创造的一种高效沟通的工作环境。

7. 设立知识"吸收器"

壳牌石油公司企划总监德格认为："唯一持久的竞争优势，或许是具备比竞争对手学习的更快的能力。"智慧型组织便能够有速度且有效力的对当前最新知识的搜集、掌握及应用。大多数情况下，组织是先通过个人学习，再将个人的能力转化为组织的能力（从个人到整体的过程），而知识、能力的速率和效用在这种转化过程中必将有所损耗。

在智慧型组织的组织学习中，知识的转化不仅是自下而上的，组织也通过知识部门的设立而帮助个体学习，整个知识流的流动是平面的。对目前组织来说，人力资源部门需要单独设立一个知识部门或小组作为"知识吸收器"或是组织的"大脑"，通过信息系统等先进手段，专门搜集、择拣当今最先进的知识信息，并将信息结合组织的愿景、目标加以分门别类。组织应不断地向客户学习，把客户的需求作为企业经营的导向；向竞争对手学习，随时注意研究竞争对手的高明之处，取长补短；向知名企业学习，学习他们成功的管理思想和经验，开拓自己的思路，以博采众长，增强组织的学习、积累能力，创造新的竞争蓝图，促进组织革新。

8. 一体化管理促进组织学习

绩效管理意味着每个人都知道自己的职责是什么，他们的个人目标是什么，他们需要具备什么能力，他们能够得到足够的指导和反馈以更好地完成自己的工作。能力管理意味着在企业愿景、战略和目标的指导下确定组织的核心能力或是其他必备能力。然后，我们必须评价目前的能力水平与目标水平之间的差距。在此基础上要撰写必要的发展计划，然后实施这一计划并将其转化为个人开发计划。知识管理将个人知识转化为团队知识，然后化为显性知识。可见，绩效管理、能力管理和知识管理分别从个人、组织、团队三个不同层次来促进组织学习能力。

第四节　智慧产品与智慧服务

一、智慧产品与智慧服务的概念

（一）智慧产品

作为实现其产品的差异化竞争优势和优化业务回报的一种方式，各个行业的制造商正在交付新一代的"智慧产品"。这些智慧产品可以更好地适应消费者完成日常工作的独特需求、偏好和特征。它们正在帮助人们解决其面临的许多巨大挑战，它们还更有效地利用了稀缺的资源。结果，它们推动了通向智慧地球的创新，改变了我们所认识的世界。我们正迈入一个全新的、灵活的、实时定制的时代，在这个时代里，我们可以通过一体化的体验和流程无缝地使用我们所依赖的产品。

这一切是如何发生的、有哪些新颖成果？产品制造公司正在使用嵌入式软件控制（使产品更智慧的新"大脑"）加快创新。当软件与微电子设备、传动装置、传感器和机械技术有效融合时，产品就会变得越来越互联化、智能化和物联化。

软件正成为产品创新中的关键要素，在客户满意度、安全水平和产品可靠性等成功因素中扮演着重要角色。

随着软件成为产品创新中的关键要素，传统制造商也正在从本质上转变为软件公司。多个行业的传统制造公司所取得的成功与他们利用软件实现竞争优势的能力联系越来越紧密。

尽管此转变正引起产品价值上质的飞跃，但它也带来了新的挑战和负面影响。

对于全球的制造商而言，软件在关键业务成功因素中扮演着越来越重要的角色，这些因素包括客户满意度、安全水平、产品可靠性、利润成本、风险模型以及他们作为创新者的整体形象等。

未来的成功企业将是那些在软件方面具有强大竞争力的企业，IBM 可以帮您实现这一目标。IBM 拥有广泛的专家经验、技术、工具和方法，能够帮助全球制造商及其客户收获智慧产品的价值，因为我们所有工作的目标都是建设智慧的地球。

人类的日常生活方式正在发生一些深远的变革。企业面对着各种各样的挑战，这些挑战与它们自身的独特特征和条件密切相关。而长久以来，它们所依赖的产品几乎都是一体适用的。这些产品并不是为满足人们独特的需求而创造，而是为大众创造，仅有有限的个性化选择。

因此，一体适用产品的时代很快就要结束了，随之而来的是对整合体验的关注，这些体验旨在帮助企业、政府机构和消费者以对他们具有独特意义的方式执行各项任务。这种对智慧产品的需求正促使制造商和服务提供商寻找新的创新方式来实现产品优势，使产品容易配置来实现高度个性的体验。这进一步促使重视消费者的企业和个人发明新的方式来解决各种挑战。智慧的产品正在推动创新，这种产品设计上的全球革命才刚刚起步。

随着一体适用产品时代接近尾声，人们对可轻松配置来实现高度个性化用户体验的智慧产品的呼声日益高涨。我们将告别一度限制能源、时间、技能应用和金钱等方面的效率发挥的批量生产、"冷"商品时代。消费者希望产品能更好地彼此协作，有助于创造完全独特、针对个人的特定目标和特征量身定制的体验，满足各种生活方式和偏好。每个地方的企业和消费者都希望充分利用人类经验、释放人的潜能、取得从未有过的成功，而有了智慧产品，就能够最出色地完成这一任务。

（二）智慧服务

信息是以适合于通信、存储或处理的形式来表示的知识或消息。现代科学指事物发出的消息、指令、数据、符号等所包含的内容。人通过获得、识别自然界和社会的不同信息来区别不同事物，得以认识和改造世界。在一切通讯和控制系统中，信息是一种普遍联系的形式。信息智慧化是信息发展的必然趋势，是由信息的特性和互联网、物联网等信息技术的发展决定的，信息智慧化导致并需要智慧服务。

1. 信息特性

（1）可识别性。信息是可以识别的，识别又可分为直接识别和间接识别，直接识别是指通过感官的识别，间接识别是指通过各种测试手段的识别。不同的信息源有不同的识别方法。

（2）可存储性。信息是可以通过各种方法存储的。

（3）可扩充性。信息随着时间的变化，将不断扩充。

（4）可压缩性。人们对信息进行加工、整理、概括、归纳就可使之精练，从而浓缩。

（5）可传递性。信息的可传递性是信息的本质等征。

（6）可转换性。信息是可以由一种形态转换成另一种形态。

（7）特定范围有效性。

2. 互联网和物联网的发展

互联网和物联网的发展互联网和物联网等信息技术的发展，使得信息成为人类生存和发展的基本手段之一，信息环境成为人类发展的基础环境，信息使得人与人之间的距离变得越来越小，障碍人群在社会生活中的障碍也越来越凸显，由于信息的特殊性和在未来社会中的重要性，信息智慧化已是信息时代发展的世界潮流和趋势。信息无障碍是信息智慧化的极重要的发展方向。

（三）智慧服务的意义

（1）消除人类社会信息障碍，使得广大的残疾人，老人、文化低下、临时性的障碍人群迅速融入社会，惠及广大普通民众，共享信息社会文明成果，促进社会公平正义的实现，对于构建人人平等的稳定的社会主义和谐社会意义重大。

（2）实现信息的主动推送和管理，方便人类的生活、学习和工作，提高工作效率，提升人类生活教育水平和质量，提升人的素质，对于推动人类社会的发展起到积极促进作用。

（3）带动社会信息产业的发展，为国民经济带来信息的积极增长点和动力。

（4）与政府而言，实现政府信息智能化管理和发布，将会节约大量的管理和运营成本，提高政府信息的透明度，促进民主服务性政府的建立，为智慧城市的建设添砖加瓦。

二、智慧信息产品

（一）智慧信息产品的功能

（1）能够互联互通，可以实现无缝的集成，包括跟各种终端，比如 PC、PDA、RFID 等，甚至日常一些民用设备。未来世界，网络连接大自然，所有东西都可以通过网络连接在一起。杨宇春认为，新一代智慧型软件最突出的特点就是互联互通，可以让企业得到实时掌控。

（2）全面的智能化。全面智能化深入到企业各个系统、各个方面，能够实现企业关键的掌控。杨宇春认为，迈向智能化的过程，有点类似于传统相机发展到数码相机，数码相机对焦等工作都可以通过相机内部智能程序去选择，自动调整到最佳状态，人也可以去控制，但是这个过程基本是智能化的。在传统管理软件应用中，成本核算动作需要操作员半机器半人工去做，而智慧型软件实现了成本全自动计算，用户只需要录入原始的数据，最后能看到结果，计算已经在后台计算好了。其中很多指标是系统根据业务原数据做出最优选择。有点类似于开车 GPS，你告诉他起点到终点，软件会有很多条道路，你选择最近的道路。当然人也可以去干预、改变。

（3）成就未来。因为智慧型信息产品融合了相关服务的产品，能够帮助企业获利。

（4）拥有动态的 SOA 架构，智慧信息产品一系列产品，它是构建统一产品之上，可以弹性收缩。后续产品根据用户需求，不断开发套件，拓展企业的应用。图 10-5 为智慧产业和智慧产品示意图。

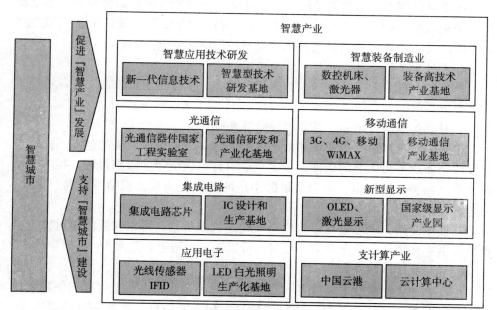

图 10-5 智慧产业与智慧产品

（二）智慧信息产品的特点

智慧信息产品的亮点主要集中在九个方面：

1. 智慧型信息产品能够做到实时掌控

（1）随身应用。支持互联网、3G 应用，可以让企业管理人员随时随地掌握企业经营情况。

（2）随需应用。智慧信息产品可以根据用户需要定义流程。

（3）随时应用。智慧信息产品的自动提醒与自动预警功能，让用户随时可以掌控企业全面信息。

（4）随心而用。企业管理者可以从自我管理诉求出发，建立关键的控制点。可以更关注销售价格、可以更关注订单或物料。

智慧信息产品可以根据企业要求，随时可以部署、可以建立关键点控制点。

2. 真正把握中小企业业务应用特征，帮助中小企业规范管理、精细理财

产品有全程订单跟踪、准确的现金流预测，包括有严格的信用支撑。例如，客户信誉管理方面，很多客户对信用要求非常严格，对这个客户订货情况甚至包括订货的波动，要求系统智能体现出来。为什么这个客户经常每批5000件，突然订到50000件，这个情况一定反馈企业经营者。

3. 应用多项最新技术，创新用户体验

技术可以带来很多创新的体验，可能某一个时期技术创新型发展，会给经济带来很大的变化。产品应用很多技术，除了SOA以外，设计中采用最先进的MDA、Ajax、虚拟磁盘加密技术，保证数据绝对安全。

4. 人性化设计、灵活定义、自由运用

产品可以自由定义，包括业务流程、报表完全按照用户语言、行业特征进行部署。

5. 销售订单全程跟踪、业务管控精准及时

很多企业对订单管理要求非常严格的，订单既是企业发展的起点，同时也是保障企业业务最主要的依据。很多企业对订单做全程的跟踪过程。很多中小企业产品品种都不固定，完全是根据用户的需要而变动，包括原材料、设计、工艺都要跟着用户而变。

从接单开始，产品就可以帮助企业控制订单价格，可以在系统里对整个全单情况做毛利预估。让企业接一批货，可以知道大概毛利是多少。

6. 精细化的权限管控

中小企业人员变化非常快的，很多信息对小企业来讲就是生存的保障，比如客户的信息、价格的信息、原料的信息、配方的信息，这些一旦透露出去，可能它的人员马上另起炉灶。所以很多关键信息老板一定掌握自己手里，或者把它切割成条块状，让具体看销订单的业务人员，只能看到价格不能看数量。种种要求对权限提出很多要求，所以产品要设计一个权限，在里边提供功能权限，功能权限决定每一个系统操作人员可以操作哪个模块。第二个断层权限，第三个数据的权限。

7. 灵活的价格策略和价格管控

产品有相关的价格策略和管控。有一个客户，业务是专门给超市供货，一个业务员本来一直给超市供货，但有一个超市突然倒闭，很多货款收不回来，结果对企业影响非常大。其实倒闭之前，业务员以超低价格供货，就是内外勾结骗取企业的资金，一旦发生这个事情涉及诉讼、人员的追查，要花很长时间。对价格有这样严格控制的过程，也是中小企业最关注的一点。

8. 产品应用更简单

很多中小企业信息化已经经历过了，用这样或那样的软件，在更新信息化的时候，客户的要求基本都是首先系统不要弄得太复杂。中小企业人员相对 IT 专业素质偏低一些，所以软件一定要很简单，帮助解决问题。"T 系列"在应用上下很大工夫，提供全方位的帮助。

帮助文件包括视频帮助、操作助手帮助，另外还有学习中心。产品还提供远程支持和服务，只要用户在线，用友工程师随时在后台，帮助用户做远程维护和升级。原来利用相关网络软件做远程支持，可能还需要用户配合，可能又是一个难度。所以新一代产品在业务性上有很大的突破。

9. 全程服务模式，创新服务体验

产品服务基于互联网、移动 3G，提供视频交流和培训，另外基于互联网有远程呼叫中心、在各地有授权服务商也可以提供上门服务。所以这个产品基于全程服务的模式，能够帮助企业解除服务后顾之忧。

三、智慧信息服务

Google 未来眼镜概念让新一代的智能移动服务可能已经来临。然而我们无需等待 Google 未来眼镜来打造下一代革命级消费产品，因为很多类似的功能其实可以在现有智能手机上实现。

（一）是服务还是应用（App）

对于大多数移动 App 开发者来说，其开发思路仍然来自于 PC 上的软件，大多数是将 PC 上的用户体验搬到移动终端上来。在手机上，当需要什么服务时，我们往往打开手机上的某个 App，比方说当我需要获得好的餐馆推荐时，我会打开 iPhone 上的 Yelp App。而在 PC 上，我们往往通过打开某个软件来实现自己的需求，比如说打开 Outlook 来查阅邮件。

对于如今的很多人来说，往往只有两种情况：要么在线，要么不在线，网络已经成为我们生活的一部分。而那些运行在移动设备后台的 App（如邮件），对于我们的离线体验和交互并没有带来任何的不适。这样的服务在其他很多 App 上都存在，因此，它已经不仅仅是一个 App，而是一项全新的服务：运行于设备后台、时刻与我们同在，并给我们的日常工作和生活增加价值的服务。

（二）"智慧"的含义

"智慧"意味着对用户以及用户生理、精神状态的理解。

智慧服务将在后台处理用户的信息，通过对环境周围用户意图的实时掌握来准确预测并给出建议和结果，同时基于其不同的判断结果做出不同的交互行为。如今能实时处理用户状态的 App 几乎没有，但是根据用户过去的行为数据

做出判断的应用已开始出现。

（三）用户交互的变革

目前的移动应用几乎都是通过提醒（Notification）和短信（SMS）让我们返回 App，当听到一个提示音、看到提示灯或者收到短信时，我们就知道有新的信息需要处理，此时就会打开相应的 App 来查阅并处理。但是很少有可以根据我现在所处的环境而进行的"智能提醒"，这类提醒能根据我当下的环境判断信息对于我的价值，只有当信息具有真正价值时才会给予我提醒。而且它们可以通过我所处环境的不同而作出不一样的交互反应。

（四）智慧服务的特点

（1）它们会改变我们的物理交互，同时将会是我们线下体验的补充。

（2）这样的服务基本运行于后台，可以对当下有一个非常准确的判断。

（3）很多情况下它将通过"打扰"的方式与用户进行交互，而且只有在其提供的信息真正能给用户带来价值时才会"打扰"，比如说"你的车到了"。因此它将能解决如今最为重要的一个信息过载的问题。

（4）其交互将多种多样，这取决于用户所处的环境。它不会时常给予你建议或打扰你，但是一旦给予提醒，则其提供的信息将是非常有益的。

（5）对周围环境的认知将遵循一些非常简单的启发性服务和对大量数据的处理。比如，很多家庭自动化应用只需要知道我是否到家，如果判断我到家了那么就会自动开启某项服务（音乐、灯光等）。但是对于更加复杂的交互、推荐以及汇报就需要更加复杂的数据分析和处理。

（五）简单实际的应用

（1）饮食。当我走近某个冰激凌店但是事实上我可能想吃冻酸奶，此时某个 App（服务）判断出了我的真实意图，那么就可以给出附近冻酸奶店的推荐，并鼓励我去相应的商店购买。

（2）音乐与家用自动化。当我开车正式进入车道时，相应的 App 就可以根据我的状态播放相应的音乐。

（3）驾驶。当我驾驶汽车出现在道路上时，如果能有个 App 时刻提醒我前方的路况信息并给出合理的建议，那将给我们的生活带来很大的方便。

（4）发现。对于一些基于地理位置的非常棒的活动，我们如何能发现？如果能有某个 App 根据我的需求自动推荐相应活动，那将非常有意义。

如何将 Google 未来眼镜开启的实时智能概念引入现行生活，如何利用现行智能手机开发相关这类智能服务，很可能引爆下一个革命。

四、智慧移动信息服务

近几年，移动互联网一直在呈爆发式增长的态势。移动互联网已经深入到我们生活的方方面面，人们早已习惯移动互联网带来的各种便利。在带给我们众多惊喜的同时，移动互联网模式的发展也越发稳定，很多发展方向都可以大胆预测。只需整理近几年的发展数据，我们就可能大致预测 2014 年国内移动互联网的五大重点发展方向。

（一）移动信息服务的发展方向

对于 2014 年国内移动互联网的五大重点发展方向进行预测，要建立在大量数据、大胆猜测的基础之上，进行前瞻性的预测。

（1）移动互联网用户规模达到 8 亿户。根据易观智库产业数据库发布的数据显示，2012 年底国内移动互联网用户超过 5 亿户，而到 2013 年底用户规模将达 6.48 亿户。随着大屏手机价格的逐渐探底，高速移动网络的不断优化，由此可以大胆预测，2014 年，移动互联网用户规模有可能达到 8 亿户。

（2）3G 用户数量超 5 亿户，4G 用户超千万户。工信部发布数据称，2013 年 1~5 月，3G 用户净增 7156.9 万户，达到 3.04 亿户。也就是说每月新增近 1700 万用户。到 2014 年，即使增长速度略有降低，也能轻松破 5 亿户。而近期 4G LTE 不断发起试用活动，在接下来几个月就能投入正式试使用，预计到 2014 年，4G 用户过千万户还是很轻松的。

（3）大屏智能手机迈入百元时代。我们可以清楚地看到，如今大屏智能手机的价格是越来越低，比前几年山寨机横行的时候价格还低。这是因为智能手机门槛低，众多厂商包括互联网企业的不断涌入。如今 200 元左右的大屏智能手机已经出现在市场上，到 2014 年，为争夺者移动互联网的入口，必将还有一场血腥斗争，大屏智能手机迈入百元时代指日可待。

（4）人性化智能移动终端不断涌现。随着人们对智能移动终端的要求越来越个性化、人性化，我们看到越来越多千奇百怪的产品。有屏幕越来越大的智能手机，有时尚的智能手表，有酷到极点的智能跑鞋。在 2014 年，必将有更多出人意料的人性化智能终端不断涌现。

（5）企业级 App 将急速发力。在目前各大应用商店上百万的 App 中，绝大部分都是个人 App，以盈利为目标，让用户达到休闲的目的。但随着移动互联网的蓬勃发展，越来越多的企业开始注意到企业级 App 带来的办公价值、管理价值及宣传品牌的价值。从接下来的时间到 2014 年，企业级 App 必将迎来一个井喷的高潮。

（二）移动信息服务的企业级应用

目前，已经有部分互联网公司和开发机构注意到普通用户市场之外的企业级 App 市场，预测企业级 App 市场将是移动互联网的新蓝海，预估将有 320 多亿元的市场规模。而由此带来的衍生价值，如企业品牌影响力的提高、用户黏性的增加、企业内部协同办公的便利等更是不可估量。

根据调查数据显示，在国内有 96% 的受访企业希望将业务部署到移动端，有 93% 的受访企业希望实现移动办公。而这些受访企业希望开发企业级 App 的初衷很简单，那就是：提升生产力、加速决策制定、改善客户服务、降低运营成本、提升品牌形象。也就是说，企业级 App 能够照顾到公司内部的管理及外部的品牌形象这整个企业最重要的两方面。

企业级 App 面临着诸多问题，最主要的问题就是企业级 App 究竟怎样去开发，由谁去开发。要知道，绝大多数企业都是传统企业，并没有涉足移动互联网，因此没有专门人才，只能求助于开发者个人或者团队。但现有的开发模式不能解决二者之间的平衡点——企业希望开发者个人或团队能够一站式解决企业级 App 的开发、维护、推广及升级服务，但普通的开发者个人及团队实力较弱，只能够完成开发的过程，对于其他的事项无能为力。

由此，以中国电信的应用工厂为代表的企业级 App 开发服务平台就应运而生。目前应用工厂已经协助企业开发了超过 500 个企业级 App，涵盖了汽车、房地产、教育、旅游、医疗、餐饮等 11 大行业，它有着普通开发者个人和团队无法比拟的优势。应用工厂是根据企业的业务流程、成本预算、质量要求、部署进度等维度的个性化诉求提供定制开发众包服务。

遵循 "App 的生产速度与实现复杂程度成反比" 的规律，分为四个开发方向：一是 DIY 式的快速 App 生成平台；二是便捷的 Web 转 App 平台；三是高效的 HTML5 开发工具；四是汇聚大众智慧的 App 威客众包开发。而且四种方向各有优点，有的能够快速生成企业 App，无需任何准备，就能让企业级 App 在数分钟内从零诞生；有的可以把企业的门户网站 "变" 成 App，终结门户网站无人问津的落寞；有的专门针对更挑剔的企业客户，有 25 万专业 App 威客为他们定制专业企业级 App……

应用工厂还能够利用中国电信天翼空间、手机助手帮助企业客户提供专业的推广服务。应用工厂还能帮助企业客户管理用户的经营，保持企业级 App 的改进迭代，保证其新鲜感与活力，吸引用户关注。

可以说，在市场其他平台还对企业级 App 市场反应迟钝的时候，应用工厂这样的行业领军人已经走出了很远，已经有了完美的解决方案。按照这样的发展态势，在 2014 年，企业级 App 市场必将让所有人都眼前一亮。

（三）智慧移动信息服务体系构建

中国移动位置服务基地各项应用的成功离不开自身各个方面能力的支撑。相关专家介绍，位置服务基地的服务能力已经在各个领域取得了可观的成果，位置服务基地创新设计位置能力服务体系，现已形成以定位、POI、语音位置服务、专业终端为核心，以地图、GIS、实时交通、公交数据等为基础，以位置服务平台为载体的完整位置能力服务体系，能够支撑各类位置业务长期稳健发展。在持续保持位置能力的一流性和先进性的基础上，位置基地广泛对外提供位置能力输出服务，推动产业合作伙伴共同发展。图 10-6 为移动位置服务示意图。

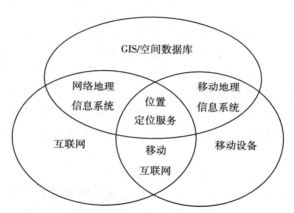

图 10-6 移动位置服务示意图

在互联网位置服务领域，位置基地于 2011 年正式取得互联网国家地理位置信息经营牌照后，推出"定位"服务理念，加强同社区交友、位置广告、游戏等互联网公司的合作，提供贴近生活、便利、精准全面的位置信息应用服务。"掌行通行人导航"是以公交（含轨道）换乘查询指引为主线，提供步行引导、实时公交到站、站点内设施详情、站点周边标志 POI 指引及 POI 信息内容等综合服务的便民业务。该产品作为北京市六部委联合推出的惠民服务，已经成为北京现代服务业示范工程。

在物联网位置服务领域，中国移动位置服务基地联合公交车、出租车、长途客运车、危险品运输车、个人汽车等各类应用开发商发展业务，并积极推动行业终端标准化进程。"管车宝"是国内第一款应用手机定位技术开发的物流信息化系统。自 2005 年上市以来，已经拥有遍布全国 200 多个城市的 5 万多家物流企业用户，系统内注册的从事长途干线运输的重型卡车超过 130 万辆，占全国营运重卡的 30%。

在车联网领域，中国移动与本田、日产、华晨等车辆生产企业合作，通过车载终端与车厂的 TSP（车联网远程服务提供商平台）、位置服务基地的 LBMP（位置业务管理平台）和 12585 呼叫中心进行对接，为车主提供语音通话、汽车安防、导航定位、实时交通、紧急救援等服务。目前，中国移动已经为东风日产、沃尔沃等车厂提供汽车级 SIM 卡，用户数达 3 万，可实现年收入近 500 万元。近日，中国移动在中国车联网产品与技术博览会暨车联网产业发展论坛上荣获"2012~2013 年度中国车联网发展优秀解决方案奖"。

本章案例

移动 3G 掌上应用带你尽享智慧生活

你如果你还停留在 2G 时代，那你真的属于外星人啦……移动 3G 网络越来越炫，移动 3G 手机已经占据大半智能机市场，白领一族、公务阶层、学生、老人，越来越多的人群加入到"移动 3G"大家庭中。当你在工作、旅游、吃饭、游玩的时候，掏出手机连上网，发微信、刷微博、找团购、寻方位……移动 3G 网络良好的网络覆盖和较快的网速，当之无愧是这种潮流生活方式的重要选择。

1. 移动 3G 网络越来越好用了

几天前，在浙江一家媒体工作的李利跟随中国渔政船出海巡航，对检查休渔期违法捕捞事件进行体验式报道。从舟山普陀港湾出发时，李利面朝大海，用他的移动手机发了一条微信：渔政船编队出发，驶往东海，3 天的海上生活要开始了。

"海边的信号也这么好？"等他回来后，同事不禁好奇地问。他大笑着说，你太小看中国移动了，即便眼前就是汪洋大海，手机的信号也是满格，而且上网的速度并不比在杭州慢。眼下，浙江移动在这方面已经积攒了越来越多的口碑，吸引了越来越多的人，而对移动 3G 网络倍加青睐的 3G 智能机越来越多，主流潮流机型都有，网络感知也不错，速度提高了很多，而且服务也好，用得放心，以后还可以升到 4G 使用，不错。

就像媒体人李利说的那样，他经常穿梭于全省各地采访，不管是舟山海岛，还是偏远山村，移动的 3G 网络如影随形，写稿和交稿完全不用愁。可以说，移动的 3G 网络已经在浙江铺设了一条通达八方的移动互联高速公路。

随着移动 3G 网络的深度优化，以及 4G 网络的前瞻建设，浙江移动总经理钟天华对移动互联网的未来充满了信心，他说："我们的目标不再是单一地做好通信网络，更重要的是要承载好庞大的数据流量。"

据悉，作为浙江当地主导运营商，中国移动浙江公司一直致力于浙江的网络建设。现已建设了覆盖全省各大城区、乡镇、交通干线以及重要景区、行政村的 3G（TD-SCDMA）网络，覆盖面积达到了全省 2 万平方公里的土地，覆盖的人口达到全省 80% 以上，全省建设 3G 基站近 4 万个。

这张移动 3G 网络正像一张大网一样覆盖在全省，不仅如此，移动 3G 网络已实现立体覆盖，地铁、电梯、地下停车场、隧道、购物中心、大型市场等室内特殊环境都有数据网络，让无数人享受着无线生活的便捷畅快。

2. 玩转移动 3G 的十八般武艺

对大学生小夏来说，每天刷微博、刷微信、看新闻，已经成为了每天的必备日程。她说，以前用的是苹果手机，前不久到移动手机卖场买了台三星 S4 手机，"感觉明显好多了，现在上网真是太爽了，网速很快，而且覆盖很好"。小夏后悔自己以前太迁，为了追求品牌，固执地没有早点用上移动 3G 网络。

小夏开心地说，现在移动 3G 网络已经融入了她的生活，许多同学在她的推荐下也用上了移动 3G 手机。有了移动 3G，随时随地都可以用手机逛淘宝，点击手机支付宝软件就能轻松埋单，上手机银行还能快速查账单。

摄影师老王是个"吃货"，平日里欢喜搜罗杭州各地餐厅的团购信息。上周日，他准备带着太太和 9 岁的女儿去虎跑玩耍，顺便在附近吃午饭。

早上起床后，因为懒得开电脑，老王打开了新买的移动 3G 手机上，上了大众点评网的手机客户端，马上搜罗到了虎跑附近的餐饮美食和打折优惠信息，经过比较后确认了一家主题餐厅的团购，并马上用手机支付宝付了钱，搞定全部只花了 10 分钟时间。

接着就是整装出门了，从老王家住的城北到虎跑景区这段路，车子经常要排队通行，再加上周末杭州的景区不是一般的堵。为了最快到达，老王开车，让坐在副驾驶位置上的太太打开手机里的一款由移动提供的实用软件"智慧交通"，查看实时路况信息。

"我们常走的路很堵，你可以尝试走这条路，现在那里比较空。"王太盯着眼前的手机屏幕比划着，她看到手机里的"智慧交通"客户端，里面除了实时路况外，还有公交查询、公共自行车查询、地铁查询，加油站、汽车维修、服务区、违章查询、出租车叫车、自驾导航、酒后代驾等多项服务功能可供选择，不禁感叹现在手机真是万能啊！不过最让她舒心的是，移动 3G 网络的网速真的挺快的，在哪里表现都比较稳定，比她想象的要好多了。

路上有点时间，指挥完交通，王太太也拿出自己的移动 3G 智能手机，打开淘宝网，趁放假她想给女儿买个新书包。为了更好地展示产品细节，淘宝上的图片很多，但是刷新挺快的。她把页面打开到产品列表，把手机递给女儿让她自己选择款式和颜色。

女儿挑好了喜欢的一个书包，王太太用支付宝客户端付了款。然后她看到，支付宝提醒自己，这个月的电费可以缴了。于是，她马上手指点击支付。

"现在电费变成一月一缴啦，我还真容易忘记，还好经常用手机支付宝，这样发来缴费提醒就不会错过了。"王太太感叹，有了移动 3G 网络，生活跟以前比发生了翻天覆地的变化。

下了车，太阳火辣辣，女儿吵着要喝冰水，走进了附近的一家商店。这一次，老王没有拿出钱包，而是刷了下手机，即完成了付费。原来他的手机内置了一个小芯片，兼具市民卡和电子钱包的功能。

3. 移动 3G 应对流量超标有妙招

为了畅享上网流量，小夏还去营业厅办了一个 30 元套餐。这是浙江移动长期为手机上网用户提供的流量包月套餐，目前有 5 元 30M、10 元 80M、20 元 200M、30 元 300M、50 元 500M、100 元 2G、200 元 5G 这 7 档，能满足不同手机上网用户每月的上网流量需求。

两个月用下来，小夏和同学们的体验都很好，有时候流量超出了，他们会马上办个流量加油包，既省钱又方便。

作为资深的手机网虫兼上班族，彭冰觉得每天晚上 11 点过忙完了所有工作，赖在家里的沙发上用手机上网是最惬意的时光。但是，作为工薪阶层的他，手机上网当然得考虑流量费用是否划算的问题。

在朋友的推荐下，小彭办理了浙江移动"随意玩"闲时流量包，大呼过瘾。

"而且，随时会收到移动的短信提醒，再也不用焦虑无法控制流量了。"小彭说的是中国移动浙江公司面向全省用户推出的"套餐流量及时提醒"的服务，当用户每月的流量还剩余 100M、20M、10M 和 0M 时，都会收到流量使用情况的短信提醒。

资料来源：今日早报（杭州），2013-08-08。

问题讨论：
1. 移动信息化对个人生活有哪些影响？
2. 你认为 4G 业务何时才能普及？

本章小结

通过本章学习，应了解智慧地球的概念，智慧地球的核心是以一种更智慧的方法通过利用新一代信息技术来改变政府、公司和人们相互交互的方式，以便提高交互的明确性、效率、灵活性和响应速度。掌握智慧中国行动方案，2009 年以来，IBM 的这些智慧解决方案，已经陆续在我国各个层面得以推进。据不完全统计，仅"智慧城市"一项，我国就有数百个城市正在或即将与 IBM 开展合作。理解"智慧城市"和智慧工程项目建设，"智慧城市"是新一代信息技术支撑、知识社会下一代创新环境下的城市形态。智慧工程项目建设是对"智慧城市"的支撑。掌握智慧企业与智慧机构的特点。我们把智慧企业与智慧机构统称为智慧组织，它是一种新型组织。这种新型组织是一个以人为核心，形神兼备、遵循宇宙和自然组织普遍法则，并能不断修正、自我调节、随机应变的组织。掌握智慧产品的特点，智慧产品可以更好地适应消费者完成日常工作的独特需求、偏好和特征。它们正在帮助人们解决其面临的许多巨大挑战，它们还更有效地利用了稀缺的资源。它们推动了通向智慧地球的创新。熟悉智慧服务的流程，智慧服务消除人类社会信息障碍，实现智慧城市、智慧组织和智慧产品。

本章复习题

1. 简述智慧地球的概念和意义。
2. 试分析智慧中国行动方案有何利弊。
3. 你了解哪些智慧城市和智慧工程项目建设？
4. 举例阐述智慧企业与智慧机构的特点。
5. 你了解智慧产品的特点有哪些？
6. 结合移动信息化阐述智慧服务的流程。

参考文献

［1］廖建新等. 移动通信新业务——技术与应用 ［M］. 北京：人民邮电出版社，2007.

［2］张传福等. 移动互联网技术与业务 ［M］. 北京：电子工业出版社，2012.

［3］张闯彤. 移动商务概论 ［M］. 北京：北京大学出版社，2008.

［4］张闯彤. 移动商务基础 ［M］. 北京：首都经济贸易大学出版社，2008.

［5］匡文波. 手机媒体概论 ［M］. 北京：中国人民大学出版社，2012.

［6］Bernd Eyler 著. 移动多媒体商务 ［M］. 吕廷杰等译，北京：中国广播电视出版社，2007.

［7］吕廷杰. 移动电子商务 ［M］. 北京：电子工业出版社，2011.

［8］秦成德. 移动电子商务 ［M］. 北京：人民邮电出版社，2009.

［9］秦成德. 移动支付 ［M］. 北京：经济管理出版社，2012.

［10］秦成德. 网络金融 ［M］. 北京：电子工业出版社，2012.

［11］智勇. 移动信息化的发展模式研究 ［J］. 现代管理科学，2009（6）.

［12］张鸿，万芳芳. 基于网络融合下的电信产业价值链趋势分析 ［J］. 西安邮电学院学报，2009（7）.

［13］刘越. 互联网服务的融合化、社会化与智能化 ［J］. 现代电信科技，2011（1–2）.

［14］林敏. 移动互联网发展对运营商的挑战及机遇 ［J］. 移动通信，2011（1）.

［15］李安民. 从电信运营商角度审视移动互联网的本质、趋势和对策 ［J］. 电信科学，2011（1）.

［16］张云勇. 面向移动互联网的分布式智能开放运营架构 ［J］. 移动通信，2011（5）.

［17］王崇鲁. 电信运营商要用经营媒体的思维经营手机电视业务 ［J］. 移动

通信，2011（1）.

[18] 张长学，张伟，董智明. 移动推送技术面面观 [J]. 移动通信，2011（5）.

[19] 崔媛媛. 移动 Web 浏览业务及关键技术 [J]. 电信网技术，2011（4）.

[20] 李峰等. 手机浏览器技术与发展探讨 [J]. 电信技术，2011（2）.

[21] 莫晓斌等. 面向 3G 的手机富浏览器的设计与实现 [J]. 移动通信，2011（11）.

[22] 柴雪芳. 智能终端对 3G 和移动互联网发展的影响分析 [J]. 移动通信，2011（5）.

[23] 董智明等. 智能终端主流平台——Android 的 IPv6 分析 [J]. 移动通信，2011（1）.

[24] 柴雪芳. 国外移动互联网的发展及对国内运营商的启示 [J]. 移动通信，2010（6）.

[25] 屈雪莲，李安英，陆音. 移动互联网创新盈利模式研究 [J]. 移动通信，2010（19）.

[26] 郭靖，郭晨峰. 中国移动互联网应用市场分析 [J]. 移动通信，2010（21）.

[27] 刘琛琛. 移动互联网的发展与运营商的策略选择 [J]. 现代电信科技，2010（5）.

[28] 张丽萍，胡坚波. 移动电子商务应用现状和趋势分析 [J]. 现代电信科技，2010（5）.

[29] 易振宁. 电信运营商在移动互联网产业链变革中的应对策略 [J]. 现代电信科技，2010（10）.

[30] 屈雪莲，李安英，陆音. 移动互联网用户需求趋势剖析 [J]. 移动通信，2010（21）.

[31] 陈圣举. 移动互联网商业模式浅析 [J]. 移动通信，2010（6）.

[32] 吴余龙. 智慧城市 [M]. 北京：电子工业出版社，2011.

[33] 何桂立. 智能手机 [J]. 北京：现代电信科技，2010.

[34] IBM 商业价值研究院. 智慧地球 [M]. 北京：东方出版社，2009.

[35] 吴功宜. 智慧的物联网 [M]. 北京：机械工业出版社，2010.

[36] 刘化君等. 物联网技术 [M]. 北京：电子工业出版社，2010.

[37] 王军选. 移动商务支付 [M]. 北京：对外经贸大学出版社，2012.

[38] 刘丹等. 移动商务应用 [M]. 北京：经济管理出版社，2012.

[39] 孙静等. 移动终端 [M]. 北京：经济管理出版社，2012.

[40] 陈静. 移动办公与管理 [M]. 北京：对外经贸大学出版社，2012.